◀1829年に開業したロンドンの乗合馬車（オムニバス）
古来、ロンドンの市街地はテムズ川北岸ぞいにつくられたが、18世紀からの人口急増によって拡大されたために高まった道路交通への需要に応じて運行が始められた。3頭立てで定員20人。〔55頁を参照〕

ロンドン
1823◉2輪馬車のキャブが運行される
1829◉乗合馬車が運行される
1863◉地下鉄が運行される
1870◉鉄道馬車が運行される
1890◉チューブ式地下鉄が運行される
1899◉バス（乗合自動車）が運行される
1901◉最初の路面電車が運行される
モスクワ
1840頃◉大型4輪馬車が運行される
1872◉鉄道馬車が運行される
1899◉路面電車が運行される
1924◉バスが運行される
1933◉トロリーバスが運行される
1935◉地下鉄が運行される
ソウル
1898◉路面電車が運行される
1974◉地下鉄が運行される
パリ
1662◉「パスカルの辻馬車」が運行される
1828◉オムニバス社による乗合馬車が運行される
1900◉地下鉄が運行される
ベルリン
17世紀末◉辻駕篭が運行される
1847◉乗合馬車が運行される
1865◉馬車鉄道が運行される
1881◉路面電車が運行される
1905◉バスが運行される
1908◉高架鉄道が運行される

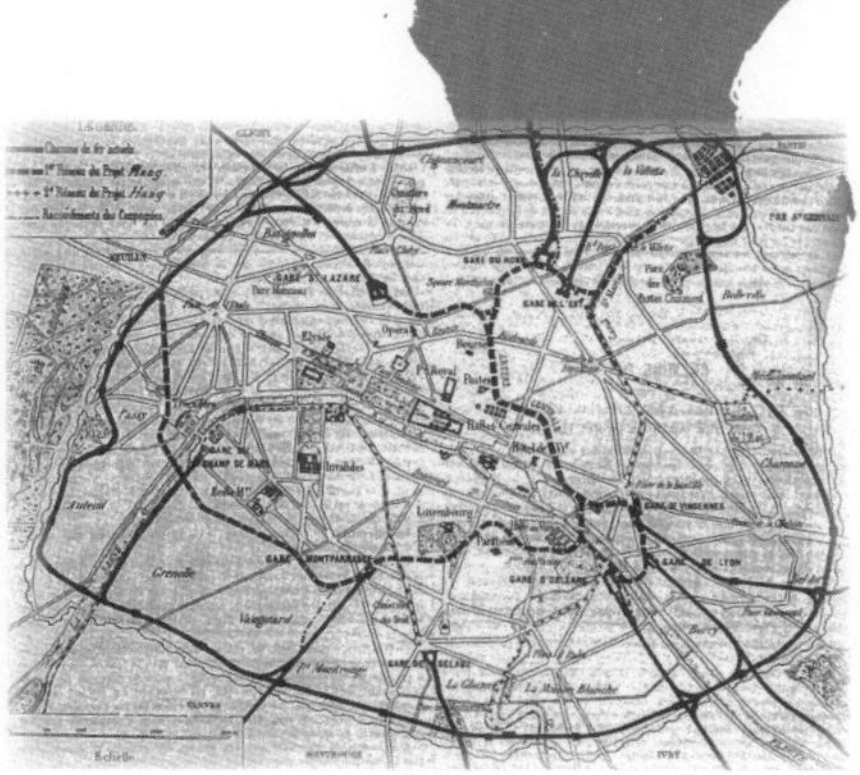

◀1885年に提案された、アーグによる国家鉄道計画の図案
近代的都市建設が進められたパリだが、ことメトロ建設ではほかの都市から遅れをとった。これはとくに建設の主導権をめぐる国と市の論争が原因となっていた。このアーグ案は国家寄りの路線計画として発表されたもの。〔106頁を参照〕

都市交通の世界史

出現するメトロポリスとバス・鉄道網の拡大

小池滋、和久田康雄［編］

悠書館

目次

総論　寺田一薫

第1章

ニューヨーク　青木 亮

第2章

ロンドン

中村実男

ロンドン・メトロポリタン鉄道の建設工事(1862年)

第3章

パリ

北河大次郎

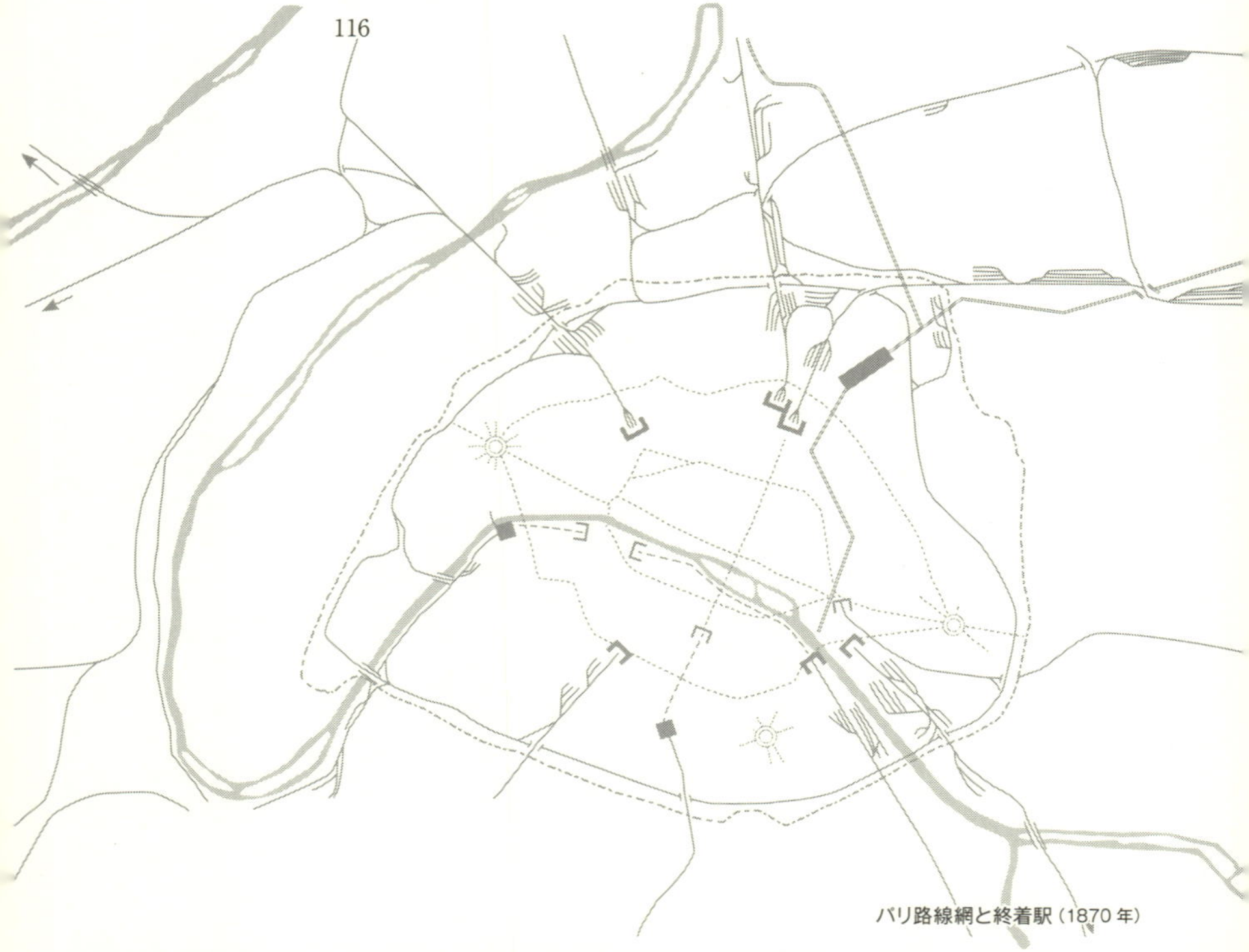

パリ路線網と終着駅（1870年）

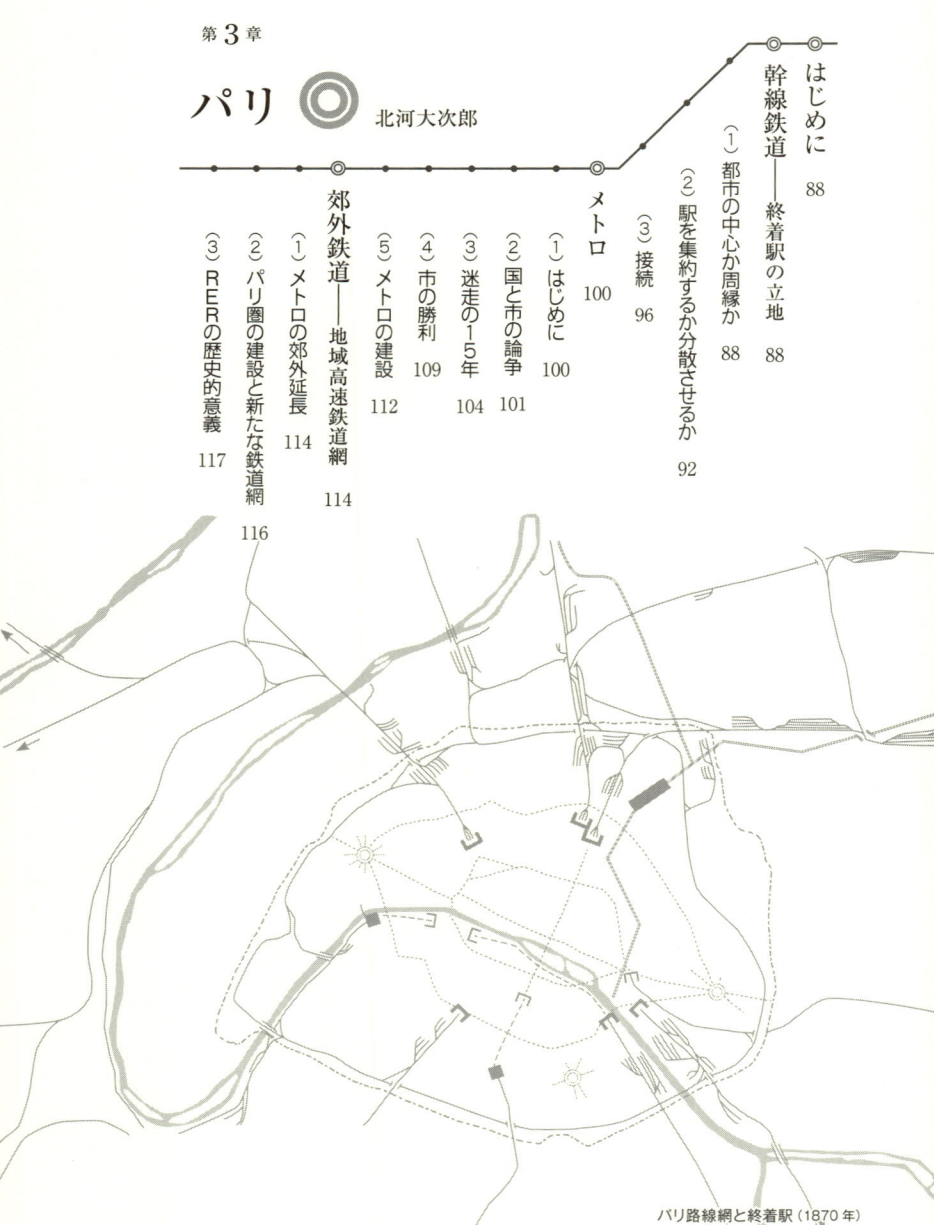

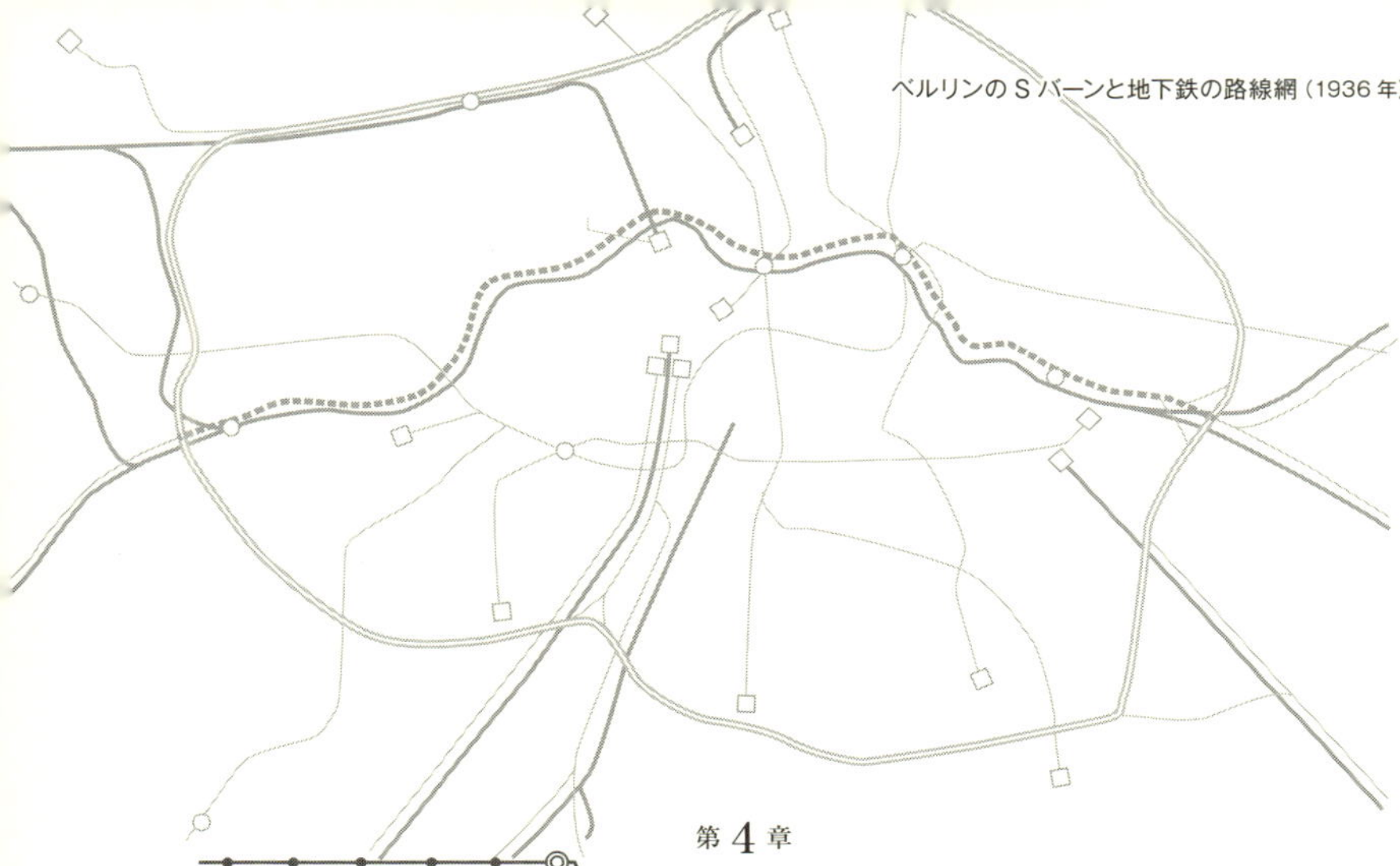

ベルリンのSバーンと地下鉄の路線網（1936年）

第4章

ベルリン

青木真美

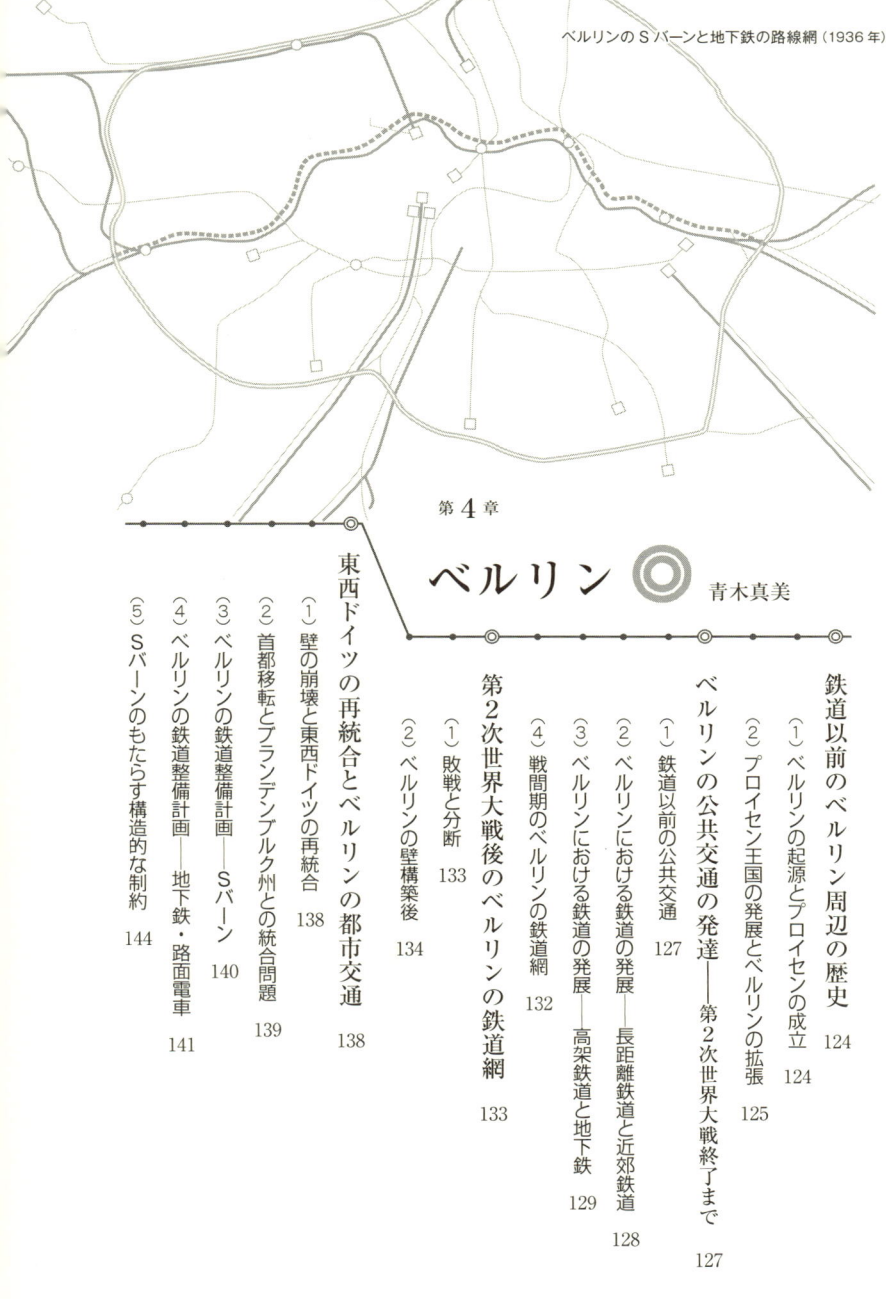

第5章

モスクワ

岡田 譲

モスクワの鉄道馬車（1870年代）

上海・南京路の風景（1940年頃）

第6章

上海 山田俊明

第7章

ソウル 藤田崇義

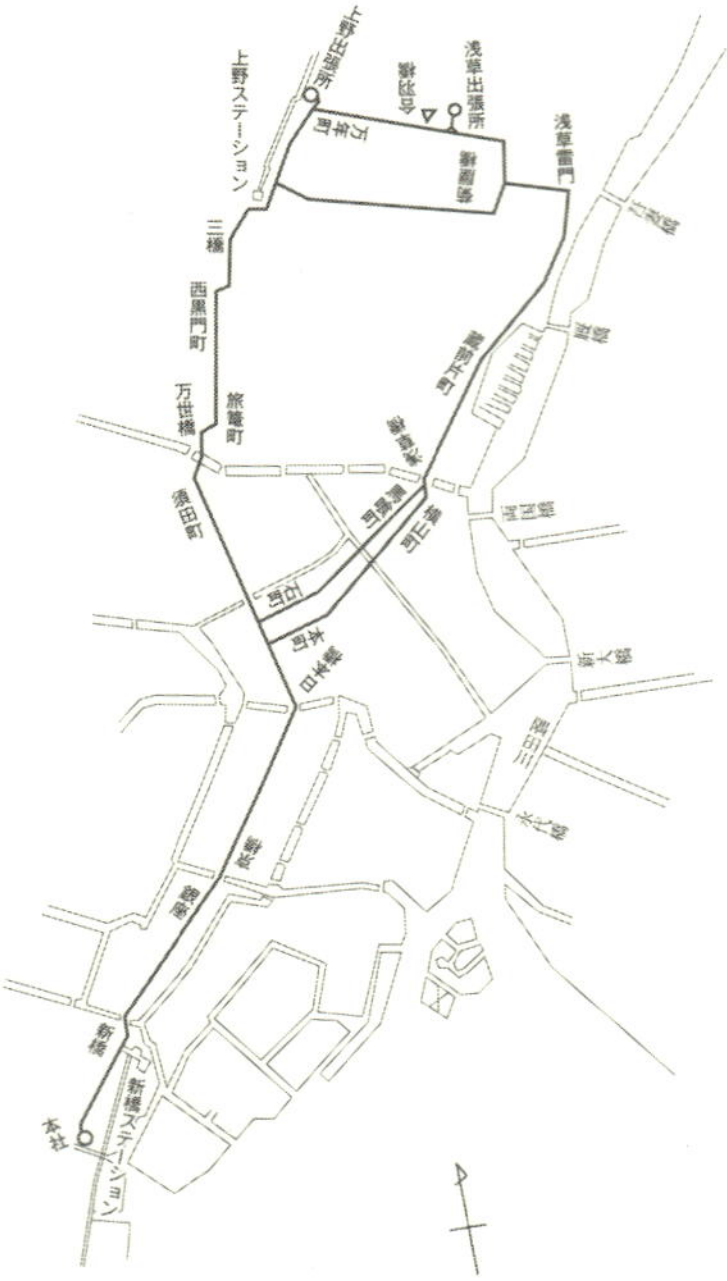

東京馬車鉄道の路線図（1897年）

第8章

大阪

三木理史

第9章

東京 ◎ 老川慶喜

補論

東京の都市交通
——1911～2011年 ◎ 和久田康雄

総論

寺田一薫

◎都市交通の歴史を知る方法

都市交通の歴史を知りたいときどうすればよいか。おそらく答えは3つある。

第1の答えは図書館へ行って文献を調べることで、これは当たり前だ。だが、この当たり前のことがなかなか難しい。

どうしても英語圏の英国と米国に関する文献ばかりが多く、これに仏独両国の情報が次ぐ。もちろん、産業革命によって、徒歩と馬車交通では支えられない人口に成長した最初の都市は、英国のロンドンといわれる。都市公共交通の主力を担ってきた交通機関の起源は、そのほとんどが英米独仏だ。たとえば、鉄道馬車の大ブームが起きたのは米国の都市、地下鉄の起源はロンドン、旅客用モノレールの起源はドイツのブッパタル、乗合馬車の起源はパリである。軌道系を中心とした都市交通の技術的な起源を知る、ということであれば、英米独仏をおさえておけばいい、ともいえる。

しかしだからといって、むやみに英米独仏を一緒くたにしてはいけない。都市交通史では、米国の都市と欧州の都市がたどった歴史はかなり違う。第2次世界大戦後の都市交通政策ということでは対照的でもある。米国の多くの都市で、第2次大戦後、車の普及によって公共交通のほとんどが失われた。

英米独仏の都市にはなかったり、それらの都市では廃止してしまったにもかかわらず、世界のほかの場所では活躍している交通機関もある。たとえばミニバスをもっと小さくしたバスやトロリーバスだ。英米独仏(と日本)だけがすべてと考えてはいけない。

第2の答えは、国や都市による経済発展段階の違いに注目することだ。発展途上国の都市では、乗務員の人件費が安いため、古くて人手に頼る乗物の経営が成り立ちやすい。そのため、途上国の最近の様子から、先進国の昔の姿を想像することができる。

たとえば、インドネシアの人口100万人台程度の都市では、多くの種類、だいたい10位の交通機関が併存している。バスとタクシーの中間、タクシーとオートバイや自転車の中間的な乗り物が多い。バスとタクシーの中間ともいうべき小型バスだけでも、コルト、ミクロレット、ベモ、アンクタコタ、ペテペテなどがある。都市間路線や郊外路線でよく使われる車種名から「コルト」（トヨタ製で前面ウィンドーがやたら大きい）、トラック改造型で変な音を立てて走るので「ペテペテ」（少なくともスラウェシ島のウジュンパンダンではそう呼んでいた）、細かい分類のない都市では、普通の小型バスのことを、都市交通を意味するインドネシア語の「アン（クタ）コタ」と呼んでいる。[1]

英国で1930年代に規制が行なわれる前のバスには、次のような問題のある運転慣行があったという。誤乗判明前料金収受、迂回、徐行、前車追随後追越し、割込み、加速後前車追随、小停留所通過、折返し、運行中止、の9種類だ。[2] インドネシアの小型バスを観察すると、そのほとんどを実際に目にすることができる。とくに始発地と終点近くでの徐行、満員に近くなったときの前車追随後追越しなどが目立つ。

おおまかにいって、途上国の都市に古い乗物が残るかどうかは、首都からの距離と非合法サービスを取り締まりやすい都市規模か否かによって決まる。首都から遠い大きな都市ほど、古い乗物が残りやすいようだ。もしそういう傾向をつかむことができれば、発展途上国を旅行することで、ダイナミックな都市交通史のプロセスを知ることもできそうだ。

第3の答えは、都市交通史を知りたい都市や比較可能な都市の現在の姿をよく見ることだ。歴史は繰り返すというではないか。

交通機関の数やサービス供給事業者の数という観点からは、ここ1世紀の都市交通は、競争→統制による独占→規制緩和による競争、という過程をたどっていることが多い。中には、英国のロンドン以外の都市でのバスのように、競争→統制による独占→規制緩和による競争→部分的再規制、というように競争と独占、あるいは規制と規制緩和のサイクルを2回ぐるぐる回っているケースもある。また、交通事業のステークホールダー（株式会社では株主）が誰かという面からみても、民間所有→公有→民営化、というサイクルが生じている。

都市交通の歴史はぐるぐる回りながら変化しているようだ。だが、ぐるぐる回りながら理想の形に近づいているのか逆なのかに見当をつけるのは難しい。

交通史の文献には、乗合馬車やバス事業者の乱立による弊害が規制や公有化で解決した歴史から、その流れへの逆行である最近の規制緩和や民営化を批判的に扱うものもある。例えばバグウェルの『英国交通史』(Bagwell, 2002) は、多くの論拠からそのような歴史観を説いていて、説得力がある。

ただし、最近の規制緩和下の都市交通をよく観察すると、地方自治体と事実上独占の交通事業者との間で、契約などのパートナーシップ関係を結んでいることが多い。民営化といっても、公から民への運行委託の形が圧倒的に多い。実際の市内での競争や野放しの民間運営による弊害を避け、一方で経営効率化を達成しようとしているという意味で、現状は1世紀前の競争による混乱状態とは違うように見える。

都市交通を支える技術にも繰り返しているものがある。最近、都市交通対策の目玉として注目を浴びているＬＲＴ（Light Rail Transit: ライト・レール）やＢＲＴ(3)（Bus Rapid Transit: 快速バスシステム）はその一例だろう。車両性能が向上し、走行空間をマイカーと分けているが、技術自体は１９世紀末から１９００年頃以

写真１．英国リーズの ftr　筆者撮影（2008 年）

来の路面電車とバスだ。

わざと人をおちょくったようなネーミングをしているのだが、英国の地方都市で２００６年からｆｔｒという乗物が走っている（写真１）。最初にヨークで、そのあとリーズなどで運行された。なぜか小文字のｆｔｒは、future あるいは future transport（未来の交通）の略だ。それでそれが一体何かというと、１９７０年頃に先進国の都市から消えたツーマンバスだ。正確には小ぶりの連接バスに車掌が乗務するツーマンバスだ。しかしこのｆｔｒは、運賃支払のための長い停車がなく、少なくともリーズでは、並行して走るＢＲＴより速い。

◎都市の形と交通の歴史

中世までの都市の人口は最大でも１００万人くらいだった。欧州では中世には、市場の役割増大、教会、役所、世俗的施設の立地によって、都市は核をもつようになった。その頃の移動のほとんどは徒歩だったし、周囲に城壁が廻らされていたこともあって、都市自体がコンパクトな構造にならざるを得なかっ

都市とは、そもそも、居住地からあまり移動せずに、いろいろな仕事に就けたり、いろいろなモノを消費できるようにするためのものだ。このような利益のことを、経済学では「集積の利益」という。しかし、短距離の徒歩移動だけで済ませられる都市規模には限度がある。移動距離と交通量の両面で、徒歩だけで移動ニーズを処理できなくなる。このために速くて一度にたくさんの人を運べる都市交通が必要になるのだが、スペースの狭さという制約の中で、このような条件に合った交通機関を確保しなくてはならないという困難に直面する。

都市にとっての交通の位置づけは、必需性や複雑なネットワークをもっていることなどの点で、電力、ガス、上下水道などのインフラとよく似ている。しかし、交通とほかのインフラには違いもある。電力、ガス、上下水道の供給にもスペースは必要だが、空中や地中に何とか収めることができる。しかし交通機関の多くは、それ自体が地表のかなりを占め、とくに道路は、都心で4割、郊外で2割くらいのスペースを占有する。交通自体が都市の一部を占め、都市と交通は一体化している。また、サービスが均質化しているほかのインフラとくらべて、交通サービスには都市あるいは地域ごとの格差が大きいという特徴もある。(5)

たとえば、18世紀末からの産業革命前後に世界最大級都市の1つとなるロンドンの場合で、産業革命前、王侯貴族は西部に居住し、自ら馬車を所有するか貸し馬車を借上げることができた。一方の低所得層は東部に居住し、職住が重なり合う都市構造の中で交通を徒歩で済ませていた。しかし19世紀に入り中産階級が出現し、低所得層との混住を避ける。このことで市街拡大が起きた。中産階級が都心でのビジネスに従事し、日常的に足の長いトリップを行なうようになる。(6) このような中にあってロンドンでは、徒歩交通量が急増する。19世紀初めのロンドン橋で1日10万人もが通行し、そのかなりを通勤が占めていた。(7)

欧州の多くの都市では、中世時代の城壁の役割が薄らいだ後、王宮や役所をコンパクトな都心に位置させたまま、周辺に放射状・環状の街路網が計画される。北米の都市では最初から格子状街路がつくられる。格子状街路では斜め方向の交通に対処しにくいので、ワシントンD．C．のように斜交街路を加えることもある。これらの街路設計段階で公共交通への配慮をし、中央分離帯を路面電車用スペースとして拡幅するなどしたケースはまれだ。しかし中には、少しだけ公共交通のための配慮をした都市もあって、そのような都市では鉄道乗換えターミナル周辺に集客施設や業務施設が集められる⑧。

トムソンの著書によると、道路投資を続け自動車交通を放任した米国の多くの都市、ならびに人件費の安さから小型バスなどを大量に供給できた発展途上国の都市という極端な2パターンの都市を別にすると、都市と交通の発展パターンには3つあるという。第1は20世紀以前に拡大し、道路投資を避け、公共交通投資を増やした都市で、小さな都心をもつタイプだ。メルボルン、コペンハーゲン、サンフランシスコ、シカゴ、ボストンが該当する。第2は同じく道路投資を避け、公共交通投資を増やした都市で、大きな都心をもつタイプだ。パリ、東京、ニューヨーク、アテネ、トロント、シドニー、ハンブルクがあてはまる。第3は交通量抑制型で、ロンドン、シンガポール、香港、ストックホルムだ⑨。

世界の都市の交通史は、①古い都心をもつ放射状街路都市か、新しく計画された格子状街路都市か、②トムソンがとくに問題にするように大きな都心をもつか、小さな都心しかもたないか、③継続的に交通量抑制政策をとり続けるか否か、によって決まる。ただし、これらの要素によって都市交通史の履歴は変わっても、最終的には公共交通の維持や拡大は簡単には実現できない。容易には自動車による混雑・環境問題を解決できない。

小さな都心しかもたないことは、道路をつくれないことで自動車を抑制できる反面、地下鉄や小型バスを除くと、都心に乗り入れる公共交通を走らせるスペースもないことを意味する。大きな都心をもつことは、理論上は余裕スペースを使った公共交通重視型開発（Transport Oriented Development: TOD）の余地を意味するが、成功例は極めて少ない。道路に余裕があることで車の増加が野放しになってしまうことが多い。東京や大阪は、民間デベロッパーとしての私鉄が公共交通重視型開発を行なった特殊なケースだ。

交通量抑制政策を続けてきた都市が最近、ロード・プライシングを試みたり、実施したりしていることも興味深い。２００３年にロンドンで開始されたような、お金のメカニズムで強制的に車の走行を減らすロード・プライシングは、都市交通史の１つの到達点ともいえる。

◎都市公共交通史の概観

最後に、主な都市交通機関がいつ頃どこの都市で生まれたかを年表風にまとめておく。本書第1章以下をお読みいただく参考にしてほしい。

（1）路面電車以前

都市交通としての貸し馬車は、１６００年頃、ロンドンで出現した。辻馬車とともに１６３４年に許可制になった。１６１２年には、パリにも辻馬車が出現している[10]。

定路線運行による乗合馬車は、１６６２年にパリに出現した。数学者、物理学者、哲学者でもあるパスカルが計画推進したものだったので「パスカルの辻馬車」と言われ、２０年間運行が続いた。定額の料金を支払えば公示された路線上で誰でも乗車できるコモンキャリア（公衆運送人）という意味で、公共交通のルーツといわれることが多い。しかし、実際の利用はブルジョアジーと叙勲者に限定されるのが実情だった。[11]

実質的な公共交通の起源といえる長尺車両による乗合馬車、すなわちオムニバスの運行は、１７９８年にロンドン周辺で始まった。[12]「バス」という言葉の起源になるパリのオムニバス社による乗合馬車運行は、１８２８年に始まった。オムニバスはラテン語で「公衆に開放された」の意味だ。[13]このパリでの乗合馬車は急成長した。

１８２９年には、ロンドンでも、パリから輸入されたアイデアによる乗合馬車が開始された。既存の小型馬車と激しい競争を繰り広げた。[14]時速が徒歩並から５マイル（約８km）くらいと遅い割に高価ではあったが、それでもその料金は辻馬車や駅馬車よりは安かった。定期的利用は中間層以上に限られたとはいえ、徒歩限界を超える通勤が可能になった。[15]ドイツでも、１８３８年にドレスデン、４６年にベルリンで定期運行が始まっている。[16]

１９世紀末には鉄道馬車が乗合馬車にとって代わる。最初の馬力による路面鉄道は、１８３７年にニューヨークで運行された。米国の諸都市に１８５０年代に広まり、次第に道路面とそこに敷設されたレールの上面とを同じ高さにした方式が中心になる。米国式の馬車鉄道は１８６０年代から７０年代にかけ、欧州の諸都市でも普及したが、道路幅員の狭い欧州の都市での鉄道馬車建設には住民の反対もあった。鉄道馬車は都市交通として初めて、大量輸送の「規模の経済」を実現したことが評価を受けた。しかし１８７２年に米国東海岸で馬の病死が相次ぐなど、普及への障害も多かった。[17]

写真２．　ウェールズのランドゥーノトラム（車両上部のポールはイミテーション）
筆者撮影（1999 年）

（２）路面電車の出現

ケーブル駆動方式による鉄道（索道）は、１８４０年代のロンドンと１８６７年のニューヨーク高架鉄道で使用されたものの、技術的にうまくいかなかった。ケーブル駆動による路面電車は、１８７３年にサンフランシスコで開通し、１９００年頃までに米国各地に普及した。このシステムはサンフランシスコとランドゥーノ（ウェールズ）（**写真２**）で現存している。[18]

１８８１年にはベルリンに近いリヒターフェルデで最初の路面電車が開通した。これはレール自体を正負の誘電路としたもので、安全上、線路を柵で囲っていた。同様の路面電車は１８８３年にブライトン（英）でも開通している。地下溝集電技術によるものも、うまくいかなかった。架空線集電による路面電車の運行は、１８８８年のリッチモンド（米）が最初だった。これによってようやく馬車鉄道よりもさらに低コスト・低運賃を実現できるようになった。

路面電車は、その輸送の大量性と速度によって都市の拡大に大きく貢献した。米国では、路面電車建設のための免許取得は比較的容易で、架空線や線路構造物の美観問題もあまり起きなかった[19]。他方、欧州では馬車鉄道にも路面軌道にも厳しい規制が課され、19世紀中の軌道電化は米国よりはるかに遅れた。しかし架空線集電によらない代替技術では安定的な運行ができなかったので、結局、欧州各国も架空線方式による集電を認めることになる。1900年頃にはベルギー、仏独で軌道電化のブームになり、1890~1910年に欧州の軌道延長は3倍に増加した。

その後、線路専用化などの支援が行なわれず、マイカーとの競争の中で米国では1950年代に廃止が相次ぎ、1960年になると10都市程度にしか残らなかった。欧州では、1960~70年代にかけ車両性能向上がなされ、公有化による財政支援と専用軌道敷確保もあって、ネットワークの相当部分が残された[20]。

(3) バスの運行

駅馬車に蒸気エンジンを搭載した運行のルーツは、1827年の英国といわれる。しかし市内交通としてのエンジン搭載バスの出現は1900年頃になる。内燃機関技術の発達により1899年に英国、1903年にドイツでバス運行が始まり、欧州各地で1920年頃までにバスが乗合馬車に代わる。

米国では、1905~08年にかけ、乗合馬車事業者が車両をバスに更新した。1920年頃には、バスは路面電車のないエリアを補完するようになり、路面電車事業者によるバス運行も増えた。1930年代にはディーゼルエンジン搭載によりバス車両が大型化する。1940年における米国のバスの利用者数は、路面電車と高速鉄道の合計の半分くらいだった。これらが逆転しバスの方が多くなるのは、1945年以後である[21]。

1901年にパリでトロリーバスが開通したが、集電用架空線の脱線などのため、この運行はすぐ中止されてしまった。本格的運行は、ビーラタール(独)の1902年が最初である。1911年にはリーズとブラッドフォードで英国最初の運行が行なわれる。その後、英国では欧州大陸諸国より速いペースでトロリーバスの普及が進む。

一方の米国ではトロリーバスにあまり関心が集まらず、1910年代にいくつかの試行的運行が行なわれただけだった。世界的に見ても、1920年代前半まで、欧米の両方であまり普及が進まなかった。

1920年代後半から1940年にかけて、多くの英国の都市が路面電車の代替機関としてトロリーバスを導入し、ロンドンでも1931年に開通した。第2次大戦開始時点で、ロンドンでは世界の都市で最多の台数が運行されていた。その頃から米国でも老朽化した路面電車の代替機関として増加が始まるが、主要国での導入は1950年代で止まり、1970年代には普通のバスによる代替が進む。トロリーバス廃止の理由は、運行自由度の小ささとバスより若干高い経費であり、当時はその環境負荷の小ささや快適性には注意が払われなかった。例外的にネットワークが残ったのが、スイス、東欧諸国、ロシア連邦、中国である。[22]

(4) 郊外鉄道と地下鉄

全国的な鉄道ネットワークと一体なので、その都市交通としての起源を特定することは難しいが、都市の外延化にともない、都市間鉄道用施設を都市内交通として利用するケースが増えてくる。

ロンドンでは、1836年に一部上下分離によりロンドン&グリニッジ鉄道が開通した。1838年にロンドンから15km圏のネットワークが開業し、1840～75年に現在のロンドン近郊鉄道網の大部分が建設された。[23] 英国では1883年に、郊外鉄道の運賃割引とそのための資金投入に関する立法が可決し、それにより中産階級や低所得者の利用も可能になった。同様の財政支援は他国にも拡大する。

またロンドンでは1860年代に幹線鉄道のターミナル駅が開通し、幹線鉄道会社は近郊区間の各駅停車運行を始める。しかし郊外鉄道の都心乗入れには市民の反対が強く、政府はこれを禁止した。このため、郊外からの鉄道利用者はターミナル駅で乗合馬車、路面電車に乗り換える必要があった。その解決として、1884年にロンドン地下鉄サークル・ラインがこれらのターミナル駅を結んだ。[24] 欧州の都市での郊外鉄道網は、1860年代にハンブルクで、80年代にベルリン、リバプール、グラスゴーでも開通している。

米国での郊外鉄道は、1838年にボストン・ウェストウースター鉄道が通年通勤定期を発売し、1843年に定期通勤列車を運行したことが起源である。1900年頃から電化が進んだ一方、1930～60年に米国では鉄道会社の労使問題や財政支援不足から廃止が増えた。しかし1960年以後、道路混雑対策として、先に欧州で、続いて米国で旅客列車が再導入されるようになる。

郊外鉄道に関しては、ターミナルから放射状のネットワークのみをもつ都市と、それらに加えて都心部連絡線をもつ都市とに分化する。前者として、ロンドン（ターミナルが10か所に分散）、ニューヨーク、ボストン、後者としてベルリン、コペンハーゲン、グラスゴー、ハンブルク、大阪、東京などがある。後者の都市の中に、ネットワーク効果を発揮し鉄道利用を増やしたケースが多い。前者タイプの都市の限界を克服する方法として、都心部連絡線建設がある。ブリュッセル、ミュンヘン（Sバーン）、パリ（快速線＝RER）がそれに当たる。[25]

道路混雑に巻き込まれない専用通路による都市鉄道として、1863年にロンドンのメトロポリタン線6kmが開削工法による地下鉄として開通した。メトロポリタン鉄道が線路を保有しグレート・ウェスタン鉄道が車両提供するという一種の上下分離方式だった。ところどころ野天部分を残して、そこで集中的に蒸気機関車の罐《かま》をたくという運転を行なったものの、換気問題を克服できなかった。速度については好評で、その後30年間にロンドンで同様の地下鉄開通が相次ぐ。[26] だがこの方式での地下鉄建設は費用が嵩んだ。当該方式による最後の地下鉄で1884年開通のインナー・サークル・ライン最終区間の建設費は、1900年頃のパリやニューヨークの地下鉄とくらべて3倍ほどかかった[27]。

1870年に小型のケーブル牽引によるものが開通し、1年をまたずに廃止され水道本管に転用されてしまったことを除くと、地下の深部にシールド工法で建設された円形のトンネルを通る地下鉄（ロンドンでは「チューブ」と呼ばれる）は、1890年開通のシティ〜サウスロンドン間路線が最初である[28]。同線では、第3軌条による電気機関車牽引が行なわれた。これが電気方式による地下鉄の起源になる[29]。

1900年開通のセントラル・ロンドン鉄道は、オックスフォード・ストリートの下を通り、開通当初から1日9万人を輸送した。しかし大型列車走行による振動が問題になり、1903年に固定編成による電車列車化された。1904年には、地上の本線列車が乗入れられる大型トンネルによるグレート・ノーザン&シティ鉄道が開通し、今日の地下鉄の基礎となった[30]。

1890年代になると、欧州の諸都市などで純粋な都市交通としての地下鉄建設が始まる。1890年代にロンドンに次ぐ世界2番目の地下鉄（1号線）がブダペスト（ハンガリー）で開通した。電車方式としては世界初である。開削方式によるもので、この1号線は2002年にユネスコ世界遺産登録されている[31]。

地下鉄は、さらにその後、グラスゴー（当初ケーブル牽引）、パリ（1900年代に英のメトロポリタン鉄道による）、ベルリン（Uバーン）、ハンブルグ、ブエノスアイレス、マドリード、バルセロナ、東京、大阪で開通する。世界的な地下鉄の普及は第2次大戦で中断するが、戦後に再開される[32]。1960年代には、シュトゥットガルト、ケルン、ハノーファーなどドイツの都市で路面電車の一部地下化が行なわれ、1980代以後は新交通システム（Automated Guided Transit：AGT）の一部地下化もヴァンクーヴァーと、広島で行なわれた[33]。

（5）車の抑制と公共交通の再生

欧州で車社会のひずみが問題になり始めたのは、１９６０年代半ば頃のことだ。渋滞や公害問題だけでなく、住宅地の静穏な環境が脅かされることも問題になる。これらを予見し、詳細な対策をまとめたレポートとして、英国で１９６３年に発表された「ブキャナン・レポート」（『トラフィック・イン・タウン』）（写真3）がある。このレポートは各国の政策担当者に影響を与えたが、実際にそのアドバイスに従って都市計画を行なった場所は、一部の新都市に限られた[34]。

その後、都市公共交通を強化しマイカーからの転換を促す切り札として、都市圏ごとに地下鉄、路面電車、郊外鉄道、バスを運行する自治体・事業者で運輸連合を形成すること、乗車経路にかかわらず分かりやすい同額運賃になるという共通運賃を実現することに注目が集まる。

写真3．『トラフィックインタウン』

運輸連合は１９６５年のハンブルクを皮切りに、７０年代にドイツの諸都市で設立され、運行計画や運賃の調整がなされた。ゾーン制共通運賃はハンブルクで１９６７年に開始され、ドイツ以外でもストックホルム（１９７２年）、パリ（１９７５年）と広まる。市内のすべての交通機関の均一運賃については、１９６０年にウィーンで採用されている。

都市交通対策の切り札として、とくにゾーン制共通運賃制度に注目が集まるが、収入配分の複雑さや補助金増大も問題になる。その中で１９８１～８３年にロンドンでは、その導

写真4．ストラスブールのLRT　筆者撮影（2003年）

入自体、運賃水準、郊外鉄道を含むかなどが政治的係争になる。極端な運賃値下げと値上げが繰り返され、挙句の果てにその共通運賃をめぐって国と自治体の対立になって、１９８６年には国が運賃を政策道具に使う大ロンドン県自体を廃止してしまった（自治体としての大ロンドンは２０００年に復活している）[35]。その後は各国で共通運賃に対する熱が少し冷め、短距離の割引などに課題が移っていく。

車対策の切り札としての路面電車見直しは、エドモントン（カナダ）から始まったといわれる。エドモントンでは１９７８年に路面電車が開通し、その後、路面電車がＬＲＴと呼ばれるようになる。１９８７年にはグルノーブル（仏）で低床車導入、９４年にはストラスブール（仏）での都市自体や景観の再構築までも目指したＬＲＴ導入（写真４）が行なわれる[36]。１９７０年代からバスを中心とした街づくりを続けていたクリチバ（ブラジル）では、１９９６年に3連接の急行バスによるＢＲＴを運行した。ＢＲＴは、ＬＲＴと並ぶ技術として、幅広い発展段階の国に波及する。

注

（１）寺田一薫「発展途上国の都市における道路公共交通――インドネシアの都市のケース」『都市問題研究』第４５巻第１２号、１９９３年、１２８～１３０頁

（2）寺田一薫『バス産業の規制緩和』日本評論社、２００２年、７６頁

（3）専用レーンにより、案内輪方式とそうでないものが半々くらいである。

（4）Vuchic, V. R., *Urban Public Transportation: Systems and Technology*, Prentice-Hall, 1981 (Englewood Cliffs).（田仲博訳『都市の公共旅客輸送』技報堂出版、１９９０年、４～７頁）

（5）Thomson, J. M., *Great Cities and Their Traffic*, Victor Gollancz, 1977 (London), pp.11-16

（6）中川浩一『バスの文化史』筑摩書房、１９８６年、７頁

（7）Bagwell, P. S., and P. Lyth, *Transport in Britain: From Canal Lock to Gridlock 1750-2000*, Hambledon Press, 2002 (London).（梶本元信訳『イギリスの交通――産業革命から民営化まで』大学教育出版、２００４年、１５６頁）

（8）Vuchic 前掲書（訳書４～７頁）

（9）Thomson 前掲書

（10）Vuchic 前掲書（訳書１１～１２頁）

（11）中川前掲書３～６頁など

（12）Vuchic 前掲書（訳書１２～１３頁）

（13）中川前掲書３～６頁

（14）Vuchic 前掲書（訳書１２～１３頁）

（15）Bagwell 前掲書（訳書１５９～１６０頁）

（16）馬場哲「都市化と交通」、岩波講座『世界歴史２２　産業と革新』岩波書店、１９９８年

（17）Vuchic 前掲書（訳書１４～１７頁）、馬場前掲書１８６頁

（18）Vuchic 前掲書（訳書１７～２０頁）

（19）Vuchic 前掲書（訳書２０～２５頁）

（20）Vuchic 前掲書（訳書２５～３６頁）
（21）Vuchic 前掲書（訳書３６～４１頁）
（22）Vuchic 前掲書（訳書４１～４６頁）
（23）Bagwell 前掲書（訳書１６３頁）
（24）Bagwell 前掲書（訳書１５６頁）
（25）Vuchic 前掲書（訳書４７～５１頁）
（26）Vuchic 前掲書（訳書５４頁）
（27）Bagwell 前掲書（訳書１６５～１６６頁）
（28）小池滋『英国鉄道物語』（新版）晶文社、２００６年、２２３～２２４頁
（29）Vuchic 前掲書（訳書５４頁）
（30）小池前掲書２２４～２３０頁
（31）日本地下鉄協会『世界の地下鉄』ぎょうせい、２０１０年、２８０～２８１頁
（32）Vuchic 前掲書（訳書５４～５７頁）
（33）日本地下鉄協会前掲書
（34）加藤晃・竹内伝史『都市交通論』鹿島出版会、１９８８年、６６～６７頁
（35）寺田一薫「都市公共交通の運賃体系」『徳山大学論叢』第２９号、１９８８年、１５３～１６２頁
（36）宇都宮浄人・服部重政『ＬＲＴ――次世代型路面電車とまちづくり』成山堂書店、２０１０年、１７～１２５頁

参考文献

宇都宮浄人・服部重政『ＬＲＴ――次世代型路面電車とまちづくり』成山堂書店、２０１０年

加藤晃・竹内伝史『都市交通論』鹿島出版会、１９８８年
小池滋『英国鉄道物語』（新版）晶文社、２００６年
寺田一薫「都市公共交通の運賃体系」『徳山大学論叢』第２９号、１９８８年
寺田一薫「発展途上国の都市における道路公共交通——インドネシアの都市のケース」『都市問題研究』第４５巻第１２号、１９９３年
寺田一薫『バス産業の規制緩和』日本評論社、２００２年
中川浩一『バスの文化史』筑摩書房、１９８６年
日本地下鉄協会『世界の地下鉄』ぎょうせい、２０１０年
馬場哲「都市化と交通」、岩波講座『世界歴史２２　産業と革新』岩波書店、１９９８年
Bagwell, P. S., and P. Lyth, *Transport in Britain: From Canal Lock to Gridlock 1750-2000*, Hambledon Press, 2002 (London).（梶本元信訳『イギリスの交通——産業革命から民営化まで』大学教育出版、２００４年）
Thomson, J. M., *Great Cities and Their Traffic*, Victor Gollancz, 1977 (London).
Vuchic, V. R., *Urban Public Transportation: Systems and Technology*, Prentice-Hall, 1981 (Englewood Cliffs).（田仲博訳『都市の公共旅客輸送』技報堂出版、１９９０年）

第1章

ニューヨーク

青木　亮

◎ニューヨーク市の発展

アメリカ合衆国ニューヨーク州ニューヨーク市は、世界有数の大都市の1つである。2007年の人口は827・5万人であり、周辺の郊外地域を含めると1780万人が居住している。市の人口は、1790年の調査以来、常に全米1位を維持してきた。

都市としてのニューヨークの歴史は、17世紀初頭までさかのぼる。1609年9月にオランダ東印度会社の依頼を受けたイギリス人ヘンリー・ハドソンがハドソン川探索を行ない、オランダによるニューネーザーランド（現在のニュージャージー州とニューヨーク州の範囲）の領有権主張がなされた。1624年にはオランダ西印度会社によるマンハッタン島への最初の植民が行なわれた。イギリスの航海条例をきっかけに勃発した英蘭戦争により、イギリスは1664年に同地をオランダから奪取し、ヨーク公の名前にちなんで「ニューヨーク」と改名した。1776年7月4日に、独立宣言によりアメリカ合衆国として独立するまでの約100年間、ニューヨークはイギリス本国と植民地西インド諸島を結ぶ三角貿易の拠点として栄えた。ニューヨークでは、原材料加工や生活用品の生産など工業も発展し、1670年には商業取引所が開設された。

独立後、ニューヨークは1784年から首都になり、これはフィラデルフィアに首都が遷る1790年まで続いた(1)。商業活動が盛んになるとともに都市人口も増加し、1830年には既に24・2万人の人口を数える北米最大の都市になっていた。ただし、この当時の市街地は、現在の14番ストリートより南側でロウアーマンハッタンを中心とする範囲内にほぼ収まっていた。蒸気船の就航や１８２５年のエリー運河の完成、それらにともなう工業の発展や移民増加により、その後もニューヨークの人口は増加し続けた。１８９０年には２５０・７万人、１９１０年には４７６・７万人に達し（表1）、１９２０年代までにマンハッタンのほぼ全域が市街地化された。第2次世界大戦後もニューヨークは拡大を続け、１９５０年のニューヨーク市人口は７８９・２万人、周辺の郊外部を含めた都市圏人口は１２９１・２万人と１０００万人の大台をこえた。その後、市の人口はほぼ横ばいとなり、２０００年人口は８００・８万人であるが、郊外地域の人口増加を背景に、都市圏人口は２１２０万人に達している。

現在、ニューヨーク市を構成する区はマンハッタン、ブルックリン（キングス）[2]、ブロンクス、クイーンズ、リッチモンド（スタッテンアイランド）の5区である。ニューヨークの人口は、都心部のマンハッタンでは既に２０世紀初頭、１９２０年前後から停滞・減少期に入っていたが、これに代わり郊外部の人口が増加した。特に２０世紀に入り、高架鉄道や地下鉄がマンハッタンから郊外へ路線を延長したことや自動車の普及により、都市の郊外化が促進された。郊外化は住居の移転だけでなく、工場や物流拠点、小売業などサービス業の郊外進出などを通じて職場の分散にもつながった。ニューヨークでマンハッタンに次いで都市化が進んだ地域は、ロウアーイーストサイドに隣接するブルックリンである。１８８３年のブルックリン橋の完成や１９０５年にマンハッタンと都市高速鉄道で結ばれたことは、ニューヨーク市との一体化を促進し、２０世紀初頭には既に人口は１００万人をこえていた。ブロンクスも、１９世紀半ば以降、ハーレム川やイースト川沿いに工場が進出したことで、工場労働者を中心に人口が増加した。１８８６年にブロンクスとマンハッタンを結ぶ初の鉄道が開通したが、２０世紀に入り鉄道路線の延伸や新規開業により、著しい人口増加が生じた。１９３０年の人口は１２６・５万人に達していた。一方、クイーンズは１９世紀半ばまで

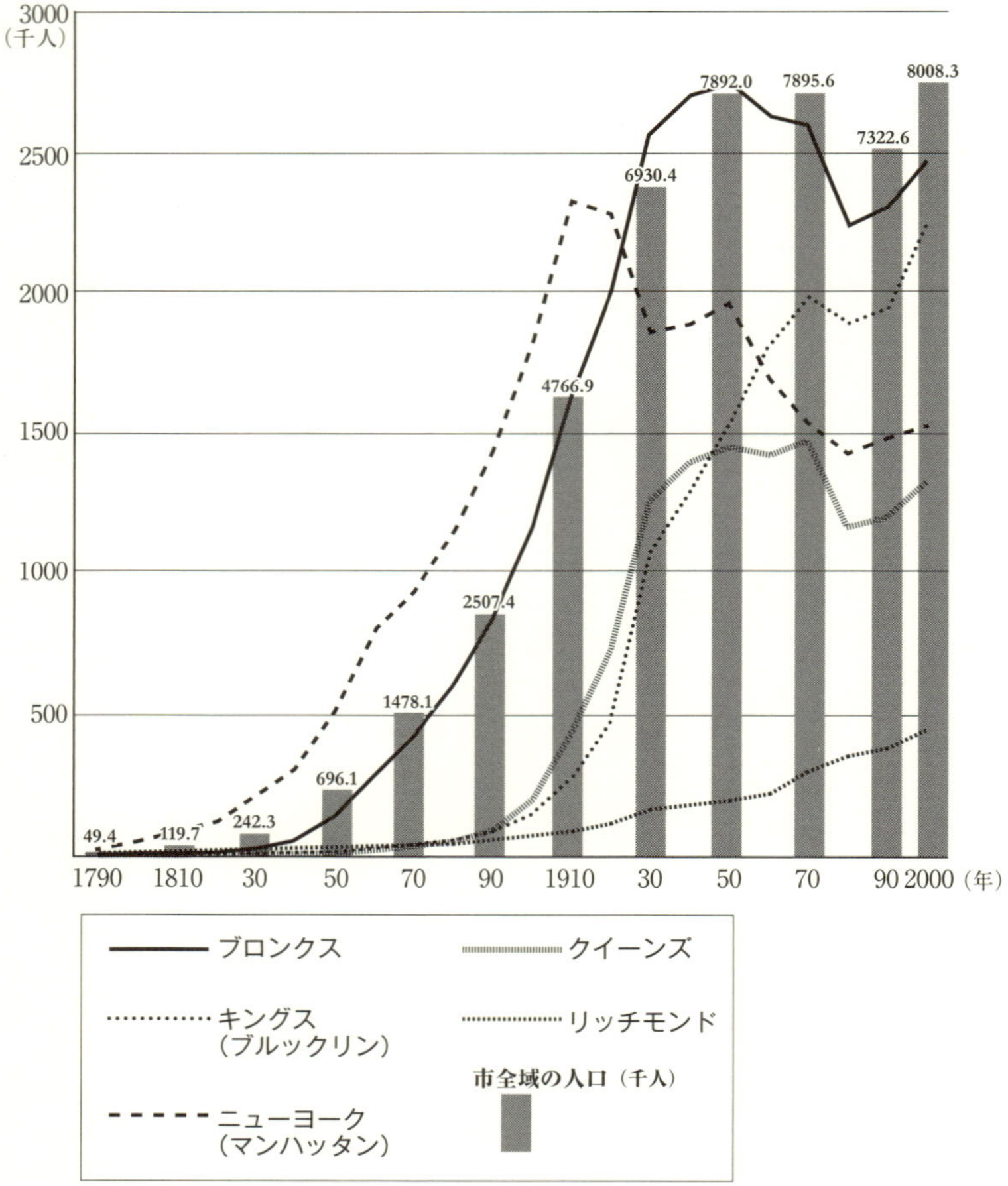

表 1. ニューヨーク市の人口

Censis of the United States および *New York State Statisticak Yearbook* より

は農村地帯としての性格を強くもつ地区であった。19世紀後半から工業化が開始されたほか、海岸地区はリゾート地として人気を集めるようになり、20世紀に入り鉄道が開通したことで、住宅地としても注目されるようになった。人口100万人をこえるのは1930年のことである。ニューヨーク湾西岸、ハドソン川河口近くに位置するリッチモンドは、スタテン島を中心にいくつかの小島から構成される。地理的特性もあり、都市化は遅れていた。現在でも、人口規模は5区の中で一番少なく、44.4万人（2000年）に留まっている。

◎馬車鉄道の開業

ニューヨークの都市内交通機関の始まりは、アブラハム・ブラウワーがブロードウェーのバッテリーとブリーカーストリートに1827年に導入した12人乗りの乗合馬車サービスまでさかのぼる。これはボストンやフィラデルフィアなどへの長距離輸送に利用されていた乗合馬車と外見は類似したものだが、事前に定められたルートと停留所に従い、時刻表にもとづくフリークエントサービスを提供し、定額の運賃を徴収するなど、サービス内容は長距離輸送と大きく異なっていた。路面の悪さゆえに乗り心地は良くなかったが、1830年代には、このような乗合馬車がニューヨークの多くの街路に登場した。

1832年11月26日、ニューヨーク・ハーレム鉄道（New York and Harlem Railroad）が世界初の馬車鉄道を、バワリー街のプリンスストリートと14番ストリートの間に開業した。これは道路上に埋め込まれた鉄製の線路上を、2頭の馬に牽引された木造の2軸客車が走行するものであり、乗客は後部のドアから乗車し、布張りされた車内の座席に座るほか、屋根に登ったり、運転席の後ろに乗り込んだりした。時速8マイル（約12・9㎞）と徒歩や馬車よりも速く、エネルギー効率で3倍の乗客を輸送することができ、乗り心地も快適であった。馬車鉄道は、ニューヨークに登場した初めての大量交通機関であり、マンハッタンの北で建設ブームを引き起こす一因となった。1832～60年に、都市の境界は42番ストリート付近まで北上し、富裕層を中心に郊外へ移転が生じた。彼らは工場や商店などが蚕食する旧来の場所から、当時の郊外であるグレイトジョーンズ通りやラファイエット広場、セントマーカーズ広場、ボンドストリート周辺に屋敷を構えるようになった。1855年には27路線、593台の車両がマンハッタンで営業していた。一方、市内ではピーク時の道路混雑や馬の嘶《いなな》き、馬糞の問題がクローズアップされるようになってきた。

◎圧搾空気鉄道の試み

交通渋滞の1つの解消策は、専用軌道をもち、大量輸送が可能な高架鉄道や地下鉄を整備することである。南北戦争後には、多くの技術者がこの課題に取り組んだ。

1863年1月10日、英国・ロンドンでメトロポリタン鉄道が蒸気機関車を用いた世界初の地下鉄を開業させた。しかし当時、多くの都市は空間に余裕のない都市部のトンネル区間を蒸気機関車が走行することは、環境上の理由や騒音問題ゆえに適切でないと考えていた。1861年、英国の技術者であるラメルは、圧搾空気を利用してエアチューブ内で客車を輸送する実験を行ない、成功を収めた。これに刺激され、発明家であり、「ニューヨーク・サン」紙の共同発行人や「サイエンティフィック・アメリカン」紙の編集

写真1．ビーチの圧搾空気鉄道

者を務めるアルフレッド・ビーチは、ニューヨークの交通問題の解決策として、ブロードウェーにトンネルを掘り、圧搾空気を利用する鉄道計画を考案した。ビーチの圧搾空気鉄道は、シティーホールからマジソンスクエアまでを5分、セントラルパークまでを8分、ワシントンハイツまでを12分で結ぶ計画であった。ただし、競合する馬車鉄道や、政治的利害関係者であり当時の最も有力な政治家であるタマニー協会のウイリアム・トゥイードから大きな反発を呼ぶ恐れがあったため、計画は地下郵便物輸送用チューブの実験として州政府に申請され、1868年に承認を受けた。計画路線は、新たに郵便局が設置される予定のブロードウェーのマレーストリートとウォーレンストリートの1ブロックに設置され、本来の意図は巧妙に隠されていた。その後、計画を修正してチューブを大型化し、総額35万ドルを費やしてトンネルが完成した。完成したトンネルは長さ312フィート（約95・1m）、直径9フィート

（約2・7m）の煉瓦造りの円筒形で、内部には線路が敷かれ、車両が1両、配置されていた。ウォーレンストリートの先端には大型送風機が置かれ、送風機のスイッチを入れると、トンネル内の空気の流れを利用して車両が走行する仕組みであった。地下鉄車両は22人乗りと小型であるものの、ラウンジのように明るく、乗り心地はなめらかであったとされる(3)。1870年2月28日に一般公開されると、たちまち市民の評判を呼び、トゥイードらによる妨害を受けながらも、1873年4月にはセントラルパークまで延伸する許可を州議会より得た。しかし結局、この鉄道は実用化されることなく終わった（**写真1**）。政治的な問題もあったが、むしろ最大の理由は技術的な課題であった。圧搾空気を旅客用の地下鉄に利用することは現実的でなかった。必要な空気力を得る費用はかなり高額になる上、列車の速度調整や複数列車の運行を管理することも容易でない。最終的にこの計画の実現可能性は、1873年9月18日の株式市場の混乱により完全に消え去った。トンネルはその後、好奇心旺盛な見学者に公開されたり、射撃場やワイン貯蔵庫として利用されたが、維持費をカバーできなくなったことから閉鎖され、人々の記憶からも忘れ去られていった。

1912年12月、BRT（ブルックリン高速交通）による新路線の建設工事中に、1本の古いトンネルが工事作業員により偶然、発見された。これがビーチの圧搾空気鉄道が約40年ぶりに日の目を見た瞬間であった。トンネルや駅、車両はほとんどそのままの状態で残されていたが、施設の大部分がシティーホール駅に位置していたため、これらの多くは破壊されてしまった。同駅には記念のレリーフが設置されているほか、当時トンネル堀作に利用されたシールドマシンが、ビーチの息子フレデリックによりコーネル大学へ寄贈された(4)。

写真2．ハーヴェイによる試験走行

◎高架鉄道の開業

ニューヨークに高架鉄道が登場したのは、1867年7月3日のことである。チャールズ・ハーヴェイによるウエストサイド・ヨンカーズ特許鉄道（West Side & Yonkers Patent Railway）がロウアーマンハッタンのグリニッチストリートのバッテリーとモリスストリートの1／4マイルでデモンストレーションを行なった。1年後にはコートランドストリートまで1／2マイルの路線が開通した。彼はさらにハーレム川を越えて、キングスブリッジとヨンカーズまでの延長を計画していた。この鉄道は、歩道の縁石沿いに建てられた細い橋脚の上に井桁を乗せ、そこを車両がケーブル装置を利用して牽引される形式である。運転手がグリップでケーブルをつかむと車両は前進し、離すと停止した。ケーブルカーの一種と言える。高架上の車両がひどく不安定そうに見えたため、見物人は試験運行でいつ車両が線路から落下して、バラバラになってしまうかと危惧したとされる[5]（写真2）。この方式は調整が難しく、しばしば故障にも見舞われたが、ニューヨーク州知事やニューヨーク市長をはじめとする多くの有名人が試乗に訪れ、さらに9番街をマンハッタンの北端まで延長することが認められた。しかし1869年9月24日に発生した「暗黒の金曜日」により同鉄道は破産を宣告され、翌年11月15日に資産は裁判所により960ドルで売却されてしまった。その後1871年11月、会社はニューヨーク高架鉄道（New York Elevated Railway）として再出発し、160マイル（約257.4km）におよぶ新路線を提案したが、同時にケーブル方式は蒸気機関車による運行へ変更された。客車のように偽装した機関車が牽引するこの鉄道は、1875年5月と6月の2ヵ月間で17万2846人を輸送するなど、多くの利用者を集めた。

ギルバート高架鉄道（Gilbert Elevated Railroad）は、ウエストサイド・ヨンカーズ特許鉄道と同時期にニューヨークに存在した別の高架鉄道である。1832年1月26日にニューヨーク州ギルフォードに生まれたルーファス・ギルバートは、外科医として成功を収め、南北戦争終結時には陸軍中佐として、全米の陸軍病院の総監兼院長を務めていた。彼は、大都市における高速鉄道サービスの提供は、劣悪なスラム街に住む人々を緑あふれる郊外へ移転させることで、高い死亡率を引き下げ、市民の健康促進につながると考えた。戦争終結後に鉄道会社の経営に乗り出したが、1873年9月の株式市場の混乱で、ギルバートは会社の支配権を失うことになった。同社はメトロポリタン高架鉄道（Metropolitan Elevated Railway）と社名を変更し、1878年5月1日、6番街の59番ストリートとトリニティ教会の間で、開通式を行なった。

1879年9月1日、メトロポリタン高架鉄道とニューヨーク高架鉄道は、マンハッタン高架鉄道（Manhattan Elevated Railway）として統合された。これは3社が実質的に同一人物、鉄道王のジェイ・グールドに所有されていたためである。1880年8月までにハーレム川までの9番街、2番街、3番街にも路線が開通したことで、マンハッタン北側で鉄道整備が進んだ。地下鉄開業の直前には、年間2億5000万人を輸送していた。

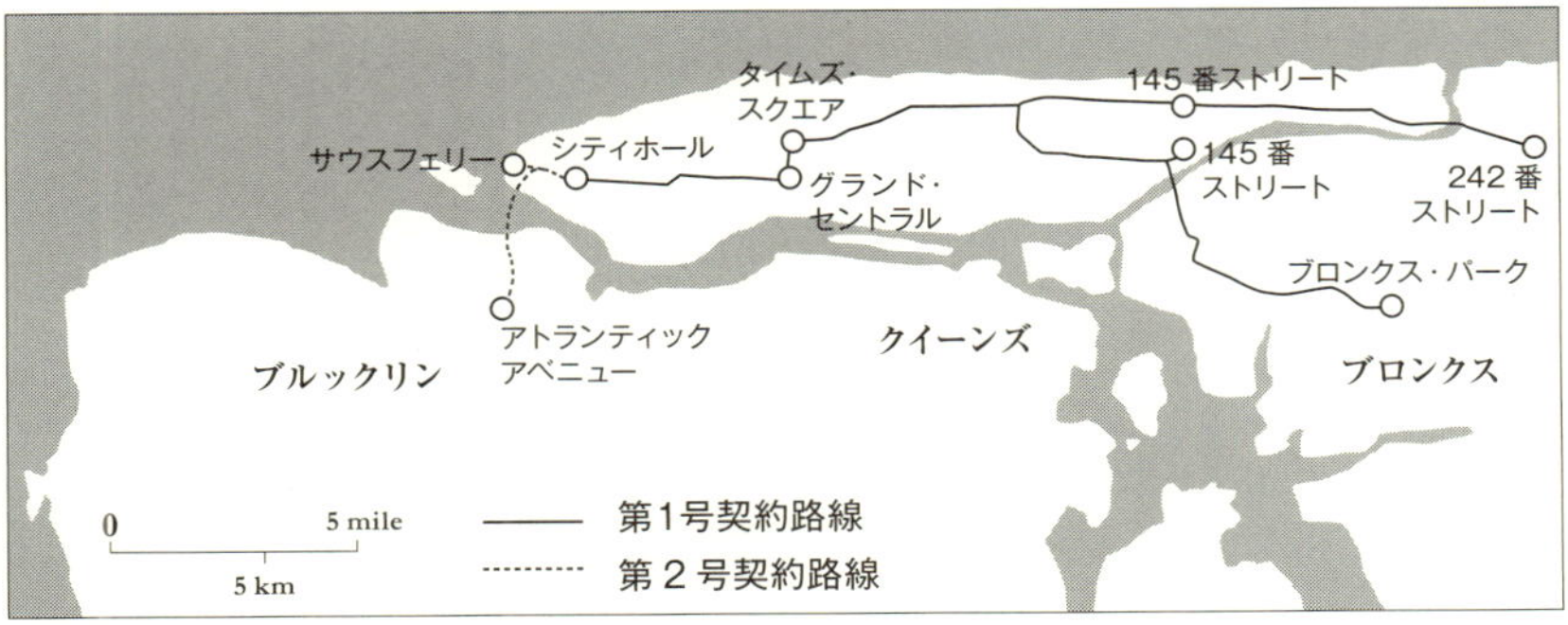

図1. 1908年当時のIRT路線図　筆者作成（当時の路線図をもとに一部加筆・修正）

初期の高架鉄道は蒸気機関車による牽引であったため、都市化が進んでいた地域では煤煙や騒音など周辺住民への悪影響も大きかった[6]。このため高架鉄道の建設にあたっては、競合する馬車鉄道からの反発だけでなく、住民の反対運動も根強いものであった。

◎地下鉄の建設

ニューヨーク初の地下鉄は、１９０４年１０月２７日にマンハッタンで開通した都市高速交通（Interborought Rapid Transit：ＩＲＴ）のシティーホールから１４５番ストリートまで、途中にグランドセントラル駅、タイムズスクエアを経由する９・１マイル（約１４・６km）の路線である。同線は大部分の区間が複々線であり、同一方向で各駅停車と急行列車を同時に運行可能な設計であった。その後も路線を延伸して、同年１１月２６日にはハーレム川を越えてブロンクスパークまで、翌１９０５年７月１０日にはマンハッタン南端へ、さらに１９０８年１月にはイースト川をトンネルでわたりブルックリンへと路線を延長した（図１）。

地下鉄は多額の建設費を要する上、開業時に既に資金を負担しており、返済は運賃収入から長期間をかけて行なう必要がある。民間企業にとりリスクの大きな事業と言える。このためニューヨーク市が施設の建設と保有を行ない、これを民間企業へ長期間リースする方式が考え出された。IRTは、実業家のオーガスト・ベルモント・ジュニアが中心になり、後に「ニューヨークの地下鉄の父」と呼ばれるようになるウィリアム・バークレイ・パーソンズを主任技師に迎えて、1900年2月21日にニューヨーク市との間に締結された「第1号契約」(Contract No.1)を受けて設立された。[7] 契約では、地下鉄の建設運営期間を50年間として、さらにその後25年間更新できることや、市は建設費として3500万ドルを提供するほか、駅やターミナル用地の費用として150万ドルを別途支出する代わりに、車両や信号その他の設備はベルモントの負担とすることが規定された。[8] また開業後、ベルモントは建設債の利率に等しい金額を年間利用料として支払うとされた。IRTはマンハッタン高架鉄道を1903年に事実上買収して、地下鉄と合わせてマンハッタンで都市鉄道の独占を目論んだ。[9] またイースト川の下を通りブルックリンへ向かう3.5マイル(約5.6km)の地下鉄建設のため、1902年には「第2号契約」が締結された。

地下鉄開業後、沿線人口は増加を続けた。例えば、1900〜20年に、マンハッタンの人口は1.23倍に、[10] ブロンクスの人口は3.7倍になった。これら住民は、マンハッタンへの通勤に地下鉄や高架鉄道を利用したため、列車は朝、夕のラッシュ時を中心に激しい混雑に見舞われた。[11] 1908年の調査では、IRTの平日利用者の1/3が、午前8〜10時と午後4〜6時の各2時間のピーク時間帯に集中していた。同年の地下鉄の1日平均利用者数は約80万人であり、これは計画時の輸送力60万人を3割以上超過していた。この事態に対し、会社は列車を長編成化するためプラットホームの延長工事を行なったり、乗降時間を短縮するため、従来の片側2ヵ所にドアのある車両から3扉の新型車両を導入したほか、列車間隔を短縮する信号システムの改良に取り組むなどの対応に追われた⑫。

１９０５年３月、ニューヨーク市は１９路線、１６５マイル（約２６５・５㎞）におよぶ地下鉄整備の新計画を発表した。ニューヨーク市が建設費を負担して、路線営業権を民間会社にリースする入札を実施する予定であった。計画にはＩＲＴの既存路線網に接続する多くの新路線が含まれていたが、ＩＲＴとは全く独立の路線もあり、これらは地元の鉄道会社による運行を予定していた。しかし、この計画は市内で地下鉄路線の独占を主張するＩＲＴの強い反発を招いた。ニューヨーク市はＩＲＴの独占を認めなかったが、競争入札が実施された路線についても、ＩＲＴが落札会社を買収することで、事実上、独占が維持されることになった。

一方、ニューヨークにはもう1社、ブルックリンの高架鉄道や路面電車が合併して設立されたブルックリン高速交通（Brooklyn Rapid Transit：ＢＲＴ）が存在した。同社は、利用者の多くがマンハッタン中心部へ向かう通勤客であることもあり、マンハッタンへ路線を延伸する意図をもっていた。１９１３年３月１９日にＩＲＴ、ＢＲＴおよびニューヨーク市の３者間で、地下鉄を建設して、運行をＩＲＴとＢＲＴの２社とする「二重契約」（Dual Contracts）と呼ばれる協定が結ばれた。協定の主な項目は以下である。①ニューヨーク市は債券を発行して地下鉄を建設する。ＩＲＴとＢＲＴは、市の所有する地下鉄施設を４９年間リースし、建設費と設備費の一部を負担する。②地下鉄建設費として、ニューヨーク市が1億６４００万ドル、ＩＲＴが７７００万ドル、ＢＲＴが６１００万ドルを負担する。③運賃は、全線で5セント均一として、４９年間固定する。

二重契約後のニューヨーク地下鉄は、マンハッタンとブロンクスを主にＩＲＴが運行し、ＢＲＴはブルックリンとそこからマンハッタンに乗り入れる路線を運行する形になった。クイーンズについては、ＩＲＴ

とBRTの両社が乗り入れている。IRTはタイムズスクエアからバッテリーへ向かう7番街線や、35番ストリート・パークアベニューからブロンクスの135番ストリートへ向かうレキシントンアベニュー線などの建設をマンハッタンで進めたほか、ブルックリンではニューラッツアベニューやフラットブッシュアベニューに向かう路線、ブロンクスではウッドローンやペラムベイパークに向かう路線を建設した。また既存高架鉄道の延伸や複線の間にもう1本線路を増設する3線化なども行なわれた。この結果、二重契約以前の線路長は73マイル（約117・5km）の地下鉄路線と118マイル（189・9km）の高架鉄道の計191マイル（307・4km）であったが、新規に地下鉄146・5マイル（約235・7km）、高架鉄道の延伸10・4マイル（約16・7km）などを追加して、合計358・7マイル（577・1km）になった。一方、BRTはブルックリンとマンハッタンを結ぶ路線を中心に建設を進めた。イースト川を越えてブルックリンとマンハッタンをつなぐ路線や、これら路線と接続してブロードウェーに沿ってマンハッタンを南北方向に走るブロードウェー7番街線、さらにこの路線に接続してイースト川をトンネルで越えてクイーンズに向かう路線など

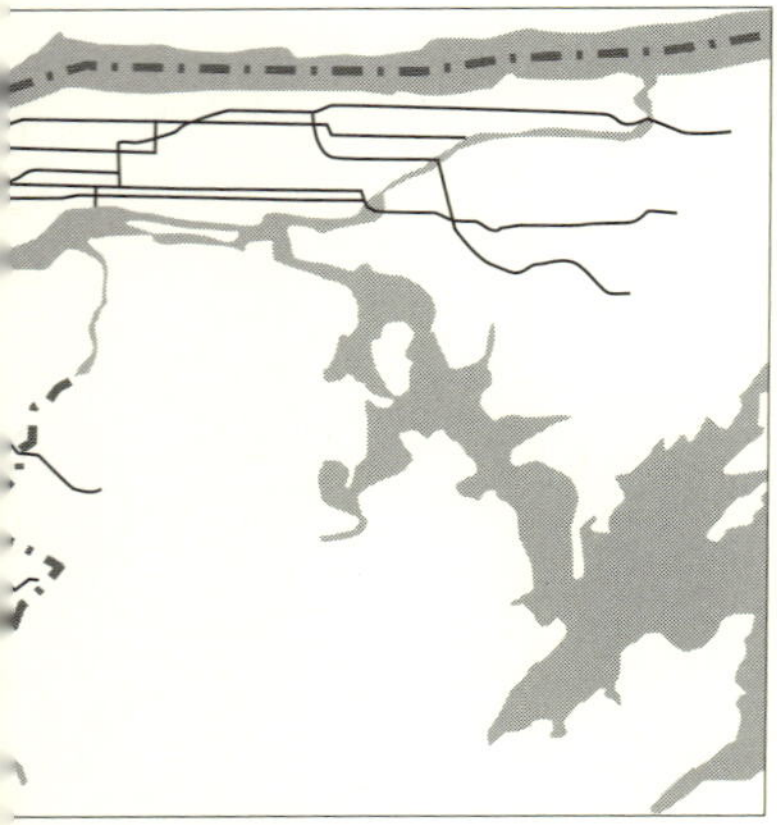

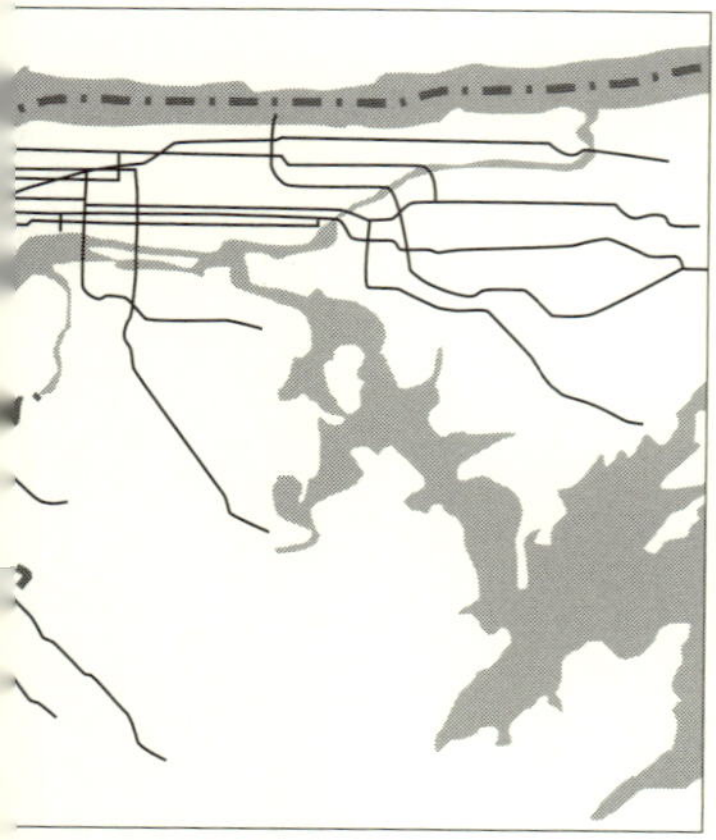

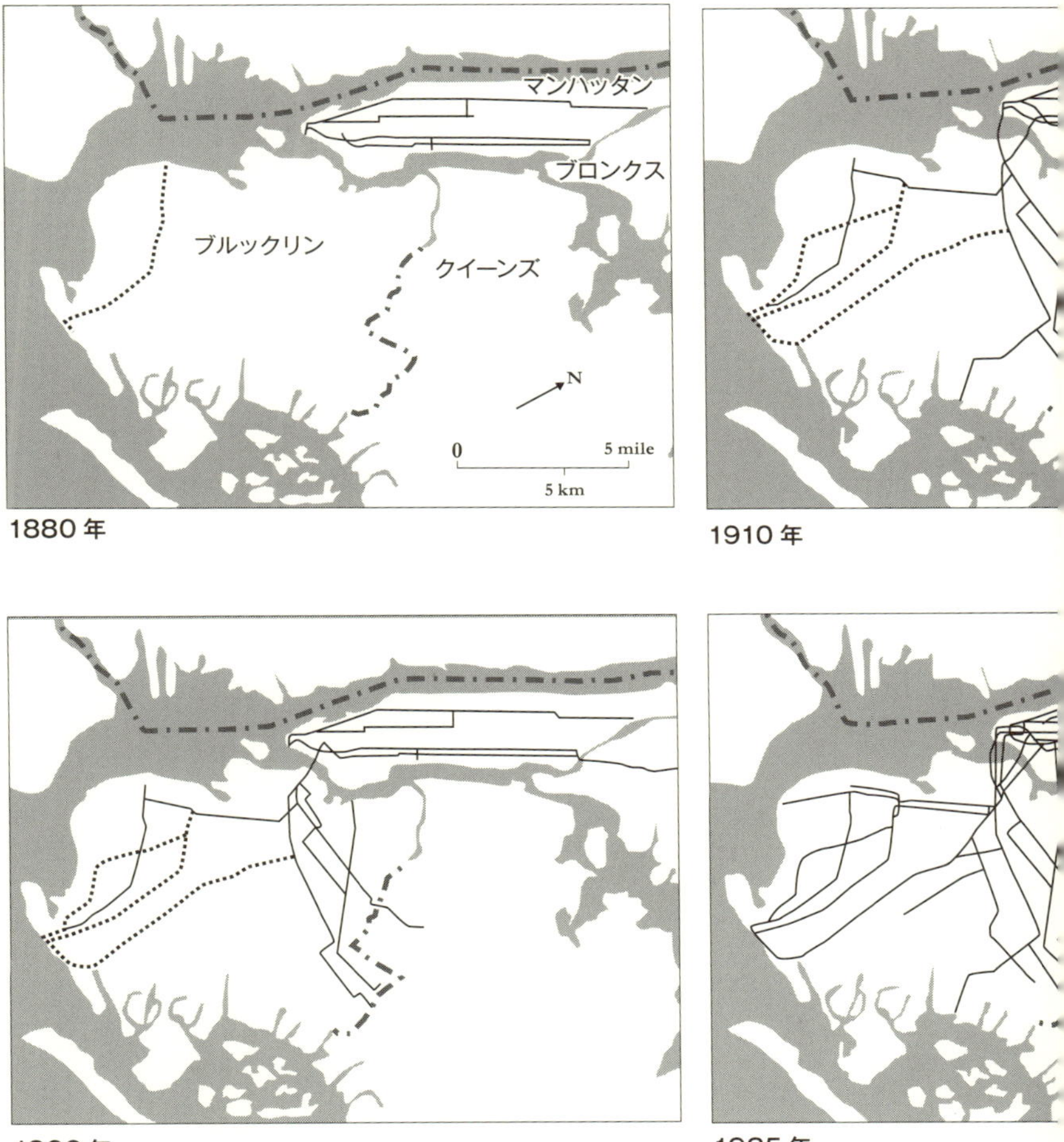

図2．ニューヨークにおける都市高速鉄道の発展

破線は既設路線のうち、後に地下鉄網に組み込まれた路線　*702Miles,* p.208 より

が建設された。またブルックリンでは4番街線や、同線から分岐してコニーアイランドに向かうシービーチ線などが地下鉄路線網に組み込まれ、マンハッタンと直通された。前出のアルフレッド・ビーチの地下鉄は、BRTがマンハッタンで地下鉄建設中に偶然発見したものである。二重契約以前の同社の線路長は高架鉄道の105マイル（約168・9km）のみであったが、155マイル（約249・3km）約の線路を新たに建設した。

ニューヨークの高速鉄道網は、1920年には地下鉄と高架鉄道を合わせた線路長で618・7マイル（約995・5km）、路線長では201・8マイル（約323・9km）に達し、世界最大規模となった。二重契約はニューヨークの交通網充実に大いに貢献したと言えよう（図2）。この結果、地下鉄と高架鉄道の沿線で宅地開発が進み、20世紀初頭にはブロンクスやブルックリン、クイーンズなど、郊外地域の人口が急激に増加した。またブルックリンのコニーアイランドや、ブロンクスのヤンキースタジアム等の行楽地は、多くのニューヨーク市民で賑わうようになった。

一方で、IRTとBRTの両社間でネットワークが分断されていた。両社の接続や乗り換えは不便であり、運賃も別個であった。これは、BRTが既存高架鉄道の車両の大きさに合わせて地下鉄の設備を設計したため、IRTと異なる規格になったことも一因である。

◎BRTの破産とINDの設立

19世紀後半におけるアメリカの都市鉄道の多くは、片道運賃を距離にかかわらず5セント均一としていた。ニューヨークの高架鉄道も運賃は5セントであり、地下鉄も当然のように5セントの運賃を受け入れていた。1900年のIRTとの第一号契約や1913年の二重契約でも運賃は5セントと規定されていたが、当時、会社はこの運賃水準で十分利益を上げることができた。しかしながら、第1次世界大戦期のインフレが状況を一変させた。インフレは実質運賃を低下させ、例えば地下鉄開業時の1904年のドル価値で運賃5セントを評価すると、1919年には2・6セント、1920年には2・25セントの価値しかもたなくなった[13]。さらに地下鉄網の拡大にともない、これまでよりもニューヨーク市民の平均乗車キロは長くなったが、均一運賃であったため、これはIRTとBRTにとり収入増加につながらなかった。このため、両社は1918年にほぼ破産状態に陥り、経営悪化を理由に新路線建設も進まない状態が続いた[14]。

1918年11月1日、組合を結成した29名の運転手の解雇に抗議して、BRTでストライキが発生した。会社は事務職員などを運転手や車掌に動員して運行を続けたが、その1人、23歳のエドワード・ルチアーノの運転する列車が、マルボーンストリート駅付近のトンネルに入るS字カーブをスピード超過から曲がりきれずに脱線し、トンネル内の壁に激突して木造の車体はばらばらとなった。この事故で少なくとも93名が死亡し、アメリカの都市高速鉄道で史上最悪の大事故になった[15]。同社はそれまでの経営悪化に加えて多額の賠償金負担が生じたことから債務超過に陥り、1918年12月31日に倒産してしまった。1923年3月の再出発にあたり、同社はブルックリン・マンハッタン交通（Brooklyn-Manhattan Transit：BMT）に社名を変更した。

1920年代、30年代はニューヨークの地下鉄利用者にとり、よき時代であった。5セントという安い運賃は、職場への足として、またダウンタウンでのコンサートやスタジアムでの野球観戦など、さまざまな機会で地下鉄の利用を促した。特に地下鉄は郊外に居住する労働者にとり、重要な交通手段であった。低廉な運賃は、多くの市民に便益をもたらした一方、会社経営には深刻な影響を与えた。国や自治体から補助が見込めないこともあり、会社は支出削減に努め、特に人権費削減を目的とする機械化に取り組んだ。例えば、名物ともなったコインを投入する自動改札は1920年代初頭からニューヨークの地下鉄に導入されたが、[16]これにより会社は数百人の改札係を削減することが可能となった。また当時は2両に1人車掌が乗務して各車両のドア開閉を行なっていたが、車掌室で集中制御可能な自動ドアを導入することで、10両編成の列車を運転手1名と車掌1名で運行できるようになった。BMTでは約4000人いた車掌を1919～39年に3分の1に削減し、IRTでも車掌は4000人から1519人に減少した。また両社は資本投資を削減するため車両新製を延期したほか、運行費削減策として列車本数の削減や、プラットホームやトイレ、車内清掃の頻度を下げるなどの対応策を実施した。

IRTとBRTの経営が悪化したことは、ニューヨーク市にも大きな影響を与えた。二重契約をはじめ、これまでニューヨーク市と両社の間で結ばれた契約は、都市高速鉄道が有望な事業であり、両社の経営が健全であることを前提としていた。しかしながら、1919～40年に、IRTの収入3億69万ドルのうち利益配分にもとづく市の受取金額はわずかに210万ドルであり、BRTにおいては2億73万ドルの収入にもかかわらず、市は1セントたりとも受け取れなかった。一方、同期間に市の負債は両社を合わせると、4億6140万ドルに達した。1925年、ニューヨーク市長のジョン・ハイランは市営地下鉄であるIND (Independent Subway System) を設立し、市内に地下鉄会社3社が併存する形になった。INDの目的は、既存のビジネス地区と旧来の居住地区に高速輸送サービスを提供することや、高架鉄道を地下鉄に置き換えること、またIRTやBMTと競合することでサービス向上を目指し、5セント運賃で十分に経営が成り立つことを示すことにあった。この目的のため、主要7路線190マイル（約305.7km）の計画が提案され

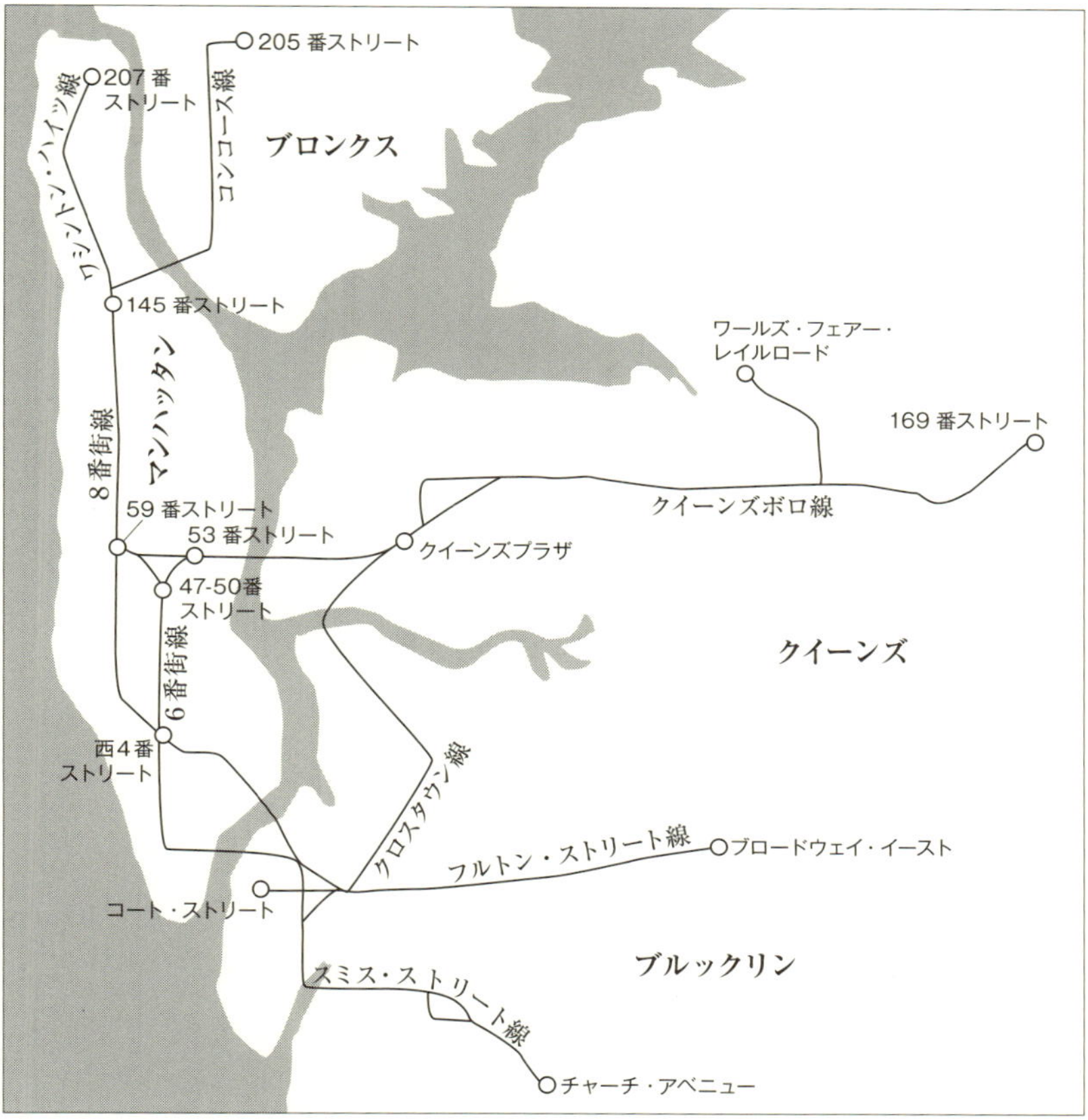

図3. 1940年のIND路線図　筆者作成（当時の路線図をもとに一部加筆・修正）

た。同社の路線はマンハッタンでは6番街と8番街の下に敷設され、ノーザンマンハッタンの207番ストリートやブロンクスの205番ストリートにいたる路線や、マンハッタンの6番街線からイースト川を越えてブルックリンのフルトンストリート沿いにイーストニューヨークにいたる路線、さらにスミスストリートをブルックリン南部に向かう路線、クイーンズではクイーンズブルバードを169番ストリートにいたる路線などが整備された（図3）。1932年9月10日に、エリザベスアベニュー線の一部区間がIND最初の区間として開業し、1940年12月14日には6番街線が最後の区間として開業した。現在のニューヨークの地下鉄網は、この時期までにほぼ完成したと言える。

IND路線は、クイーンズボロの市街化地域を越えて延伸された区間を例外として、大部分の路線は既に開発が行なわれた地域に建設された。これまでのニューヨークの都市高速鉄道の歴史と、この点は大きく異なる。これは運行にともなう損失を回避するため、INDが十分な利用者が見込める商業地区や人口稠密地区に路線を敷設したためである。それゆえINDがニューヨークの土地利用に与えた影響は限定的である。一方、IND路線の多くは、既存の高架鉄道と競合した。例えば、INDの6番街線は、IRTの6番街に敷設されている高架鉄道の下を走行し、フルトンストリートの路線は、同様にBMTの高架下に位置した。1920年代には、多くのニューヨーク市民が、高架鉄道は近代的な大都市にとり時代遅れでスピードも遅く、見苦しい存在であると見なしていたことや、高架橋が道路交通の障害物とみなされていたこともあり、高架鉄道から地下鉄への転換につながった。

◎ニューヨーク市による地下鉄3社の統合

大恐慌は、利用者数の減少を通じてニューヨークの地下鉄各社に大きな影響を与えた。1928～37年に、BMTの利用者数は12%、IRTの利用者数は19%減少し、両社の年間収入はそれぞれ660万ドルと460万ドル減少した。INDの状況も厳しかった。同社のマイルあたり平均費用は900万ドルであり、これはIRTやBMTより25%高い数値であった。1939年10月までにINDの総建設費は、7億6684万4000ドルに達した。1932年に同社は営業を開始したが、これにともない巨額の運行損失も見込まれた。このような現状を背景に、ニューヨーク市長のフィオレオ・ラガーディアは、市財政立て直しのため、地下鉄体制の再構築をもくろんだ。彼は、地下鉄2社を市のコントロール下で統合することで、ネットワーク拡大による規模の経済性を生み出し、効率性改善につなげることを期待した。

3つの基本要素が、統合会社の概念として存在していた。第1は5セント運賃の維持である。第2は、地下鉄と高架鉄道をニューヨーク市が運行すること。第3は、地下鉄は運賃5セントを維持しつつ、独立採算で運営されることである。IRTとBMTの経営者や投資家は、おおむね統合に好意的であり、関心事はいかに高額な金額で買収されるかにあった。

1939年7月1日、ニューヨーク市のラガーディア市長とBMT社長のウイリアム・マンデンは、1億7500万ドルで会社資産を買収する契約に調印した。4ヵ月後の11月1日には、ニューヨーク市はIRTとも1億5100万ドルで買収する契約を結んだ[17]。1940年5月31日午後11時55分、BMTの最終列車が57番ストリート・7番街駅を出発した。この特別列車にはニューヨーク市長のラガーディアとその婦人、BMT社長のマンデンらが乗車していた。4分後、特別列車は大勢の人々が待ち構えるタイム

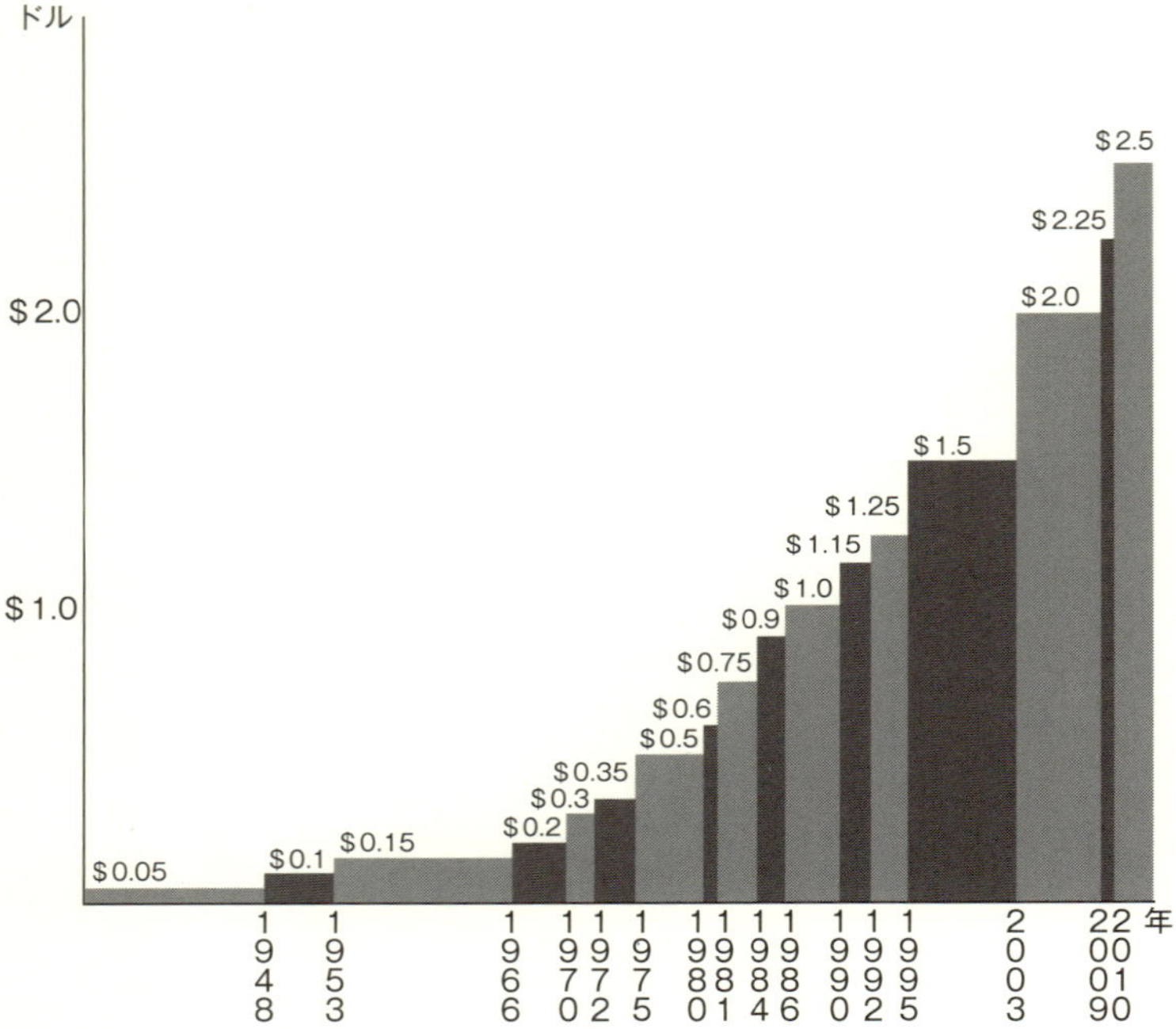

図4．ニューヨーク地下鉄の運賃推移　筆者作成（当時の資料をもとに一部加筆・修正）

ズスクエア駅に到着し、ＢＭＴ社長から市長へ会社資産を引き渡す記念式典が開催された。

ニューヨーク市は、ＩＲＴとＢＭＴの２社とＩＮＤを統合してニューヨーク市交通局（New York City Transit System：ＮＹＣＴＳ）を設立した。[18] またロングアイランド鉄道（ＬＩＲＲ）から一部の高架鉄道を買収して改良を行ない、既存路線と接続させた（ラッカワー線）。誕生したＮＹＣＴＳは、３万５０００人の従業員を雇用し、７６０マイル（約１２２２㎞）の地下鉄網と４３５マイル（約７００㎞）の高架鉄道網、８０マイル（約１２８・７㎞）のバス路線網を運営し、年間２３億人を輸送する巨大組織であった。[19] また多くの高架鉄道を所有するＩＲＴとＢＲＴがニューヨーク市の所有になったことで、高架鉄道の廃止も容易になった。郊外においては依然、高架鉄道が存続しているものの、ニューヨーク中心部、マンハッタンにおける高架鉄道は、1956年までに廃止された。

第2次世界大戦の勃発は、ニューヨークが軍隊の移動や物資の集積地となったことで、地下鉄利用者の増加につながった。地下鉄と高架鉄道を合わせた利用者数は1943年に19億人、47年には20億人以上に達した。しかしながら1945年に戦争が終結したことで、利用者は再度減少に転じた。一方、運行費は1941〜45年に賃金が平均27%引き上げられたこともあり、上昇した。このことは、NYCTSにとり財務上の大きな問題を引き起こした。合理的な解決策は、運賃を引き上げるか、一般財源からの補助金投入であるが、そのような行動は政治的困難さをともなった。

市長のウイリアム・オドワイヤーは、1948年7月1日より地下鉄と高架鉄道の運賃を10セントに、路面電車とバスの運賃を7セントに引き上げると発表した。運賃引き上げにより、1948年には黒字を計上したNYCTSであったが、50年に120万ドル、52年に2480万ドルの営業損失を計上したことで、再度、深刻な財政危機に直面した。この問題に対する対応策として、地下鉄を直接市が運行するのでなく、公共企業体を設立して、そこが運行を担うことが考えられた。[20]地下鉄を市が直接運行することは、大衆受けを狙った政治家の近視眼的行為を招きやすい上、運賃引き上げは、政治家にとりできれば避けたい選択肢である。党利党略を超越した専門家が経営にあたる公共企業体は、事業を企業的視点で運営することにつながると期待された。また大きな力を得るようになった労働組合の影響力も弱めることにもなろう。

1953年、公共企業体であるニューヨーク市交通営団（New York City Transit Authority：NYCTA）が設立された。NYCTAは、5名の理事から構成される理事会をもち、ここが運賃改定を含め、地下鉄運行にかかわるすべての権限を保有した。1968年には、ニューヨーク州内の鉄道・バスなど都市交通サービ

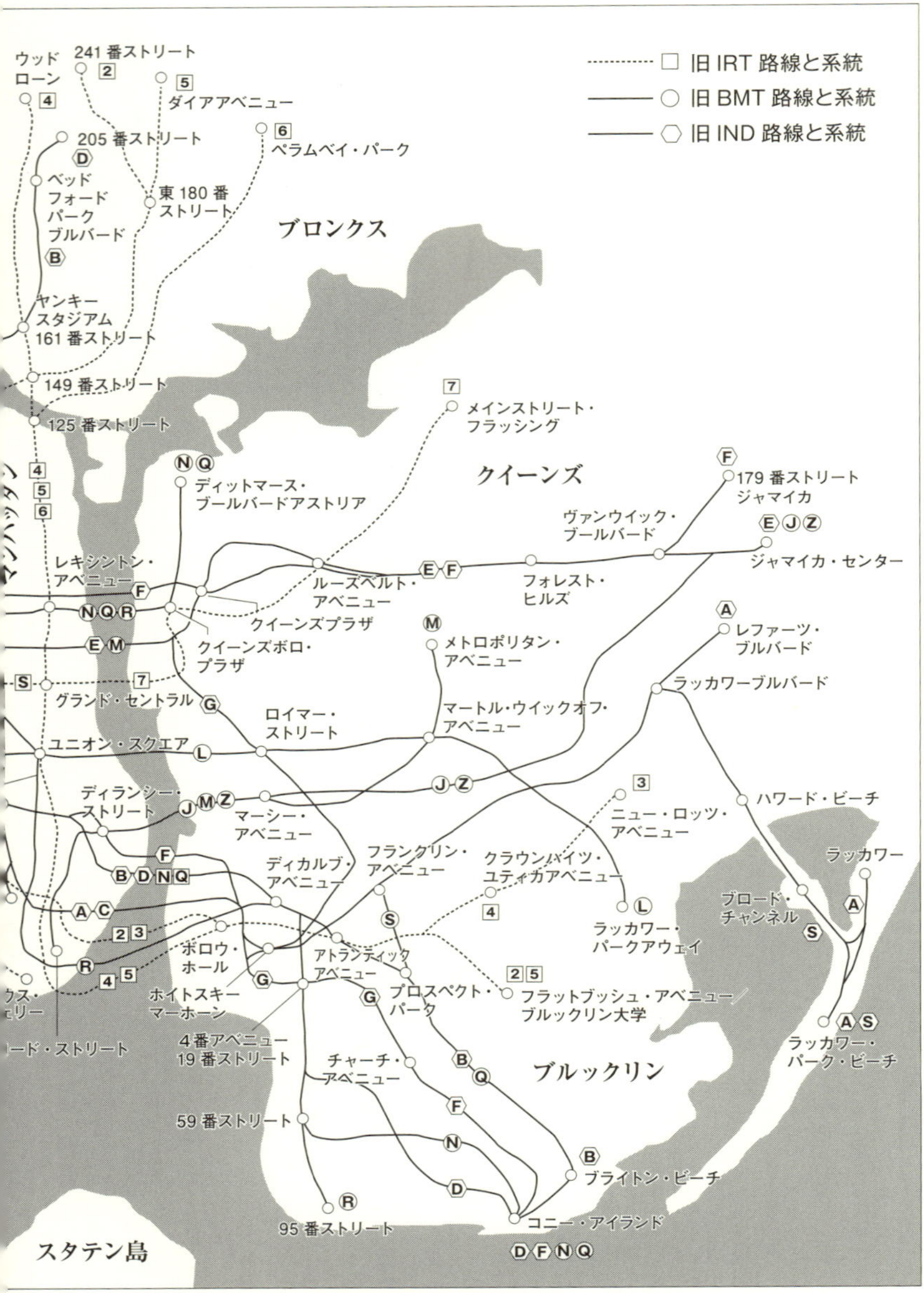

図5．ニューヨーク地下鉄路線図　筆者作成（当時の路線図をもとに一部加筆・修正）

スや、橋・トンネルの管理運営に責任をもつニューヨーク州都市交通営団（Metropolitan Transit Authority：MTA）の傘下に、NYCTAは入った。[21]

NYCTAのもとでニューヨーク地下鉄の運行は行なわれているが、公共性と企業性の両立は、今日まで続く大きな課題である。地下鉄料金は1948年に10セントに引き上げられたが、その後も値上げは続いた。1966年に20セントに値上げされて以降、ほぼ数年ごとに値上げが繰り返され、現在の運賃は2・50ドルに達している（図4）。NYCTAは、多くの政府機関と同様に、官僚主義の弊害にも悩まされた。1960年代、70年代は、インフレやストライキの多発、列車の遅延、落書きや地下鉄内での犯罪増加、乗客数の減少といった課題に直面したが、利用者のニーズをくみ取り、適切かつスピーディーな対応は欠きがちであった。アメリカでは1964年の都市大量輸送法（Urban Mass Transportation Act of 1964）以降、都市内公共交通に対して連邦政府から資本費補助が行なわれるようになった。現在、アメリカの公共交通においては、資本費は原則として連邦政府や自治体が全額を負担している。また運行費に占める運賃収入およびその他収入の割合が平均37・4％（2009年）であることに示されるように、[22] 運営面でも補助金に大きく依存している。大量交通機関の特性を発揮しやすいニューヨークの地理的条件を背景に、NYCTAの運営費における補助金比率は2割以下とかなり低いが、反面、高い地下鉄運賃が市民の不満を招いている。

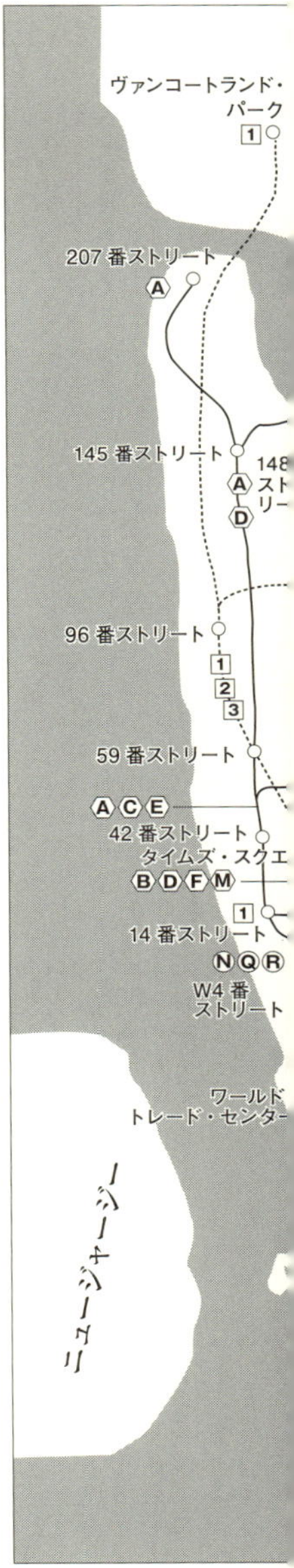

◎路線の現状と将来計画

現在、NYCTAが運行する地下鉄は、26路線468駅、路線長は約660マイル（約1061・9㎞）であり（図5）、年間利用者数は16億人を数える。26路線のうち、路線番号1～7などは旧IRTの路線、J、L、M、N、Q、R、Zなどは主に旧BMT、A～Gは主に旧INDの路線である。[23]旧IRTの路線と、旧BMTと旧INDの路線では、トンネル規格などが異なるため、相互乗り入れはできない。大部分の路線で24時間運行が行なわれており、ラッシュ時は2～10分間隔、オフピーク時は5～15分間隔、深夜は20分間隔で運行されている。運賃は2・5ドル（2010年12月30日～）の均一運賃である。運賃収受は、長らくトークン（専用のメダル）を利用した機械式の自動改札システムが採用されていたが、1990年代から磁気式のメトロカード（Metro Card）が導入された。運行費の85・4％を運賃収入でまかなっており、その他の収入2・1％を加えると、アメリカの他都市の公共交通機関と比較して、連邦政府や自治体からの補助金は相対的に少ない。

ニューヨークの地下鉄は、1970年代後半から80年代半ばにかけて落書きや治安の悪さで有名であった。しかし1982年から総額85億ドルに上る設備更新のための5ヵ年計画が実施され、1983年以降、落書きの消去が容易な川崎重工とボンバルディアの新型ステンレス車両（R62型）を大量導入したことや、交通当局と警察の協力などにより、90年代に入り状況は改善しつつある。2004年には旧型車両のほとんどが現役を引退し、ステンレス車両へ置き換えられた。

1929年以来、幾度か検討されては消えていた2番街地下鉄の第1期工事2マイル（約3・2㎞）が、

２００７年４月に総額４３億４７００万ドルの予定で着工した。全線完成後は、マンハッタンのミッドタウンからアッパーイーストサイドへのアクセスが飛躍的に向上すると期待されている。また７号線をハドソンヤードへ延伸する計画のうち、タイムズスクエア・４２番ストリートと１１番街・３４番ストリートの区間で、２０１３年開通を目標に工事が進められている。

注

（１）ワシントンD．C．が首都になったのは１８００年である。また１７９７年にはニューヨーク州の州都が、ニューヨークからオルバニーに移転した。

（２）公式名称はキングス郡。もともとはブルックリン市であったが、１８９８年にニューヨーク市に統合された。

（３）以上の記述はHood (1993) による。

（４）ただしコーネル大学に、このシールドマシンの受け入れに関する公式な記録は残されていない。このため、その後シールドマシンがどのような経緯をたどったかは、現在では不明である。

（５）前掲書４９頁。

（６）蒸気機関車を利用することにともなう問題は、１９０３年までに高架鉄道が電化されたことでほぼ解決した。

（７）地下鉄建設を目的とするニューヨーク市と民間企業の契約は、最初はジョン・マクドナルド（Johe. A. McDonald）の会社と契約されるはずであった。しかし彼の会社は必要な資金を調達することができず、ベルモントが同社を買収することになった。

（８）車両は、安全性を考慮して全鋼製車両が導入された。Cudahy (1995) によると、１９０４年２月にＩＲＴに納入された車両Ｎｏ．３３４２が、世界初の全鋼製車両とされる。その後、同型車が２００両製造された。

（9）マンハッタン高架鉄道の株主に毎年7％配当を保証して、会社資産を999年間借り受ける契約であった。

（10）マンハッタンの125番ストリートより北側地区に限定すると、1905〜20年に人口は2・65倍に増加した。

（11）20世紀に入ると自動車の技術進歩を受けて乗合バスも登場した。ニューヨークでは1905年9月に5番街乗合バス（Fifth Avenue Coach Company）がサービスを開始した。しかし運賃が10セントに設定されていたことに示されるように、当時は地下鉄の競合相手とはみなされていなかった。公共交通機関としての乗合バスの発展は、もう少し後のことである。

（12）前掲書114頁。

（13）1904年の消費者物価指数を100とすると、1913年までの10年間は10％の上昇（消費者物価指数110）である。一方、1919年と20年の同指数は、それぞれ191・9と222・2であり、物価が急激に上昇している。

（14）経済発展にともない、同時期には自家用車の普及も始まった。多くの都市では、自家用車は公共交通機関にとり大きな脅威となったが、ニューヨークでは地理的条件と高い人口密度ゆえに状況は異なっていた。ニューヨークで、自家用車が公共交通機関に影響し始めるのは、第2次世界大戦後のことである。

（15）当時、同社の標準的な訓練時間は20日間であったのに対し、事故を起こした運転手は2時間半のトレーニングしか受けておらず、事故当日は、彼が営業列車を1人で運転した初日であった。事故から数年のうちに、木造車が鋼製車に置き換えられるなどの対応がとられたほか、列車速度を検知して自動的にブレーキをかける保安システム、今日のATSの開発も行なわれた。また、事故のイメージが強いため、翌年にマルボーンストリート駅はエンパイアブルバード駅（Empire Boulevard）に改名された。

（16）導入時は、5セント硬貨1枚を投入すると改札口のバーが開放する構造であった。戦後の運賃改定により複数枚の硬貨を投入する必要が生じたことから、専用メダルであるトークンの利用に改められた。

(17) それ以前の1936年6月22日に、既にニューヨーク市はIRTとBMTの両社を総額4億3600万ドルで買収する計画の承認をニューヨーク州交通委員会に申請していた。しかし、この案は買収価格が高額であることや、より本質的な理由と考えられるニューヨーク市長選をめぐる政治的対立から、1937年5月7日に否決されてしまった。1937年11月2日に行なわれた選挙でラガーディアが民主党候補を下して市長に再選されたことで、再度統合をめぐる交渉が再開された。新たな案は、当初案よりも市の買収金額は少額になっている。

(18) 当時、BMTはブルックリンとクイーンズで乗合バスと路面電車も営業していたため、NYCTSはこれら事業も引き継いだ。マンハッタンでは、これら事業は別会社の経営であり、統合されるのは、1953年にNYCTAが設立されたときである。

(19) このうち18億人が地下鉄と高架鉄道の輸送人員であった。

(20) ニューヨークでは公共企業体としてニューヨークとニュージャージーの港湾管理や両地域を結ぶトンネル、橋の管理を行なうニューヨーク・ポート・オーソリティが1921年に設立されていた。この組織の存在が、地下鉄改革のモデルとされる。

(21) 現在でもMTAとNYCTAは法的に別個の独立組織である。ただしニューヨーク州知事とニューヨーク市長の合意により、MTAの理事をNYCTAの理事に任命しているため、事実上、MTAの下部組織のような形になっている。

(22) APTA (2011) による。

(23) 旧BMTと旧INDの路線は、列車が相互に乗り入れ可能であり、統合後に新設された区間の存在や、現在の運行系統が当時と多少、異なるため、厳密な意味で両者を区分することは困難である。

参考文献

大阪市立大学経済研究所編『世界の大都市4　ニューヨーク』東京大学出版会、1987年

合衆国商務省編『アメリカ歴史統計　Ⅰ』原書房、１９８６年
財団法人矢野恒太記念会編『世界国勢図絵　２０１０／１１』財団法人矢野恒太記念会、２０１０年
社団法人日本地下鉄協会編『世界の地下鉄』ぎょうせい、２０１０年
ベンソン・ボブリック『世界地下鉄物語』晶文社、１９９４年
APTA, *Public Transportation Fact Book*, 2011, APTA (American Public Transportation Association)
Cudahy, Brian J., *Cash Tokens and Transfer*, 1990, Fordham University Press
Cudahy, Brian J., *Under the Sidewalks of New York*, 1995, Fordham University Press
Hood, Clifton, *722 Miles*, 1993, The Johns Hopkins University Press
New York State, *New York State Statistical Yearbook*, New York State Division of Budget, Office of Statistical Coordination
United State Census Office, *Census of the United States*, United State Census Office
Webb, Mary (edi.), *Jane's Urban Transport Systems*, Jane's

第2章

ロンドン

中村実男

◎はじめに

ロンドンはおよそ２０００年前、ローマ帝国によってテムズ川の北岸につくられた。当時のロンドンの範囲は、現在の国際金融センター「シティ」である。西暦２００年頃、この街を取り囲んで市壁がつくられたが、１６世紀になると市壁を越えた発展が始まった。特に１９世紀初めからの成長は著しく、急速な郊外化によって、世界に先駆けて「大都市圏」(metropolitan area)を誕生させた。この都市成長を生み出した大きな要因は、乗合馬車や地下鉄に代表される公共交通機関の発達である。それは人々の居住と活動の地理的範囲を拡大すると共に、職住分離という新たな生活様式をもたらした。

ロンドンの公共交通システムの大きな特徴は、鉄軌道も道路交通もほぼ全てが民間の手でつくられ、発達してきたことである。しかし１９３３年以降は、主として公共部門により整備・運営されてきた。ロンドンの交通システムはどのように形成され、どのような課題に直面し、どのように変容してきたのか。本章では、ロンドンの成長と交通の関係を軸に、交通の発達と交通政策の歩みを、３つの時代区分によって明らかにしていく。

その前に、ロンドンについて基本的な事項を確認しておこう。ロンドンの面積は約１５８０㎢、人口は７８３万人(２０１０年現在)。大きくインナー・ロンドンとそれを取り囲むアウター・ロンドンに分けられ、両者を合わせてグレーター・ロンドン(大ロンドン)と呼ぶ。[1] インナー・ロンドンはシティおよび１２区、アウター・ロンドンは２０区から成り、面積比はおよそ１：４、人口比は２：３である。シティの西方

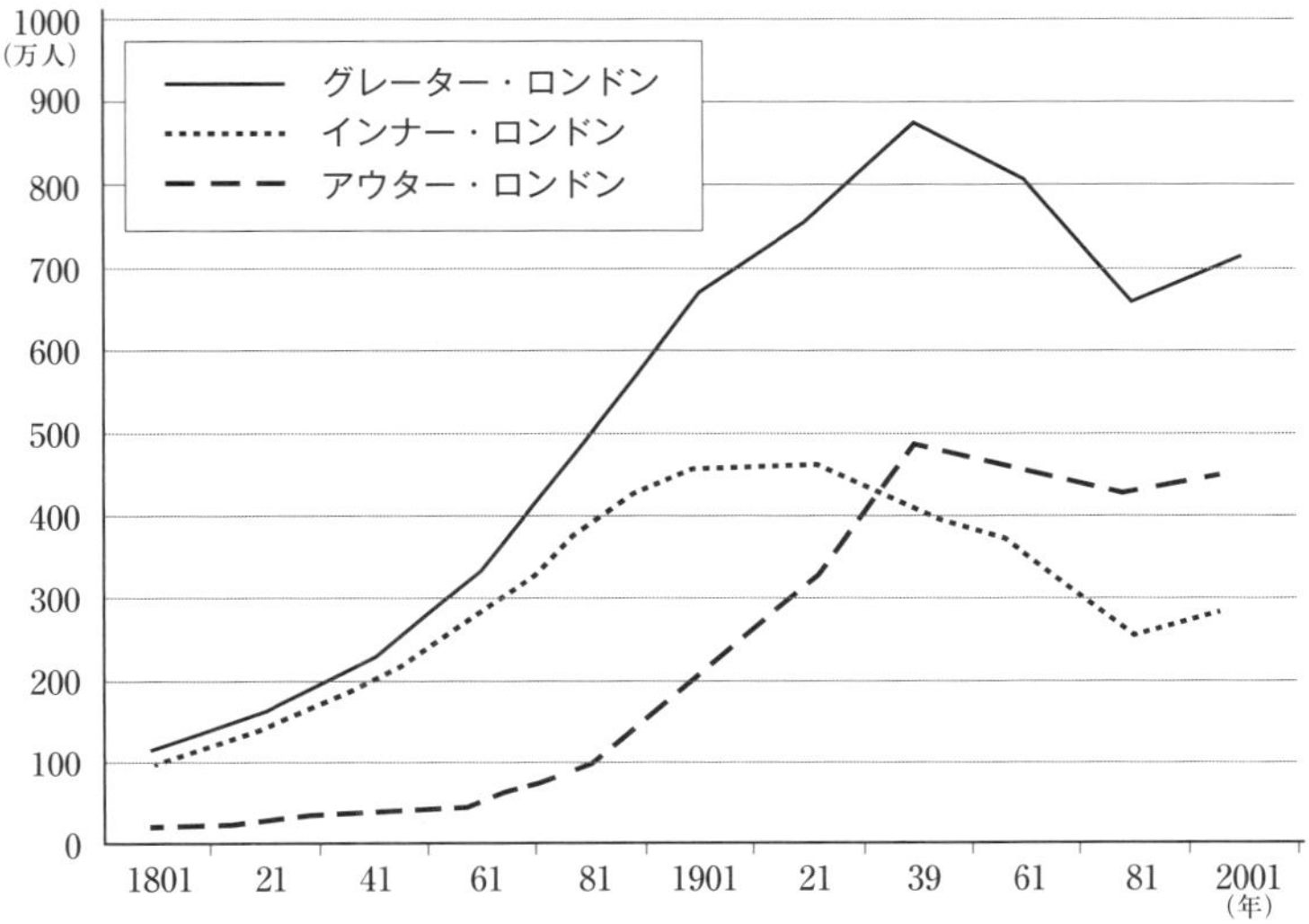

図1．ロンドンの人口の推移 1939年以外は国勢調査データ。国勢調査は1801年から10年ごとに実施。 Young and Garside, *Metropolitan London, Politics and Urban Change 1837-1981*, 1982 ほかより

はウェスト・エンド、東方はイースト・エンドと呼ばれる地区である。(2) セントラル・ロンドン（本稿では「都心部」と表記する）はロンドンの中心部を指す言葉で、シティとウェスト・エンドを合わせた範囲を指すことが多い。テムズ川は大きく蛇行しながら、このロンドンを東西に流れている。

◎１９世紀における都市成長と公共交通機関の発達

（１）概説

１９世紀、特にヴィクトリア時代（１８３７～１９０１）のロンドンは、世界の金融・商業の中心として、また国内における製造業（衣料、靴、印刷、家具など）の中心として繁栄した。金融・商業はシティに、製造業はシティの周辺部に立地した。最初の国勢調査が行なわれた１８０１

年当時、ロンドン(グレーター・ロンドン)の人口は112万人だったが、1851年には269万人、1901年には659万人と激増している(図1)。この人口増加の要因は、衛生、医療、栄養状態の改善による死亡率の減少と、有利な職を求めて国内外の各地からやって来る移住者の増加であった。

人口の増加は都市ロンドンの空間的拡大をもたらす(図2参照)。すでに18世紀後半には、過密化によって居住環境の悪化が進む都心部を離れ、郊外に移転する動きが富裕なシティの商人層(上層中流階級)から始まった。この動きは19世紀に入ると、技術者や上級事務員など中層中流階級にも広がっていった。[3] 中層中流階級の郊外移転を促した最大の要因は公共交通機関、特に1829年からの乗合馬車の発達である。自家用馬車は無理としても、彼らにはシティの職場に通う運賃を支払う能力があったからである。ただし、19世紀半ばには、まだ大半の者が職場の徒歩圏内、主として都心部とイースト・エンドに住んでいた。

ところで、19世紀半ばには、人口の激増と交通機関の発達にともなって、荷馬車を含めた馬車の交通量が大幅に増大していた。そのため、少数の狭い街路があるだけの都心部は激しい混雑状態を呈していた。対策として道路の新設と拡幅が進められたが、より効果的な手段として、都心部に近接した地区への鉄道の乗り入れが進められ、60年代以降、ヴィクトリア、チャリングクロスなどのターミナル駅が建設された。一方、根本的な解決策として、都心部に直接乗り入れる地下鉄の建設が開始され、1863年に世界最初の地下鉄が開業している。

19世紀後半になると、実質賃金の上昇、労働時間の短縮、運賃の低下などによって、下級公務員や下級事務員など下層中流階級の間にも郊外居住が普及し、19世紀末までには職住分離が中流階級の間で一般化した。しかし、労働者階級にまで拡大するのは、低運賃の「労働者列車」(workmen's train)を普及させた「1883年低運賃列車法」の施行以降である。ただし、労働者階級の郊外移転に最も貢献したのは鉄道馬

写真1．1829年に開業したシリビアの乗合馬車（オムニバス） 3頭立てで定員20人。その後、主流となったのは2頭立て馬車（定員12人）。50年代後半には屋根上席が普及した。Barker（1990）より

車（horse tram）である。19世紀末、郊外に次々と路線を延ばし、労働者列車の運行していない地域への労働者の居住を可能にした。その結果、都心部とその周辺部に居住するのは、ドック、市場、倉庫などで長時間労働に従事する最貧困の労働者と、高級住宅地であるウェスト・エンドに住む最富裕層に二分されていった。

市街地および鉄道網（幹線鉄道、地下鉄）の拡大過程は図2の通りである。

（2）乗合馬車の登場と発達

古来、ロンドンの主要な交通路はテムズ川であり、市街地もその北岸に沿って東西に細長く形成された。18世紀に入ると、人口の急増にともなって市街地はテムズ川から離れた地域に拡大し、道路交通への需要が高まった。19世紀初めには、主な道路交通手段として、富裕層の自家用馬車のほか、タクシーの起源であるハクニー（hackney coach）や近距離駅馬車（short stage coach）があったが、運賃が高く、住民の大部分は徒歩で移動していた。[4]

1829年、ロンドンの馬車製造業者、ジョージ・シリ

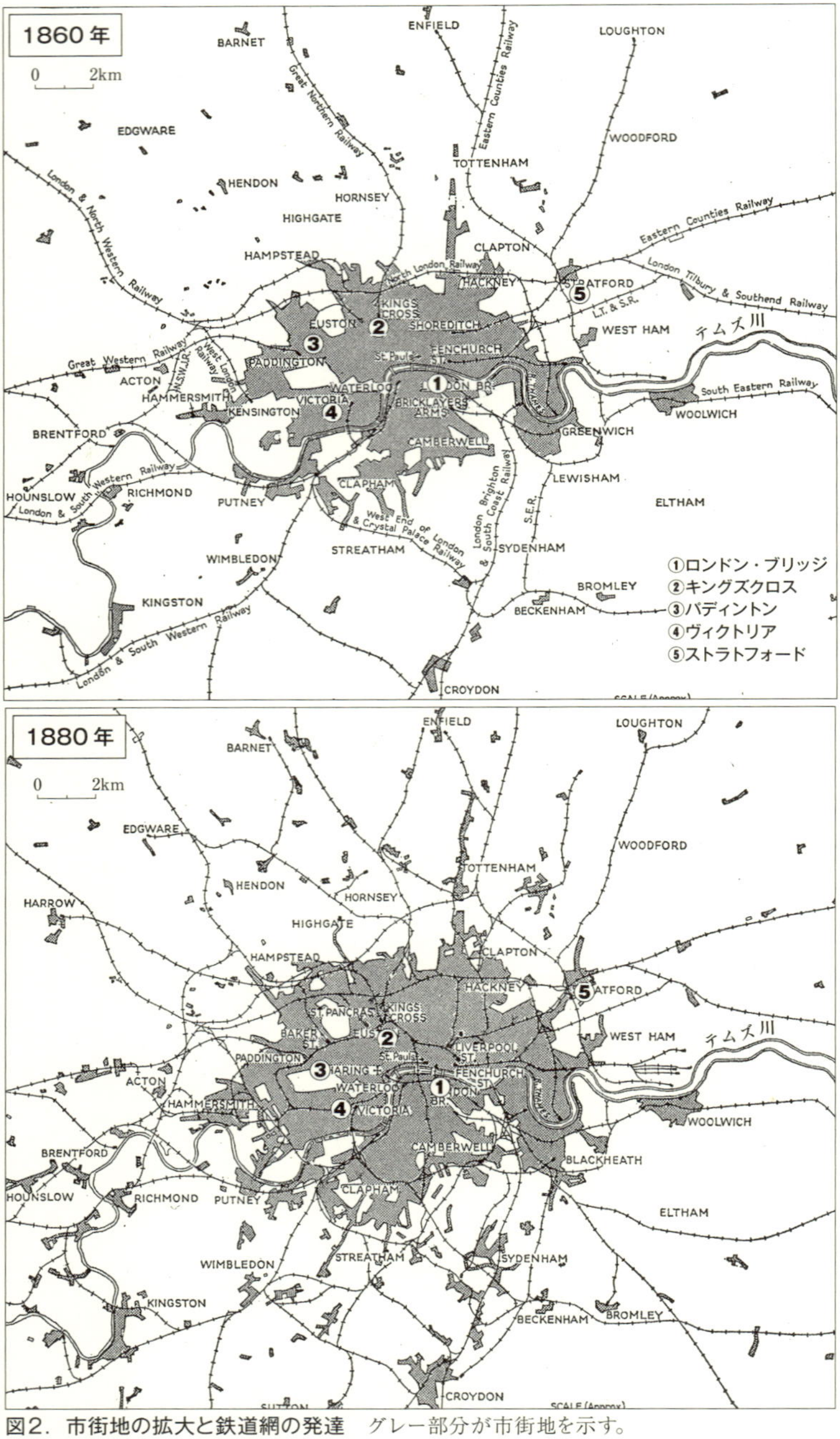

図2．市街地の拡大と鉄道網の発達　グレー部分が市街地を示す。

Barker & Robbins（1963）（1974）より

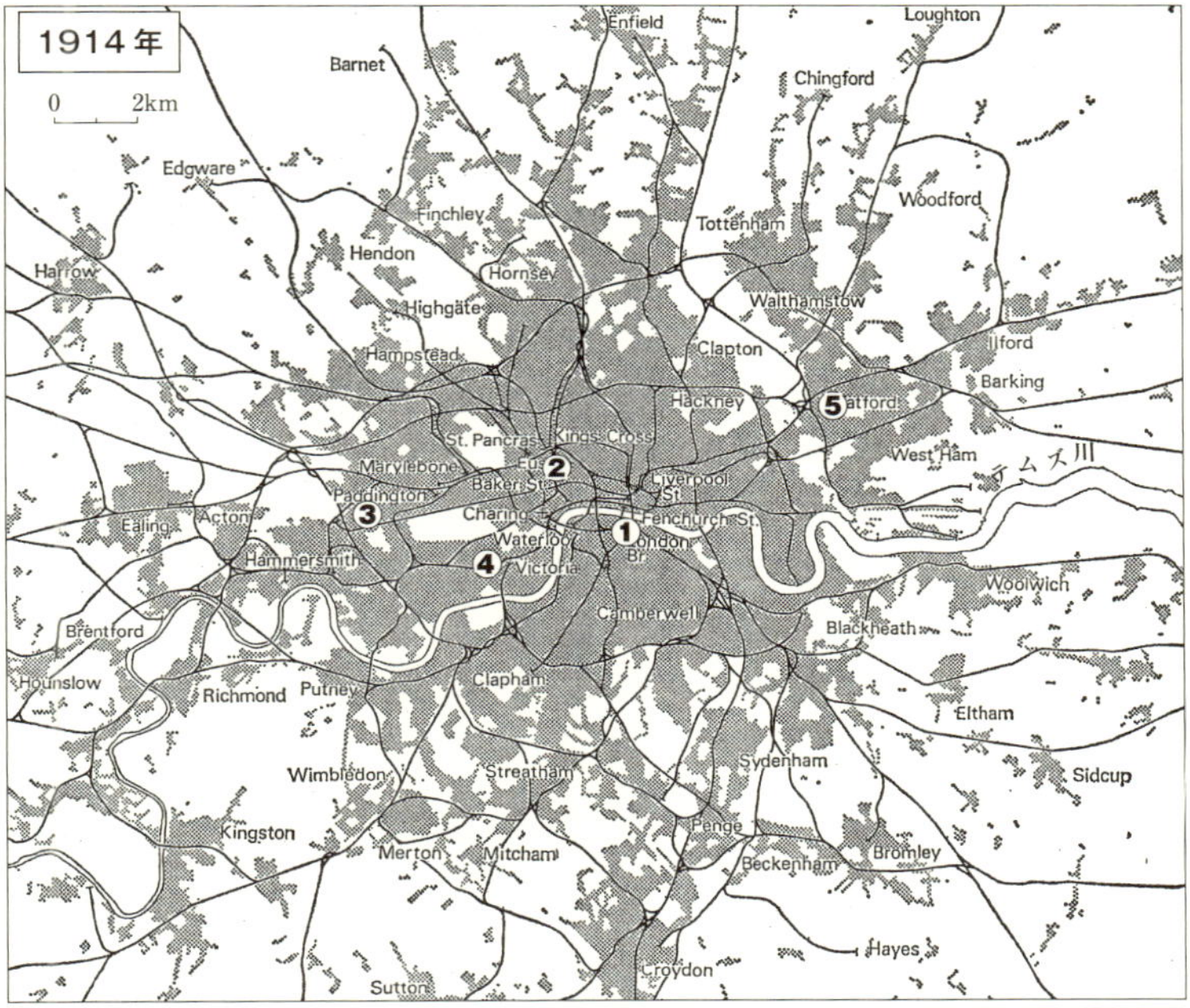
1914年
0 2km
Enfield
Loughton
Barnet
Chingford
Edgware
Woodford
Finchley
Tottenham
Hendon
Harrow
Hornsey
Walthamstow
Highgate
Hampstead
Clapton
Ilford
Barking
Hackney
5 Statford
St. Pancras
Kings Cross
Marylebone
Euston
2
West Ham
テムズ川
Baker St.
Liverpool St.
Paddington
3
Ealing
Acton
Charing Cr.
1
Fenchurch St.
Waterloo
London Br.
Hammersmith
4
Victoria
Woolwich
Camberwell
Brentford
Blackheath
Hounslow
Richmond
Putney
Clapham
Eltham
Sydenham
Wimbledon
Streatham
Sidcup
Kingston
Penge
Merton
Mitcham
Beckenham
Bromley
Hayes
Croydon
Sutton

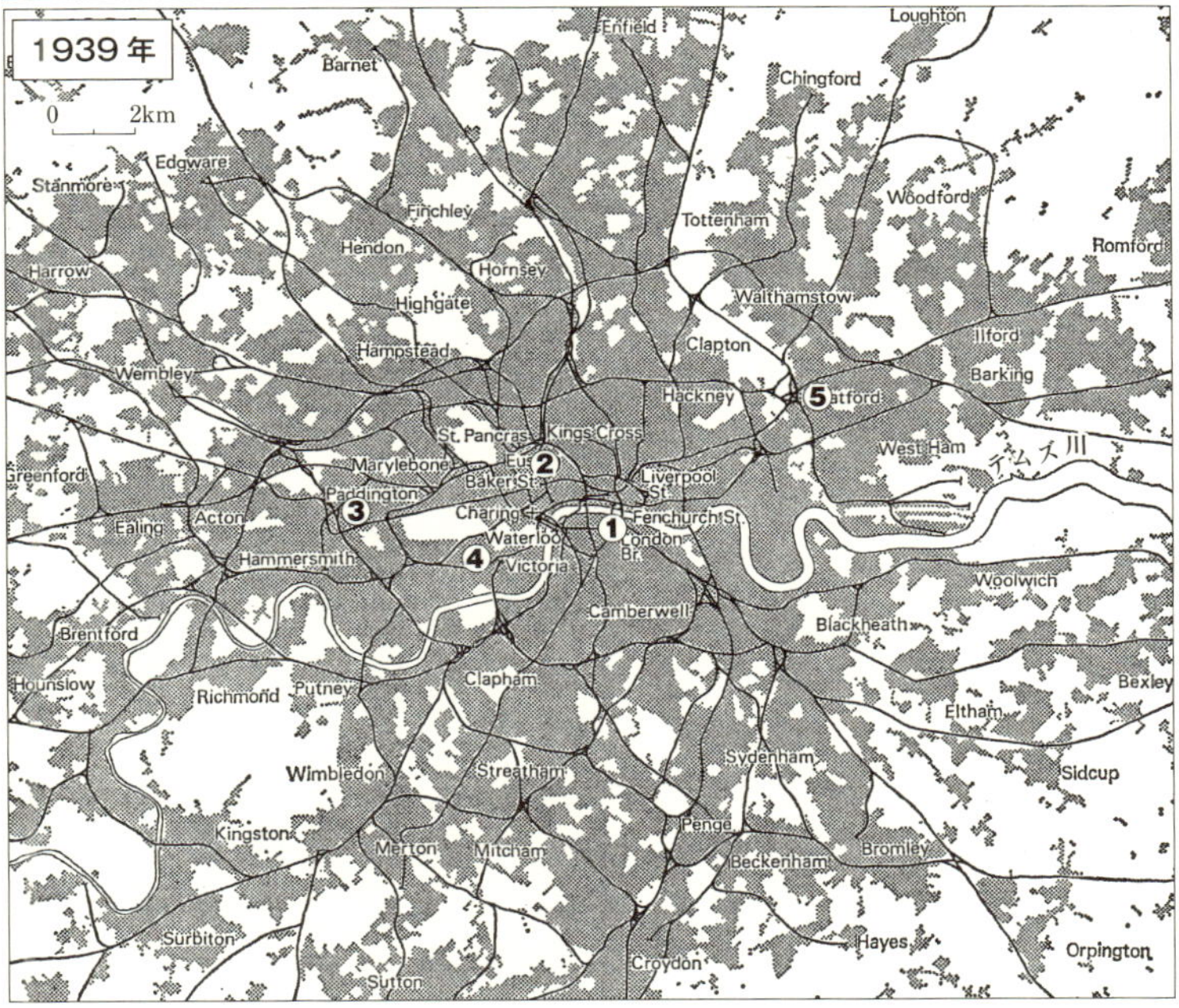
1939年
0 2km
Enfield
Loughton
Barnet
Chingford
Edgware
Stanmore
Woodford
Finchley
Tottenham
Romford
Hendon
Harrow
Hornsey
Walthamstow
Highgate
Ilford
Hampstead
Clapton
Wembley
Barking
Hackney
5 Statford
St. Pancras
Kings Cross
Marylebone
Euston
2
West Ham
テムズ川
Greenford
Baker St.
Liverpool St.
Paddington
3
Charing Cr.
Ealing
Acton
1
Fenchurch St.
Waterloo
London Br.
4
Victoria
Hammersmith
Woolwich
Camberwell
Brentford
Blackheath
Hounslow
Bexley
Richmond
Putney
Clapham
Eltham
Sydenham
Wimbledon
Streatham
Sidcup
Kingston
Penge
Merton
Mitcham
Beckenham
Bromley
Surbiton
Hayes
Orpington
Croydon
Sutton

ビア（１７９７~１８６６）によって、乗合バスの起源である乗合馬車（オムニバス）が郊外のパディントンと都心部のバンクの間で開業した[5]（**写真１**）。シリビアは、前年パリに登場した「オムニビュス」（フランス語で「万人のために」の意）の成功に刺激され、このサービスを導入したものである。競合する近距離駅馬車にくらべ、定時性の確保、所要時間の大幅短縮、予約不要、車掌の配置といったサービス面の優位性に加えて、運賃も低く設定され、多くの乗客を集めた。そのため次々と競争相手が現れ[6]、シリビア自身は１８３１年に破産に追い込まれたが、乗合馬車の人気は高く、短期間で近距離駅馬車を駆逐していった。１８３２年には、ハクニーが独占していた都心部での営業も認められ、１９世紀の末まで道路交通の主役の座を保つことになる。

なお、１８２３年にはタクシーのもう1つの起源である2輪馬車のキャブ（cab）が現れ、さらに３４年にはジョゼフ・ハンサムが開発した改良型のキャブ（通称ハンサム・キャブ）が登場し、人気を集めた。

１８５１年にロンドンで開催された万国博覧会には、国内外から多数の観光客が訪れ、乗合馬車市場は活況を呈し、馬車の台数も大幅に増加した。しかし、博覧会が終了すると、一転して過剰能力と運賃下落に見舞われ、加えて、クリミア戦争の勃発（１８５４年）による飼料価格の高騰によって、市場から退出する事業者が続出した。１８５５年にパリで設立されたロンドン・ジェネラル・オムニビュス社は、ロンドンの乗合馬車事業の買収を進め、１８５６年末までに、ロンドンにあった８１０台の乗合馬車のうち６００台を傘下に収めた。１８５９年には、ロンドン市民の反仏感情に配慮して会社登録をロンドンに移し、ロンドン・ジェネラル・オムニバス社（London General Omnibus Company；LGOC）として再発足した。

ＬＧＯＣの経営は、１８６０年代のターンパイク（有料道路）と有料橋の無料化、７０年代におけるマイル税（距離税）の廃止と飼料価格の下落など、運営コストの低下に恵まれた上、都心部において鉄道馬車との競合を免れたことから、好調な業績を維持した。この状況を見て、１８８１年、新たに参入したのがロンドン・ロードカー社だった。同社は座席の改良、階段の設置、切符の導入などの新機軸[7]を打ち出したほか、フランス出自のＬＧＯＣに対抗してユニオンジャック（イギリス国旗）を掲げ、ロンドン市民の愛国心に訴えた。両社の激しい競争によって運賃は低下し、乗合馬車全体の輸送量も大幅に増加した。ただし、労働者階級が日常的に利用するにはなお高価であり、またシティで働く事務員に合わせて午前８時以降の運行であったため、早朝から働く労働者階級には利用できず、１９世紀を通じて中流階級の乗り物であり続けた。

（３）幹線鉄道のロンドン乗り入れ

ロンドン最初の鉄道となるロンドン＆グリニッジ鉄道（約６km）は、１８３６年にテムズ南岸のロンドン・ブリッジ駅に乗り入れた。駅は通勤者が徒歩でシティに通える便利な位置にあり、１８４４年には年間２００万人以上がこの鉄道を利用している。ただし、乗合馬車と同様、運賃が高い上に始発時間が遅かったため、主に中流階級の通勤手段となった。

３０年代後半からは、長距離輸送を行なう幹線鉄道もロンドンに乗り入れ、１８３７年にユーストン（ロンドン＆バーミンガム鉄道）、３８年にパディントン（グレート・ウェスタン鉄道）、５２年にキングズクロス（グレート・ノーザン鉄道）などのターミナル駅が誕生したが、これらの駅は都心部の地価の高さもあって、市街地の北端に建設された。なお、４０年代半ばの鉄道ブームの時代には、数多くの鉄道会社が北から都心部に乗り入れる計画を提案したが、都心部の道路混雑と環境悪化を恐れる政府は、「首都のターミナルに関する王立委員会」の報告（１８４６年）に基づき、それらを全て拒否した。

しかしその後、都心部を通過しない、テムズ南岸からの北岸乗り入れが混雑緩和に有効と認められるよう

写真2．開削工法によるメトロポリタン鉄道の建設工事（1862年） 地表面を掘り下げて線路を敷き、屋根をかぶせる「カット＆カバー」の工法。キングズクロス駅付近。　Taylor (2001) より

になり、60年代、テムズ川に近いヴィクトリア、チャリングクロス、キャノン・ストリートなどのターミナル駅が次々と開業し、都心部の混雑緩和に貢献した。なお、当初、近郊輸送市場の可能性を無視していた幹線鉄道も、60年代以降、近郊輸送に力を入れるようになった。

（4）地下鉄の誕生

都心部の道路混雑に対処するため、1855年に議会の特別委員会が設置され、さまざまな解決案が検討された。中でも高い評価を受けたのは、2つの地下鉄建設計画である。1つは、シティ当局の顧問弁護士で、後に「地下鉄の父」と呼ばれることになるチャールズ・ピアソン（1793～1862）が提案した、キングズクロス駅とシティのファリンドンを南北に結ぶ計画。もう1つは、メトロポリタン鉄道が提案した、3つの鉄道ターミナル（西からパディントン、ユーストン、キングズクロス）を結ぶ計画で、既に前年、議会から建設の認可を得ていた。数年後、メトロポリタン鉄道はピアソンの計画を取り込んで、パディントンからキングズクロス経由でファ

リンドンにいたる路線へと計画を変更する。

建設資金の調達は難航したが、道路混雑の緩和を期待するシティ当局や、地下鉄線への直通運転でシティ乗り入れを目指すグレート・ウェスタン鉄道などの出資によって、１８６０年、ようやく着工にこぎつけた。建設には開削工法（cut and cover）が採用され、また建物の補償費用を抑えるため、可能な限り道路に沿ったルートが選ばれた。建設工事は、①地表面を掘り下げ、②崩落を防ぐ擁壁を設け、③トンネル上部をレンガのアーチで覆い、④土をかぶせて道路を元に戻す、という手順で進められた（写真2）。なお、列車の牽引には蒸気機関車が使われたため、排煙用に天井のない区間が設けられた。

工事中は車の通行ができず、各所で道路の混雑が悪化したが、３年後の１８６３年1月、世界最初の地下鉄（パディントン～ファリンドン・ストリート間）が開業した。延長約５・６km、列車は4両編成、運賃は1等６ペンス、２等４ペンス、３等３ペンスであった（往復はそれぞれ9、6、5ペンス）。開業後半年間の利用者は1日平均2万６５００人に上り、大成功を収めた。１８６５年にはシティ中心部のムアゲイトまで路線が延長されている。この間、議会の示唆もあって、メトロポリタン鉄道の両端を延長してテムズ北岸沿いの鉄道ターミナル（ヴィクトリア、チャリングクロス、キャノン・ストリート）と結びつける環状線の構想が浮上していた。１８６４年、環状線の南部分を担当する別会社としてメトロポリタン・ディストリクト鉄道（通称ディストリクト鉄道）が設立され、１８６８年に最初の区間（サウス・ケンジントン～ウェストミンスター間）が開業した。しかし、財源難から両社の工事は遅れ、シティ当局と首都土木委員会[8]（ＭＢＷ）の支援を受けて、ようやく環状線（今日のサークル線）が完成したのは１８８４年のことである。

ところでメトロポリタン鉄道は、早朝運行で低運賃の「労働者列車」を最初に走らせた会社であり、１８６４年５月から毎朝５時台に２本の列車を運行している。運賃は往復３ペンスの割引運賃で、帰りはどの列車でも利用できた。その後、市街地に鉄道を新設する場合には、議会によって一般に労働者列車の運行義務が課せられるようになった。さらに「1883年低運賃列車法」では監督官庁の商務省に対し、必要な場合に鉄道会社に対して労働者列車の運行を義務づける権限が与えられた。労働者列車を最も積極的に運行したのは、シティ東端に乗り入れるグレート・イースタン鉄道で、その沿線（ロンドン北東部）は19世紀で唯一、労働者が多く住む郊外となった。

（5）鉄道馬車と労働者

1861年の実験的運行の失敗を経て、ロンドンに本格的に鉄道馬車が導入されたのは1870年のことである。鉄道馬車は道路に敷いた軌道上を走行することから「転がり摩擦」が小さく、2頭の馬で乗合馬車の約2倍の50人を運ぶことができた。そのため1人当たりの輸送コストが低下し、運賃を大幅に安くすることができた。その上、労働者列車と同様、早朝に一層運賃の安い馬車が運行されたため、労働者階級が利用できる安価な公共交通機関となった。1870年に開業したのはテムズ南岸の2社（同年末に合併）と北岸の1社である。両者とも順調に利用者を増やし、1875年の鉄道馬車全体の輸送人員はLGOCの乗合馬車とほぼ同数の約5000万人に達した。なお、3社は1869年に議会の認可を受けたが、都心部での運行は認められなかった。1872年になると、議会が都心部を「鉄道馬車禁止区域」に指定し、都心部はその後も乗合馬車に支配されることになった。

ところで、「1870年鉄道馬車法」では地方当局に対し、開業後21年を経過した路線の買収権限を与えていた。これを最大限に活用したのが、1889年に発足した直接公選の自治体、ロンドン県議会（London County Council: LCC）である。LCCは鉄道馬車を社会改革の手段、すなわち労働者を環境の良い郊外に移すための手段と位置づけ、90年代後半に前記2社の路線を買収し、低運賃のサービスを提供した。20世紀に入ると、鉄道馬車の電化（路面電車化）と路線拡大を進める一方、郊外に低家賃の労働者向け公営住宅の建設を進め、多くの労働者の郊外移転を実現させることになる。

◎20世紀前半における交通市場の競争と統合

（1）概説

1901年当時、グレーター・ロンドンの人口は659万人だったが、1939年（第2次大戦の開戦年）にはピークの873万人に増加している。注目すべきは、この間にインナー・ロンドンの人口が減少に転じる一方、アウター・ロンドンの人口が約270万人増加し、初めて前者を上回るにいたったことである。戦間期（1919～39）には、大市場ロンドンの周辺、特に北東部のリー川流域および北西部の郊外に次々と新産業（電機、自動車、化学など）が立地し、そこでの雇用を求め、旧産業（綿工業、鉄鋼業、石炭業など）の中心地、イングランド北部や南ウェールズから多くの人々が移動してきた。

都市交通では、19世紀末から20世紀初頭にかけて、低速で高コストの馬車と蒸気機関に代わり、新たな動力として電気モーターと内燃機関の導入が始まった。まず、電気動力によるチューブ式地下鉄が登場、次いでバスと路面電車が登場し、さらに蒸気動力であった既存の地下鉄と幹線鉄道の電化も開始された。チューブ式地下鉄では、アメリカ人投資家ヤーキーズの手腕によって新たに3路線が開業した。

地下鉄、バス、路面電車は郊外にネットワークを拡大し、郊外化をさらに促進していった。例えば地下鉄は、19世紀には主にインナー・ロンドンの移動手段だったが、20世紀初めから30年代にかけてロンドン北部を中心に新たな郊外を生み出していく。[9] 特にメトロポリタン鉄道が開発した「メトロランド」は有名である。[10] また、幹線鉄道であるサザン鉄道（1923年の再編成により誕生した4大鉄道の1つ）はテムズ以南の郊外路線の電化を進め、テムズ以北における地下鉄とともに、戦間期における郊外化の主役を演じた。

ところで郊外化には、無秩序な開発（スプロール化）による田園の破壊という犠牲がともなっていた。30年代、LCCはグリーンベルトの具体化に踏み出すが、この政策は1944年の「大ロンドン計画」に取り入れられ、戦後、労働党政権によって国策として進められることになる。

交通の発達が郊外化を促進する一方、郊外化は通勤を中心とする膨大な交通需要を生み出した。都心部の街路は、バスの激増によって19世紀半ばを上回る深刻な混雑状態を呈するとともに、過度の競争による混乱に見舞われた。さらに、第1次大戦後には数百にのぼる独立バス事業者が登場し、地下鉄や路面電車の経営にも深刻な影響をもたらした。この「浪費的競争」を解消するため、20世紀初頭から20年代にかけて様々な解決策が模索された。最終的には1933年、ハーバート・モリソンとアシュフィールド卿の協力によってロンドン旅客運輸公社が誕生し、幹線鉄道とタクシーを除くロンドンの全ての公共交通機関の一元的統合が実現した。公社は、経営の効率化によって地下鉄の建設財源を捻出するという統合の目的を達成し、30年代後半に地下鉄網の拡大を進めた。

(2) 蒸気地下鉄からチューブ式地下鉄へ

地下鉄利用者の悩みの種は煤煙であったが、1890年、煤煙の出ない電気動力のチューブ式地下鉄（以下、チューブと呼ぶ）、シティ&サウス・ロンドン鉄道が開業した。テムズ南岸のストックウェルとシティのキングウィリアム・ストリートを結ぶ約5・1kmの鉄道で、今日のノーザン線の起源である。トンネルの建設には、地下深い所を横に掘り進める「シールド工法」が使われ、ジェームズ・ヘンリー・グレートヘッド（1844〜96）が指導に当たった。この工法はM・I・ブルネルが開発し、P・W・バーロー、次いでグレートヘッドが改良したもので、開削工法と異なり、地上の交通や建物に影響を与えることが少ない。

車両には当初、ケーブルカーを使用する計画だったが、途中から最新技術である電気動力の採用に踏み切った。しかし、技術的には成功したものの、当時の電気モーターは出力が小さいため、列車は3両編成で総座席数96と輸送力が小さく、経営的には失敗であった。なお、注目すべきは、ロンドンの鉄道として初めてモノクラス制（無等級制）を採用したことで、運賃は2ペンス均一だった。

1900年には、ウェスト・エンドとシティをつなぐ約9・1kmのセントラル・ロンドン鉄道（シェパーズ・ブッシュ〜バンク間。現セントラル線）が開業している。高出力の大型機関車が導入され、7両編成で座席数336と輸送力は飛躍的に増大した。ウェスト・エンドを貫く初めての鉄道で、ロンドン一の繁華街、オックスフォード・ストリートの地下を走る上、高速、快適かつ低運賃であり、最初から成功が約束されていた。実際、シティに向かう通勤客に加え、ウェスト・エンドの劇場や商店を訪れる乗客で賑わい、開業翌年の利用者数は、シティ&サウス・ロンドン鉄道の約500万人（1891年）に対し、8倍の約4100万人に達した。運賃が2ペンス均一ということから、まもなく「2ペンス・チューブ」（Twopenny Tube）の愛称が定着する。打撃を受けたのは並行する蒸気地下鉄と乗合馬車、特にメトロポリタン鉄道であった。

順調な経営を続ける一方で、大型機関車による振動問題が発生し、1901年には鉄道の監督官庁である商務庁が調査委員会を設置し、沿線住民から証言を求める事態となった。問題解決のため、セントラル・ロ

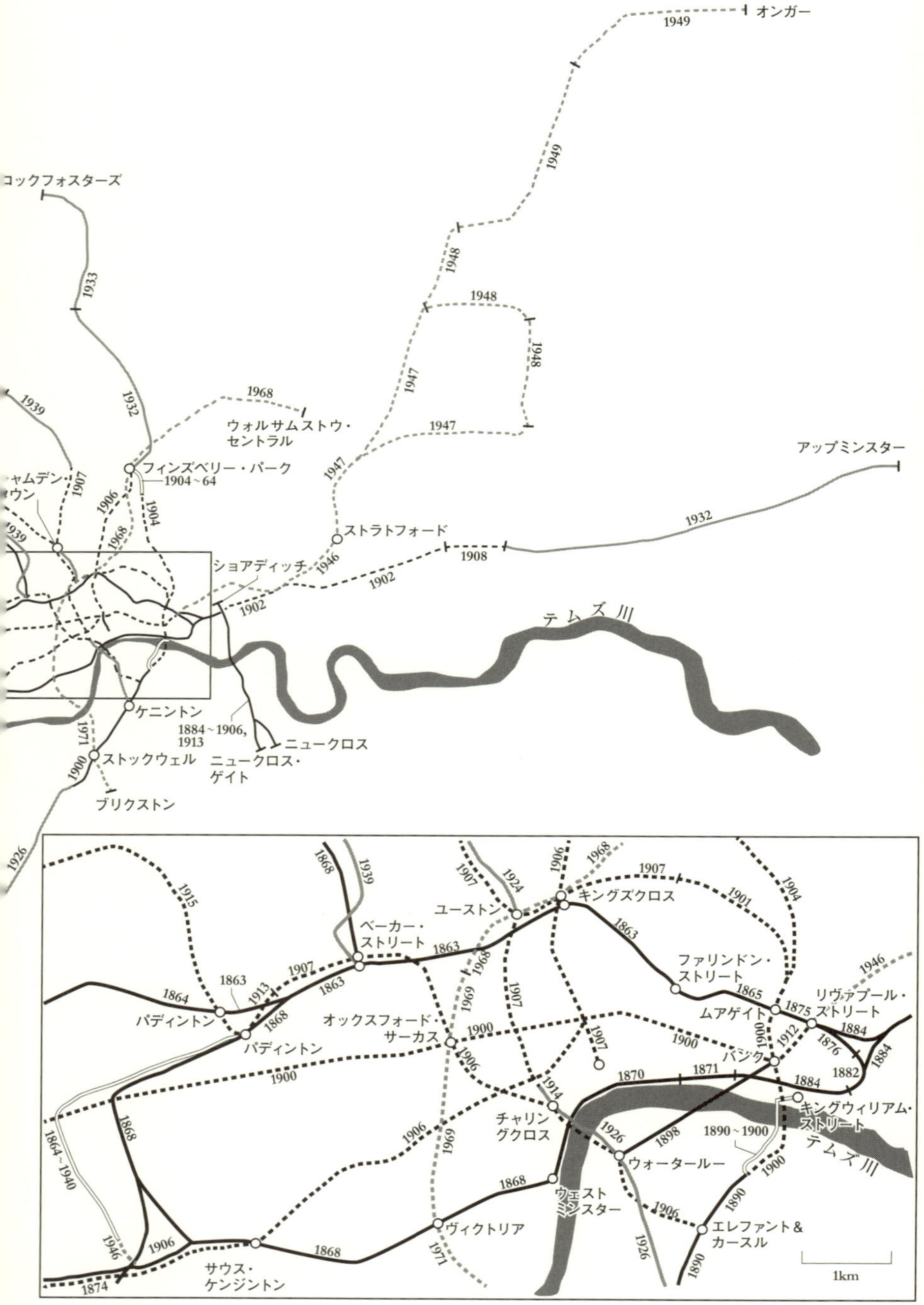

オンガー
1949
1949
1948
1948
1948
1947
1947
1947
コックフォスターズ
1933
1932
1939
1968
ウォルサムストウ・
セントラル
フィンズベリー・パーク
1904～64
1907
1906
1904
1968
ストラトフォード
アップミンスター
1932
1908
1902
1946
ショアディッチ
1902
テムズ川
ケニントン
1884～1906,
1913
ニュークロス
ニュークロス・
ゲイト
1971
ストックウェル
1900
ブリクストン
1926
1915
1868
1939
1907
1924
1906
1968
1907
1901
1904
キングズクロス
ユーストン
1863
ベーカー・
ストリート
1863
1907
1863
1913
1864
1868
1863
パディントン
パディントン
1968
1969
1907
1907
ファリンドン・
ストリート
1946
1865
ムアゲイト
1875
リヴァプール・
ストリート
1884
1876
1884
1882
オックスフォード・
サーカス
1900
1900
1906
1900
1900
1912
バンク
1870
1871
1884
1914
チャリン
グクロス
1926
1898
キングウィリアム・
ストリート
1890～1900
テムズ川
1864～1940
1868
1906
1969
ウォータールー
1900
1868
ウェスト
ミンスター
1890
1906
1946
1906
ヴィクトリア
エレファント＆
カースル
1868
1971
1926
1890
サウス・
ケンジントン
1874
1km

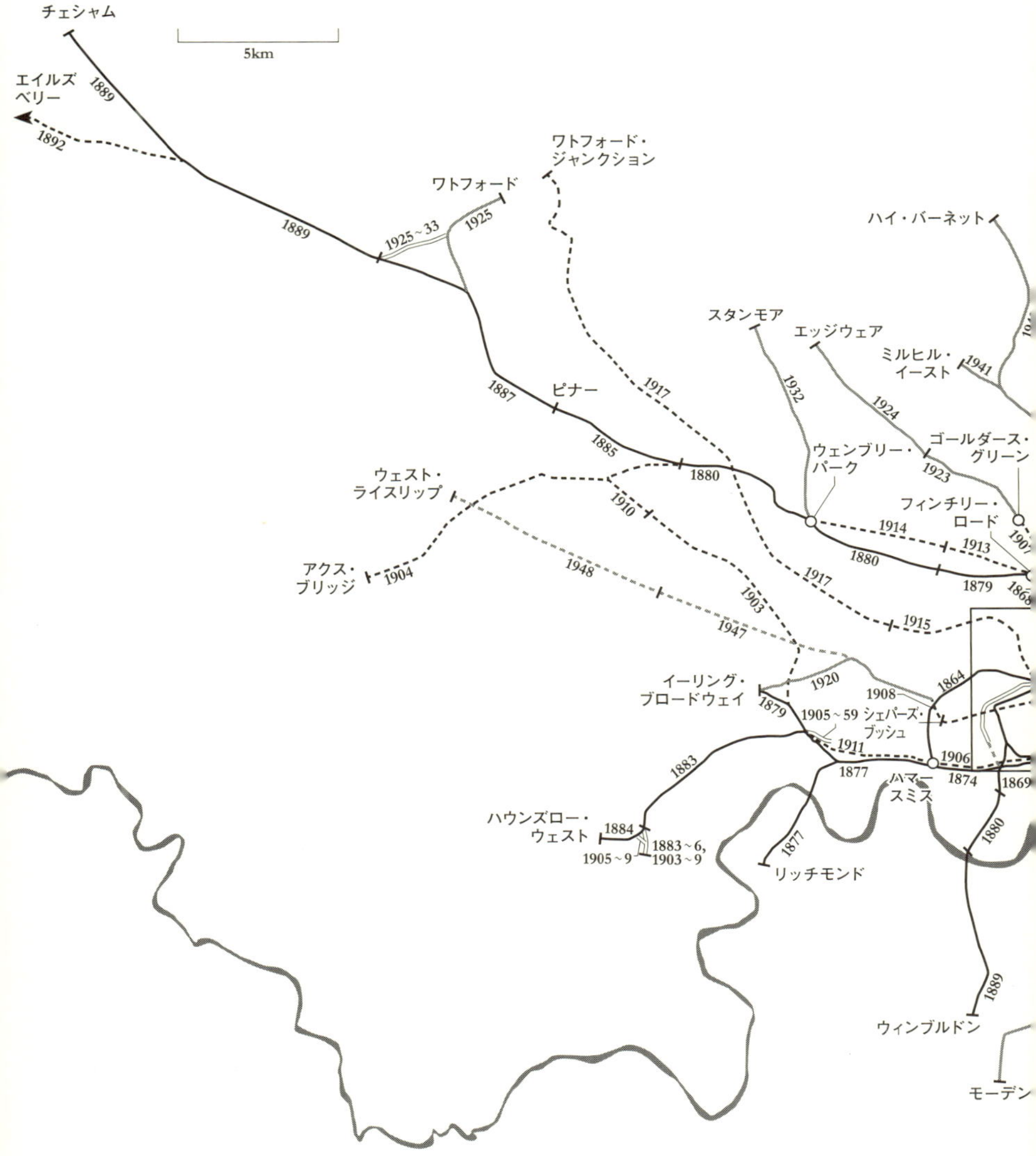

1863 ～ 90 年に開業した区間
1891 ～ 1918 年に開業した区間
1919 ～ 45 年に開業した区間
1946 ～ 71 年に開業した区間
1971 年までに廃止された区間

図3．地下鉄網の発達（1863 ～ 1971 年）
Barker & Robbins（1974）より

※パディントン駅に関して
北側のパディントン駅は 1863 年にパディントン（ビショップス・ロード）駅として開業し、1933 年にパディントン駅に改称。南側のパディントン駅は 1868 年にパディントン（プレイド・ストリート）駅として開業し、1948 年にパディントン駅に改称。

ンドン鉄道は電気機関車に代えて、開発されてまもない総括制御電車の導入に踏み切り、1903年3月までに切替えを完了した。

(3) 拡大する地下鉄網

蒸気地下鉄2社はチューブに乗客を奪われた上、石炭価格の高騰によるコスト上昇に苦しんだ末、サービス向上とコスト削減を目指して、ついに電化に乗り出すこととなった。しかし、経営難のディストリクト鉄道は資金の調達に行き詰まり、アメリカ人投資家、チャールズ・タイソン・ヤーキーズ(1837~1905)に支援を求めた。彼はシカゴの鉄道事業で財を成した立志伝中の人物だったが、その手法をめぐって悪評の絶えない人物でもあった。彼は1901年にディストリクト鉄道の支配権を握ることになるが、その一方で、1900年から02年にかけて、インナー・ロンドンに計画されたチューブの3路線を次々と買収していった。資金難のため建設に着手できなかったチャリングクロス=ユーストン&ハムステッド鉄道(現ノーザン線の一部)とグレート・ノーザン=ピカディリー&ブロンプトン鉄道(現ピカディリー線)、そして経営難から建設が中断していたベーカー・ストリート&ウォータールー鉄道(現ベーカールー線)である。

1902年には持株会社のロンドン地下電気鉄道会社(Underground Electric Railways of London Ltd.; UERL)を設立し、上記4社を傘下に収め(通称「地下鉄グループ」の誕生)、さまざまな手段を駆使して資金調達を図り、電化と新線建設を進めていった。ヤーキーズは1905年に死んだが、この年、ディストリクト鉄道の電化が完了し(メトロポリタン鉄道も同年)、新路線の建設も1906年から07年にかけて完成した。その結果、都心部の鉄道輸送力は増大し、道路混雑の緩和に一定の効果を上げた。

ロンドンにおける地下鉄網のその後の発展過程は図3に示す通りである。

写真3．1910年に導入されたLGOCのB型バス　乗合馬車は1914年に姿を消した。1926年には屋根の付いた2階建てバスが登場する。　Barker（1990）より

（4）バスと路面電車の登場

乗合馬車は馬の購入費（あるいはリース料）や飼料代などのコストが多額に上るため、これに代わる蒸気バスと電気バスの実験が早くから進められてきた。ロンドンでも一部で定期運行が行なわれたが、技術的にも経営的にも振るわず、最終的にガソリン・エンジン使用のモーター・バス（以下、バスと呼ぶ）が普及することとなった。ロンドン最初のバス・サービスは、１８９９年にモーター・トラクション社によって開始されている。この路線は翌年には廃止されたが、その後もバス事業への参入は相次ぎ、１９０５年にはＬＧＯＣのライバルであるロンドン・ロードカー社が本格参入するなど、ブームとも呼ぶべき状況を呈した。しかし、当時のバスは性能が悪く、故障も頻発したため、ロンドン・ロードカー社などパイオニアは、バスの採用に慎重だったＬＧＯＣとの競争に敗れる結果となった。

１９０８年、ＬＧＯＣはロンドン・ロードカー社とヴァンガード社の二大ライバルを買収すると、さらに合併を進め、１９１１年までにバス市場をほぼ独占するにいたった。この間、１９１０年には「Ｂ型バス」の開発に成功し、翌年までに同社の馬車を全てバスに置き換えている（写真３）。Ｂ型バスは大量生産された初めてのバスで、座席数は標準的な乗合馬車の３割増し、しかも運営コストは乗合馬車にくらべて低く、ＬＧＯＣは多額の利益を上げることができた。[11] また、速度の向上によって地下鉄との競争でも優位に立った。速度は乗合馬車のおよそ２倍で、通勤可能範囲をさらに拡大した。その上、運賃低下と早朝からの運行によって、労働者階級も日常的に利用できるようになり、ロンドンの郊外化を一層進める役割を担った。なお、乗合馬車は１９１４年までに完全に姿を消している。

一方、鉄道馬車に代わる交通手段として、１８８０年代から蒸気トラムとケーブル・トラムが一部の地域で運行していたが、ロンドン最初の路面電車（electric tram）は１９０１年、ロンドン・ユナイティッド・トラムウェイズ社（ＬＵＴ）によって西部の郊外で開業した。１９０４年にはメトロポリタン・エレクトリック・トラムウェイズ社（ＭＥＴ）が北部の郊外で開業している。また、１９０１年から０６年にかけて、ロンドン周辺の１０自治体（イースト・ハム、クロイドンなど）の路面電車が開業している。

ＬＣＣは１８９０年代後半、社会改革の手段として鉄道馬車路線の半分以上を買収し、路線網の拡大と電化を進めた。[12] 最初の路面電車は１９０３年、ウェストミンスター橋およびブラックフライアーズ橋と南部郊外のトゥーティングの間で開業した。トゥーティングでは、ＬＣＣ最初の労働者向け郊外団地が建設され、路面電車は住民の足として提供された。[13] 所要時間が４０分台と短く、運転本数は１日２００本以上、運賃も往復２ペンスと安かった。このため、団地および近隣の民間住宅には数多くの労働者、そして下層中流階級が移り住んだ。第１次大戦開始（１９１４年）前のこの時期、路面電車は郊外化推進の主役の地位を占めた。

路面電車（鉄道馬車を含む）の利用者は1901年の3・4億人から11年には8・2億人に増大し、バスの4・0億人を大きく上回った。なお、鉄道馬車の廃止は1915年である。

1903年には、ハンサム・キャブとハクニーに代わる近距離交通手段として、ガソリン自動車を用いたタクシー（motor taxi cab）が登場している。

（5）地下鉄グループの発展

地下鉄グループは電化と新線建設を実現したものの、投資に見合う収益は得られず、まもなく経営危機に陥った。1907年、経営立て直しのためアメリカ人株主たちによって送り込まれたのが、後のアシュフィールド卿、当時32歳のアルバート・スタンレー（1874～1948）である。アメリカで路面電車の経営に携わっていた彼は、社長の片腕として、さらに1910年からは社長として地下鉄の経営刷新に努めた。特にサービスの改善を重視し、運行頻度の向上、所要時間の短縮、運転時刻の延長、共通乗車券の導入、回数券の発行などを実施した。混雑の特にひどかったディストリクト鉄道では、1908年に1時間当たり最大24本だった運転本数を、11年には40本に増やしている。サービス改善によって利用者は大幅に増加し、まもなく4社とも営業黒字を出すにいたった。1910年には、4社のうちチューブ3社の経営を統合してロンドン電気鉄道会社（LER）を設立し、間接費の大幅な削減を実現した。

1912年には、強力なライバルであったバス会社LGOCを買収してロンドン市民を驚かせた。[14] 翌年には、バスとの競争で経営が悪化していたチューブの先発企業、シティ＆サウス・ロンドン鉄道とセントラル・ロンドン鉄道を買収、さらに同年、LUT、METなど路面電車3社を傘下に置いた。こうして、地下鉄グループは第1次大戦前には、メトロポリタン鉄道、公営路面電車、幹線鉄道を除き、ロンドンの公共

年	鉄道		路面電車		バス		総計	
	輸送量	分担率	輸送量	分担率	輸送量	分担率	輸送量	指数
1905	535	41.0	478	36.7	291	22.3	1,304	71
1910	701	38.1	764	41.5	377	20.5	1,842	100
1915	743	32.5	852	37.3	689	30.2	2,284	124
1920	1,171	36.9	1,063	33.5	936	29.5	3,170	172
1925	932	26.0	979	27.3	1,671	46.6	3,582	194
1930	1,095	26.4	1,087	26.2	1,961	47.3	4,143	225

表1. グレーター・ロンドンにおける旅客輸送量の推移（単位：百万人；%）

注：1）鉄道は地下鉄＋幹線鉄道。2）路面電車にはトロリーバスを含む。3）バスにはコーチ（長距離バス）を含む。 D. L. Munby, *Inland Transport Statistics Great Britain, 1900-1970*, Vol.1, 1978 より

交通機関の大半を傘下に収めていた。1915年には議会に働きかけて、グループ内の4つの地下鉄会社とLGOCの間の「共同基金」を設立し、高収益のLGOCから地下鉄会社への資金移動を可能にした。

⑹「浪費的競争」と交通政策の展開

第1次大戦後の1922年から、「パイレーツ」（海賊）と呼ばれる独立バス事業者が登場し、その車両数は500台に達した。彼らの一部は需要の多い路線・時間帯にのみ運行し、時に不当な手段を使って乗客を獲得した。彼らの登場はバス・サービスの質の低下や資源浪費の問題を再燃させるとともに、他の交通機関に対しても深刻な影響をもたらした。

第1に、激増する郊外からの通勤客の処理と道路混雑問題の解消を期待された地下鉄網の拡大が、今や不可能になったことである。すなわち、独立バス事業者との「浪費的競争」によって地下鉄の収益性が低下した結果、建設資金の外部調達が事実上不可能となったのである。LGOCからの内部補助も期待できなくなった。後で取り上げる「1924年ロンドン交通法」や「共同管理機構と共同基金」の提案、さらには公的一元化の提案も、その最大の理由はここに発している。第2に、バスの成長により10年代以降輸送シェアを低下させてきた路面電車が、独立バス事業者との新たな競争によって、深刻な経営難に直面したことである。

その経営難は路線閉鎖や運賃値上げを招き、労働者階級に大きな打撃を与える可能性があったのである。

ところで、20世紀初頭から20年代までの期間には、各交通機関の間で激しい競争が展開され（表1）、浪費的競争の弊害があらわとなり、その解決のための方策がさまざまに模索された。LGOCによるバス事業の統合や地下鉄グループによる地下鉄会社の合併など、民間による自発的な行動に加え、1903年以降、政府と議会の調査委員会が次々と設置され、各種の検討が重ねられてきた。そこでは常に、経営主体の分立による「調整の不在と過度の競争」が元凶と見なされ、自由競争に代わって、単一の調整機関（a single authority）による全交通機関の調整ないしは統制の必要性が強調された。

1924年には、地下鉄グループの総帥、アシュフィールド卿が提唱した「1924年ロンドン交通法」が成立した。運輸大臣に対し、特定の街路についてバスの運行禁止や台数制限を行なう権限を与える法律だが、LGOCと路面電車に有利な内容で、多くの独立事業者が市場を追われる結果となった。

一方、1924年法によって設置されたロンドンの交通に関する運輸大臣の諮問機関（LHCTAC）は、1927年の報告書（通称「ブルー・リポート」）で、競争に代わる統一的な経営の必要性を強く打ち出した。すなわち、各事業者の所有権は存続させたまま、共同管理機構と共同基金を設置して統一的な経営を行ない、経営の効率性を高めて地下鉄などの建設財源を確保するという提案であり、地下鉄グループのかねてからの主張に沿うものだった。賛成したのは地下鉄グループ、LCCなどである。提案を具体化した法案は1929年に議会に提出されたが、審議の途中で議会が解散され成立しなかった。選挙後、第2次労働党政権（マクドナルド首相）が誕生し、「法案は地下鉄グループによる私的独占をもたらす」と批判してきたハーバート・モリソン（1888~1965）が運輸大臣に就任した。モリソンは公的一元化による交通事業の統合を目指すことになる。

(7) ロンドン旅客運輸公社の成立

モリソンが打ち出したのは、公共的責任と企業的経営の両立を目指す経営形態、「パブリック・コーポレーション」による国有化だった。[15] ただし彼は、最大の目標を企業的経営による効率性の実現に置き、経営の自主性をきわめて重視した。法案は1931年3月に公表された。法案成立のキー・パーソンであったアシュフィールド卿は、「公共的精神」を発揮してこの統合に積極的に賛成し、法案成立の一方の立役者となった。最も強硬に反対したのはメトロポリタン鉄道であった。労働党内閣は1931年8月に崩壊したが、法案は後継内閣の下で一部修正の上、1933年4月に成立した。

法律の骨子は次の通りである。①ロンドン旅客運輸地域（チャリングクロスから半径約40km）を定め、幹線鉄道とタクシーを除く地域内の全ての旅客運輸事業を国有化する、②ロンドン旅客運輸公社（London Passenger Transport Board：LPTB）を設立し、地域内で「十分でかつ適切に調整された旅客輸送システム」を提供する責任を課す、③LPTBに対し地域内で独占的に旅客輸送サービスを供給する権限を与える、④LPTBの理事は任命委員会が「（経営に関する専門的な）能力と経験」を基準として任命する。

LPTBに統合されたのは5つの地下鉄会社（地下鉄グループ4社およびメトロポリタン鉄道）、自治体所有の14の路面電車事業、民営の3つの路面電車事業、61のバス会社（大半は小規模な独立事業者）などである。地下鉄の路線長の合計は約280km、路面電車は約530kmであった。幹線鉄道についてはLPTBと幹線鉄道の代表者から成る委員会が設けられ、サービスの調整と「収入プール制」（両者の全旅客収入をプールして配分する制度）[16] の実施に当たることになった。

LPTBの任務は各種交通サービスの適切な調整を行ない、それによって、①効率的経営を実現して地下鉄などへの投資財源を生み出すこと、②サービスの質的改善を実現すること、である。さらに、財務上の義務として独立採算制が課せられた。総裁には統合の核となった地下鉄グループの総帥、アシュフィールド卿、副総裁には有能で知られた側近のフランク・ピックが選ばれた。この強力なコンビによって、①地下鉄の延長と駅の改築、②運賃制度の統一と値下げ、③サービスの質の向上、④車両の標準化、⑤新製車両の投入など、大きな成果を上げることができた。まもなく「ロンドン・トランスポート」という通称が定着し、LPTBはロンドン市民に広く支持された。また、サービスの良さと経営の効率性で世界中の都市交通の模範とされ、1930年代における東京の交通一元化論にも影響を与えた。

◎第2次大戦後の交通問題と解決への模索

(1) 概説

大戦中の1944年、ロンドンの膨張を抑えるため、グリーンベルトの設定とニュータウンの建設を柱に、人口と工業の分散化を目指す「大ロンドン計画」(Greater London Plan)が策定された[17]。戦後、計画は実施に移され、グレーター・ロンドンの人口は1939年の870万人をピークに減少したが、1961年当時なお800万人で削減目標には遠くおよばなかった。ところが60年代半ば以降、経済停滞により人口と雇用の減少が加速し、1971年の人口は745万人、81年は672万人に減少した。特にインナー・ロンドンの減少は著しく、60年代から70年代にかけて、100万人の人口と60万人の雇用が失われた。70年代にはインナーシティ問題(都心周辺部の荒廃)が顕在化し、政府はついに分散化政策を放棄して都市再活性化政策に転換した。１９８１年に開始されたドックランズ（旧ドック地区）の再開発はその代表例であり、都心部との間を結ぶライトレールもつくられた。８０年代半ば、景気回復と雇用増によって人口は再び増加に転じ、９０年代半ばには７００万人台を回復し、その後も増加が続いている。

行政組織では、１９６５年、ロンドンの拡大にともなう広域的行政需要に応えるため、ＬＣＣに代わって、１９２０年代以来の懸案であったアウター・ロンドンを包含する広域自治体、大ロンドン議会（Greater London Council：GLC）が発足した。しかし１９８６年、サッチャー政権によってＧＬＣは廃止され、広域自治体の不在がしばらく続いたが、２０００年には新たな広域自治体、大ロンドン市（Greater London Authority：GLA）が誕生し、ロンドン史上初の直接公選による市長が選ばれている。

戦後の主要な交通問題としては、①政権交代にともなう交通運営組織の５度の変更、②モータリゼーションによって深刻化した道路混雑、③長年の投資不足に起因する地下鉄輸送の混乱と混雑、④ロンドン・トランスポート（ＬＴ）の経営問題などが挙げられる。

（２）交通運営組織の変遷

ロンドンの公共交通システムは民間主導でスタートしたが、１９３３年以降は主に公的所有と統制の下で運営されてきた。８０年代から９０年代にかけて、保守党政権（サッチャー首相およびメージャー首相）は交通部門の民営化と規制撤廃を進めたが、巨大かつ複雑なロンドンの交通システムには例外措置（後述）が採られ、今日にいたっている。

１９４５年８月に成立したアトリー労働党内閣は、統合による効率化を目指し、ＬＰＴＢをモデルに、鉄鋼、石炭、電力など重要産業の国有化を進めた。交通分野では１９４８年、英国運輸委員会（British

Transport Commission：BTC）が設立され、LTをはじめ、鉄道、道路輸送など内陸交通事業の大半がその管理下に置かれた。BTCは政策決定機関で、下部機関としてLT経営委員会（LTE）を含む5つの経営委員会が設置され、日常業務を担当した。しかし1963年、マクミラン保守党内閣は深刻な経営悪化に陥っていたBTCを廃止し、英国鉄道公社（国鉄）など4公社と1持株会社に再編成した。LTEも運輸大臣所管の独立法人、ロンドン運輸公社（LTB）となり、独立採算で運営されることになった。

1970年、LTの経営は新設のロンドン交通局（LTE）に移譲された。これより先、1965年に広域自治体GLCが発足しており、LTEはその指揮下に置かれた。LTEの営業区域はGLCの行政区域内とされた（従来の3分の1）。LTは初めて自治体所有となり、長年の懸案であった都市計画との一体化の道が開かれた。しかし、1981年の運賃政策（後述）は公共支出削減を進めるサッチャー首相の怒りを買い、LTEは1984年に再国有化され、政府直轄のロンドン地域運輸（LRT）となった。LRTは持株会社で、その下に完全子会社としてロンドン・バス会社とロンドン地下鉄会社が置かれた。前者は分割された後、1994年に民営化されたが、バス市場の規制撤廃は見送られ、LRTが競争入札を通じてサービスと運賃の調整に当たることになった。一方、地下鉄では全面的民営化は行なわれず、部分的民営化として、インフラの保守・更新を民間に委ねるPPP（後述）が次の労働党政権下で導入された。

2000年にはロンドン市長とロンドン議会から成る広域自治体GLAが誕生し、その下にロンドン交通庁（Transport for London：TfL）が置かれた。TfLは現在、①市長が策定する交通戦略の実行、②地下鉄、バス、ドックランズ・ライトレールなどの交通サービスの管理、③混雑料金制度の管理、④主要道路580㎞の維持管理、⑤タクシーの規制、⑥移動制約者のモビリティ確保など、ロンドンの交通全般に関する広範な責任を負っている。

年	地下鉄	バス	年	地下鉄	バス
1946	569	2,504	1980	559	1,183
1950	695	2,718	1985	732	1,146
1955	676	2,737	1990	775	1,180
1960	674	2,281	1995	784	1,198
1965	657	2,132	2000	970	1,354
1970	672	1,502	2005	971	1,816
1975	601	1,455	2009	1,065	2,257

表2．地下鉄・バス輸送量の推移（単位：百万人）

注：1）2003年に混雑料金が導入され、バス輸送量は大幅に増大した。2）バスにはコーチを含む。3）バスの2007年以降は推計方法が変更されている。　DTLR, *Transport Statistics Great Britain 2001 edition*, HMSO ほかより

（3）ロンドン・トランスポートの経営

バス事業は地下鉄グループの時代から地下鉄財政を支えてきたが、自家用乗用車（以下、自家用車）の普及によって、１９５２年をピークに輸送量の減少に直面した。ロンドンの自家用車の台数は、ガソリン割当制の廃止（１９５０年）を契機に急増し、１９５０年の４８万台から１９６０年には１２７万台に増加した。自家用車の増大はまた、都心部を中心に激しい道路混雑を引き起こし、バスの運行速度の低下と定時性の喪失をもたらし、バス利用者をさらに減少させた。一方、地下鉄輸送量は６０年代にかけて横ばいであった。戦後における地下鉄とバスの輸送量の推移は**表２**の通りである（路面電車は１９５２年までに全廃された[18]）。

１９６３年からは独立法人のＬＴＢとなったが、自家用車との競争、賃金などコストの上昇、要員不足によるサービス削減、そして１９６５、６７年の運賃凍結（政府のインフレ対策）によって経営は悪化した。バス部門はワンマン化などコスト削減を進めたものの、ついに１９６５年から赤字に転落した。ＬＴＢの独立採算は不可能となり、１９６６年から国の欠損補助（時限措置）が実施された。インフレが昂進する中、実質運賃が低下したことで、バス輸送量の減少率は６０年代後半に縮小した。一方、地下鉄は１９６９年から利用者が増大し、営業黒字が増大した。これは６０年ぶりの地下鉄新線として１９６９年にヴィクトリア線

（ヴィクトリア～ウォルサムストウ・セントラル間）が開業し、乗り換えの便利さと所要時間の短縮で多くの利用者を集めたためである。[19]

１９７３年のＧＬＣ選挙では労働党が勝利し、自動車優先から公共交通優先への転換が宣言された。しかし、増大する運営費補助を削減するため、１９７５、７６年に大幅な運賃値上げに踏み切ると、地下鉄・バスとも輸送量が大幅に減少した。１９７７年にＧＬＣの政権に復帰した保守党も運賃値上げを行ない、輸送量の一層の減少をもたらした。１９８１年、左派のケン・リヴィングストン（１９４５～）率いる労働党がＧＬＣの政権に就くと、最悪の状況にあった輸送量の回復を目指し、「フェアーズ・フェア」（Fares Fair）と呼ばれる大幅な運賃値下げ（地下鉄・バス平均で３２％）を実施し、ともなわせて「ゾーン制運賃」を導入した。輸送量は大幅に増加したが、値下げの原資を地方税の増徴に求めたため、地下鉄のないブロムリー区議会から提訴され、これに敗れた結果、翌年には値上げに追い込まれた。しかし、輸送量が値下げ以前よりも減少したため、１９８３年にあらためて２５％の値下げが実施され、同時にゾーン制も拡大された。また地下鉄とバスの乗り換えが自由な定期券「トラベルカード」が導入され、輸送人員の増加に貢献した。

ＬＲＴ時代の８０年代後半、ロンドンの雇用増大と観光客の増加によって地下鉄輸送量は大幅に回復し、９０年代後半には記録的な水準に達した。民営化されたバスも７０年代後半以来の水準に戻った。バスは２０００年、地下鉄は２００３年にＴｆＬの所管となった。

（４）道路混雑対策の展開

５０年代のイギリスでは、都市間道路の整備が進む一方、ロンドンを含めて都市内道路の整備はほとんど行なわれず、主な混雑対策は路上駐車の規制であった。１９６０年、運輸省内にロンドン交通管理室が設置され、駐車規制や一方通行を含む総合的な交通管理政策が実施され、走行速度の向上など一定の成果を上げた。60年代半ば、国の都市交通政策は大きく転換する。自動車交通の増大に対し、道路建設を中心とした容量拡大策によって対応し、それでカバーできない部分を交通量の抑制と公共交通の改善で対応するというものである。この時期、国は都市の道路建設に多額の予算を振り向け、各地で都市高速道路の建設が行なわれた。1965年にGLCが発足すると、ロンドンでも大規模な高速道路計画が立案された。3本の環状道路と放射道路から成る約640㎞の計画で、1969年策定の大ロンドン開発計画の基礎となった。

高速道路計画はGLC内で超党派の支持を得たが、環境悪化などを理由とする強い反対運動に直面した。1973年のGLC選挙で、高速道路反対に転じた労働党が勝利すると計画は撤回され、自動車交通量の抑制と公共交通の改善が交通政策の中心となった。抑制策の重点は、駐車スペースの削減、駐車料金の引き上げなど駐車抑制策に置かれた。しかし、通過交通の抑制には効果がないことから、道路の利用に料金を課す「ロード・プライシング」(以下、RPと略記)への注目も高まってきた。70年代から90年代にかけては、運輸省やGLCによってRPに関するさまざまな検討が行なわれ、RPの有効性と実用性が認められるようになったが、歴代の政策担当者は技術的課題と社会的受容性を理由に導入を見送った。

1997年に誕生したブレア労働党政権は「1999年GLA設置法」の中で、RPの導入権限をTfLに与えた。2000年に行なわれた初の市長選挙では、RPの一種である混雑料金(congestion charge)の導入を主張したケン・リヴィングストンが当選し、2003年2月から都心部を対象に実施された[20](料金は5ポンド)。導入に先立ち、受け皿となるバス輸送力の大幅な増強が行なわれた。導入の効果は劇的で、1年後の自動車交通量は15%減少し、混雑は30%低下した。その後も交通量の減少が続いている[21]。

(5) 地下鉄投資問題

地下鉄ネットワークのインナー・ロンドン部分は、1907年のチャリングクロス=ユーストン&ハムステッド鉄道の開業でほぼ現在の形となり、その後は既存路線の郊外への延伸が進んだ。1933年に設立されたLPTBは、不況期の雇用対策として行なわれた政府の元利保証措置にも恵まれ、ボトルネック解消とネットワーク拡大を実現した。戦後の40年代後半には、戦前に計画されたセントラル線の東西への延伸が完了した。1969年には、1907年以来の新線であるヴィクトリア線が、1979年にはジュビリー線が開業している。一方、既存路線では1977年にピカディリー線のヒースロー空港への延伸が実現したものの、長年にわたって線路の保守・改良や車両の保守・更新がおろそかにされてきた。そのため80年代後半、景気回復によって地下鉄の輸送量が大幅に回復すると、輸送力の不足と老朽化による故障の頻発で、列車の混雑や運休・遅延が深刻化した。

投資問題の推移をまとめると次の通りである。①LPTBの時代(1933~47)は浪費的競争の終焉、収入プール制、経営の自主性、そして政府の元利保証によって、公的補助なしでネットワークの拡大が実現できた。②BTC傘下のLTEの時代(1948~62)は幹線鉄道優先のため政府から十分な投資資金を得られず、またバス部門の不振から自己資金も不足し、新規プロジェクトの予算も、既存ネットワークの補修予算も確保できなかった。③LTBの時代(1963~69)は運輸省の統制が厳しい上、物価対策による値上げ抑制もあって投資資金は全般的に不足し、使える資金の大半もヴィクトリア線建設に支出され、既存ネットワークへの投資はほとんど行なわれなかった。④GLC傘下のLTEの時代(1970~84)には投資水準の向上は見られたものの、政治に翻弄されることが多く、既存ネットワークへの投資は不十分であった。⑤LRTの時代(1984~2000)には投資水準はかなり向上し、ジュビリー線のドックランズへの延伸も1999年に実現したが、既存ネットワークの投資不足は解消されず、しかも大蔵省の統制によって投資水準が大きく変動し、長期的な投資計画を不可能にした。

投資政策が大きく動き出すのは、1997年にブレア労働党政権が発足してからである。ブレア政権は、既存インフラ（軌道、トンネル、信号、車両、駅）の保守・更新を目的に、保守党時代のPFIを修正したPPP（Public Private Partnership：官民パートナーシップ）を導入した。2003年4月までにインフラ管理会社3社との間で契約が締結され、「運行は公共部門、インフラ管理は民間部門」という上下分離の体制がスタートした[22]。

注

(1) 1889年、直接公選による自治体、ロンドン県議会（LCC）が設けられたが、郊外化の進展により、1965年には周辺地域を編入した大ロンドン議会（GLC）が設けられた。面積はロンドン県の約5倍であり、現在のロンドンの範囲と同じ。インナー・ロンドンはかつてのLCCの行政区域で、アウター・ロンドンは1965年の編入地域。

(2) ウェスト・エンドにはバッキンガム宮殿、国会議事堂、官庁街、高級商店街、劇場街、高級住宅地などがある。イースト・エンドは工場と住宅が混在する過密地区で、かつては低所得労働者や物売りなどが住むスラム地区だった。

(3) 中流階級とは上流階級（貴族、ジェントリー）よりは下で、労働者階級よりは上の全ての階級を指し、一応次の3種類に分けられる。上層中流階級（富裕なブルジョアジー、法律家、聖職者、医者、陸海軍士官、上級官吏など）、中層中流階級（中位のブルジョアジー、技術者、教師、上級事務員、農業資本家、農民など）、下層中流階級（小商店主、下級公務員、下級事務員、親方職人など）。村岡（1980）による。

(4) ハクニーは都心部の交通手段として17世紀前半に登場した4輪馬車で、「流し」や公共の場所での「客待ち」によって乗客を獲得した。近距離駅馬車は18世紀に登場した都心部と近郊を結ぶ予約制の定期運行馬車で、ハクニーとは異なり、都心部での「途中乗降」が禁止されていた（シリビアの乗合馬車も同様）。

（5）シリビアが使用したのは定員20人の3頭立て馬車で、運行は1日5往復。当初、都心部での運行を申請したが、都心部ではハクニー以外の営業は認められなかったため、都心部の外で最も需要の多い路線を選んだ。

（6）彼らの馬車は2頭立てで小型（定員12人）であり、シティの狭い街路に適合した上、マイル税（距離税）の税率も低かった。マイル税は走行距離に応じて課される税で、室内の座席数に応じて税率が定められた。

（7）屋根上席を進行方向に向かって配列した（従来は進行方向に並行かつ背中合わせ）。屋根上席は50年代後半に普及し、定員をほぼ2倍に増やした。料金は室内の約半額。階段は屋根上席に行くためのものである（従来は梯子）。

（8）LCCの前身で1855年に設置され、地方税を使って40を超える道路の建設・改良を実施した。

（9）第1次大戦後、地下鉄グループのチューブが郊外に路線を延ばすと、開発業者による住宅開発が本格化し、セミディタッチト・ハウス（2戸建て住宅）の連なる均質的な郊外風景が次々と生まれていった。

（10）メトロポリタン鉄道は他の鉄道会社と異なり、自ら沿線開発を行なう権利をもっており、第1次大戦後、鉄道利用者を増やすため積極的な沿線開発を行ない、それを「メトロランド」と命名して大々的に宣伝した。メトロポリタン鉄道が1933年まで独立を維持できた理由は、沿線開発の成功によるとされる。

（11）座席数は室内16、屋根上18の計34席。当時の標準的な乗合馬車は26席（12＋14）。

（12）LCCの与党・進歩党は、自由党急進主義者と一部の社会主義者から成るゆるやかな連合体で、シドニー・ウェッブの理論的指導の下、積極的に社会改革に取り組んだ。

（13）「1900年労働者階級住宅法」によってロンドン県外の低廉な住宅用地の買収が認められ、LCCは郊外住宅団地（cottage estate）の建設に乗り出した。建設を加速させたのは1919〜33年の国庫補助制度である。

（14）LGOCはバス市場をほぼ独占し、きわめて順調な経営を行なっていたが、1911年、自動車メーカーのダイムラー社がバス市場への参入に動いたことから、LGOCの株主たちは競争の再燃による経営悪化を危惧するようになった。これをチャンスと見た地下鉄グループは、有利な条件での買収案を株主に提示し、ついに買収に成功した。

(15) モリソンが20年代を通じて主張してきたのは、LCCに代えてグレーター・ロンドンを所管する広域自治体を設立し、その下での市有化によって交通事業の一元的統制を行なうと共に、交通政策を都市計画や住宅政策とリンクさせることだった。しかし、広域自治体の実現が不可能な情勢となり、モリソンは現実的な提案をせざるを得なかった。

(16) ロンドン旅客運輸地域内発着の全旅客収入から諸費用を控除した金額をプールし、LPTB62%、幹線鉄道38%で配分する。

(17)「大ロンドン計画」は、グレーター・ロンドンの周囲にグリーンベルトを設定し、密集市街地に住む約100万人をその外側に移転させるもので、受け皿としてニュータウン建設と既存都市の拡張が計画された。

(18) 30年代半ばから戦時中にかけて、路面電車のトロリーバスへの転換が進められた。戦後は残りの車両がディーゼルバスに転換され、路面電車は1952年に全面的に廃止された。トロリーバスの廃止は1962年である。

(19) ヴィクトリア線の特徴は、①都心部を縦断するルート設定、②16駅中14駅で他線(地下鉄、幹線鉄道)と連絡、③自動運転、④自動出改札、⑤費用便益分析による事業評価の実施など。キングズクロス~ヴィクトリア間は従来の24分から10分に短縮された。

(20) 後に料金は8ポンドに引き上げられ、対象地域も西に拡大され約2倍の面積となった。しかし、2010年に当選した後任のボリス・ジョンソン市長は、2011年に対象地域を元に戻した上、料金を10ポンドに引き上げている。

(21) 自動車交通量は減少しているが、①歩行者優先信号やバスレーンなど歩行者・自転車・バスの優先策による道路容量の削減と、②再開発やライフライン取替えのための道路工事の増大により、混雑は導入前の水準に戻っている。

(22) しかし、経営破綻などで3社とも2010年までにTfLに移管されている。

参考文献

小池滋『英国鉄道物語』晶文社、１９７９年

中村実男「ロンドン地下鉄の経営組織の変遷と投資問題の展開」『明大商学論叢』第８８巻3号、２００６年3月

中村実男「ロンドンにおける都市交通政策の軌跡」『運輸と経済』２００６年１１月号

村岡健次『ヴィクトリア時代の政治と社会』ミネルヴァ書房、１９８０年

Barker, T., *Moving Millions: A Pictorial History of London Transport*, London Transport Museum, 1990

Barker, T. C. and Robbins, M., *A History of London Transport: Passenger Travel and the Development of the Metropolis, Vol. I : The Nineteenth Century*, George Allen & Unwin, 1963

Barker, T. C. and Robbins, M., *A History of London Transport: Passenger Travel and the Development of the Metropolis, Vol. II : The Twentieth Century to 1970*, George Allen & Unwin, 1974

Bonner, G. A., *British Transport Law by Road and Rail*, David & Charles, 1974

Donoughue B. and Jones G. W., *Herbert Morrison: Portrait of a Politician*, Weidenfeld & Nicolson, 1973

Garbutt P. E., *London Transport and the Politicians*, Ian Allan Ltd, 1985

Halliday S., *Underground to Everywhere: London's Underground Railway in the Life of the Capital*, Sutton, 2004

Inwood, S., *A History of London*, Macmillan, 1998

Jackson, A. A., *Semi-Detached London : Suburban Development, Life and Transport, 1900-39*, George Allen & Unwin, 1973

Morrison, H., *Socialisation and Transport*, Constable & Co Ltd., 1933

Richards, M. G., *Congestion Charging in London: The Policy and the Politics*, Palgrave Macmillan, 2006

Saint, A. (ed.), *Politics and the People of London : The London County Council, 1889-1965*, Hambledon Continuum, 1989

Starkie, D., *The Motorway Age: Road and Traffic Policies in Post-war Britain*, Pergamon Press, 1982

Taylor, S. (ed.), *The Moving Metropolis: A History of London's Transport since 1800*, London's Transport Museum, 2001

Wolmar C., *Down the Tube: The Battle for London's Underground*, Aurum, 2002

Wolmar C., *The Subterranean Railway: How the London Underground was built and How it changed the City forever*, Atlantic Books, 2004

第3章

パリ

北河大次郎

◎はじめに

現在パリでは、大きく分けて幹線鉄道、地域高速鉄道網、メトロという3つのネットワークが、フランス国鉄（SNCF）とパリ交通公団（RATP）の2社によって運営されている。そしてこれらのネットワークが、おおよそ、国全土、パリ圏、パリ市という、スケールの異なる3つのエリアをカバーし、パリの生活には欠かせない存在となっている。

ただ、これらが今の姿になるまでの道のりは、必ずしも平坦ではなかった。新たな都市基盤施設である鉄道を、歴史的な都市にどのように建設するか。誰が、誰のために整備するのか。フランス革命後、新たな社会の実現を求める声が高まる中で、フランスでは鉄道建設をめぐり、さまざまな議論が展開した。ここではその様子を、19世紀中期の幹線道路の終着駅、19世紀後期のメトロの路線計画、20世紀の地域高速鉄道網の3点に絞って見ていきたいと思う(1)。

◎幹線鉄道――終着駅の立地

(1) 都市の中心か周縁か

パリ市内に建設された最初の鉄道はパリ・サンジェルマン線である。サンジェルマン（正式にはサンジェルマン・アン・レ）というのはパリから約１７km西方に位置する高級住宅地である。この線は、フランスで最初の鉄道であるサンテチエンヌ・アンドレジュ線から数えて国内で6番目に当たるが、旅客専用鉄道としてはフランスで初めてのもので、かつパリに初めて建設される鉄道ということで、計画・実現に当たっては大きな注目が集まった。

まず事業を企画したのは、エミール・ペレール（１８００～７５）という企業家である。彼は、１８３２年に『フランス公共事業に関する政策的・実務的観点』を執筆し、フランスの新たな国土像を提示していた技術者ラメ、クラペイロン、ウージェーヌ・フラシャの協力を得て、パリ・サンジェルマン線計画を練る。彼らは、当初この路線をルアンまで延長してナントやボルドーに分岐させる構想も温めていたが、最初からその許可を得るのは困難と判断し、まずはパリ近郊のサンジェルマン行きに絞り計画を作成した。当代一流のエンジニアと連携してできたこの案は、同じくパリ・サンジェルマン線建設を企てたほか4社を退け、１８３５年に国から建設許可を獲得、さらにロスチャイルドの支援を得ながら鉄道会社を設立し、ペレールはその社長に就任する。

そして国の提示した仕様書にもとづき建設が進められるわけだが、そこでペレールがこだわったことがある。終着駅の立地である。当初ペレールは中心からは遠い、市境より少し内側のヨーロッパ広場を起点とする申請案によって、路線建設の権利は獲得していたが、これをそのまま実行に移すつもりはなかった。彼は駅の位置が事業の成否を握ると考え、「もし鉄道の終着駅が中心から離れた土地に建設されれば、大衆はこれを無視するであろう。反対にもし繁華街に建設されれば、物見高い群衆や散歩人でごったがえすであろう。」と株主の前で発言し[2]、仕様書第2条が「鉄道は、パリ市内サンラザール通りの左右どちらかの地点を起点とする。」と曖昧な表現をしていることをいいことに、サンラザール通りより約４００ｍ内側のマドレーヌ広場北側に終着駅を建設することを実施計画に盛り込むのである。

当時、マドレーヌ広場界隈は乗合馬車の一大ターミナルで、都市機能的にも景観的にもパリ西部を代表する中心地であった。コンコルド広場からも近い。ここに終着駅が実現すれば、これが前例となって、パリ中心部の景観は大きく変わっていたかもしれない。鉄道建設を推進したサンシモン主義者寄りの雑誌『マガザン・ピトレスク』は、こうした変化に対する人々の懸念を想定して、イギリスではロンドン・グリニッジ線鉄道がほとんど高架で築かれ、その終着駅がロンドン橋の脇に建設されたことを同年に紹介している[3]。

また、この案にはもう1つ注目すべき点があった。サンラザール通りからマドレーヌ広場までの約500mを長大な駅空間とし、しかもそれを高架でつくるという建設計画である。具体的には広場に近いところで3線、その外側で最大6線を収容し、レールのレベルは地上から高さ6・5m、その下にアーケードをつくり、通りと交差する場所には装飾的な鋳鉄橋を架けることになっていた。さらにアーケード内には鉄道利用者の便を考慮して、ブティックや乗合馬車の乗降場を設ける。当時パリに流行していたパサージュを想わせる構成だが、この場合、上には鉄道が走っているからパサージュのようにガラス天井は架けられない。明かりは当時の先端技術であるガス灯によって確保する予定だった。

この計画の実現を睨みつつ、ペレールはまずサンラザール通りの外側のヨーロッパ広場に仮駅を設け、鉄道は1837年に開通する[4]。この駅は、プラットフォームに屋根も付けない「桟橋《アンバルカデール》」と呼ばれる簡易な施設であった。

さて、仮駅建設後も中心部への延伸計画はなかなか進展しない。関係地権者および住民にリシュリュー公爵家、ジュミラック侯爵家、グルフル伯爵家、セギュール伯爵家などの政治力をもち、鉄道に煩わされることを嫌った名門が多く含まれていたからである。結局、ここまでサンシモン主義者のネットワークを活かして事業を強力に推進してきたペレールもさすがに観念し、１８３９年3月1日の株主総会で表明したように、「パリ市当局と主要な地権者および住民の強力な反対に会い」この計画を断念する。こうしてサンジェルマン線の終着駅は、仕様書第２条の本来の解釈通り「サンラザール通り」の北側に築かれる。これが今で言うところのサンラザール駅である。

パリ・サンジェルマン線の中心地延伸計画とほぼ平行して、リールを経由してベルギーに延びる北線の終着駅計画も進められていた。こちらは企業ではなく、１８３７年に北線全体の路線計画を担当した土木官僚のヴァレが提案している。

ヴァレはイギリスの例を念頭に「鉄道は首都中心部に深く入り込まなければならない(5)」と考え、北線の終着駅の位置としてパリ中心部の主要建造物、パリ市役所前を選ぶ。そして市役所から北に高架鉄道を約２km建設し、そこから先は掘割構造によってパリ市内の街路とはすべて立体交差させる。駅は市内に7ヵ所設置して市民の交通の便を向上すると同時に、(これもイギリスではすでに存在したというが)線路沿いに倉庫や商店を列ねるという鉄道を軸とした都市整備も構想していた。さらに将来的には、市役所から南東に線を延ばし、セーヌ川を越え、パリ植物園を経由してオルレアン社の駅(現オステルリッツ駅)に接続するという、幹線鉄道間の接続まで視野に入れていた。

しかし１８３７年に政府案として他5案とともに国会で審議されたこの計画案は、承認を得ることはできなかった。その理由は詳らかでないが、パリのど真ん中を高架で貫くこの案には地権者はもちろん、その他さまざまな反対意見がペレール案以上に出たことと想像される。

パリ中心部まで幹線鉄道を敷こうと考えた企業家、エンジニアは、ここに挙げたペレール、ヴァレ、リシャール、ウェベールで全てではない。ペレールと同じくマドレーヌ広場への終着駅建設を考えたリアンや、セーヌ川沿いの東西に終着駅を計画したフーリエ主義者ペレイモンなどなど、この時期パリ中心部への鉄道延伸計画は集中的につくられた。しかし、これらはいずれも実現していない。こうして、ひとまずパリの終着駅は市周縁部に建設されることになる。

(2) 駅を集約するか分散させるか

マドレーヌ広場への終着駅建設計画に失敗したペレールには、もう1つ重要な企てがあった。パリから発着する鉄道を、自社の駅に集約することである。ペレールは、「当社は、サンジェルマン線の駅を、パリに到着する他の鉄道にとっての入口にもしようと考えている。もしこの駅をアクセスのよい場所に建設すれば、後続会社がこれを利用し、大した額にはならないだろうが、その使用料によって駅建設の支出を穴埋めできるだろう」と述べ、パリを起点とする幹線鉄道網の終着駅独占を夢見る。

まずペレールは、当時新たに計画していたパリ・ヴェルサイユ線の終着駅をサンジェルマン線終着駅に統合しようと考える。ヴェルサイユもサンジェルマンに劣らぬパリ西方の高級住宅地である。この路線は幹線鉄道ではないが多くの利用者が見込まれ、ペレールの他にも計3社から建設申請が出されていた。国は建設許可にかかわる審議を進めるが、この審議ではパリの終着駅の位置がもちろん大きな論点となった。1836年6月13日の会議で、土木・鉱山局長ルグランは以下のように述べている。

政府がセーヌ川右岸沿いに路線を通す（ヴェルサイユ線）建設計画を（国会に）提出したとき、左岸地区は動揺した。左岸地区はこの新たな線によって両岸のバランスが崩れるのではないかと恐れたのである。……そこで政府は、左岸地区を荒廃させる意図は全くなく、むしろパリ・トゥール線、パリ・オルレアン戦、パリ・ストラスブール線の3線の終着駅を左岸に建設するつもりだと表明したのである。……こうすれば両岸のバランスを保つ事ができる。(6)

ルグランの挙げた3線のうち、パリ・ストラスブール線を除く2線は実際左岸に建設されている。そして肝心のパリ・ヴェルサイユ線については、ペレールの計画が認められる一方で、それと同日付けで現モンパルナス駅を起点とする左岸線にも許可が降り、結局パリとヴェルサイユ間は異なる2社の運営する右岸、左岸の両線によって結ばれることになる。

ヴェルサイユ線建設の許可を得て、それをサンラザール駅に集約することができたという意味で、この決定はさしあたりペレールにはプラスに働いた。しかし長期的に見ると、鉄道建設によってパリ市内の発展のバランスをとるというルグランの表明した考えは、彼の駅集約化の戦略実現を妨げる大きな要因となる。

さらに市政や県政も、同じく市内の発展のバランスに神経を尖らせていたことも彼には災いした。当時、パリの人口がパリ北西部のクリシー方面に移動し、サンジェルマン線の建設によってそれがさらに助長されることで、中心地とパリ左岸の衰退が進んでいると認識されていたのである。これは、城壁に区切られた従来のパリ市が、中心から周辺に向かい徐々に発展する均質な都市空間からなっていたのに対して、大量の人が出入りする巨大ポンプのような駅舎が、その伝統的な構造を否応なく破壊しつつあるという危機感の表れでもあった。

ペレールがマドレーヌ広場への鉄道延伸を断念した1839年の末、セーヌ県議会はパリ市内の人口移動に関する委員会を立ち上げるなど本格的な調査を開始する。また市議会もこの鉄道建設と人口移動の問題に取り組み、1844年に行なわれたパリ・ストラスブール線に関する審議では、以下のような意思表明を行なっている。

市議会は、精力的に人口移動の問題と戦い、現在の基盤の上に都市を維持する義務を負うものと考え……、（一方で）クリシーの平地に形成された新パリが、現在のパリの衰退と荒廃を招いていると認識している……。

自然に考えれば終着駅の位置は、南北の高台に囲まれた広大なセーヌ川流域沿いとなり、そうすれば谷地に水平な軸を形成することになる。パリでは岸壁や大通りが川の上流と下流の結節点に集中しているため、この場所は鉄道利用者にとって都市内移動に便利である。また重要なことは、かつて舟運が担ったセーヌ川の商業的軸線としての役割を、鉄道が新たに担うということである(7)。

つまり、パリ・ストラスブール線の終着駅である東駅を、市東部、セーヌ川沿いに建設するということである。市議会の文書はセーヌ県知事ランビュトを介して公共事業省にも伝えられる。この案は、結局日の目を見ることはなかったが、人口移動の問題を駅の立地によって解決しようとした市の意思を知る上で、重要な記録といえよう。

一方この時期ペレールは、こうした議論の盛り上がりや、サンラザール駅がパリ北西部への人口移動を助長しているという批判をさほど意に介さず、中央駅の実現に奔走していた。次なるターゲットは北線。北線の建設許可を得て自分の駅に引き込もうと画策したのである。

当時、政府はヴァレ案の失敗を受けて方針転換し、パリ市北部サンラザール囲い地（サンラザール駅とは別の場所）へ北線の終着駅を立地させることを考えていた。この場所は中心からは遠いが、市内の土地としては広大で、なによりほとんどがパリの市有地であるというメリットがあった。しかしペレールは、公共事業相あてに公開状を提出し、北線に加えて当時同じく計画が進められていたパリ・ルアン線、パリ・ボルドー線についても、サンラザール駅に建設するよう訴える。当時まだペレールと協力関係にあったロスチャイルド家も、ペレール案ならば北線終着駅の建設費用を節約できるとして、この案を支持していたという。

しかしペレール案の発表を受け、北線終着駅を活性化の拠点にしたいと考えていたサンラザール囲い地周辺、特にポワッソニエール地区の住民が激しく反発する。彼らは終着駅が旅客・物流の交通の便を向上させるだけでなく、都市化の進んでいない市周縁部の土地の不動産価値を引き上げ、美観を整える契機になると考え、駅の誘致活動を展開していたのである。そしてペレールの公開状に対抗して複数の行政区の連名でセーヌ県議会に要望書を提出し、人口移動の問題を引き合いに出しながら、これ以上パリ北西部の都市化を助長すべきでないと主張する。

同じく政府もペレール案には難色を示していた。都市発展のバランスの問題もあるが、土木官僚は駅の巨大化が人や列車の過度の集中を招き、コントロールが効かなくなるという観点から問題視していたのである。こうした数々の反対に会い、結局北線はロスチャイルド家が建設許可を獲得するものの、終着駅についてはほぼ住民の意向通りサンラザール駅とは別に北駅としてパリ北部へ建設される。東駅についても、路線はセーヌ川沿いでなく北からパリ市に入りながらも北駅と統合されず、そこから約400mしか離れていない場所に建設されている。この立地にも、地元の誘致活動と国の意向が影響していたといわれている。

この他、リヨン駅はこれらとは違う理由で分離して建設されている。パリ・リヨン・地中海鉄道は、シュヴァリエの地中海システムから始まり、フランス幹線鉄道の中でも重要な位置づけが与えられ、1842年6月11日法が制定されると、国はこの路線への関与を強める。そして、現体制を築く契機となった七月革命を象徴する記念塔が建設されたバスティーユ広場の近くに、その終着駅を建設しようと考え、さらに「七月革命記念塔と駅前広場の間の視界を遮ってはならず、記念塔と対面する駅前広場に灯光付きの塔を建設するよう政府は提案」するのである。(8) そしてリヨン駅建設とほぼ時を同じくして、バスティーユ広場と駅を直線的に結ぶリヨン通りの建設が決定している。

こうしたさまざまな議論の結果、1850年代にはパリ終着駅立地論争はおおよそ収束した。そして、いずれの駅もパリ市境の少し内側に分散してバランスよく配置される結果に終わった。また企業間の競争により資本主義の発達を促すという1842年法の精神に合致するかのように、幹線を束ねる独占企業の誕生も防がれている。

なお実際の立地にあたっては、地形的要素も無視するわけにはいかない。地形図に路線を落としてみると、右岸については丘の鞍部に線路が通り、セーヌ川旧分流部のすぐ外側の傾斜地手前に駅が配されていることがわかる。また、左岸については聖ジュヌヴィエヴ山の周りかセーヌ川沿いに立地している。

(3) 接続

終着駅はすべてパリ市周縁部に留まり、しかも分散して配置される。この2点の内、全国の幹線の分断を意味する分散配置については、通過交通の旅客でさえパリにいったん滞在せざるを得ない構造をつくり出したため、例えばフランス中部の都市リヨンでは、町の活性化のためにパリと同様の終着駅配置を望む声が上がったというが、(9) ネットワークとしては致命的な欠陥である。特に重量物をいちいち馬車に積み替えて別の終着駅まで運び再び鉄道車両に載せることは、時間的にも費用的にも大きな損失となる。

分断された幹線各線をつながなければならない。こうした意識は、まだペレールらが中央駅建設を目論んでいた1830年代後半にすでに芽生えていたようである。そして、1842年法で幹線マスタープラン「ルグランの星」が定められると、国は即座に具体的調査に着手している。調査はパリ市内の幹線すべてに接続する環状鉄道建設の実現性に関するもので、調査を担当した国の主任土木エンジニアのボードは、それを当時のパリ市郊外にあたる現市境付近に建設中だった「ティエールの城壁」の内側につくるか、外側につくるか、あるいは交差させてつくるか技術的検討を行なっている。だがこうした検討も、幹線と終着駅の場所、会社が決まっていない段階にあっては、まだ絵に描いた餅であった。

その後、終着駅の配置がほぼ確定する1840年代末期になると、話も次第に現実味を帯びてくる。例えば、1848年の二月革命によって七月王政が崩壊した後、失業者救済を大きな目的として2月26日に国立作業場が設立されると、その3日後には臨時政府が環状鉄道建設に関連してボードを事情聴取している。実際、ソー線やヴェルサイユ線などの鉄道事業は、国立作業場のために貴重な労働現場を提供していた。しかしこれらの線と異なり、複数の会社間の調整が必要となる環状鉄道については、計画の詳細まで詰めるのは容易なことではない。案の定、国立作業場が存在した約3ヵ月の間には何も実現されなかった。

環状鉄道建設がもたつく中、終着駅分散配置の問題は日増しに切実さを増していく。特に終着駅同士がほんの400mしか離れていないだけで、北部の炭鉱から北線によって輸送される石炭を、ストラスブール線のシャンパーニュ地方やローレーヌ地方の製鉄場に供給するのに、大掛かりな積み替えを必要としていた北鉄道会社とパリ・ストラスブール鉄道会社（後の東鉄道会社）にとっては重大な損失であった。そのため、北鉄道会社、ストラスブール鉄道会社、またパリ・ルアン線会社（後の西鉄道会社）などの各社は、個別に接続線の計画立案を進め、1850年11月に北鉄道会社とストラスブール鉄道会社が両線の接続計画、その翌月にはサンラザール駅を終着駅とするルアン鉄道会社とパリ・ル・アーブル鉄道会社が、ストラスブー

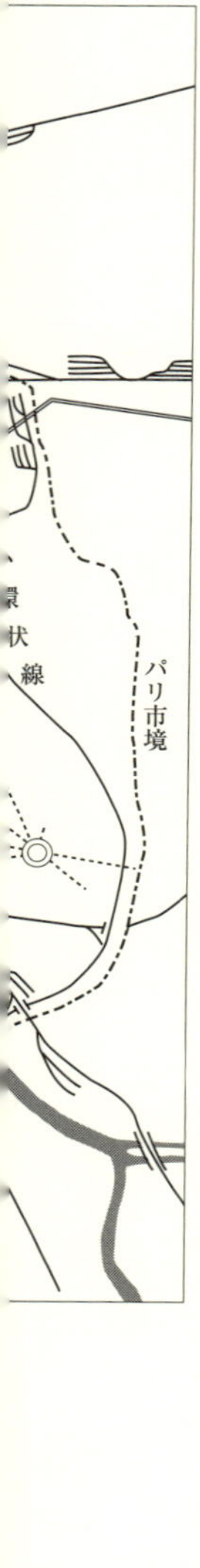

ル線との接続計画を公共事業省に提出する。

しかし、公共事業省はこれら個別の計画をいっさい許可せず、あくまで幹線全体を結ぶ環状鉄道の建設に固執する。環状鉄道の建設は、兵隊を広域的かつ迅速に全国を移動させたいと考えていた陸軍省の意向とも合致していた。

１８５１年１月、マニュが公共事業相に就任すると、環状鉄道実現に向けた動きが一気に収束に向かっていく。まずマニュは同年７月に各社代表者を役所に呼んで環状鉄道の建設と財政負担の意思や、城壁内側への建設という各社の希望を確認する。また、複数の会社による運営の問題については、関係各社が新たに設立する協議会に株式会社をつくり、そこが鉄道の管理を行なうという方法で各社の同意を取り付ける。そして同年１２月２日、ルイ＝ナポレオン（後のナポレオン三世）がクーデタに成功すると、その８日後にこの新大統領の署名によって環状鉄道建設が決定。建設の費用は国が５００万フラン、残りは各会社が１００万フランずつ負担し、工期は１８５３年までの２年間と定められた（実際の完成は１８６９年）。

ナポレオン三世にしてみれば、発想自体は自分のものでないにしても、環状鉄道は彼の鉄道重視の姿勢をいち早く示す、格好のアピールの対象であった。彼はその後も鉄道に高い関心をもち続け、幹線鉄道を運営する会社を六大会社に集約してネットワーク機能の効率化を図り、かつ、それら大会社間の競争と官民の協調によって経済発展を導こうとする。こうしてパリに集中しながらも、実は市内で分断されていたフランスの幹線鉄道網は、将来の市境をほぼなぞる環状鉄道によって連結され、ようやく１つのネットワークとしての体裁を整える（図１）。

図1．終着駅　JOYANT, E., *Traité d'urbanisme*, Paris, Eyrolles, 1928, fig. 306 より

◎メトロ

(1) はじめに

パリのメトロが開通したのは1900年である。これは必ずしも西洋における早い事例とは言えない。当時のフランス人が考えたように、メトロを地下・高架に関係ない都市鉄道全般と捉えれば、パリはロンドンだけでなく、ベルリン・ニューヨーク・シカゴ(高架鉄道)、さらにはブタペスト・グラスゴー(地下鉄道)にも先を越されたことになるからである。

ただ計画自体は1845年という早い時期から存在し、その後も数多くの計画案がつくられている。つまりパリのメトロ開通が遅れたのは、メトロ建設の発想がなかったからではなく、むしろ建設にかかわる議論が加熱し、その整理・決着に時間がかかったからといえる。例えばモーパッサンは、19世紀後期の状況を小説の中で以下のように描き出している。

(新聞社幹部の私邸で行なわれたパーティーの席上で) 今やすべての男たちが身振りを交え、声を張り上げて語りだした。話題はメトロの大プロジェクトである。誰もが多くを語りたがり、話はデザートが終わるまで尽きなかった……。[10]

この男たちは、パリの交通の難点をあげつらい、巷で話題のメトロに期待を膨らませながら会話に花を咲かせるのである。しかし現実には、万博やパリ大改造など、他に類を見ない大胆かつ先進的な近代都市建設が進められたパリでも、メトロに限っては、さまざまな確執が災いして他の都市の後塵を拝することとなる。特に建設の主導権をめぐる国と市の間の論争が、メトロの着工を遅らせる大きな原因となった。以下、第三共和制時代を中心にその様を見ていきたいと思う。

(2) 国と市の論争

幹線・環状鉄道の接続に主眼が置かれた1845年のケリゾエ案と1853年のブラム・フラシャ案、乗合馬車の代替として計画された1865年のヴォチエ案など、19世紀中期には複数のメトロ案が発表されているが、行政がその建設に関心をもつのは第三共和制(1870〜1940)以降のことである。具体的には、経済学者ジャン・バチスト・セィの孫で自らも経済学者だったレオン・セィ(1826〜96)が第三共和制下にセーヌ県知事に就任してからのことである。

県がメトロ建設に関心をもった背景としては、従来、国しか策定できなかった鉄道計画の権限が、1865年の法律によって県にも与えられていたという点が挙げられる。この法律によってフランスの鉄道は、国がインフラを建設する「国家鉄道」——直訳すると「一般利益の鉄道」で、「一般」は地方と対立する概念として使用——と、県または市による「地方鉄道」——直訳すると「地方利益の鉄道」——という2つに大きく分類され、「地方鉄道」は県・市の直営か、1842年法と同様に私鉄会社の運営によるとされた。ただ、新たな競争相手の誕生を警戒した既存の鉄道会社が議会に圧力をかけた結果、国の権限も明記され、「地方鉄道」建設に当たり、内務相と公共事業相の意見を踏まえて国務院が公益認定を行なうという規定も盛り込まれていた。

さてセィの働きかけを受けて、セーヌ県担当技師のクライツを委員長、環状鉄道部長マンションを委員会報告者とし、県や市の仕事に従事していた国と鉄道会社のエンジニアからなる計14名を委員とした特別委員会によってメトロ案が作成される。この計画案は実現されなかったものの、この出来事は、これまでメトロ計画に対して受け身だった行政が、ようやく主体的に動き出した1つの転換点と位置づけることができる。ただその後、県の出番は減り、むしろ国と市という2つの行政機関によるメトロ建設の主導権争いへと話は発展していくことになる。

その背景としては、1880年の法律により、「地方鉄道」建設の権限を県ではなく市に限定されたことが挙げられる。[11] ちなみにこの法律は、元鉱山官僚で鉄道に詳しい共和派の公共事業相フレシネ（1828〜1923）が、「ルグランの星」以降パリに集中していた富や活力の地方都市への再分配を目指して、1878年から翌年にかけて作成した全長約8700kmにおよぶ、いわゆる「フレシネプラン」の実現を念頭につくられている。

さて、国と市の主張の論点を簡単にまとめてみよう。まずパリ市は、市民——特に低所得者——が平等に利用できるよう、市全域に高密度で張り巡らされ、利用料金も安い「地方鉄道」としてのメトロの建設を目指していた。一方、市外に広がる既存の鉄道路線との接続については冷淡だった。ここで描かれた未来の都市像は、コンパクトな都市構造である。市内人口の増加と集約的都市機能の充実を第一に考え、都市をビジネスの場としてだけでなく、生活の場としても位置づけているといえる。

このヴィジョンの根底には、パリの活力の源泉が、職住近接型の生活を基本とする中小の製造業にあるという認識があった。そして、その職人・労働者たちの生活スタイルを、郊外居住を前提とする職住分離型に改めるのを非現実的と考え、市外からの通勤者の便を考慮しない。もちろんこの考えの裏には、市民が郊外に移住し市内人口が減少することにともなうさまざまな弊害——例えば議員の定員削減にともなう政治力の低下——も彼らの念頭にあったことだろう。

他方、「国家鉄道」の考えにこだわったのは、国務院と公共事業省である。それに、フランス幹線鉄道を経営する鉄道会社が背後から圧力をかける。「国家鉄道」推進派は、パリ市民よりも国民、外国人または軍隊の利用を念頭において、既存の幹線鉄道との接続を第一に考える。そしてその意見が、県知事を介して市議会、県議会に伝えられることで、両者の間に対立が引き起こされていたのである。

こちらの陣営で、1880年代から明快な都市ヴィジョンをもち始めたのは鉄道会社である。従来、幹線鉄道の運行を柱に経営を組み立てていた鉄道会社は、1880年の法律以降、地方線、郊外線の経営にも力を入れていた。そこで、彼らが注目したのがロンドンの都市構造とライフスタイルである。中産階級が都心の雑踏を逃れて緑あふれる郊外の一軒家に住み、仕事には都心まで汽車で通勤する。つまり、「地方鉄道」「国家鉄道」の違いは、建設の主導権の問題であると同時に、パリ発展のヴィジョンの違いでもあった。

1880年以降の全国的な潮流から考えれば、「地方鉄道」建設を訴える市の主張はまさに時宜にかなっていた。しかし、国にとってみればパリのメトロは別問題であり、市の動きに理解を示していたフレシネでさえ、「国家鉄道」か「地方鉄道」か、というメトロの位置づけに関する県から国への照会に対して、配下の鉄道局長ドゥウヴェルジェ名で、従来の方針を変更しない旨を1878年7月16日付けで回答している。首都の整備については、市よりも国の権限が勝るという従来の国の見解が繰り返されるのである。ただ市議会の根強い反発を受けて、フレシネは、国がメトロに関する政策決定を行なう際には、必ず市議会と県議会の意見を求める、という規定も新たに設けている。

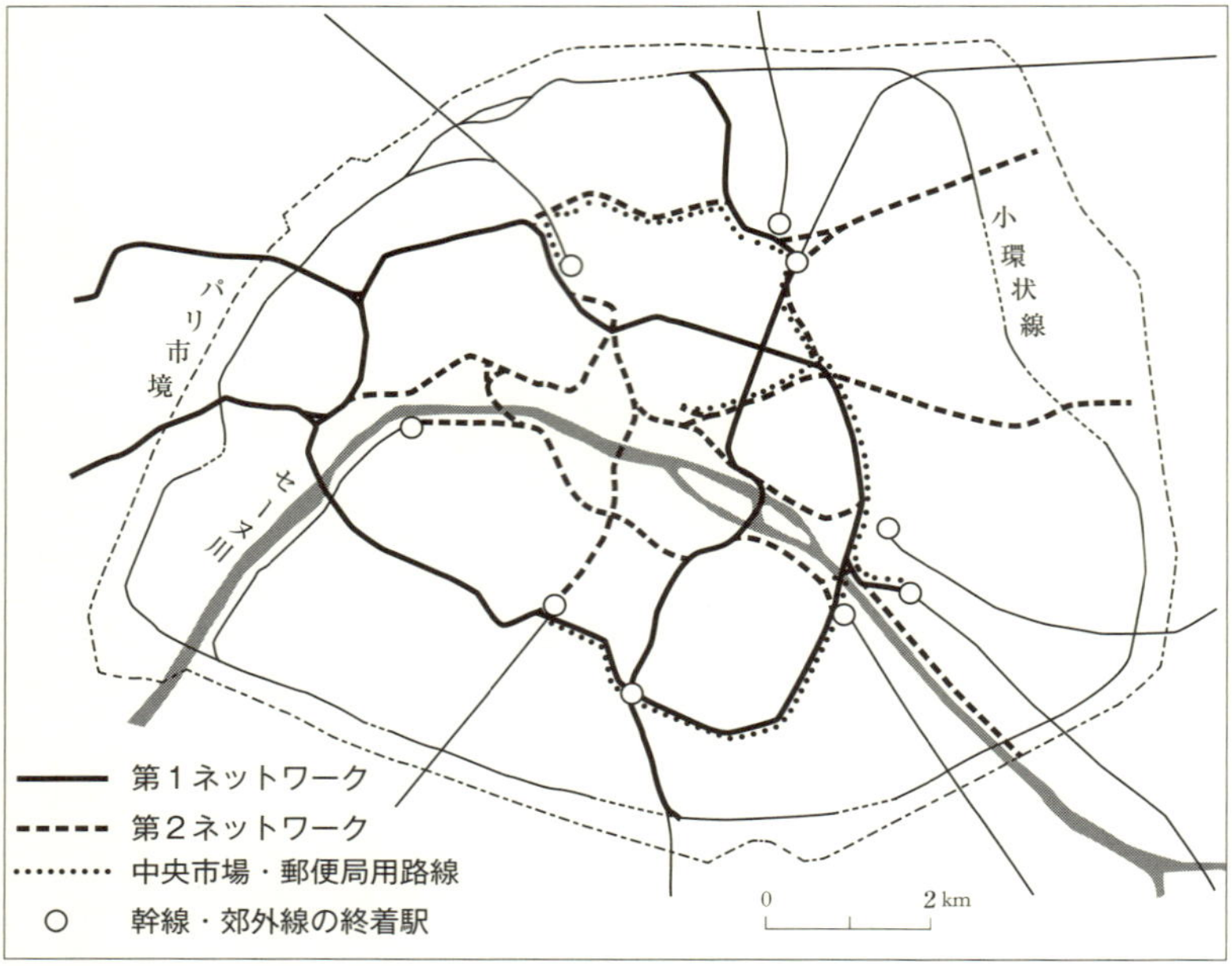

図2．1883年のパリ市　JIGAUDON, G., 'Cartographie', *Analyse historique de l'évolution des transports en commun dans la région parisienne de 1855 à 1939*, Paris, CNAM-CDHT, 1977, p.8 より

(3) 迷走の15年

これら関係者それぞれの思惑は、1883年の市議会の計画案をきっかけとしてさらに浮き彫りにされる。これは1880年の法律成立後に市が初めて作成した「地方鉄道」案で、内容は以下の通りである。

「第1ネットワークは、現在の交通需要に応じて計画されたもので、重要な交通流が生じる場所や、計3500万人の旅客が利用する駅舎を結んでいる。

第2ネットワークは、人口密度の高い中心部から周縁部までメトロの効果を広げ、ネットワークを均質で、整合性があり、かつ十全なものにするためにつくられている。この第2ネットワークによって、メトロの効果を最大限に高めることができる。[12]」

なお駅舎接続については、通勤や幹

線鉄道の旅客のためではなく、劣悪な住環境にいるパリ市民に週末郊外で楽しんでもらうために確保するとしている（図2）。

この計画案は市議会、県議会を通過した後、仕様書（案）と合わせて国に提出される。公益認定と「地方鉄道」として市が建設することについて承認を得るためである。そして、公共事業相からの諮問により、この申請書を最初に吟味した土木審議会は、1880年の法律を意識したのか、従来とは異なり、駅舎への接続に留意したこの案ならば国家的な損失はなく、市の建設を承認してもよいと結論づけるのである。市の強硬な姿勢を前にして、政治対決の様相を呈してきたメトロ問題がこれ以上混乱するのを避けたいと考えたのか、彼らは「国家鉄道」、「地方鉄道」という「冠」と、幹線鉄道への接続という「実」を分けて議論を整理するのである。

しかし、この考えは国務院が受け入れるところではなかった。メトロは幹線鉄道や小環状鉄道の一部として建設されるべきもので、「国家鉄道」以外の何ものでもないという、従来の主張を繰り返すのである。こうして、市の計画案はまたもや具体化の道を断たれてしまう。以前と異なり、1880年の法律やフレシネの譲歩など、メトロを「地方鉄道」として建設する機運が高まっていた矢先の話である。市はこれまで以上に、国への対抗姿勢を強める。

一方、国側もただ受け身だったわけではない。1880年の法律以後、「国家鉄道」寄りの計画も具体的に練られていた。その代表例が1882年12月から次々と発表されるアーグの案である。彼によると、案の着想はロンドン、ベルリン、ウィーンのメトロから得ており、メトロは「地下トラムウェイ」ではなく、市民が郊外の行楽地に行くための交通機関でもないと市議会を暗に批判しながら、パリの混乱を解消し、軍隊の速やかな移動にも寄与するために、これまで発表されたどの案よりも純粋に終着駅、小環状鉄道と接続

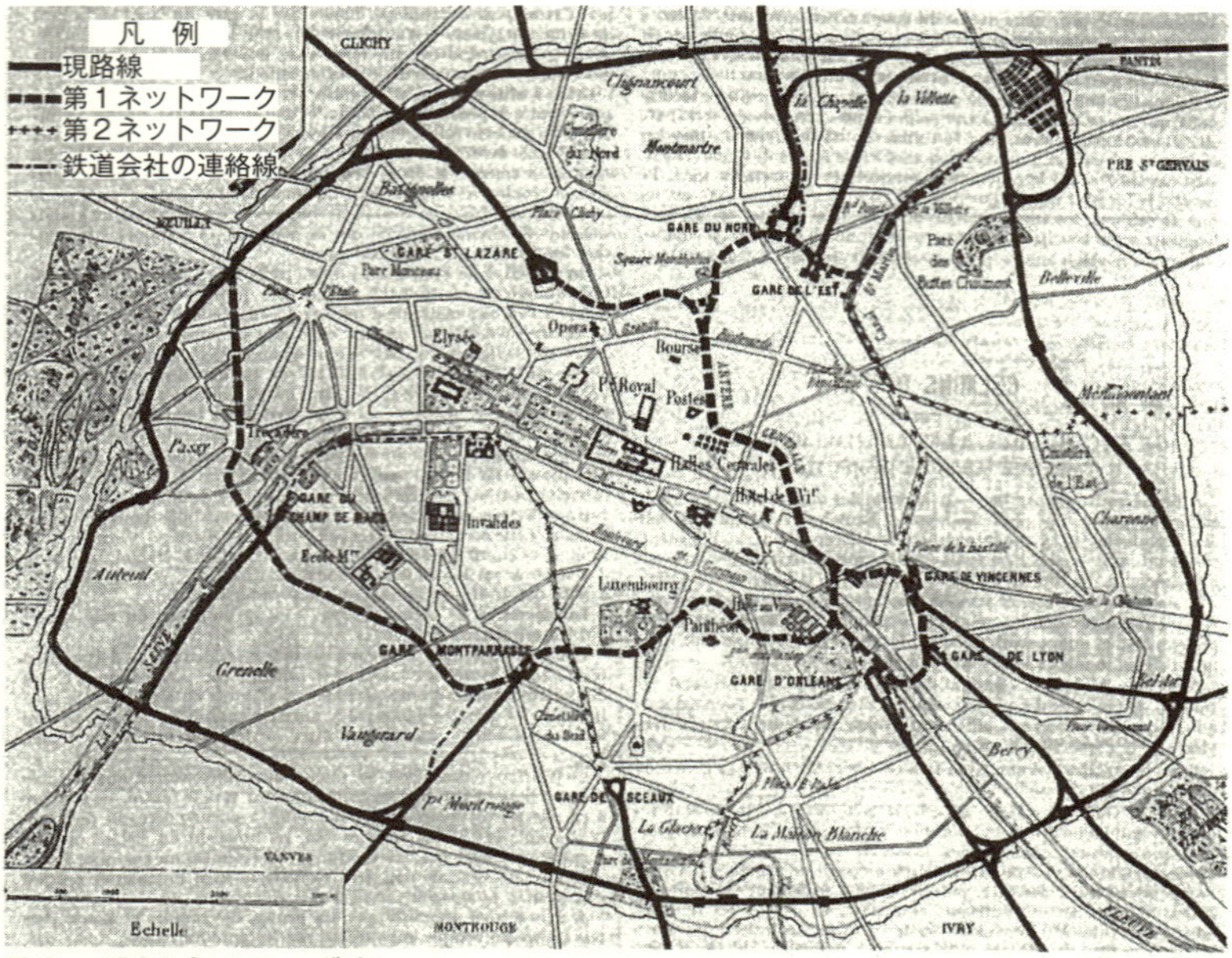

図3　1885年のアーグ案　HAAG, P., *Le chemin de fer métropolitain de Paris*, Séance du 20 août 1883 de l'Association française pour l'avancement des sciences.

するネットワークを構想する（図3）。

政府はこの案に大きな関心を示すが、実現性を考えると修正も必要であった。例えば公道上ではなく、都心の既成市街地内を貫く彼の高架鉄道案を実現するには大規模な収用が必要となる。他方、フランス革命100周年と重なる1889年のパリ万博までには、メトロをなんとか建設したい。そこで政府はアーグ案を参考にしつつも、短期間で実現可能なメトロ案の作成に取りかかる。

この新たな計画策定の中心人物が公共事業相バイオ（1843～1917）である。ただその進め方には透明性が欠けていた。この計画案でバイオが重視したのは実現性である。それはまず、「地方鉄道」か「国家鉄道」か、という議論の深みに嵌るのを逃れることを意味していたが、間近に迫る万博に間に合わせるためにはそれに加えて、事前に具体的な資金繰りを調整しておく必要があった。そこでバイオは、幹線を運営する鉄道会社から全面的な資金および技術協力を取り付けようと考える。

しかし、国と鉄道会社がメトロ計画をめぐり協力していることが表沙汰にされると、市の反発を招く可能性が高い。市議会は会社の利益を最優先する鉄道会社が、メトロ建設をコントロールすることをひどく嫌っていたからである。そこでバイオは、北鉄道会社の社長アルフォンス・ドゥ・ロスチャイルドと旧セーヌ県知事で北鉄道会社取締役のセィと秘密裏に交渉を行なう。その結果、この会社が国に協力する代わりに、計画案の作成は公共事業省鉄道局ではなく同社経営部次長の土木エンジニア、サルティオが中心になって行なうという密約を交わす。さらに、バイオは計画承認後のメトロ運営会社として国立不動産銀行に目を付け、元公共事業相でこの銀行総裁を務めていたクリストフルとも内々に交渉を進めた。

この結果、サルティオはアーグ案を変更し、アーグ案において最も実現困難な都心貫通部分を、緊急性の低い第2ネットワークに格下げした上で、北駅とサンラザール駅、北駅と凱旋門・小環状鉄道を結び、その他の終着駅も環状道路を活かして連結する第1ネットワークを計画する。環状線を加えたのは市に対する配慮であろう。また、市が望んでいた西の郊外への延伸も予感させるネットワーク形状にもなっている。

この案の意図は明らかである。実現性を優先し市の譲歩を引き出そうとしながらも、ここには北鉄道会社に有利な路線が巧みに埋め込まれている。アーグ案をわずかに変更することで、当時最大の利用客数を誇ったサンラザール駅と北駅を結び、その中間に「オペラ座中央駅」を配する。ただ、これを中央駅と呼ぶのは名ばかりで、実際には北駅が市内最大の結節点となっていた。

多少の反論はあったが、この案は議会で概ね好意的に受け止められる。国寄りの立場をとっていた雑誌『土木工学』も、「メトロは、公共事業相の優れたイニシアティブにより、まもなく実現の時を迎えようとしている。……この計画案は、まさに公共の視点と建設・鉄道経営の視点の両方から調べ上げられた完璧な案で、……メトロに関心をもつ数百万の人々の願いと需要にも応えている。……なおこの計画案は、都心貫通線をアーグ案から、環状線はヴォチエ・デリニ案から採っている。[13]」と、当時の状況を伝えている。

しかしこうした反応も長くは続かなかった。バイオとロスチャイルド、クリストフルとの交渉が次第に暴かれ、議会や世論から批判の声があがるからである。ただでさえ、「オペラ座中央駅」の構想はインパクトが強かったらしく、当時の景観論争と相俟って、ロビダの風刺画が世をにぎわせていた。もちろん市議会も反発する。市のメトロ案を担っていたヴォチエとデリニは、下院鉄道委員会委員長にこう訴えている。

この会社（北鉄道会社）のスタッフが計画を構想し、図面を引き、それを印刷・配布したことは明らかである。この計画案がそれを公然と示している。彼らが協約書を作成し、公共事業相がそれを受け取った。そして大臣も、ダンケルク通り（北鉄道会社本社の所在地）に任せようという明確な意志をもっていたのである。[14]

北鉄道会社に加え、国立不動産銀行総裁クリストフルとの関係が明るみにでたことも、政府にはマイナスに働いた。実は、クリストフルはかつて公共事業相として、メトロを「国家鉄道」として建設することを県に伝えていた当本人であった。その彼が総裁を務める企業に鉄道経営を任せるというのは、国とそのＯＢの天下り先との癒着の構図以外何物でもない。劣勢を強いられる中、バイオは１８８６年１１月に大臣の座を降りる直前に修正案を提出するが、それが議会を通過することはなく、メトロ計画はまたもや宙に浮いてしまう。

ただ、バイオ案は市との歩み寄りの可能性を示したという点では意義があった。密約や鉄道会社の独りよがりさえなければ、計画の方向性そのものは間違っていないのではないか。これまで再三メトロ案作成に携わってきたアルファンはそう考え、今度は「300mの塔」の建設で一躍有名になったエッフェル（1832~1923）を頼りに新たなメトロ計画を作成する。

しかし、この案も実現にはいたらなかった。地方鉄道と位置づけない限り容認できないという市議会の原則論のほかに、北駅からオペラ座にいたる路線に対して周辺住民約17000人の反対署名が集められるなど個別の反論が繰り広げられたのである。[15] さらにこれまでと違い、そろそろメトロ建設の潮時と考えた市議会議員が自らの選挙区に路線を望み、具体的な要望の声を上げたことが話をややこしくした。アルファンがこの要望の一部に応え1891年に修正案を作成すると、新たな要望が次々とわき起こり、収拾の付かない状態に陥ってしまい、この案はついに廃案となる。

(4) 市の勝利

こうしてフランスはメトロ建設に目処が立たないまま、再び万博の季節を迎える。第2回オリンピックが同時開催され、空前の入場者数を記録することになる1900年パリ万博である。数々の万博を経験し、今フランスが解決すべき問題が市内交通の改善にあることは多くの人の目に明らかであった。

この状況下で、公共事業相バルトゥは、1894年に万博会場へのアクセスを最優先にした「国家鉄道」としてのメトロ計画を新たに作成する。実質の計画者は、交通経済学で優れた業績を残し、当時公共事業省鉄道局長を務めていたコルソンである。バルトゥは万博を見据え、セーヌ県知事プベルにこの案を急いで送り意見を求めるものの、またもや結果は同じだった。市議会では1895年1月にこれに反対する決議が採択される。

今や市は国からの案に対して、同じ回答を繰り返すだけだった。かといって、かつてのように主体的に計画をつくろうとはしない。事態は完全に硬直化していたのである。さらに万博という大イヴェントが足かせとなって、国は不利な立場に追い込まれてしまう。１８９５年5月に商工大臣が市に１９００年万博の負担金を求めた際、市は２０００万フランを拠出する代わりに、万博のために国が計画する鉄道は市の同意なくして建設できないという新たな条件を国に提示するのである。

もはや国は完全に手詰まり状態に陥っていた。国家行事である万博を成功するためにメトロ建設を急がねばならないという弱みにつけ込まれ、今や何を主張しても市に有利に進んでしまう。万博とメトロ。どちらも国の威信にかかわる事業だが、それらを成し遂げるためにはどこかで妥協しなければならない。

そしてついにフランス政府は、商工省に対する市の条件付き回答を受け入れた後、１８９５年１１月１日公共事業相に就任したギュイヨ・デセンヌが同月中に「国は、鉄道会社による以下の路線（１８９４年案の万博会場へのアクセス路線）の建設に市が同意することを条件として、市がメトロを「地方鉄道」として建設することを認める。」と市議会に通知するのである。

長年の論争の末に、市はついに国から譲歩を引き出すことができた。パリ市にとって、これは画期的な出来事である。ただこの国の譲歩によってメトロ建設が一気に進んだわけではなかった。議論はまだ続いた。

通知を受けて、市は鉄道会社の市内延長線については態度を保留したまま、１８９６年1月7日に「メトロポリタン委員会」を立ち上げ、独自のメトロ計画の作成に取りかかる。そして幹線鉄道のメトロ網への進入を防ぐため、軌間を１４３５㎜の標準軌ではなく１０００㎜に統一して建設する方針をいち早く表明する。「メトロは独立的でなければ（ならず）、それを確実なものにするために、軌間を変えて国の鉄道が進入してくる可能性を排除しなければならない」[16]と考えていたからである。その上で、パリ市公共事業局長ウエと、後に「メトロの父」と呼ばれるビアンヴニュ（1852〜1936）が作成した基本計画を同年3月に市議会へ提出する。

ウエとビアンヴニュは、環状線・東西線・南北線という3本の路線からなる明快なプランをつくる。この内、前2線は市議会側の考えに近かったエンジニア、3線目が国側のエンジニアによるものだった。ただしこの3線目についてもウエ・ビアンヴニュ案では終着駅にきちんと接続せず、国の考えは骨抜きにされていた。つまりこれは、終着駅、小環状鉄道との接続を避けつつも、市民が多く利用する駅周辺の繁華街に線を通し、さらに交通量の多い右岸を優先しながら市域全体にネットワークを広げるという、従来の市の主張を如実に反映した案であった。

この原案の提出を受けて、市議会はさらに3線を追加して1線延長するという、より密度の高いネットワークに改め、それを議決する。その後、この市議会案に対して一般からの意見を聴取する公聴会が5月から6月にかけて実施された。公聴会で市の原案はおおむね賛同を得、車両の安定性を考慮して軌間を1300㎜に変更した上で、国の公益認定と正式な「地方鉄道」の承認を得るために、1897年9月、最終的な市議会案をセーヌ県知事経由で公共事業相へ提出する。

しかし予想されたように、国のネットワークから完全に独立したこの案に対する国の反応は芳しくなかった。特に地方議員が多くを占める下院には、地方都市の利用者の便が全く考慮されていないことに不満を漏らす者もいたという。議会提出前に議案の検討を任された土木審議会も、1883年に地方鉄道としてのメトロ建設を容認する方針を示した際、国のネットワークとの接続を要件にしていたにもかかわらず、市議会がそれを全く無視していることを問題視していた。そして、さしあたりこの段階では軌間を1435㎜に改めるよう強く求める。国務院もこの土木審議会の案に賛同したため、これが正式に政府案として１８９８年2月に議会へ提出される。この変更を市議会が意外にもあっさり認めたため、政府案は議会でそのまま承認され、１８９８年3月３０日法律によって市が正式にメトロの建設主体として認められることになる。

（5）メトロの建設

残るは建設である。まず、軌間を１４３５㎜の標準軌にすることをあっさり受け入れた市は、建設の段階になって、２つの方法によって国のネットワークからの独立を企てた。１つは、国の鉄道がイギリス方式をとって左側通行だったのに対して、フランスの道路交通と同じく右側通行にするということ。技術的にいえば、左側通行のものを右側通行に切り替えるのは可能だが、システムは複雑になる。もう1つは、トンネルなどの構造物の断面を小さくするということ。国の鉄道の車両幅が3・2ｍだったのに対しメトロは2・４ｍとし、それに見合った規格でトンネルや橋を建設するのである。表向きは、建設費用を抑え、急なカーブの多い都市部でも小回りのきく車両幅に対応させただけということだが、これまでの経緯から国の機関車の進入を防ぐ意図があったことは否定できない。こうして、市が危惧していた郊外への人口移動を促す「国家鉄道」の市内乗り入れは回避されるのである。

終着駅との位置関係はどうなっただろうか。まず１８９８年のマスタープランでは北駅、東駅、モンパルナス駅、リヨン駅、サンミシェル駅の5駅は、メトロとほとんど接続していなかった。北駅、東駅ではメトロが目の前を通りながらも、乗り換えには３００ｍ以上歩く必要がある。モンパルナス駅とサンミシェル駅の状況はさらにひどい。リヨン駅にしても1号線はよいとして、5号線は素通りしてそのままオステルリッツ駅まで南下してしまう。

しかし、最終的にはメトロと終着駅の乗り換えの便を向上するよう、当初案には変更が加えられた。ここでは詳細を省くが、国との論争において市はいわばシンボリックに路線を駅から遠ざけていたものの、構造的に国の鉄道が直接メトロ網に入る心配がなくなったことで、態度を軟化させたのかもしれない。また、1900年当初の国、県、市それぞれの担当者が、従来の確執を引きずらず、むしろ対立する相手と歩み寄るような考えをもっていたため、交渉が比較的円滑に行なわれた点も指摘しておきたい。何より主任エンジニアのビアンヴニュは、第二帝政期に国家の威信をかけてパリ大改造に取り組んだアルファンの世代とは異なり、パリが確固たる自治を求めた第三共和制時代にパリ市に赴任した新たな世代のエンジニアで、国の考えを押しつけず、市と国の意見の調整に労を厭わなかった。

1901年になると、1898年のマスタープランに続いて路線増設計画の検討が始まる。この第2マスタープランは1901年6月14日の市議会が示した、市内のどの地点もメトロから400m以上離れないようにする、2回以内の乗り換えですべての駅に辿り着けるようにするという2つの方針にもとづいて作成された。そして1910年、この基本方針を踏まえた高密度なネットワークが正式に議決され、現形に近いネットワークの建設が急ピッチで進められる。多くは1898年の当初プランと同じく、地上の広幅員街路をなぞる路線からなり、駅には通りや場所の名前が付けられる。それはまるでパリの都市の骨格をトレースしたかのような、市の構造に忠実なネットワークであった。

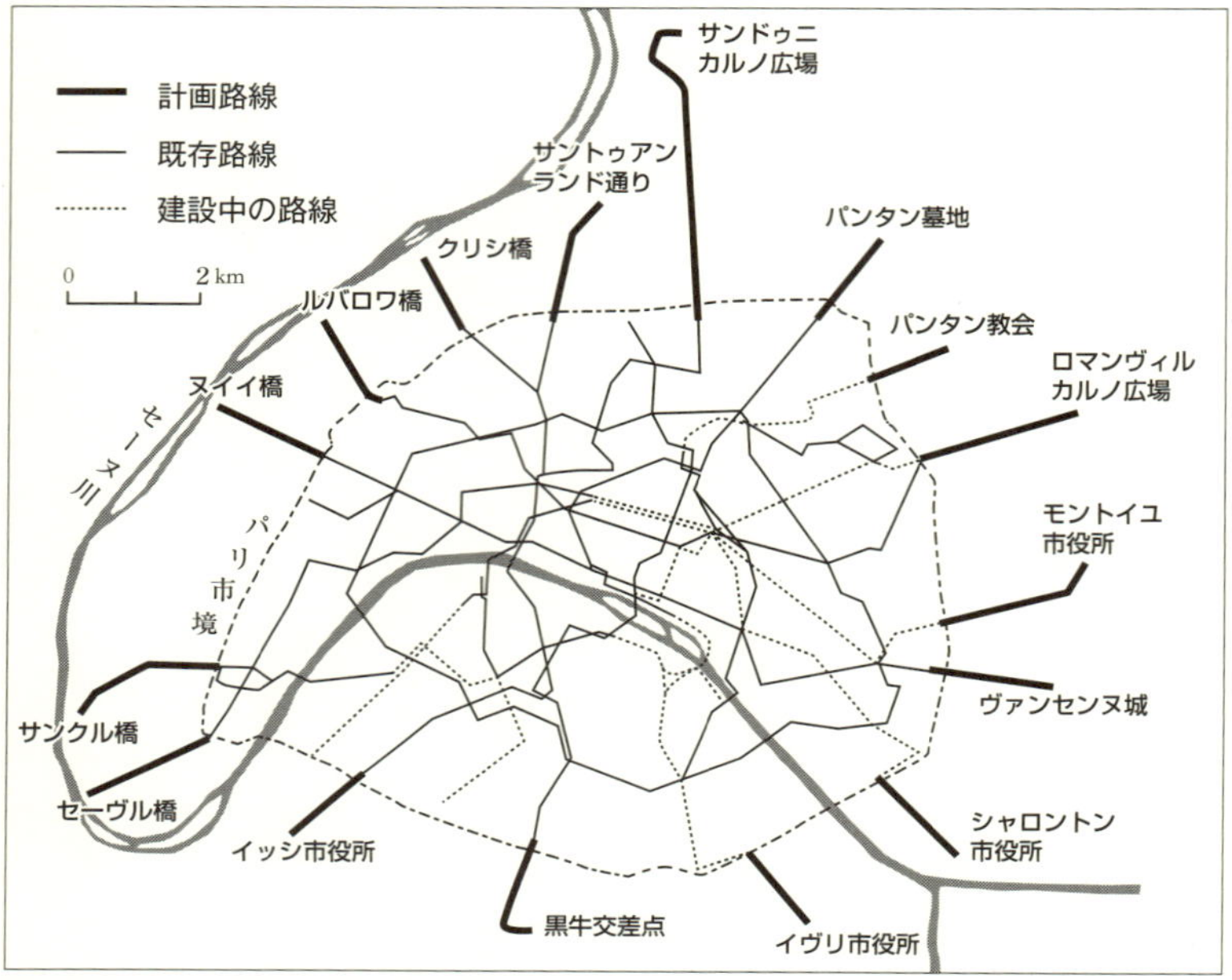

図4．1928年のメトロ延長計画　JIGAUDON, G., 'Les prolongements du métro en banlieue dans l'entre-deux-guerres', in *Métropolitain*, Paris, Hôtel de Lamoignon, 1988, p. 150 より

◎郊外鉄道――地域高速鉄道網

（1）メトロの郊外延長

こうしてつくられた当初のメトロ網は、市内エリアで完結し、郊外には全く延長していなかった。一方、メトロ網がほぼ完成する１９２０年代には、都市計画を市のスケールではなく、大都市圏のスケールで考える時代に移っていた。パリではなく大パリを計画する時代である。パリのメトロは、２０世紀初頭の都市の繁栄を支える重要な役割を果たした反面、こうした時代の潮流からは完全に取り残されていたのである。

実際、パリ郊外の問題は徐々に深刻化していた。第二帝政期のパリ大改造によってパリ市の土地・家賃が高騰し、サン・ドゥニなどのパリ市近郊へ追いやられる人が増加していた。また２０世紀には、そのさらに遠方へと追いやられる人も出てくる。そして彼らの多くは、徒歩または路面電車で市境まで行き、そこからメトロを利用して勤務地へ赴いていた。実際20世紀初頭に、メトロの乗降客数上位を占めていたのはメトロのターミナル駅であった。

こうした状況を背景として、国の郊外鉄道が電化によって運行密度を上げるのと同時に、メトロも郊外延伸を具体的に計画していく。今や都市の範囲は、従来の市境を越え、郊外に居住する労働者の通勤範囲という超行政的スケールに広がっていた。市内で完結するネットワークにこだわっていたメトロも、都市の人口が居住人口だけではなく労働人口によっても把握されつつあるという時代の変化を認識し始めていたのである。こうして1928年にメトロ郊外延長路線計画が策定される（図4）。

メトロ網延伸は、国の傘下にある郊外鉄道の営業に大きく影響した。鉄道駅は19世紀中期から郊外の各市に1箇所ずつ設けられていたが、パリ市内と同様、それらの多くは市街地から離れて建設されていた。一方、メトロ網はパリから放射状に延びる幹線道路の下を通って、既存市街地を壊すことなく市の中心部に駅を設置した[17]。このように、既存の郊外鉄道駅に接続せず、市民により便利な駅を建設したメトロが、郊外鉄道利用者を奪う結果となる。これは、従来の方針を変更してメトロの郊外延伸を敢行しつつも、あくまでパリ市が都市交通の主導権に固執し続けた結果でもあった。

また20世紀初頭には、メトロに代わる高速鉄道網建設の動きも現れる。特に、英国におけるガーデンシティー建設の動きは、フランス人を大いに刺激した。例えばフランス初の大都市圏マスタープランで技術者プロが担当したパリ圏整備計画（ＰＡＲＰ）策定時には、パリ周辺に10ヵ所近いガーデンシティーまたはそれに代わる低所得者向け集合住宅を建設し、郊外鉄道かトラムウェイによってそれをパリと結ぶ案が検討されている[18]。しかし検討の末に正式に発表された1935年の計画は、鉄道ではなく高速道路を主体とするもので、それ以降しばらくパリ大都市圏計画は道路網を中心に検討されることになる。

（2）パリ圏の建設と新たな鉄道網

１９４７年、戦後フランスの国土形成のあり方を大きく左右する本が出版される。地理学者グラヴィエによる『パリとフランスの砂漠』である。この本で著者は、ここ1世紀の間に産業や人材がパリへ過度に集中したことが国家全体の繁栄を妨げていると説き、パリと地方都市の経済的均衡を目指すべきだと訴える。その具体的な成果がフランスの第5次計画（１９６６~７０）で、パリへの経済的集中を緩和するために国内に策定された8つの「均衡の大都市」が定められる。いわゆる「国土の均衡ある発展」の思想である。また、この本では、経済計画に関連づけた「国土整備」という概念がフランスで初めて唱えられる。

これに対してパリ市は、パリの発展を抑制しようとする新たな社会の動きを警戒して、１９５０年から独自のパリ市整備委員会を組織する。そして翌年にはいわゆる「チリオン報告書」を作成し、大終着駅周辺の拠点化を計画している。今まで市の都市計画的視点を表明する政治的道具でもあったメトロが、１９４９年から一国営企業体であるパリ交通公団（ＲＡＴＰ）の所管になったことを1つの契機として、パリ市は都市計画的主導権を維持するために、従来の方針にはなかった都市開発を含んだ鉄道計画を探求し始めるのである。そして、１９５９年にはパリ市内の拠点開発を盛り込んだパリ市都市計画マスタープランが発表される。[19]

一方、パリ圏の計画を国土計画と関連づけて議論していた国は、１９６０年にパリ圏総合整備計画（ＰＡＤＯＧ）を策定する。この計画の趣旨は、終着駅機能の市外への移転を含め、パリ郊外に複数の拠点を階層的に建設し、パリ市の活力を郊外に計画的に分配するというものだった。その代表がパリ西方のビジネス街ラ・デファンスと南東のクレテイユである。

『パリとフランスの砂漠』のマルサス主義的解釈のもとに策定されたこの計画に、パリ市は強く反対する。この計画が、戦後からオイルショックにいたる「栄光の30年」の好景気の流れに逆行して、パリの経済的活力を削ぐと考えたからである。

当時、既にパリ圏での業務地区建設を制限する法律(1958年)ができることで、パリ圏、特にパリ市の成長が抑制されていた状況も、パリ市の国の案に対する反感をつのらせる要因となった[20]。ただ、かつての国と市の対立を彷彿とさせるこの状況も、1961年にパリ圏の長にドゥルヴリエを迎えることで収束へ向かう。「20世紀のオスマン」とも呼ばれたドゥルヴリエは、これまでのマルサス主義的政策を排除し、地方との均衡よりもパリ圏全体の成長を目指して、パリ市内・郊外双方へ新たな拠点を建設することを構想する。こうしてつくられるのが、1965年のパリ圏整備・都市計画マスタープラン(SDAU)である。そして、この中で初めて地域高速鉄道網(RER)という言葉が登場し、この新たな鉄道網が郊外拠点開発の軸に位置づけられる。

(3) RERの歴史的意義

SDAUは、利用者に生活の選択肢を与える充実した住宅と交通網の建設を基本理念とし、その柱にRER、ニュータウン、高速道路の建設を据える。この中でRERは、19世紀中期の幹線鉄道、20世紀初頭のメトロに続く、パリにおける第3の鉄道ネットワークとして、先の2つのネットワークが残した課題を解決する役割も担わされた。具体的には以下の通りである。

まずは終着駅間の接続と中央駅の建設である。RERの主な機能は、市内と郊外を結び、市内を貫通してほぼすべての終着駅を直接結ぶことにあった。1965年の計画では2本建設される予定だった南北方向

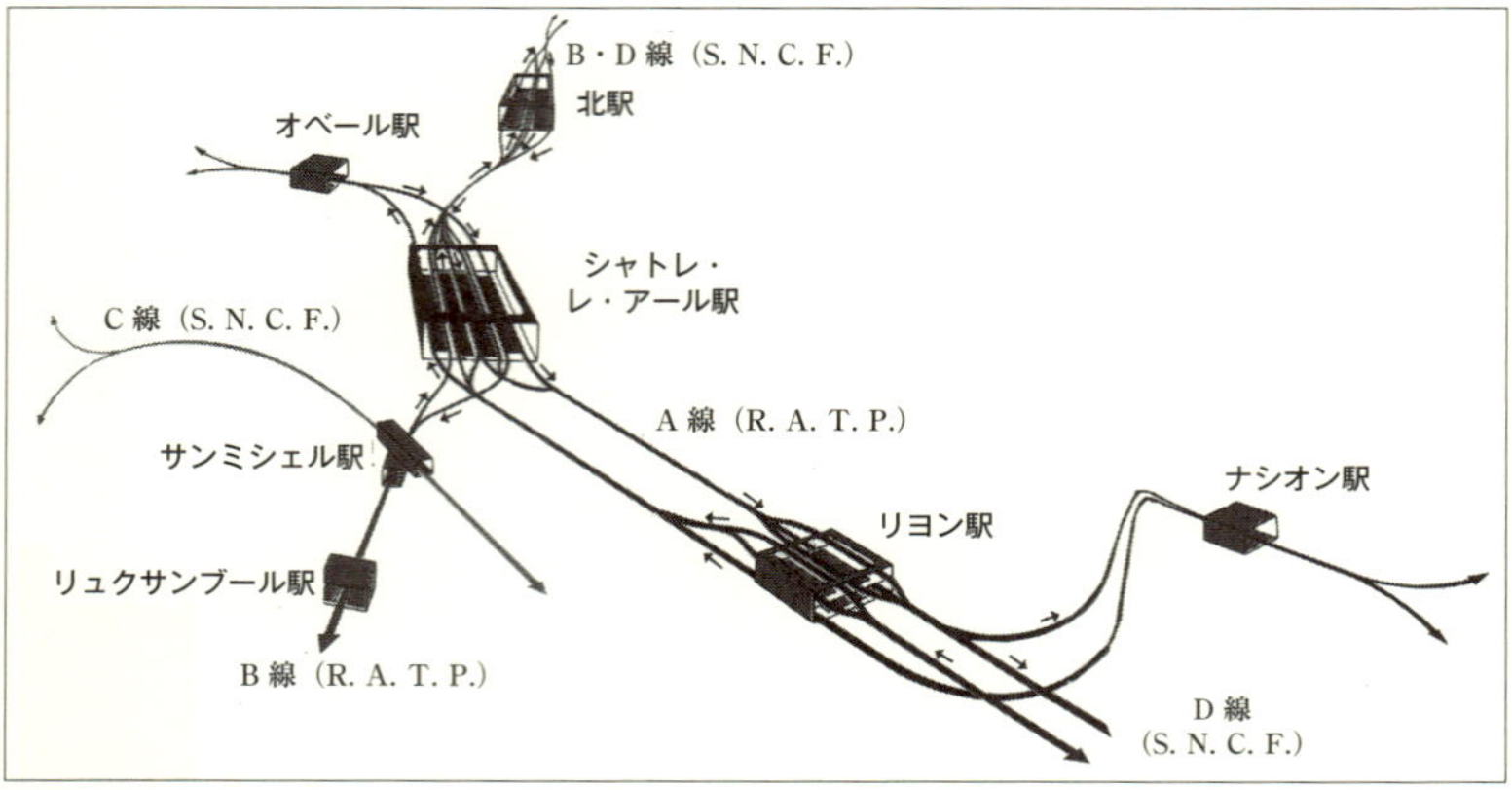

図５　R.E.R. シャトレ・レ・アールを中心とした立体路線図　'Le carrefour des transports collectifs', *Paris projet*, no 25/26, 1985, p. 106 より

の路線は、財政的理由などから１９７１年に既存のソー線を活かした１線に減らされるが、この当初の考えは保持され、北駅、リヨン駅、オステルリッツ駅、オルセ駅、アンヴァリッド駅、ダンフェール駅などの終着駅は直通で結ばれた。また、南北線がパリ市中央で東西線と交差したため中央駅（シャトレ・レ・アール駅）も実現している。（図５）。

　次に鉄道と駅周辺の一体的な整備を見てみる。中央駅建設計画が議論されていた頃、パリ市は中央市場をパリ郊外のランジスへ移転する１９６０年の決定を受け、その跡地利用について検討を進めていた。そこでまず跡地へ新大蔵省を建設しようと１９６８年にコンペも実施されるが、決定までにはいたらなかった。しかし、跡地に中央駅を設けることが決定すると、かつての市場の賑わいを継承する商業施設を一体的に建設する方針が決まり、パリ都市計画アトリエ（ＡＰＵＲ）の主導により、民間資本を活かした現シャトレ・レ・アールが計画される。また郊外でも、かつてのガーデンシティー計画で挫折した都市開発地域と鉄道との連携が、ニュータウンとＲＥＲによって実現することになる。１９世紀末期から国の傘下で建設された郊外鉄道、２０世紀から建設されるメトロ網の計画において、市内また郊外において鉄道整備と都市開発が個別に行なわれ、特に郊外の駅前では民間デベロッパーによる無秩序な開発が行なわれていたパリにとって、これは歴史的転換といえる。

最後に、鉄道の相互乗入・同一ホーム乗換も、RERの建設によって実現した新たな展開として紹介しておきたい。先に説明したSDAUの規模縮小により、RERは相互乗入などを行ないながら既存路線を最大限利用することになる。だがそれを実現するためには、これまであまり友好的な関係になかった国家鉄道の運営会社フランス国鉄（SNCF）と、地方鉄道の系譜を引くメトロの運営会社（RATP）という2つの大企業の協調が不可欠であった。

そこで政府は問題の解決に向けて、大きく2つの手段を講じる。第1には人事で、まず1964年に前身のパリメトロ会社時代も含め初めてRATPのトップに外部の人間があてられる。新総裁ヴェイユは、1935年にSNCFに配属されて最後は経営にまで携わったエンジニアで、RATP異動後は、RER建設に向けた財政再建、メトロ出入口の整備の他に、RATPとSNCFの関係改善に努める。1971年から彼の後を継いだジロデも複数の国営企業の経営を経験していたRATP外部の人間で、相互乗入案の実現に大きく貢献する。(21)

もう1つは、相互乗入・同一ホーム乗換の技術的な実現可能性を探ることである。直通乗入はもちろん初めての試みであるし、2種類の路線間のホーム乗換に関しても、伝統的にホーム上での人の数をポルチオンという重い扉で制限し、ホーム上での混乱回避に努めてきたパリの鉄道関係者にとっては、その安全性の観点から躊躇いがあった。そこでパリ交通局は、1971年に日系フランス人の土木エンジニアであるルイ・サトウに、このシステムを既に実現していた東京の調査を命じるのである。彼は複数の会社からなる東京の鉄道網の仕組みを調べ、また、異なる路線がホーム乗換えで接続する状況を視察した。彼は中目黒駅で大量の人々が約7m幅しかないホームで営団日比谷線・東急東横線間の乗換えを混乱なく行なっているのを報告する。これを参考に1977年、ホーム乗換え可能なシャトレ・レ・アール駅が建設され、1982年には北駅でSNCFとRATPの相互直通運転が実現する。ただし、日本のように大量の人が整然とホーム上を移動することはフランスでは困難と判断され、シャトレ・レ・アール駅では中目黒駅の約2・5倍のホーム幅が採用されている。いずれにしても、これは長年にわたり対立してきた2つのネットワークの協調を象徴する出来事であった。こうしてRERは、約1世紀半にわたるパリの都市鉄道の問題点を改善し、パリ市だけでなくパリ圏全体の発展を導く新たな骨格となったのである。

注

（1）本稿は、KITAGAWA, D., *Formation de l'espace nodal ferroviaire: Paris et Tokyo*, Mémoire de thèse nouveau régime, 1999.（北河大次郎『近代都市パリの誕生——鉄道・メトロ時代の熱狂』河出書房新社、2010年）をもとに執筆している。
（2）RIBEILL, G., 'La fondation stratégique des grandes gares parisiennes,' in "Les grandes gares parisiennes du XIXe siècle", D.A.A.V.P., 1987, pp. 28-38 に引用。以下、ペレールの引用は同文献による。
（3）Le Magasin Pittoresque, 1836, p. 35.
（4）この開通時は、サンジェルマン側の終着駅はル・ペック駅だった。
（5）VALLEE, L., Exposé général des études faites pour le tracé des chemins de fer de Paris en Belgique, 1837, p. 2.
（6）Le Moniteur Universel, 14 juin 1836.
（7）Motifs de la délibération du Conseil municipal de Paris du 29 mai 1844.

（8）Le Moniteur Universel, 10 février 1847.

（9）LAVEDAN, P., Nouvelle histoire de Paris: histoire de l'urbanisme à Paris, Hachette, 1993, p. 390.

（10）MAUPASSANT, G. de, Bel-ami, 1885

（11）この法律の制定にともない、県が「地方鉄道」を建設する根拠となっていた１８６５年の法律は廃止される。

（12）DELIGNY, E. et CERNESSON, L., Rapport annexé au procès-verbal de la séance du 30 avril 1883, Conseil municipal de Paris, 1883, p. 28.

（13）S.E.R.E.S., La constitution des réseaux de transports urbains, S.E.R.E.S., 1978, p. 59. に引用。

（14）VAUTHIER, L. L. et DELIGNY, E., A Monsieur le président de la commission des Chemins de fer, 10 janvier 1887, p. 25.

（15）MITCHELL, A., Rêves parisiens, Presses de l'E.N.P.C., 2005, p. 105.

（16）LAURIOT, N., L'adaptation géographique et technique des chemins de fer urbains, Thèse de doctorat en géographie, 1996, p. 28 に引用

（17）この表れの1つとして、郊外のメトロの駅名には市役所、教会、広場の名前がしばしば付けられている。

（18）この計画は、１９３９年に法的に承認され、４１年、５６年に部分的に改正される。そして、後述の１９７２年のパリ圏整備マスタープラン決定まで、唯一の法的に承認された整備計画として存在し続ける。

（19）LEFEVRE, C. et OFFENER, J.M., Les transports urbains en question : usage, décision, territoire, Paris, Celse, 1990, p. 46.

（20）FONTANON, C., "L'industrialisation de la banlieue parisienne (1860-1960)", Un siècle de banlieue parisienne (1859-1964), Paris, L'Harmattan, 1988, pp. 49-73.

（21）MARGAIREZ, M., Histoire de la R.A.T.P. : la singulière aventure des transports parisiens, Paris, Albin Michel, 1989, pp. 117-142.

第4章

ベルリン

青木真美

ベルリンは、ヨーロッパ大陸北部の中央で東欧圏と西欧圏を結ぶ位置にあり、歴史的には中欧とされる地域の中心的都市である。現在のベルリン都市圏は、人口350万人のベルリン市と周辺の8郡と1市を合わせた半径約70㎞の地域に人口約500万人を有する都市圏であり、市の人口でみればドイツ第1位、都市圏の規模でみればルール工業地帯のライン＝ルール都市圏に次ぐ第2位となっている。ベルリン市の現在の範囲は、1920年に市町村合併によって誕生したもので、大ベルリンと呼ばれることもある。

◎鉄道以前のベルリン周辺の歴史

（1）ベルリンの起源とプロイセンの成立

8世紀頃から主にスラブ系の民族が居住していたこの地域に、ゲルマン系のアスカーニエン家のアルブレヒト一世が12世紀にブランデンブルク辺境伯として封じられ、東方への植民運動の一環として、シュプレー川の中州であるケルン地区に商業を営む者たちが定住したのがベルリンの起源とされている。(1)

ベルリンという地名は、シュプレー川の北側（右岸）の地域として13世紀中頃に初めて文献に表れている。(2) 14世紀の初めには、ケルンとベルリンが統合され、経済的にも発展をみた。17世紀前半にはブランデンブルク選帝侯(3)がプロイセン公国を継承している。

17世紀後半にフリードリヒ・ヴィルヘルムが、宗教寛容策と移民受け入れ策を打ち出し、ユグノー(4)を受け入れた。このとき1万5000人を超えるフランス人がブランデンブルクに移住し、1700年頃にはベルリン市民のうち20％ほどがフランス系住民となり、ベルリンの文化に大きな影響を与えたといわれる。

しかし、度重なる戦乱などにより、ベルリンの人口はほとんど増加せず、1万人前後を上下していた。(5)
次代の選帝侯フリードリヒ三世は、スペイン継承戦争でハプスブルク家に味方する見返りに「プロイセンの王」を名乗ることが許されたため、1701年にフリードリヒ一世として戴冠し、プロイセン王国が誕生する。

(2) プロイセン王国の発展とベルリンの拡張

18世紀初めのプロイセンは、全域がブランデンブルク選帝侯の支配下に置かれていたわけではなかったので、フリードリヒ一世はまず、プロイセン全土の統一に努めようとした。ベルリンの西にシャルロッテンブルク宮殿を造営し、ベルリン王宮も拡張している。また1709年1月には勅令で、独立していたベルリン、ケルン、フリードリヒスヴェルダー、ドローテンシュタット、フリードリヒシュタットを統合して、王都ベルリンとすることを明らかにした。また城門の周囲には既に、新たな郊外地域の開発が進められていた。

1713年、フリードリヒ一世の子フリードリヒ・ヴィルヘルム一世はプロイセン王位を継承し、財政を立て直してプロイセン主力軍の整備に努めた。1709年にはベルリンの人口は約5万5000人となっている。

さらにフリードリヒ・ヴィルヘルム一世は1736年にベルリンの周囲を木製の壁で囲み、14の門を築いた。19世紀になって産業化が起こるまでは、ベルリンの市域はこの囲壁の範囲にとどまっていた。この頃のベルリンの人口は15万人程度に増加していた。

1740年に即位したフリードリヒ二世（フリードリヒ大王）は、ヴォルテールと文通していたこともあって「哲学王」とも称される。フリードリヒ二世の統治下においてベルリンは啓蒙思想の中心地となり、ベルリンには哲学者モーゼス・メンデルスゾーン(7)などが居を構えていた。

さらに19世紀に入り、1806年にナポレオン一世の侵攻により神聖ローマ帝国が解体され、ベルリンはナポレオン一世に占領される。これにより次第に民主化がもたらされていき、ベルリンは自治権を得るようになる。

1809年には初のベルリン市議会選挙が行なわれるが、このとき投票権が与えられたのは富裕層の男性のみであった。1810年、ベルリン大学（のちのベルリン・フンボルト大学）が創立され、初代総長には哲学者のフィヒテが就任している。初の日刊紙の刊行なども行なわれたが、1814年のフランスの敗北により、政治的な変革の動きは終わりを迎えることになった。

1838年にはプロイセンで初となる鉄道会社ベルリン＝ポツダム鉄道が創業し、以後急速に鉄道の町としてベルリンが発展することになる。

産業化と並行したこの時期のベルリンの人口急増は大きな問題を惹き起こし、上下水道の整備計画や、1862年にはジェームス・ホープレヒト(8)による都市計画が立案される。この計画は、オスマンのパリの改造計画と同様に、100年後のベルリンの人口を400万人と想定し、現在のベルリンの交通網の骨格となった広幅道路網・鉄道網を計画している（大ベルリン環状計画）。この流れの中で、選帝侯の馬車のための道だったクーフェルシュテンダム通りが大規模に整備され、都市としての顔が整えられていった。

その後ドイツ関税同盟が成立し、統一国家として1871年にドイツ帝国が成立すると、交通機関の整備や産業革命の進展とともに、帝国の首都としてベルリンへの人口も増加した。1871年に82万6000人だった人口は、1900年には252万9000人へと30年で約3倍に膨れ上がった。

こうした人口の急増は劣悪な住環境をはじめとするさまざまな社会問題につながり、共産主義思想を生みだす一因となったといわれている。

ここまでの人口の増加の状況をみてみると、パリやロンドンは1600年には20万人前後、1700年には50万人以上、そして1800年にはパリ58万人、ロンドン87万人だったのに対し、ベルリンは1800年にようやく20万人の人口を有するようになり、1900年には260万人と19世紀中に急激に増加し、ヨーロッパでもロンドン、パリ、サンクトペテルブルクについで4番目に大きい都市となる。人口の面からみると、他のヨーロッパの主要都市と比較して、ベルリンは近代になってから急激に拡張した都市といえよう。[9]

◎ベルリンの公共交通の発達——第2次世界大戦終了まで

(1) 鉄道以前の公共交通

17世紀末頃に、ベルリン市街には人力による辻駕籠が営業を始め、これがベルリンにおける公共交通の始まりとされている。[10] その後、フリードリヒ・ヴィルヘルム一世が、ベルリンの城壁の外側での辻馬車の営業を認め、19世紀の半ばまでは、現在のタクシーのような形態での営業が行なわれた。乗合馬車が認可され、営業を開始したのは1847年1月1日のことであった。[11]

乗合馬車事業は急速に拡大し、1864年には36社が営業を行なっていたが、道路の状態の悪さや馬の管理などの問題があり経営状態は悪化していた。また1865年8月28日に馬車鉄道が営業を開始し新たなライバルとなったことによって、この36の乗合馬車会社は統合し、アルゲマイネベルリン乗合馬車株式会社（Allgemeine Berliner Omnibus Aktiengesellschaft：ABOAG）を設立した。[12] また、馬車鉄道では、大ベルリン馬車鉄道株式会社（Großen Berliner Pferde Eisenbahn：AG）が1871年に設立された。[13]

バスによる自動車輸送の路線営業は、1905年11月19日にアルゲマイネベルリン乗合馬車株式会社（ABOAG社）が開始している。[14]

(2) ベルリンにおける鉄道の発展――長距離鉄道と近郊鉄道

ベルリンの都市としての発展は19世紀後半に急激に拡大するが、その原因の1つとして1866年にそれまでの市の囲壁が取り壊され、その外側に労働者向けの廉価な高層住宅が密集して建造されたことがあげられよう。この団地街は「ヴィルヘルム・リンク」と呼ばれ、人口密度が高まる要因となった。[15] 人口増大と産業の発展によって急速に拡大するベルリンの都市機能を支えるために、19世紀末から20世紀初めにかけては、公共交通のネットワークが拡大、改善された。

まず、蒸気機関を利用する長距離鉄道ネットワークは、ベルリンポツダム鉄道会社が1838年11月29日にポツダム～ベルリン間に開業したのを皮切りに、1877年までに11の路線が開通し、ベルリンには11の頭端駅が出現する。これらの鉄道は、ベルリンを中心に放射状のネットワークを形成する。

1871～77年にはリンクバーン（以下、環状線）が完成し、1882年には環状線の東西を結ぶシュタットバーンが完成している。1893年末には路線網で412km、114駅に拡大している。

パリやロンドンとは異なり、ベルリンの長距離路線は同じ鉄道路線の環状線でつながっている。これは、都市としてのベルリンの発展が鉄道の敷設と並行して起こったためであり、ロンドンやパリはすでに市街地が形成されていたところを地下鉄でつながなくてはならなかったが、ベルリン環状線建設当時は、ほとんどが当時は市外の「j. w. d.（とても辺鄙なところ）」[16]で鉄道建設に支障は少なかった。また、シュタットバーンも旧市囲壁跡と堀を利用し、軌道を高架線で建設することができた。

後述する地下鉄の建設とほぼ同じ時期の1900～02年に鉄道電化の試験運転が行なわれていて、03年には（旧）ポツダム駅からリヒターフェルデ東駅の9・32kmが、直流550Vで電化されている。

第1次大戦で電化は停滞したが、プロイセン議会が、ベルリンの環状線、シュタットバーンおよび近郊路線の全面的な電化を決定したのは1919年であった。電化方式については経済性の調査を行ない、1921年には、第3軌条直流750Vによる電化に決定している。1926年にドイツライヒ鉄道[17]は、市と電化について合意している。1928年6月11日にポツダムから、シュタットバーン経由で市域東端のエルクナーまで電化した際には、所要時間が3割短縮できたとされる。[18] 1930年12月1日には、現在でも使われている「Sバーン」という名称と、緑地に白字のSのSバーンのマークが公表されている。[19] 1931年末までには主な区間が電化され、電化区間は33・5kmとなった。

さらに、東西方向のシュタットバーンに匹敵する南北方向の直通路線が計画され、現在の北駅からフリードリヒ通り駅を経由して現在のポツダム広場駅までのトンネルが建設された。部分開業を重ねて25kmのトンネルが、1939年11月6日に完成している。このトンネルは、1945年5月2日の国土防衛軍運河の爆破により、地下鉄2号線、5号線、6号線、8号線とともに水没してしまった。

(3) ベルリンにおける鉄道の発展――高架鉄道と地下鉄

1879年にベルリンで開催された博覧会で、ヴェルナー・フォン・ジーメンスが電車のテスト運行を行なった。1881年には最初の路面電車が、リヒテンフェルデ東駅～カデッテンアンシュタルト駅間の営業

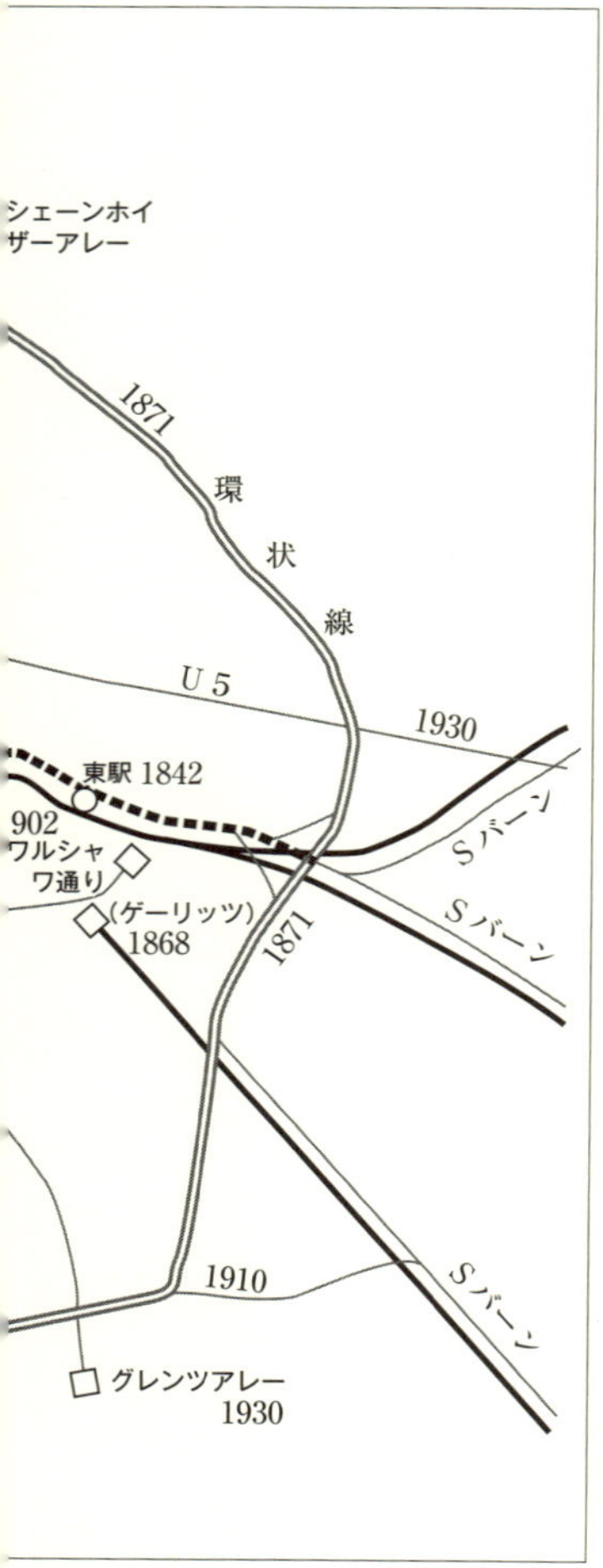

を開始した。1896年の万国博覧会を機に、ベルリン市街地から郊外（トレプトウ）までの路線などが路面電車となったが、営業状況が良好だったため、馬車鉄道から路面電車への転換が1896年から1902年にかけて行なわれた。

1902年、大ベルリン馬車鉄道会社の路線は全面的に路面電車に転換し、同社はベルリン路面電車会社となり、ベルリン市内および周辺の路面電車網は569kmにおよんだ。

ジーメンスはさらに、1892年に高速鉄道の認可を申請し、96年には建設と営業の認可を得て、翌97年にベルリン電気高架・地下鉄道会社を設立し、ワルシャワ通り駅～ノレンドルフ広場駅間（現在の地下鉄1号線）の建設を開始した（図1、3参照）。この路線はほとんどが高架で建設されている。1908年2月18日に一部開業している。1号線の西への延伸や現在の2号線、4号線は、ベルリン郊外に在住する資産家たちのイニシアチブで建設された。小トンネル径という車体幅が2・3mの小型車両が用いられたこの時期は、地下鉄建設第1期とされており、1913年までに38kmが開通している。

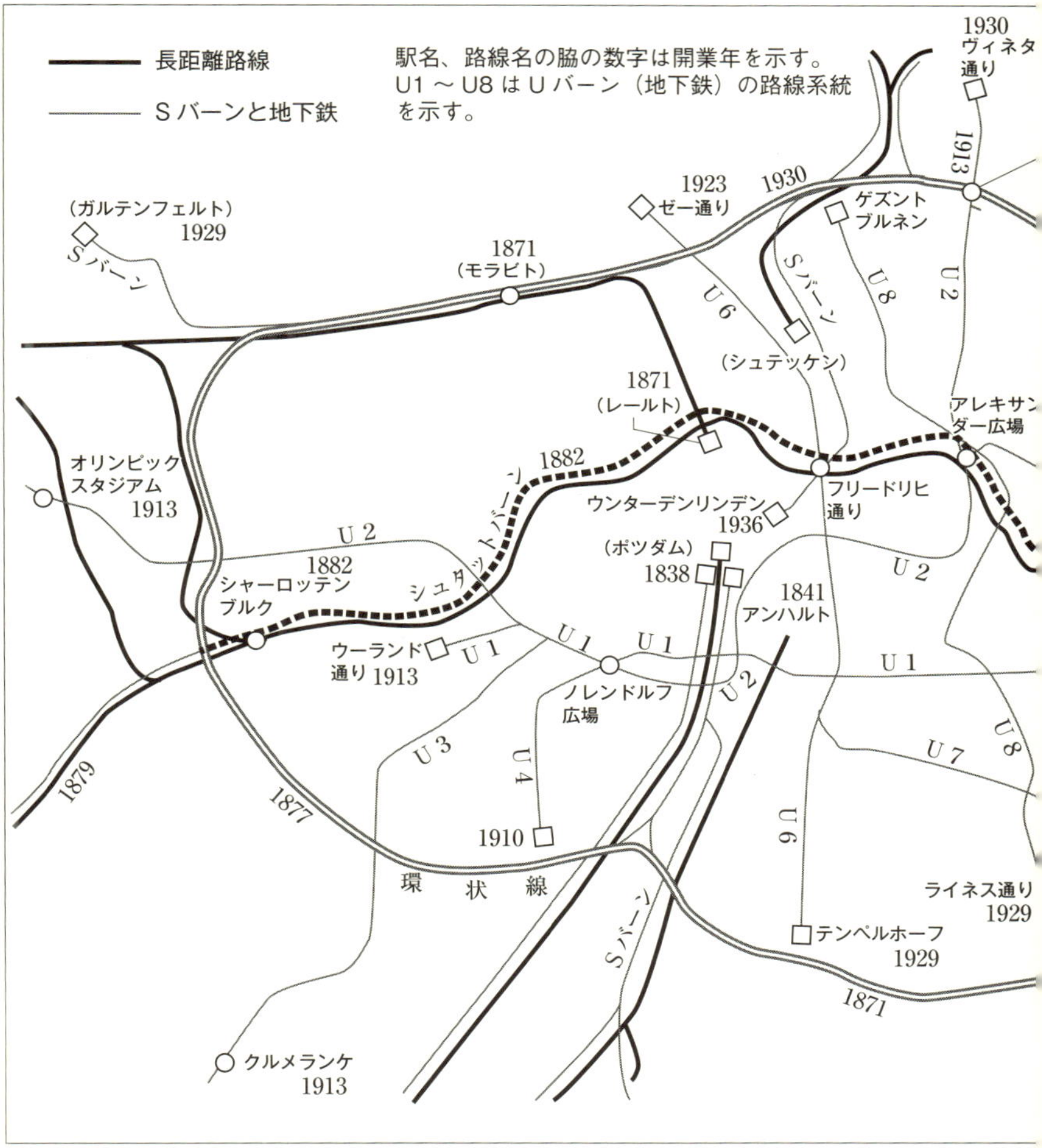

図1．ベルリンのSバーンと地下鉄の概成（1936年、ベルリンオリンピックの開催年）

駅名と路線番号は2010年現在のもの。（　）内は廃止された駅。

Berlins S- und U-Bahnnetz, *ein geschichtlicher Strecken plan*（2001）および2010年2月1日付けのVBB路線図より

写真1．グライスドライエッケ駅付近の地下鉄　筆者撮影（1998年）

１９１２年、南北方向の路線（現在の6号線）について、初めて市の財源での建設が打ち出され、これ以降は車体幅２・６５ｍの大トンネル径となった。建設を担当する南北鉄道会社が設立され、第１次大戦でいったん工事は休止されたが、大戦後継続され、１９２６年２月１４日にゼー通り駅～クロイツベルク（現在プラッツデアルフトブリュッケ）駅間が開通している。

１９２０年代には、大トンネル径では、ゲズントブルネン駅～ノイケルン駅（現在の8号線、ＧＮ線ともいわれる）間、アレキサンダー広場駅～フリードリヒスフェルデ駅（現在の5号線、フリードリヒスフェルデ線）間が開通している。小トンネル径の路線も、パンコウやルーレーベン、クルメランケなどへの延伸がなされた。１９１０年代後半から１９３０年が地下鉄建設第２期であり、１９３０年には総延長は７６㎞となった。

（４）戦間期のベルリンの鉄道網

第１次大戦終了後のこの時期には行政上の制度が改革され、ドイツ帝国の各連邦が保有していた邦有鉄道を帝国の鉄道とする国有化が行なわれ、ドイツライヒ鉄道が成立した。

またベルリン市は、交通機関の競争の緩和、利便性の向上および交通事業に対する市の影響力の強化のために、交通調整を積極的に行ない、周辺の市町村との「大ベルリン連盟」の結成（1912年）、路面電車の買収[20]（1919年）、行政における大ベルリン市の形成[21]（1920年）などを行なっている。

ドイツライヒ鉄道を除くベルリン市内の交通事業者[22]は、1927年には共同体（Interessengemeinschaft）を結成し、均一運賃制度（一律20ペニヒ）を導入、翌28年には3社を合併し、ベルリン交通株式会社（Berliner Verkehrsaktiengesellschaft: BVG）を設立している。

その後、ヒットラー政権が1933年に、自治体が業務上必要な公共事業部門を経営することを認め、ベルリンでも水道とガス事業が市の直営となった。その成功により、1938年1月1日からベルリン交通株式会社も市の交通局となり、名称もベルリン市交通局（Berliner Verkehrsbetrieb: BVB）となった。

市内・近郊鉄道の電化と、交通事業者の合併・市営化は、ほぼ同時期に行なわれた。市内の公共交通機関の調整により、均一運賃制や会社の統合が行なわれ、取り残された形のドイツライヒ鉄道は鉄道サービスの知名度を上げるために、前述のように1930年12月に、ベルリンにおけるシュタットバーン、環状線、および近郊鉄道をSバーンと命名し、現在でも使用されている緑地に白のS字を抜いたマークを発表している[23]。第2次世界大戦までにはSバーンと地下鉄も、今日見られるようなネットワークが完成していた。

◎第2次世界大戦後のベルリンの鉄道網

（1）敗戦と分断

1945年5月7日にドイツは無条件降伏し、ベルリンは英仏米ソの4ヵ国によって共同管理されることになった。ドイツの国土全体も、４ヵ国によって分割管理された。都市交通については、従来と同様にＳバーンは東ドイツ国鉄（ＤＲ）、地下鉄・路面電車・バスはベルリン市交通局（ＢＶＢ）が運行することとなった。

戦争により軌道の１７％、車両および駅施設の７０％が破壊されてしまった。前述のようなＳバーン南北線トンネルや中心部地下鉄の水没や、東港駅の破壊など大きな被害もあった。さらにソビエト軍による施設の接収などがあったにもかかわらず、１９４５年６月６日には早くも、ヴァンゼー駅～シェーネベルク駅間でＳバーンの運転が再開され、１９４６年中頃までにはネットワークのかなりの部分が運行可能となっていたが、大きな被害の回復は１９５１年であった[24]。

１９４８年６月、ソビエト軍によるベルリン封鎖が行なわれたため、西ドイツは大空輸作戦を敢行し、結局は４９年5月にベルリン封鎖は解除された[25]。東西ドイツの両国の成立と冷戦構造の激化により、ベルリンにおける公共交通の管理の形態も変化し、１９４９年8月1日より、ソビエトは東ベルリン側に独自の公共交通の管理局を設け、西側と東側の路線の分断が徐々に開始された。鉄道については長距離路線も含めてベルリンを通過・発着する路線は東ドイツ国鉄が運行することとなり、Ｓバーンの一部区間がさらに電化されたり、レールト駅が閉鎖されたりした。ファルケンゼー駅から西ベルリン地区は停車しないで、東ベルリンに入るノンストップの運行なども行なわれている。ベルナウへの近郊鉄道線を東側の環状線につないだのも、この時期である。

（2）ベルリンの壁構築後

１９６１年8月１３日、それまでは西ベルリンと東ベルリン、あるいは外側の郊外地区は往来可能であっ

写真２．フリードリヒ通り駅　筆者撮影（1998年）

たが、一夜にしてベルリンの壁が建設され、西ベルリン地区は孤立することになった。Ｓバーンでは、フリードリヒ通り駅（写真２）が東西の路線の唯一の結節点となり、越境のための施設がもうけられた。１９６１年１１月には、ベルリン市の外側を環状に走る外環状線が完成し、東ドイツ国鉄が運行した。

１９７０年代、西ベルリンの市当局や労働組合は、東ドイツ鉄道が運行するＳバーンのボイコットを呼びかけ、西ベルリンでは、１９８０年には公共交通機関全体に対するＳバーンの機関分担率は５％に過ぎなくなってしまった。

１９８０年９月２８日以降、東ドイツ国鉄は西ベルリン側の路線の規模と運行本数のさらなる削減と職員の解雇を計画したが、東ドイツ国鉄の職員は９月１７日から１０日間のストを行なった。多くの鉄道職員はスト参加を理由に解雇され、東ドイツ国鉄は１４５kmの西側の路線を７２・６kmに縮小し、シュタットバーンのフリードリヒシュトラッセ駅～シャーロッテンブルク駅区間以外は、２１時に運転を終了することとした。

西ドイツ側は、ベルリンの地位という微妙な問題に触れることになるＳバーンの運営問題に対しては慎重な態度であったが、Ｓバーンを西側で引き受ける乗り入れプログラムを決定した。

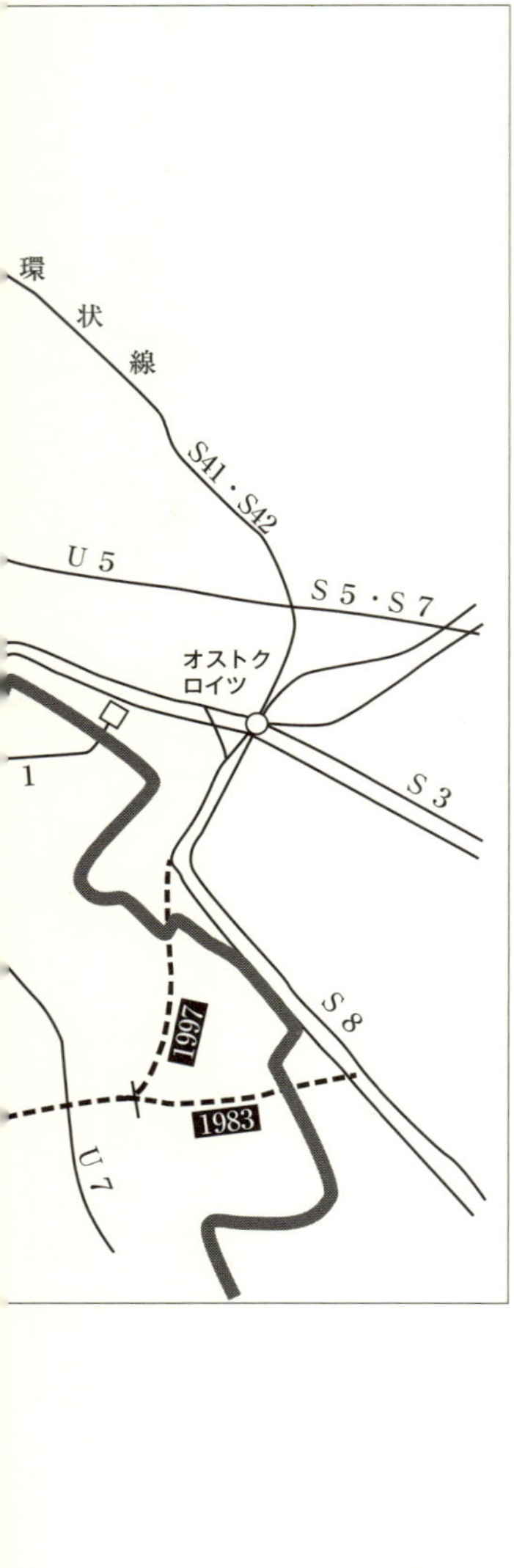

１９８３年１０月、東西ベルリン市の政治レベルでの話し合いがもたれ、８４年1月9日午前3時をもって、西ベルリン市が、西ベルリンの地域にある施設を引き継ぎ、ＢＶＧが運営を行なうこととなった。東ドイツ国鉄の職員も６７２人を引き継いだが、運転要員不足などで、引き継ぎ当時は一部の路線しか運営できなかった。

西ベルリンとは対照的に、東ベルリンではＳバーンは重要な交通機関であり、新興住宅地のマルツァーン地区やホーエンシェーンハウゼン地区への延伸も行なわれた。

分断後の地下鉄については、Ｓバーンとは全く逆の動向が見られ、西ベルリン側では、Ｓバーンの機能の低下を補うために基幹公共交通機関としての役割が増大した。この時期は地下鉄建設第3期といわれ、西ベルリン側では、7号線や9号線の開通、5号線、6号線の延伸計６３kmが行なわれ、総計１４４km、１７０駅となっている（図2）。

東ベルリン側では、地下鉄路線が市の中心部で西ベルリン地区を通過しており、運用上問題が多いことや、

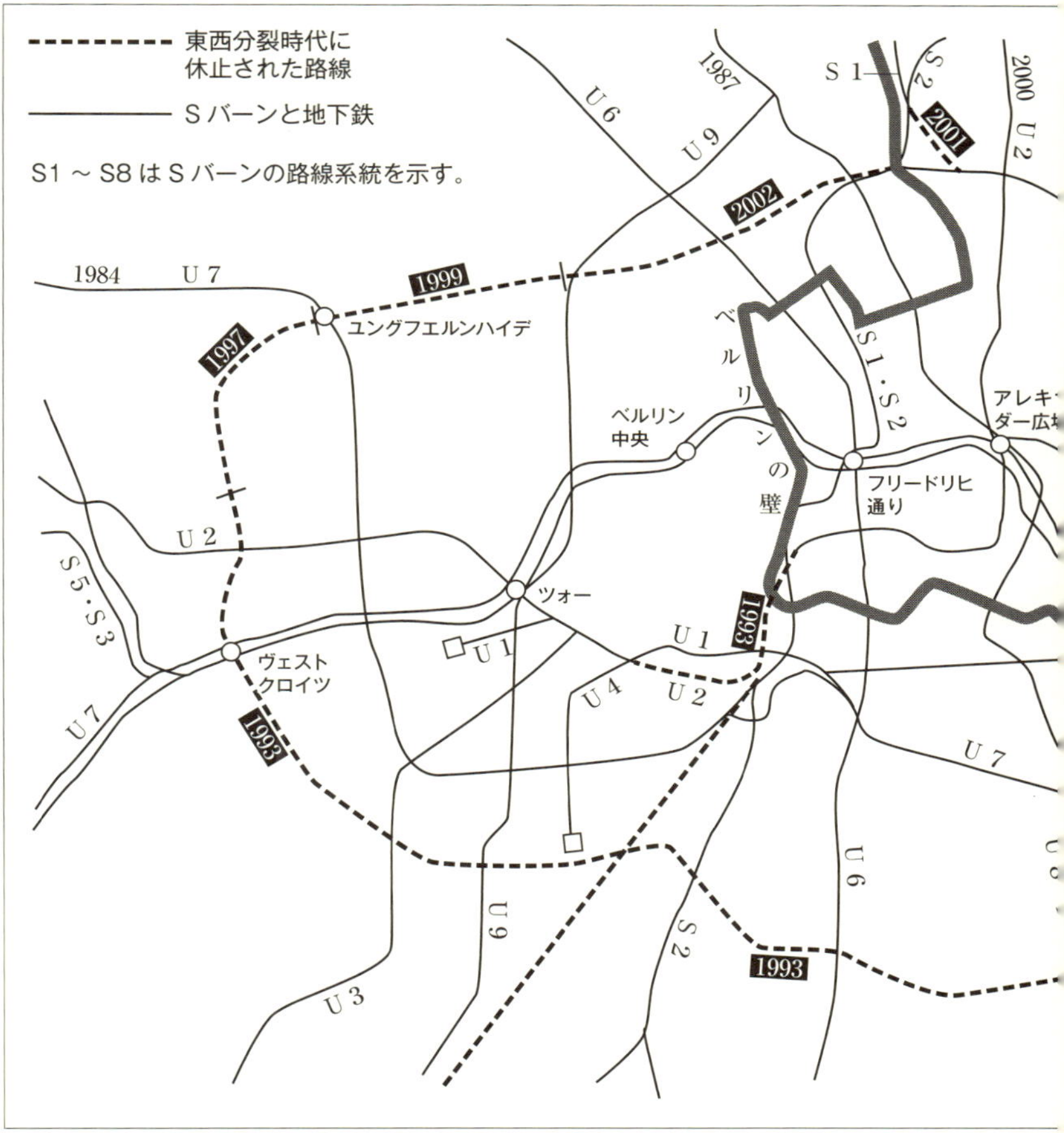

図2．東西分裂時代と現在（2010年）　白抜き数字は休止路線の再開年。駅名と路線番号は2010年現在のもの（S 6は欠番）。　Berlins S- und U-Bahnnetz, *ein geschichtlicher Strecken plan*, 2001 および 2010年2月1日付けの VBB 路線図より作成

財政的な面から新線建設が困難だったことから、限定的な役割しかもたなかった。1961年の壁の構築により、地下鉄6号線と8号線の東ベルリン地区の駅はすべて閉鎖され、「ゆうれい駅」となった。実際に乗車すると駅には銃を構えた兵士が立っており、非常に緊張した雰囲気であった。

路面電車については、最盛期には約570km[26]だった路線網は、第2次大戦後、西ベルリンでは1967年に275kmの路面電車の廃止を決定し、地下鉄とバスに転換された。東ベルリンでも市の中心部では道路交通の増大により路線を廃止しているため、東ベルリン郊外のパンコウ地区およびケーペニック地区の173km[27]の路線となった。

◎東西ドイツの再統合とベルリンの都市交通

(1) 壁の崩壊と東西ドイツの再統合

1987年に750周年を祝ったベルリンでは、東西ドイツ政府の協力によりいくつかのプロジェクトが実施され、中心部のツォー駅も改築され、東側のオスト(東)駅(図1参照)を中央駅と改称した。

1989年11月9日のベルリンの壁の崩壊以降、ベルリンでは急速に東西ベルリン間の連絡を改善するための措置がとられた。西ベルリンから東ベルリンを通過して、再度西ベルリンに入る地下鉄路線の東ベルリンにある駅は、閉鎖されていたのを再開した。バス路線も、西側のバス路線を東側に延伸するなどの措置がとられ、公共交通機関の輸送量は4~5割も増加した(1989年11月前年比+36%、12月+50%[28])。

1990年7月2日には、シュタットバーンのフリードリヒ通り駅における直通運転が復活している。

１９９０年１０月３日のドイツ統合以降、西ベルリンのＢＶＧと東ベルリンのＢＶＢは協力協定を結び、ベルリン全域の地下鉄・路面電車・バスを運営することになった。１９９２年には両社は合併・再編成され、ベルリン運輸公社（Berliner Verkehrsbetriebe：BVG、略称に西ドイツのＢＶＧを残し、正式名称に東ドイツのものを残した）となった。またドイツ連邦鉄道と東ドイツ国鉄も運行協力・調整を行ない、１９９４年1月1日には合併して、ドイツ鉄道株式会社（Deutsche Bahn Aktiengesellschaft：DBAG）が新たに株式会社として発足した。(29)

（2）首都移転とブランデンブルク州との統合問題

旧西ドイツの首都はボンであったが、１９９１年6月２０日、ドイツ連邦議会は、政府機関および議会のベルリン移転を可決した。(30)

首都移転および整備については、①市の中心部のブランデンブルク門付近の用地（壁が構築されていたため、現在では空き地となっている）に、連邦議会の議事堂、省庁などの公的施設を建設する。②ブランデンブルク門の南にあたり、壁の構築のために行き止まりとなっていたポツダム広場周辺を、民間資金の導入により再開発する。③東西ベルリンの分断により廃止・休止されていた交通網を再開し、都市機能の回復を図る、といった計画が進められている。

また、ベルリンの都市圏は、面積８８２㎢の同市の範囲を超え、周辺のブランデンブルク州にも拡大しているため、ベルリン都市州(31)とブランデンブルク州の統合が検討され、１９９６年5月5日に住民投票が行なわれた。

ベルリン市では反対４５·５％、賛成５３·４％だったが、ブランデンブルク州では反対６２·７％、賛成36・6%のため、両州の合意を必要とする合併は否決された[32]。旧西ドイツのキリスト教民主同盟（CDU）と社会民主党（SPD）は、「統合は10億マルクの行政経費節約になる」として推進の立場をとったが、旧東ドイツ共産党の後身、民主社会党（PDS）は、東西ドイツの統一がもたらした問題点や東ドイツ住民にもたらした失望感などを指摘し、反対のキャンペーンを行なってきた。

ブランデンブルク州の住民に反対意見が多かった背景には、東ドイツ時代、首都であり西側に対するショーウインドウでもあった[33]（旧東）ベルリンへの優遇政策（優先的な公共投資や消費財の優先的割り当てなど）に対する反発や不信感が根強く、ベルリンとの統合により、再び首都ベルリンに搾取されることになるという危惧が払拭できなかったためといわれている[34]。

（3）ベルリンの鉄道整備計画――Sバーン

ベルリンの交通については、都市内の交通網の再編成ばかりでなく、長距離輸送の面からもネットワークの整備が必要であった。東ドイツと西ドイツの国境地域では、第2次世界大戦までは23の鉄道路線があったものが半分以上閉鎖され、9のルートに減らされていた。主要都市間の幹線でも、ハノーファー～ベルリン間など、再開や新線建設が必要な路線がある。

ベルリン周辺の長距離路線についても、ベルリンの長距離ターミナルが、現在の東駅以外はすべて西ベルリン側になってしまっていたため、東ドイツ国鉄では、ベルリンの西側にある東ドイツの都市から東ベルリンに入る路線については、外環状線を使って南側や北側を大きく迂回していた[35]。

ドイツ再統合後の連邦政府の総合的な交通計画は、「1992年連邦交通路計画」として、東西方向の交通流動の増加に対応して、鉄道においては長距離幹線の高速化、ボトルネックの解消、貨物積み換え施設の建設などをポイントとしたものとなった。その中でも、ベルリン周辺の長距離路線およびSバーン路線の整備については重点的に検討され、同計画の鉄道部門の今後10年間の計画規模約2000億マルク（約15兆円）のうちの約10%、200億マルク（約1.5兆円）を占めるものとなっている。

ドイツ鉄道は、全体で200件にも上るベルリン周辺の鉄道整備計画を運営するため、拠点ベルリンDBプロジェクト有限会社を設立している。

連邦交通路計画によるベルリンに関連した整備計画は、①長距離幹線の高速化、②ベルリン周辺の長距離路線とターミナル駅の再編成、③Sバーンの路線再開、④Sバーン以外の近距離輸送サービスの再編成、である。地下鉄、路面電車、バスについてはベルリン市とベルリン運輸公社が計画策定している。

長距離路線とターミナル駅の再編成については、市内の戦前の方面別ターミナルの復活ではなく、長距離列車も市内を通過できるような列車線の建設により、ベルリンでの連絡の効率を向上させるものとした。具体的には、①シュタットバーンとそれに並行する列車線の高架橋梁の架け替えと、列車線の複線化、近代化。②列車線の南北新線建設（レールト駅～ポツダム広場駅間を地下区間とする）。③レールト駅を東西方向と南北方向の列車線の連絡駅とするための全面改築。④環状線の一番北の頂点にジャンクション（ノルトクロイツ）の形成、である。これらの計画と環状線の北西部分の再開と合わせて、路線の形がきのこに似ていることから、「ピルツコンゼプト」（ピルツはきのこの意）と呼ばれている（環状線の北区間をきのこのかさの上辺、シュタットバーンをかさの下辺、南北新線をきのこの柄とみたてている）。

（4）ベルリンの鉄道整備計画——地下鉄・路面電車

ベルリンの壁崩壊直後から、BVG＋BVBとドイツ連邦鉄道＋東ドイツ国鉄では、バス路線の再編成、地下鉄の駅の再開など、とりあえず大規模な投資をともなわないような措置から、東西ベルリンの公共交通の再編成に着手していった。

地下鉄については、Sバーンにくらべると計画の規模は小さく、長距離鉄道との連絡のためにレールト駅との新線建設が計画され、他の交通機関との接続の向上のための駅の移動が4ヵ所ある。

ベルリン市の予測では、首都の移転により1992年現在の人口330万人が、2010年までには約40万人増加し370万人になり[36]、自家用車の保有も1000人当たり420台、域内の通勤通学輸送以外

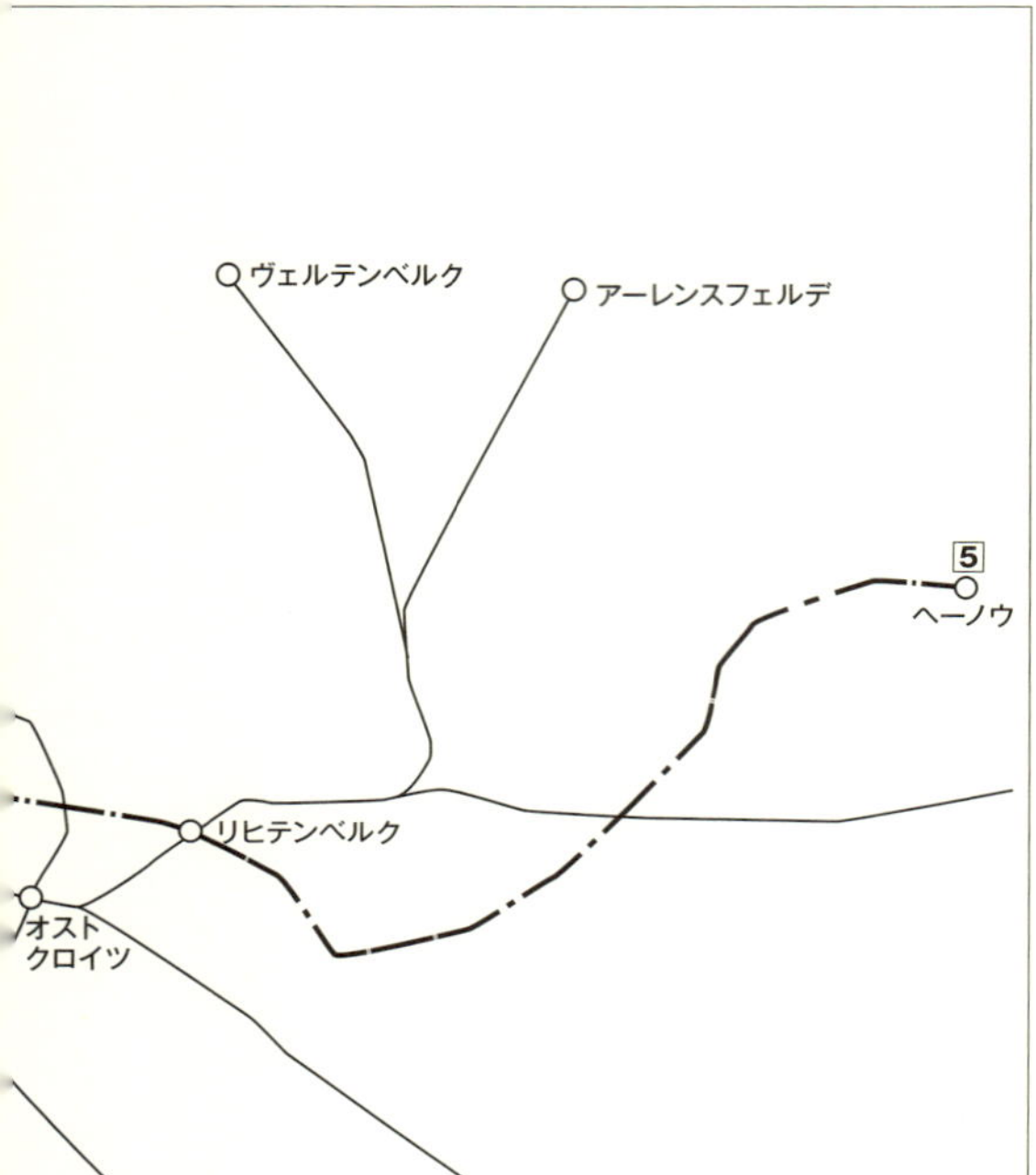

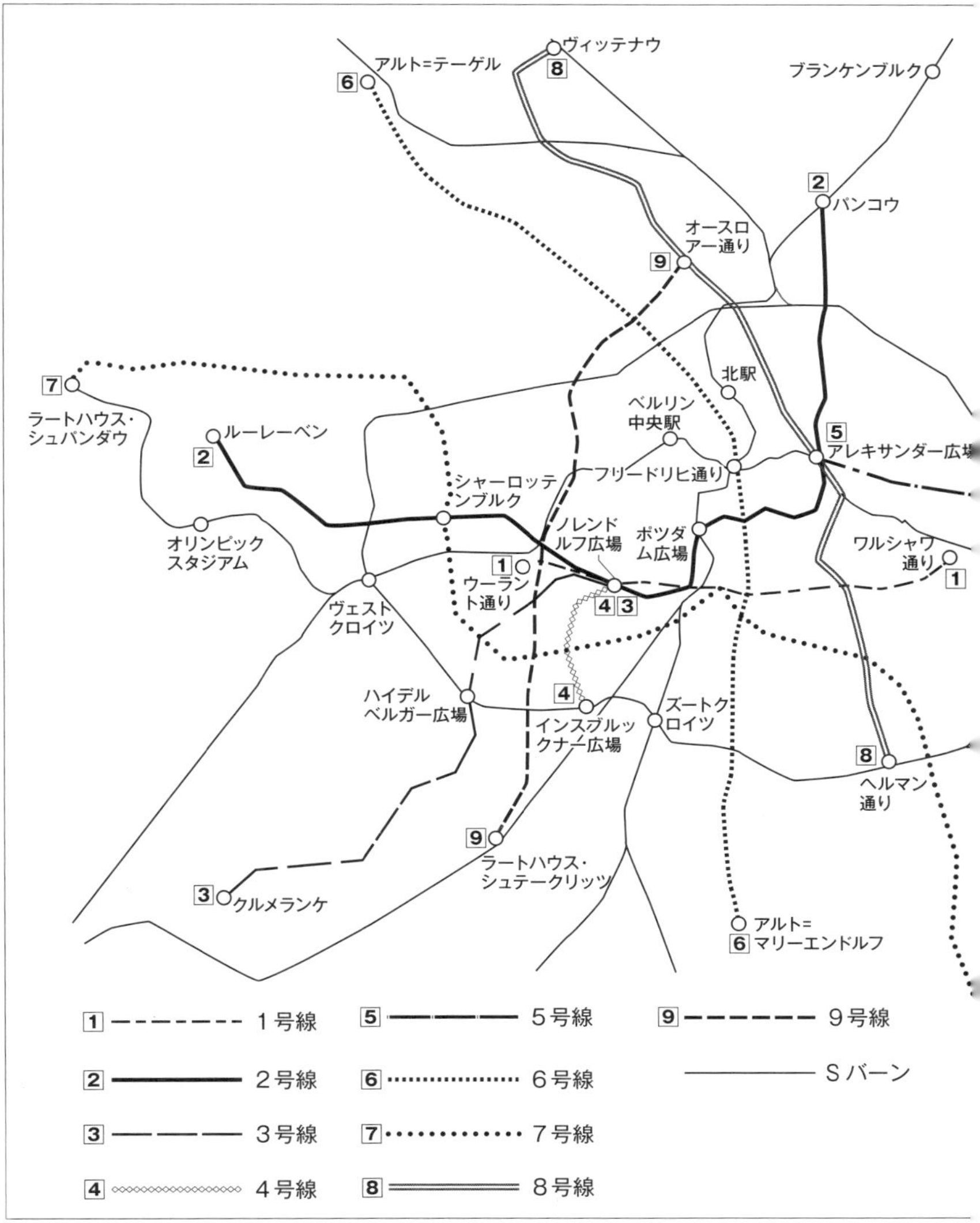

図3．ベルリンの地下鉄とSバーン（2010年2月現在）

の業務輸送、貨物輸送や、周辺のブランデンブルク州からの通勤のための流入輸送、長距離輸送は現在の2倍になると予測している。そして一日あたりの総トリップは1200万程度になり、その内の80％を公共交通に分担させたいとしている。

ベルリン市およびドイツ連邦政府の財政的、社会的な制約から、住宅開発などの大規模な公的資金によるプロジェクトは不可能であるため、地域開発や都市計画、土地利用計画および公共交通サービスの改善によって対応しなければならないとしている。

公共の都市交通については、路線間の連絡の強化、駅の改築、快適な車両の投入、バスのスピードアップといった投資および運行上の改善を行ない、地下鉄は1961年当時の路線の復活のための必要最小限の措置をとる。路面電車については現在、旧東ベルリン地域の郊外部分のみにネットワークがあるが、Sバーンおよび地下鉄との連絡を改善するため、市中心部への延伸を若干行なう。

また特に、老朽化や近代化の遅れが問題となっている、Sバーンの車両、路面電車の車両、路面電車の軌道については、それぞれ更新投資を行ない、特に路面電車については低床車両を導入する。

（5）Sバーンのもたらす構造的な制約

ベルリンのSバーンは、長距離路線の交流1万5000V、16･2／3Hzとは異なる直流800Vで電化されている。1924年に電化を開始した際には、既存施設、特に橋などの改築が不要であり、車両の高さも低く、コストが安くすむといった理由から、直流800Vが採用されたが、その結果、Sバーンと長距離路線および一般のローカル輸送は、相互乗り入れができなくなった[37]。

そのため、Sバーンの延伸は、既存の路線に並行してSバーン専用の新線を建設することになり、莫大な

写真３．レールト駅付近　東京駅周辺のレンガ造りの原型となった。　筆者撮影（1998 年）

費用がかかる。また相互乗り入れ可能なデュアルシステムの車両や駅施設の建造、Ｓバーンの交流化なども、必要な費用は非常に大きい。

つまり、ベルリンのＳバーンは、独立したシステムという構造的制約により、ベルリン市の境界内にある現在の終点からは拡張できない、つまり今後の市街地の拡大には対応できないものとなっている。

第２次世界大戦前のベルリンの市街の拡大は、放射線状に広がるＳバーンなしには考えられなかった。沿線に住民が張り付き、輸送収入が上がり、Ｓバーンはさらに路線を拡張することができた。その意味では都市の発展とＳバーン網の拡大には、相互にプラスの作用があった。また、駅は郊外の町への入り口としての特色ある建築物であり、今日では歴史的な記念物である。さらに、市中心部のシュタットバーンは、ベルリンを象徴する構造物であり、煉瓦造りのアーチが生き生きとした印象を与えている（**写真３、４**）。

しかし一方では、Ｓバーンは都市の発展を阻害するバリアになっている。環状線はかつての城壁のように、市中心部を取り囲んでしまっている。近郊路線はその両側の地域を分断するようなものとなっている。

都市景観上も、高架鉄道の橋梁が問題である。今後、ベルリン市内の都市計画の推進により、交通流動の変化が生じた場合に、これらの障害がどのような問題を引き起こすかについても注目すべきである。

写真４．ビュロー通り　筆者撮影（1998 年）

またベルリンのＳバーンの路線の再構築は、すでに完成された市街地における鉄道路線の復活という点で、歴史的にも社会的にもたいへん興味深く、住民の交通行動がどのように変化したかは、今日的な公共交通利用促進という視点からも、分析が必要と思われる。

注

（１）１２３７年のこととされ、１９８７年にはベルリン市７５０周年事業が、当時の東西ドイツ政府の共同主催によって盛大に行なわれた。（*750 Jahre Berlin*, BVG, 1987）

（２）現在はベルリン市の周辺地域であるシュパンダウやケーペニックの方が文献には早く現れてきており、ケルン（Cöllen）は１２３７年、ベルリン（Berlin）は１２４４年にブランデンブルク・アン・デア・ハーフェルの大聖堂博物館に所蔵されている文書に記載されている。（*750 Jahre Berlin*, BVG, 1987）

（３）選帝侯（Kurfürst）とは、神聖ローマ帝国において、ドイツ王ないしローマ王（すなわち神聖ローマ皇帝）に対する選挙権（選帝権）を有した諸侯のことで、１１９８年、ローマ教皇インノケンティウス三世が定めた、マインツ大司教、ケルン大司教、トリーア大司教、ライン宮中伯に加え、１２５７年にはザクセン公、ブランデンブルク辺境伯、１２８９年にはボヘミア王が加わって７選帝侯となった。その後もハノーファー選帝侯などが加えられ、ナポレオン一世によって神聖ローマ帝国が解体される１８０６年まで、この選挙は続けられた。

（４）ユグノー（Huguenot）は１６世紀から１７世紀における近世フランスにおける改革派教会（カルヴァン主義）のことで、１６世紀に数次にわたるフランス国内でのカソリック教徒との内戦（ユグノー戦争）のあと、いったんナントの勅令により宗教的自由を認められたが、ユグノーを敵視するルイ一四世がフランス政府の実権を握ると、フォンテーヌブロー勅令を発し、フランスにおけるプロテスタントを非合法化した。多くのプロテスタントが改宗するよりはフランスを去ることを選び、ほとんどがイングランド、プロイセン、オランダそしてスイスへ移住している。

（５）*750 Jahre Berlin*, BVG, 1987

（６）*750 Jahre Berlin*, BVG, 1987

（７）ドイツのユダヤ人哲学者・啓蒙思想家。ロマン派の作曲家フェリクス・メンデルスゾーンの祖父にあたる。

（８）ドイツの都市計画家で、当初は水道の技術者として外国の都市の水道整備に携わった。日本の官庁集中計画にも関与しており、１８８７年に来日している。

（９）諸侯国に分立し、中央集権的な国家の成立が遅かったドイツにおいては、新興国としてイギリス、フランスへのキャッチアップが重要な課題であった。ベルリンの都市機能の整備は、そうした課題についての政治的・経済的側面からも重要な政策であったと考えられる。

（10）１６８８年1月、１２台の駕籠で営業を開始した。（*750 Jahre Berlin*, BVG, 1987）

（11）認可ベルリン乗合馬車会社（Concessionierte Berliner Omnibus-Companie）が１８４６年１０月３０日に5路線の免許を受けたが、そのうちの1路線で営業を開始している。

（12）このＡＢＯＡＧが、のちにベルリンの公共交通を一元的に運営するベルリン市交通局（Berliner Verkehrsbetriebe:

BVB）の母体となった。

（13）*750 Jahre Berlin*, BVG, 1987

（14）会社名の Omnibus を乗合馬車と訳しているが、乗合バスという意味もある。

（15）Winfried Flüchter, “Berlin und Tokyo: Stadtentwicklung im Vergleich”, pp.393-414, Japanisch-Deutsches Zentrum Berlin, *Berlin-Tokyo im 19. und 20. Jahrehundert*, 1997, Springer

（16）「ganz weit draussen（とても辺鄙なところ）」をベルリン訛りで発音すると「janz weit draussen」となり、その頭文字をとったいいかた。Hirai Tadashi, “Hochbahn oder Untergrundbahn? S-Bahn und Ringbahn in Berlin und Tokyo”, pp.117-124, Japanisch-Deutsches Zentrum Berlin, *Berlin-Tokyo im 19. und 20. Jahrehundert*, 1997, Springer

（17）国名については、１９１８年までをドイツ帝国、１９１９～４５年をドイツ国、１９４６～８９年を西ドイツ・東ドイツとし、鉄道の名称については、１９４５年まではドイツライヒ鉄道とし、１９４６年以降の西ドイツの鉄道をドイツ連邦鉄道、東ドイツの鉄道を東ドイツ国鉄としている。

（18）Gerd Gauglitz, Holger Orb, “Berlins S- und U-bahnnetz ein geschichtelicher Streckenplan”, 2002, Edition Gauglitz

（19）Ｓバーンの S は、都市鉄道（Stadtbahn）、高速鉄道（Schnellbahn）、都市高速鉄道（Stadtschnelbahn）などのイニシャルであると複数の事例があげられているが、当時、ベルリンの中心部を東西に貫通する高架鉄道の固有名詞としてシュタットバーン（Stadtbahn、都市鉄道）という言葉が用いられていた背景を考慮すると、その固有名詞を一般的な愛称に流用するとは考えにくく、高速鉄道（Schnellbahn）の S であったと考えられる。

（20）買収後、第１次大戦後のインフレや財政難により、市当局はベルリン路面電車株式会社をいったん解散して、１万１０００人の従業員を解雇し、４０００人のみを再雇用して、ベルリン路面電車運営会社を設立した。

（21）周辺の町村を吸収した大ベルリン市が成立したことにより、人口は３６０万人となった。

（22）アルゲマイネベルリン乗合馬車株式会社、ベルリン路面電車運営会社、ベルリン電気高架・地下鉄道株式会社の３

社を中心としていた。
(23) ベルリン以外にハンブルクでも直流電化の路線による都市近郊鉄道サービスが行なわれ、ルール工業地帯でも蒸気機関車による都市近郊型のサービスが行なわれていた。
(24) Gerd Gauglitz, Holger Orb, "Berlins S- und U-bahnnetz ein geschichtelicher Streckenplan", 2002, Edition Gauglitz
(25) 英仏米の3カ国が分割管理していた部分のドイツの国土とベルリンの一部は、1949年5月にボン基本法を制定し、西ドイツ(ドイツ連邦共和国)が成立した。ソビエトが管理していた部分は、1949年10月に東ドイツ(ドイツ民主共和国)の成立を宣言している。
(26) 1902年、全面電車化の時点での路線長570㎞。
(27) そのうち60%は専用軌道となっている。
(28) Das Neueste, *Gemeinsam!* BVG/BVB, April, 1991
(29) ドイツ鉄道の都市交通およびローカル輸送については、1996年から地方分権化が行なわれ、ベルリンについてはドイツ鉄道の出資によりSバーンベルリン有限会社(S Bahn-BerlinGmbH)を発足させ、運行については同社が行なっている。
(30) 賛成338、反対320の僅差であった。東西ドイツの再統合の条約上は、名目上の首都をベルリンとしていたが、実際に機能を移転するかどうかについては、移転費用の問題やヒットラー政権の首都だったというベルリンの対外的イメージ(ドイツ覇権主義の象徴)から、激しい議論が交わされた。
(31) ドイツには16の州があるが、そのうち、ベルリン、ハンブルク、ブレーメンは市ではあるが、州と同格とみなされる都市州という特別な立場にある。
(32) 朝日新聞1996年5月7日夕刊2面「ドイツの2州統合住民投票で「ノー」」
(33) ブランデンブルク州は旧東ドイツの州であり、住民の大部分は旧東ドイツの国民である。

(34) ベルリン市建設住宅交通局でのヒヤリング（1997年11月17日）。
(35) そのための迂回線（ベルリンの外環状線）はベルリンの壁構築以前に建設が着手されていた。ベルリンの外環状線には、Sバーンの直流電化方式は採用されていない。
(36) 1994年の段階ですでに347万人に増加している
(37) ハンブルクとベルリン以外の第2次世界大戦以降にSバーンを導入した都市では、長距離と同じ電化方式を採用している。

参考文献

青木真美「ドイツ再統合以降のベルリンの再生と鉄道整備」97～107頁、鉄道史学、第17号、1999年12月
青木真美「ベルリンのSバーンと都市交通」112～116頁、鉄道ピクトリアル、1992年4月号、電気車研究会
池田正彦「伯林の交通機関に就いて」帝国鉄道協会報、第12巻1号、明治44年1月25日
大島正規「ベルリンの鉄道――消えたターミナル駅と壁崩壊後の状況」69～76頁、鉄道ピクトリアル、1997年1月号、電気車研究会
桜井徹『ドイツ統一と公企業の民営化――国鉄改革の日独比較』1996年、同文舘出版
島秀雄編『東京駅誕生』1990年、鹿島出版会
鈴木清秀『交通調整の実際』1954年1月20日、交通経済社
ハンス・ライスター「ベルリンの新鉄道ネットワーク」93～101頁・2月号、82～87頁・3月号、鉄道ファン、1999年
Bahr, Christian und Schneider, Günter; *Hauptstadtbau Berlin Aktuell*, Berlin, Jaron, 1997

Batisse, François, “Station Development”, p.30-41, *Rail International,* June/August, 1998

Berliner S-Bahn Museum, *Die Stadtbahn, Ein Viadukt mitten durch Berlin*, 1996, Verlag Gesellschaft für Verkehrspolitik und Eisenbahnwesen e.V.(Verlag GVE) Berlin

Bley, P, *Berliner S-Bahn,* Auflage 6. 1993, alba Düsseldorf

Bley, P, *Berliner S-Bahn,* Auflage 7. 1997, alba Düsseldorf

Bundesminister für Verkehr, *Verkehrsprojekte Deutsche Einheit*, Sept 1991

Bundesminister für Verkehr, *Bundesverkehrswegeplan, 1992*, 15. Juli 1992

BVG, *Typische Berlin-Ein BVG-Porträt 750 Jahre Berlin*, 1987

BVG/BVB, *Das Neueste: Gemeinsam*!, April 1991

DBProjekt Konten Berlin, *Drehscheibe Berlin*, *Verbindungen schaffen Zug um Zug*, August 1997

Deine Bahn, “Neueröffnung Bahnhof Berlin Alexanderplatz”, S225, *Deine Bahn,* April 1998

Deine Bahn, “Auf der Stadtbahn rollen wieder die Fernzüge”, S330-331, *Deine Bahn,* Juni 1998

Deutsche Bahn AG, *Geschäftsbericht Deutsche Bahn,* AG 1995, Juni 1996

Deutsche Bahn, *3 Dinge, die wir in Zukunft noch größer schreiben, Service, Sicherhait, Sauberkeit,* November 1996

Deutsche Bahn; *DB Lounge Frankfurt(M)Hbf*, Juli,1997

DVZ (Deutsche Verkehrszeitung) 8. Dezember 1997

Eisenbahntechnische Rundschau (edtd.), *Bahnmetropole Berlin,* Hestra Verlag Darmstadt, 1996

Gottwaldt, Alfred and Nowak, Stefan, *Berliner Bahnhöfe einst und jetzt*, alba 1994

Handelsblat 5/6. Dezember 1997

Info Box, *Info Box Katalog*, Juli 1996

Kuhlmann, Brend, *Eisenbahn Größenwahn in Berlin-Die Plannungen von 1893 bis 1945 und deren Realisierung*, Verlag GVE Berlin, 1996

Lorenzen, Konrad, "Der Neue Verkehrsverbund für Berlin und Brandenburg", S18-21, *Der Nahverkehr*, März 1997

Ministerium für Stadtentwicklung, Wohnen und Verkehr (Land Brandenburg) und Deutsche Bahn, *Berliner Pilzkonzept*, 30. Nov. 1994

Ministerium für Stadtentwicklung, Wohnen und Verkehr (Land Brandenburg) und Deutsche Bahn, *Das Zielnetz 2000*, 30. Nov. 1994

Presse- und Informationsamt des Landes Berlin, *Hauptstadt im Werden*, Januar 1995

Reinhardt, Peter, "Bahnhöfe von morgen", S129-132, ETR (edtd.) *Bahnmetropole Berlin*, Hestraverlag Darmstadt, 1996

Riedel, Hans-Ulrich, "Ausbau der Berliner S- und Regionalbahn kommt voran", *Stadtverkehr*, S29-34, Mai 1998 und S35-39, Juni 1998, EK-Verlag

RGI, "Mushroom concept will transform Berlin", p379-382, *Railway Gazette International*, June 1997

Senatsverwaltung für Verkehr und Betriebe, *Verkehrsplanung für Berlin Materialien zum Stadtentwicklungsplan Verkehr*, Juli 1995

Statistische Bundesamt, *Statistische Jahrbuch für BRD 1996*, Metzler Poeschel Stuttgart, Sept 1996

Strassenbahn Special, *Nahverkehr in Berlin*, München, GerNova Zeitschriftenverlag, 1996

第5章

モスクワ

岡田　譲

◎はじめに

モスクワの歴史は、12世紀にスズダリ公ユーリー・ドルゴルーキーがモスクワ川とヤウザ川に囲まれたボロヴィーツキー丘に築いた城塞（クレムリン）から始まる。「クレムリン」というのは城塞を意味する普通名詞であり、他のロシアの中世都市にもクレムリンは存在するのだが、固有名詞として用いると、今日、一般に使用する意味、すなわちロシア連邦政府を表す。帝政時代のモスクワが、クレムリンを中心として樹木の年輪のように自然に形成されてきた「大きな村」であったのに対し、ソ連以降は、共産党の強力な指導の下に計画的な都市開発が行なわれるようになる。モスクワの地図を開くと、幾重にも環状の道路が市の中心を取り巻き、放射状に幹線道路が延びている様がよく分かるだろう。

現在の外縁は1962年に完成したモスクワ環状自動車道で、最も内側にはかつての城壁跡につくられたブリヴァール環状道路がある。16世紀に築かれたこの白い城壁にはたくさんの塔や門があったが、18世紀末に取り払われ、その跡地にブリヴァール（並木道）が出来た。ブリヴァールよりもひと回り大きいのが、サドーヴォエ環状道路である。これも当初は土塁や濠であったのが、ナポレオン占領時の大火（1812年）の後、濠を埋め立て、土塁を撤去し、防火目的のために各戸の前に庭がつくられ、それが後に通りとなった。サドーヴォエ（庭）という名はこれに由来し、英語では「Garden ring」と呼びならわしている。十月革命までサドーヴォエは、ブルジョワ貴族の住む中心街と労働者階級の居住する郊外との境界をなした。地下鉄環状線も、おおむねサドーヴォエ環状道路と同じ輪郭を描いて走るが、東京の山手線とくらべると規模は小さく、わずか12駅で、環状道路も3時間半もあれば徒歩で一周できてしまう。モスクワ市の面積は1081㎢と東京都の約半分である。

サドーヴァエ環状道路をモスクワ中心部の外縁と考えるならば、モスクワと地方都市を結ぶ駅は、まさにこの外縁に沿ってつくられた。ロシア語には駅という単語は2つある。一般の駅を表す「スターンツィヤ」と、長距離幹線鉄道の始発駅（ターミナル駅）を示す「ヴォクザール」だ。現在モスクワには、レニングラード、ヤロスラーヴリ、カザン、キエフ、パヴェレツ、ベラルーシ、クールスク、リガ、サヴョーロヴォと9つのターミナルがあるが、サヴョーロヴォとリガ駅を除く7駅は、いずれも地下鉄環状線沿線にあり、リガとサヴョーロヴォ駅も環状線から地下鉄で1駅であるから、ほぼ全ての駅が環状道路に沿うようにつくられていることになる。ロシアのターミナルでは、目的地が駅名となっている。つまりモスクワにレニングラード駅があり、レニングラード（現在はサンクト・ペテルブルグ）にモスクワ駅があるといった具合である。もっとも、レニングラード駅から出る列車がすべてペテルブルグ行きというわけではなく、ムールマンスクや北欧など、同じ方面へ向かう列車もある。名高いシベリア横断鉄道は、ヤロスラーヴリ駅が起点になっており、ここからは極東のウラジオストークのほか、平壌や北京行きの国際列車が出ている。

これらのターミナル駅にはまた郊外へ向かう列車も発着するのだが、モスクワでは地下鉄ではなく、電車で通勤しているというと、かなり遠くに住んでいるという印象を受ける。市内には縦横に地下鉄網が張り巡らされているので、電車通勤者は、地下鉄が通っていない遠隔地に住んでいると考えられるからだ。この郊外電車の雰囲気は一見して地下鉄と異なり、車内の荒んだ空気には、地下鉄に乗り慣れた私も驚いた。外国人、とりわけアジア系の民族は、ヤロスラーヴリなどモスクワ近郊の都市へも電車では行かないほうがよいといわれる。実際、これら郊外へ向かう列車でのアジア系民族の殺人事件は、私がモスクワに住んでいた

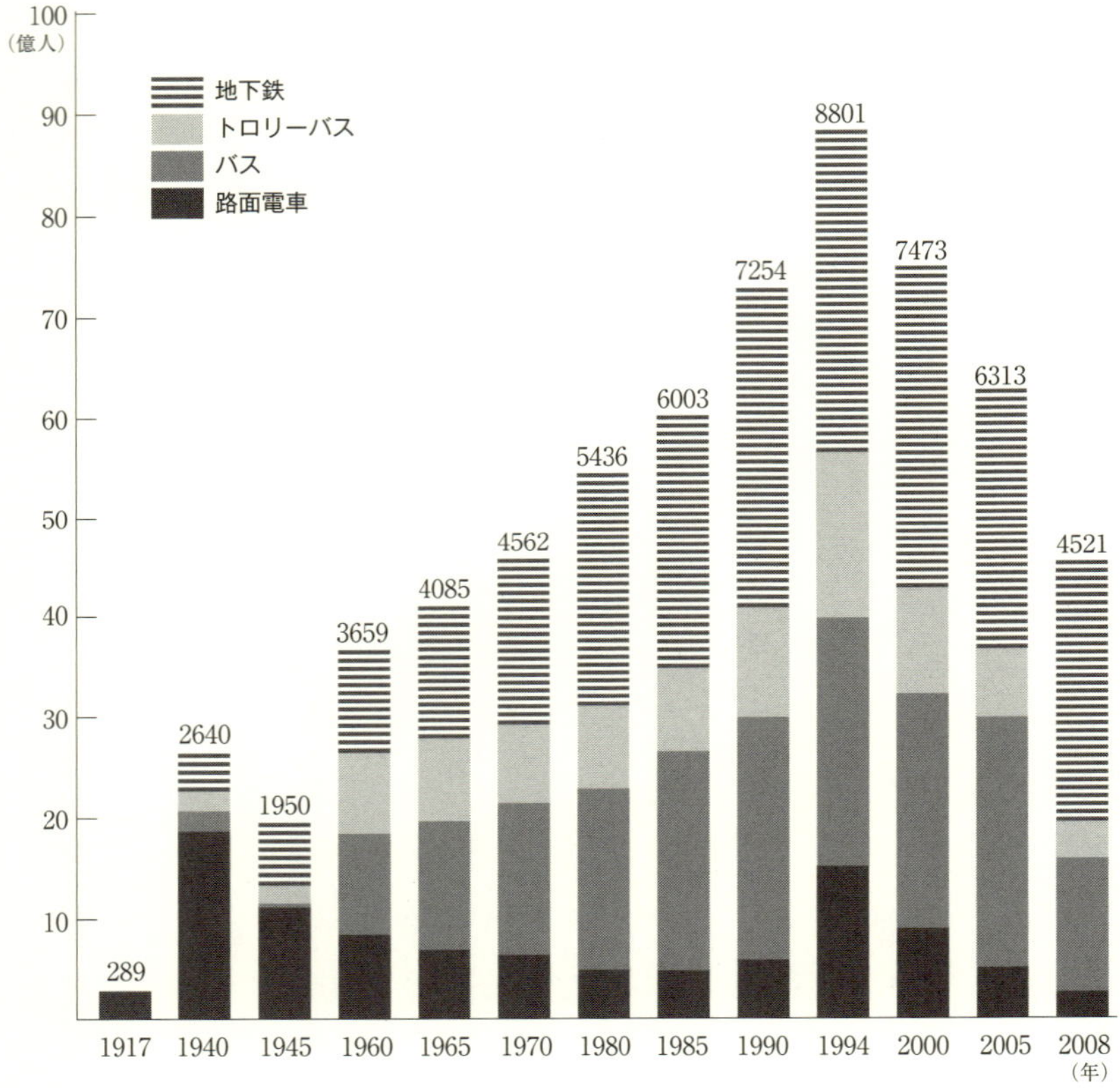

図1．モスクワの全公共交通機関の利用客と交通機関別利用客比率の推移　『モスクワ統計年鑑』1994 年、『ロシアの交通』2009 年等より

間（２００４～０９年）にも散発していたし、モスクワよりも、むしろこうした地方に外国人を排斥するスキンヘッドが多いのである。因みに、多くのモスクワの日系企業では、安全の観点から公共交通機関の利用を禁じている。

モスクワの交通手段には、どんなものがあるだろうか。地下鉄、電車、路面電車、バス、短距離路線タクシー、トロリーバス、河船といったところであるが、今日、これら全交通機関の乗客のおよそ５０％が地下鉄を利用している。モスクワの人口は公式には約

1000万、統計には含まれない人口を入れると約1500万といわれるが、地下鉄の1日の平均乗客数は、延べで700万人を超えており、1日当たりの利用客数は世界一である。このように、公共交通機関の利用者が圧倒的に多いのが、ほかの西側諸国の大都市との相違である。モスクワの都市交通の歴史は、地下鉄発展の歴史そのものであり、革命時点（1917年）、唯一の近代的交通機関であった路面電車は、60年代以降、地下鉄と路線バス網が整備されてゆくのに従い、徐々に廃止され、減少の一途を辿っている。

図1を見ると、1994年をピークに公共交通機関の利用者が減少しているのが見て取れるが、これは車を所有する市民が急増したことに起因する。今や交通渋滞はモスクワで最も深刻な問題の1つであり、あまりの酷さに、いったんは地下鉄通勤から車通勤に切り替えたものの、再び地下鉄通勤に逆戻りしている市民もあるほどである。以下、本稿では地下鉄建設前後の歴史を中心に、現代にいたる発展の軌跡を、都市開発に強い影響をおよぼしたその時々の指導者との関連で辿ってみたい。

◎スターリン独裁の時代——都市交通の黎明（1840～1953年）

都市交通について記述するにあたり、どの時代から始めるのかという問題がある。誰しも、漠然と昔は馬車が主な交通手段であったというような想像はつくが、ここではその馬車が決められた区間で運行されるようになった時を以て都市交通の誕生とする。

鉄道馬車の時代　モスクワで一定のルートを定期運行した公共の大型4輪馬車は「リネイキ」と呼ばれ、1840年頃に現れた。当時のモスクワの人口は約35万。2頭ないし4頭の馬が牽引し、数人乗りであっ

写真1．鉄道馬車の図　筆者撮影

た。街の中心と郊外を結び、欧州での交通機関の発展をよそに、しばらくはこのリネイキが中心的な交通手段となる。1863年にはロンドンに地下鉄が、そして5年後にはニューヨークにも高架鉄道が開通するが、モスクワでは1872年、科学技術博覧会が開かれたのを機に、ようやく鉄道馬車の時代が始まる。鉄道馬車が現れた背景には、人口の増加があり、1870年代の初頭にはモスクワの人口も60万人を超えていたのである。鉄道馬車も2～4頭の馬が牽引するのはリネイキと同じであったが、輸送能力は大いに向上し、16～19人の乗客を運ぶことができた。乗客の内、約10人は客車内部に、数名は「インペリアル」と称する屋上の席に座るのである。螺旋階段で上る2階席は男性専用であったが、女性客を禁じていたのは、ズボンをはいていないことが理由であったという。地下鉄サヴョーロフスカヤ駅には、鉄道の歴史を描いた4枚のモザイク画が飾られているが、その内の1枚に鉄道馬車の図（写真1）があり、当時の様子が良く分かる。

1881年にベルリンで路面電車が運行されるようになると、ウクライナのキエフやロシアのニージヌィ・ノヴゴロドなどにも広まったが、モスクワではその後も鉄道馬車の時代が続き、1885年には、モスクワで鉄道馬車用の線路を建設することを目的としたモスクワ・ロシア鉄道馬車会社がブリュッセルに設立されている。その後、モスクワ市議会はベルギーからモスクワの鉄道馬車網を買い取り、徐々に路面電車用につくり替え、1899年に路面電車が開通する。最初の路線は、市の中心であるストラスナヤ広場（現プーシキン広場）とペトロフスキー公園（ディナモ・スタジアムがある）を結び、最初の大型馬車とほぼ同じ経路で運行された。

19世紀末から20世紀初頭になると人口は100万人を突破し、1900年には鉄道馬車の総延長は100kmを超えるが、膨張を続けるモスクワの交通問題は深まる一方で、同年、政府は電気鉄道建設の技術を学ばせる目的で、技師を外国に派遣している。

これまでにも何度か人口について記載しているが、後のスターリン時代の国勢調査はあてにならないといわれる。この時代には、餓死者や粛清された犠牲者が膨大な数に上ったため、真実を公表することで自らが粛清されるのを恐れた国勢調査の責任者が、人口を過大に報告したとされるためである。

地下鉄の建設（第1期） 1902年、2人の技師による初めての本格的な地下鉄建設プロジェクトが世間の注目を集める。この計画では、パヴェレツ駅とトヴェリ関所を地下鉄で結び、赤の広場とプーシキン広場のあたりで高架を走ることが想定されていた。19世紀末以来、地下鉄の建設は一度ならず計画されてきたが、実現に影響力をもつ有力者の間で検討されたのは、このプロジェクトが最初のものであった。しかし同年8月7日、市議会での議論も空しく、プロジェクトは否決されてしまう。ロシアには建設に必要な経験も技術も人材も無いというのが表向きの理由であったが、実際は、当時巨利を得ていた路面電車業界のロビー活動によるところが大きかったといわれる。また、新聞には、教会の地下に鉄道を通すなど、聖なる地を汚す不遜な企てであると、宗教的見地から批判する記事も書かれた。上流階級では信仰心が篤かったのである。

1912年、モスクワの人口160万。路面電車網は250kmに達したが、車内は常に超満員、往来は、4輪馬車や大型馬車、初期の自動車（最初のタクシーは1914年に登場）で埋め尽くされていた。交通問題は先鋭化し、10年前には地下鉄建設を否決したモスクワ市議会も、自ら計画立案に乗り出すが、第1次世界大戦とそれに続く社会主義革命、内戦のため、交通問題の解決は後景に押しやられてしまう。この間、ロマノフ王朝は瓦解し、ソビエト政権は首府をモスクワに定めた。

レーニンの没した1924年、モスクワにバスが運行されるようになり、道路も石の舗装からアスファルトに変わった。遷都後は、ソ連が推進した工業化政策のため、都市の労働力需要を満たすために農村からの人口流入が鋭角的に増加し、1930年代中葉には450万に達した。19世紀末以来、路面電車業界の圧力、第1次世界大戦、革命、内戦と、内外さまざまな障碍のために地下鉄の建設は先延ばしにされてきたが、1931年6月の共産党中央委員会総会で、「高速かつ安価に乗客を輸送する主要な手段として、地下鉄を建設する準備作業に速やかに着手する必要がある」ことが決議されたのである。モスクワの都市問題が当面の重要な政治課題と認識されたこの名高い総会決議では、初めてソ連における社会主義都市建設の戦略が策定され、地下鉄を含む都市交通問題改善のほか、住宅・食料・エネルギー・水利の供給や道路建設などについて指針が出された。また同年、モスクワの急激な過密進行を防ぐため、市内での工場建設が禁止されたことから、市の近郊で人口が増え始め、郊外が形成されるようになる。

地下鉄の建設を指導したのは、強硬なスターリン主義者でモスクワ州・市党第1書記のラーザリ・カガノーヴィチ。当初モスクワ地下鉄は、彼の功績を称え「カガノーヴィチ名称モスクワ地下鉄道」と呼ばれた。同年、モスクワ地下鉄建設トラストが設立され、11月には工事が始まる。地下鉄建設にはおよそ7万人が動員されるが、市の東北部には労働者のための住居が建てられ、「メトロガラドーク」（メトロ町）と呼ばれる集落が形成された。今でもこのあたりには、初代地下鉄建設トラスト議長にちなみ、ロッテルト通り、坑道掘進工通りなどがある。

地下鉄が建設された1930年代前半は、重工業への過度な投資、日本、ドイツの脅威に備えるための軍備増強、農業集団化による農村の混乱から極度の食料不足に陥った。それでもソ連は、当時最大の外貨獲得源であった穀物を農村から徴発し、猛烈な勢いで輸出し続け、モスクワで宮殿のような地下鉄が造営される傍ら、ウクライナでは５００万とも７００万人ともいわれる想像を絶する餓死者が出て、人が人を喰う地獄絵図であった。

地下鉄建設の経験のないソ連にとっては、何もかもが手さぐりであったが、それ故にこそ技術史上画期的な時代でもあった。モスクワ地下鉄は、建設当初から国防上の意義を与えられ、戦時中、シェルターにも使用されたくらいであるから、開通当初の駅もかなり深くにつくられている。そのため、エスカレータでの昇降が前提となったが、当時のソ連ではエスカレータはまだつくられていなかったのである。それを知ったエスカレータ・メーカーのＯＴＩＳはソ連政府に売り込みをかけるが、１５台で４００万ルーブルという莫大なものであったため、ソ連は輸入を諦め、自前で製作することになる。因みに日本初のエスカレータは、１９１４年、日本橋の三越呉服店に設置されたものである。このエスカレータは、９年後の震災で焼失してしまうが、モスクワ地下鉄の初期のエスカレータは今でも活躍中である。ここ数年、モスクワでは１９４０～５０年代に開通した駅で次々にエスカレータの交換工事が行なわれているが、つい2、３年前までは、戦時中につくられたエスカレータが当時の姿のままで動いていた。エスカレータ製造にあたっては欧米の技術に頼らなかったばかりか、ソ連の技術者たちが、外国製エスカレータの広告用パンフレットや外国でのエスカレータ利用経験者の印象などを頼りにつくり上げたものであったという。それが２１世紀の今日まで稼動していたのであるから驚くほかはない。さらに、初めてつくられたエスカレータが、既に昇降の高さにおいて世界一であった（ルビャンカ駅の３０ｍ）。現在、モスクワ地下鉄で1番長いエスカレータは１２６ｍで、アルバーツコ・ポクロフスカヤ線（3号線）の戦勝記念公園駅にある。

ソ連は車両もまた独自に開発している。「Ａ型」と呼ばれる最初の車両は、開通に先立つ1年前の

1934年に完成した。この最初期の車両の運転室のそばには、赤ん坊を連れた母親のために、寝台車の客室のような小さな空間が設けられていたというが、粛清の暴風が荒れ狂ったこの時代の地下鉄にそのような温かい配慮がなされていたことを知ると、何かほっとする。戦後は、戦利品としてドイツから地下鉄の車両を獲得したという話も興味深いが、ベルリン製の車両は、その後の地下鉄の車両開発にはなんら影響をおよぼさなかったとされる。

トンネル掘削にあたっては、1934年にイギリスより2機の坑道掘削用シールドマシンを購入したが、1つは試験用に、もう一方は自前で開発するために分解された。そして半年後には、レニングラードやウクライナのドンバスなどで42機のシールドマシンが生産された。エスカレータ、車両、掘削機など、ソ連はすべて短期間で国産体制を整えており、潜在的な技術力は高い水準にあったことが窺われる。

かくして着工から4年後の1935年5月15日、ようやくモスクワに地下鉄が開通する。第1期工事では13駅が建設され、総延長は11・2km[1]、現在の1号線のソコーリニキ駅とパルク・クリトゥルィ（文化公園）駅を結び、アホートヌィ・リャートからスモレンスカヤ駅まで分岐運行した（図2）。ソコーリニキにも大きな公園があり、最初の地下鉄は、2つの公園を結んで走ったのである。地下鉄は、運輸人民委員部（1946年以降は鉄道省）の管轄下にあり、ソ連の第29番目の鉄道に数えられた。当時の1日当たりの乗客数は17万7000人、全交通機関の利用客数に占める割合は2%であった。因みにトロリーバスが最初に運行するようになったのは、地下鉄開通に先立つ1年半前の1933年である。かくして「地下宮殿」モスクワ地下鉄は世界初の社会主義国ソ連の首都に華々しく開通したが、その頃スターリンに異を唱える「人民の敵」の粛清は、狂気の度を増しつつあった。死刑の対象が18歳から12歳に引き下げられ、「人民の敵」を親にもつ無辜《むこ》の少年少女が銃殺されてゆくのである。

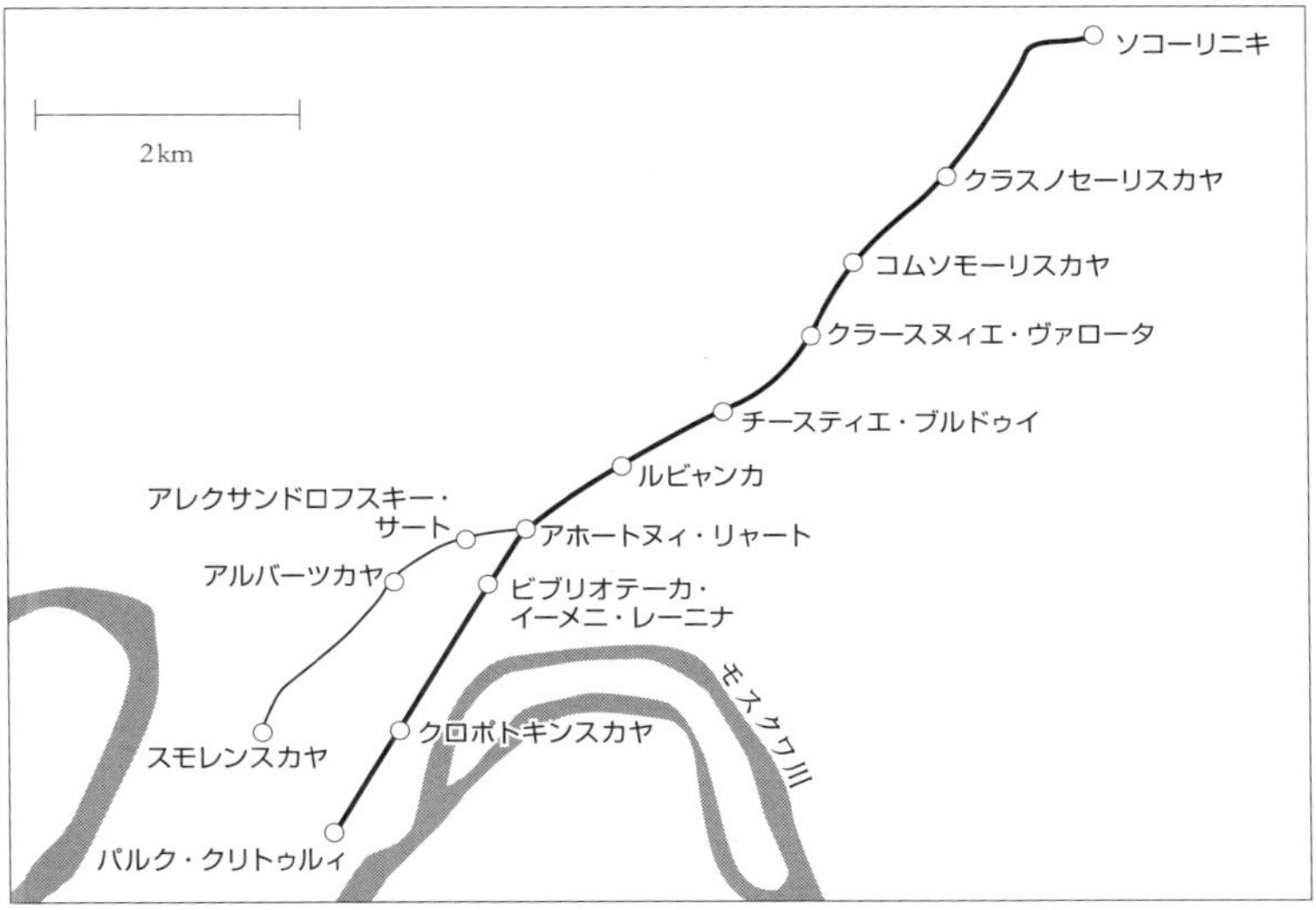

図2．モスクワ地下鉄路線図（1935年）

「地下宮殿」の誕生　モスクワ地下鉄は、その創業期から既に「地下宮殿」と呼ばれたわけであるが、当時のソ連には、国家が採用する公式な建築様式というものがあった。１９２０年代、誕生したばかりの社会主義国の建築界はアバンギャルドの時代で、中でも建物の構造とそれが構成する空間にこそ建築美があると主張する構成主義が幅広い支持を得て、全国的に広まっていた。

　アバンギャルド建築といってもあまりピンとこないと思われるが、この建築様式では装飾という概念が否定されているため、彫刻や浮彫りといったものは無い。そういう意味では、一般の現代人の目にはなんの変哲もない建物に映るのであるが、それが１９２０年代につくられたものであることを知ると、その現代的で斬新なデザインに驚かされる。しかし、壮麗さやモニュメンタリズムに欠けた構成主義は、スターリンの趣味に合わず、モスクワ地下鉄が建設された１９３０年代の前半には、建築界はクラシシズムへ移行していた。

写真2．クラースヌィエ・ヴァロータ駅のエントランス　筆者撮影

この時期に国家の公式な建築様式として承認された威厳を強調した擬古典主義は、「スターリン・アンピール様式」と呼ばれる。第1期の地下鉄が開通した頃は、ポスト構成主義の時代であり、両様式の折衷も見られる。ソコーリニチェスカヤ線（1号線）のクラースヌィエ・ヴァロータ駅のエントランス（写真2）は、構成主義建築の傑作だ。ソビエト建築史上劇的な転換点であったアバンギャルド建築の時代は、ソ連邦最高建築家でもあったスターリンによって覆されるのであるが、今日、モスクワ地下鉄を代表する最初期の駅の建築様式はネオクラシシズムとスターリン・アンピール様式であり、その古典的な装飾故に観光資源として鑑賞の対象になっていることを考えるならば、この「逆行」もあながち間違った選択ではなかったと思うのである。

「モスクワの貌」の建造　1920～30年代には地下鉄のみならず、今日のモスクワの貌《かお》となるようなさまざまな施設が建てられている。構成主義建築の名作ディナモ・スポーツスタジアム（1928年）、ソ連初の共同組合住宅地区「ソーコル」（1923～30年）、ゴスプラン（1936年）、運輸人民委員部（1936年）、河港（1937年）、水上競技場（1937年）、ホテル・モスクワ（1938年）等々。

ホテル・モスクワは、正面ファサードが左右非対称な風変りなデザインをもつが、その理由はこうだ。レーニン廟の設計者として名高いシチューセフは、2案からなるファサードの図面をスターリンに提出したところ、スターリンが2つの図面の中央にサインしたため、両方のデザインを取り入れざるを得なくなったというのである。また1953年に落成した外務省の高層建築についても、次のような挿話がある。建物の図面には当初、尖塔は無かったが、建設現場を視察しに来たスターリンが「それで、尖塔はどこにあるのか？」と訊ねると、直ちに尖塔が図面に書き加えられたという。いずれも今読むと笑い話のように聞こえてしまうのであるが、建築家たちの胸中を察すれば、当時の恐怖政治がいかに凄惨を極めていたかが伝わって来よう。ところでモスクワのような古い都市での新たな建設には、破壊がともなう。新しい施設が次々につくられてゆく一方、何百という教会をはじめとする「古いモスクワ」の面影が消えていった。

地下鉄の建設（第2期）　第1期の地下鉄が開通する1週間前には、早くも第2期地下鉄の建設が承認された。第2期の地下鉄は、ネオクラシズム様式で統一され、78体のブロンズ像で名高いプローシャチ・レヴォリューツィ（革命広場）駅、モザイク画が美しいマヤコフスカヤ駅等、今日のモスクワ地下鉄を代表する名作の数々が生まれている。第2期の地下鉄は、当時の新興住宅街であり、著名な芸術家や画家、作家などが住んだ協同組合住宅地「ソーコル」まで延びており、1928年にオープンしたディナモ・スタジアムにも駅がつくられている。ディナモ駅が開通するまでは、サッカーの試合の日ともなれば、市の中心からスタジアムへの道は、観客で埋めつくされていたという。また、2つの鉄道ターミナル（キエフ駅、クールスク駅）

も地下鉄で結ばれ、ソ連建国10年にして、モスクワは近代的な大都市に変貌しつつあった。

地下鉄の建設は、第2次世界大戦の砲火の下でも止まなかった。この時代、数こそ少ないものの、ザモスクヴァレーツカヤ線（2号線）が市の南部に、アルバーツコ・ポクロフスカヤ線（3号線）も東北部まで延伸され、地下鉄は、全29駅、総延長36.8kmとなった。時代背景からレリーフやモザイクには軍事的なモティーフや愛国心を鼓舞するようなテーマが多く、これらの駅に足を踏み入れると、今もなお戦時中の緊迫した空気が伝わってくる。282灯の電球で天井を埋め尽くしたエレクトロザヴォーツカヤ（電気工場）駅、隙間恐怖症のようにモザイクやレリーフで空間を飾りたてたノヴォクズネーツカヤ駅等々、駅を美しくつくるために巨額の資金が投じられており、これらの駅を見るにつけ、実に異様の念に打たれるのである。

900日におよぶナチス・ドイツによる包囲の中、レニングラードでは100万人を超える餓死者が出る。この極限状態でレニングラードのモザイク工フロローフ教授は、ノヴォクズネーツカヤ駅の天井を飾るモザイク画を完成させ、自らトラックに積み込むと、3日後に死んだ。モザイク画には、桃を刈り取る少女やスキーに興じるカップルなど、作者が願った平和そのものの光景が描かれており、時代背景を知る者の心を打つ。戦前のレニングラードの人口は264万人であったが、駅が開通した1943年には、60万人にまで減少していた。


戦時中のモスクワ地下鉄は、また防空壕としても利用されている。当時、モスクワで最大級のシェルターの1つは、地下33mにつくられたマヤコフスカヤ駅であった。地下鉄は、午後6時になると運行を停止し、朝までシェルターで過ごす市民のために開放されたのである。戦時中、地下鉄の駅では217人の子供が産声を上げたという。シェルター以外にもアルバーツコ・ポクロフスカヤ線（3号線）のクールスカヤ駅は、市民のための図書館として使われたほか、ソコーリニチェスカヤ線（1号線）のチースティエ・プルドゥイ駅には、戦争の最初期にスターリンの執務室が設けられ、その後はソ連赤軍参謀本部として機能した。地下鉄を水没させ、全ての設備を疎開させることも検討されたが、地下鉄は大戦の全期間にわたってモスクワの主要な交通機関であり続けたのである。

環状線の建設　1938年の第2期工事終了後、複数の路線が乗り入れる中心部の駅で混雑が予想されたことから、新たな路線の建設が求められた。地上のサドーヴォエ環状道路とほぼ等しい輪郭を描く環状線の誕生には、次のような伝説がある。将来の地下鉄建設について説明を受けながら、スターリンは茶を啜っていた。路線図の上に置かれた茶碗を持ち上げてみると、市の中心部には紅茶の痕が環状にくっきりと描かれている。それを見たスターリンは、今、必要な路線は環状線であると閃き、その建設を命じたというのである。面白いことに今でも環状線の路線カラーは茶色になっている。

帝政時代にさかのぼるが、鉄道にまつわる伝説としてはこんな話もある。モスクワとペテルブルグを結ぶ鉄道の建設に先立ち、ニコライ一世は建設予定の経路を見せられたが、曲りくねったルートは皇帝のお気に召さなかった。ニコライ帝は定規を取って両都市を直線に結んだが、定規を押さえていた指に鉛筆が当たり、線が歪んでしまう。鉄道技師は修正するのを恐れ、歪んだままに路線が敷かれたという。この歪んだ区間は、「ツァーリの指」と呼ばれていたが、2001年に直線ルートに正され、運行時間が従来にくらべて10分短縮された。先のホテル・モスクワの話といい、ロシアではこの種の伝説は、枚挙にいとまがない。

地下鉄環状線は、戦後すぐに着工され、1950年1月にパルク・クリトゥルィ～クールスカヤ区間が開通したのを皮切りに、54年3月、ベラルースカヤ～パルク・クリトゥルィ区間の建設完了をもって、環は結ばれる。この路線の全ての駅はほかの路線と交わり、9つのターミナル駅中、7駅に接続するモスクワ地

写真3．スターリン様式の高層ビル　筆者撮影

下鉄の要である。建築はスターリン・アンピール様式で統一され、「地下宮殿」の名に最も相応しいのがこの路線である。多くの駅のエントランスは凱旋門を思わせるつくりになっており、駅そのものが一種の戦勝モニュメントなのである。モスクワ大学やレニングラードホテルをはじめとする7つのスターリン様式の高層ビルがつくられたのもこの時代であった（写真3）。しかしこのような華やかな外見とは裏腹に、戦後も平和は訪れていない。戦後、核開発のために巨額の資金が投じられた結果、再び大飢饉が国を襲い、1946～47年にかけて100万人を超える餓死者が出るのである。

◎フルシチョフ時代——大量生産方式の誕生（1953～64年）

写真4．大量生産型の駅には40本の柱があったことから「ムカデ駅」と呼ばれた。
筆者撮影

「フルシチョーフカ」と呼ばれる一群のアパートがある。フルシチョフ時代に生まれた画一的なアパートのことだ。モスクワでは老朽化したフルシチョーフカの解体が進んでいるが、ソ連時代を象徴する遺物としてその解体を惜しむ者も多い。いかにも安物の印象を与えるが、住宅問題を解決するため、モスクワ郊外に急速に広がっていった。それまでモスクワ市民の多くは、「コムナールカ」と呼ばれる中心部の共同住宅に住んでいた。バス、トイレ、台所が共用で複数の家族が住む。コムナールカは今でも市内各地にあり、主に地方からの出稼ぎ労働者や低所得層が住んでいる。フルシチョフの時代には、多くの市民にアパートが与えられ、人々の住環境は大幅に改善した。アパートが郊外に移ることで、地下鉄やバスによる通勤が一般的になる。モスクワの人口は戦前の１９４０年には４４０万人であったが、６０年には６２０万人に達していた。

簡素さと経済性が尊ばれたこの時代、画一的な住宅や建物のスタイルは地下鉄にもおよび、コストダウンを推し進めた結果、郊外の新興住宅地には同じ様式の駅

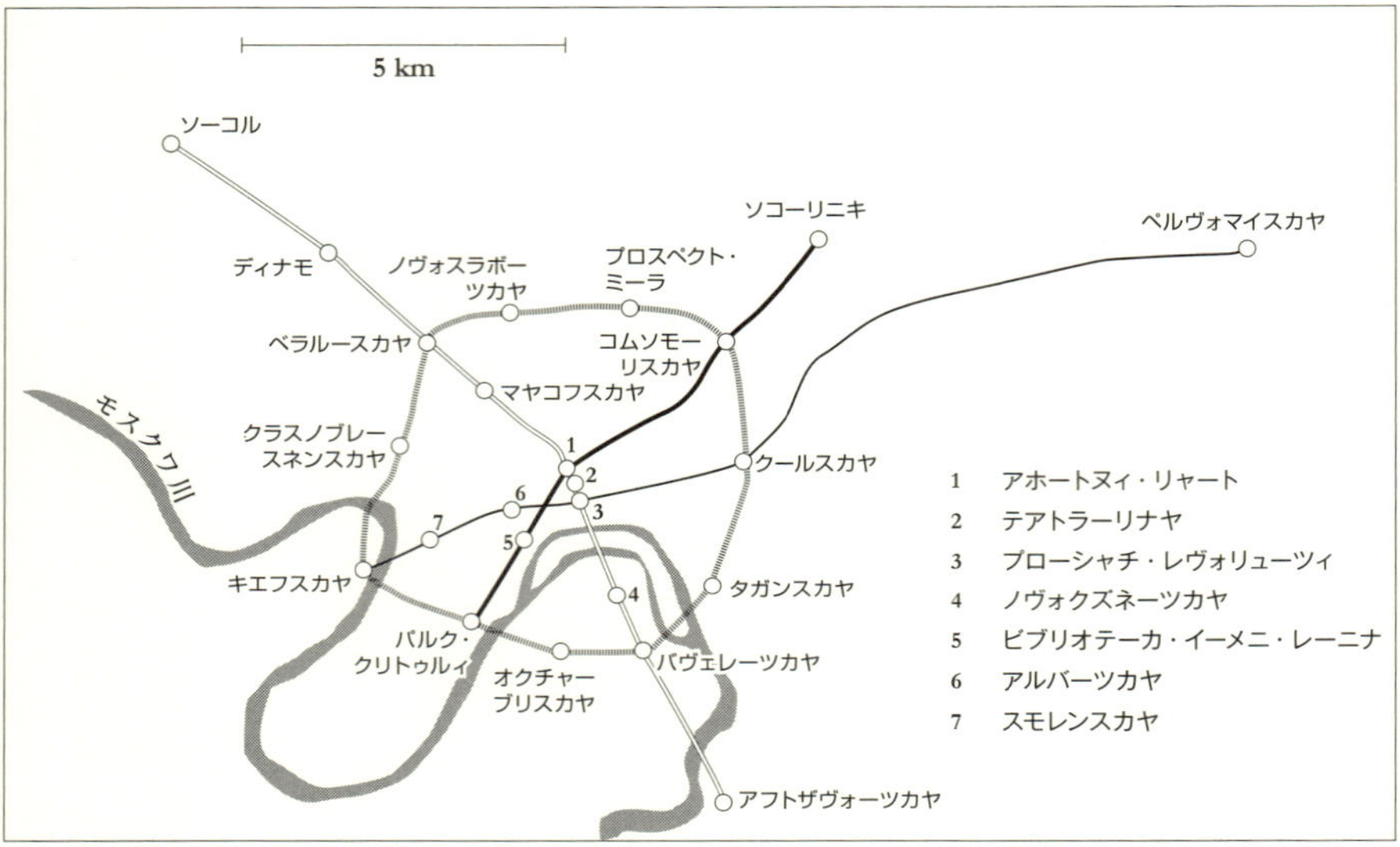

図3．モスクワ地下鉄路線図（1954年）

が次々に出現することになる。ロシア語でムカデはサラカノーシカと言うが、これは４０本の足を持つものという意味だ。これら大量生産型の駅には、４０本の柱があったことから「ムカデ駅」と呼ばれる（写真4）。装飾的には乏しいが、それでも柱には大理石が用いられ、天井も高く、日本の地下鉄にくらべれば立派である。初期の駅は、国防上の観点から概して深くに通されたが、これらの駅は、経済的な理由から浅くにつくられている。

フルシチョフは、スターリン時代にはモスクワ市の党第1書記を務めて、地下鉄やトロリーバスをはじめとする交通機関の整備で力を発揮したが、書記長就任後は環状線の建設にも関与している。環状線は3期に分けて開通しているが、スターリンの死後、１９５４年に開通したノヴォスラボーツカヤ、ベラルースカヤ、クラスノプレースネンスカヤ、キエフスカヤは、フルシチョフの時代にあたる（図3）。キエフスカヤ駅はモスクワに3つあり、環状線に先立ち、既に3号線と4号線にキエフスカヤが開通していた。キエフはウクライナの首都であるが、ウクライナのドンバスで育ったフルシチョフは、既に存在していた2つのキエフスカヤの装飾に不満を持っていたという。フルシチョフは環状線のキエフスカヤ設計にあたってコンクールを催し、70以上の応募の中からウクライナの建築家グループが勝利を収める。ウクライナとロシアの300年におよぶ友好の歴史を描いたモザイク画で飾られ、地下画廊の名に相応しいこの駅は、絢爛豪華で知られる環状線の中でもとりわけ華のある駅である。かくしてフルシチョフは、ウクライナを主題にモニュメンタルな駅をつくり上げた後、スターリン様式を激しく批判し、建築界は装飾を排した画一的なソビエトスタイルの時代に入ってゆく。「国民の大半が貧しい住宅に住んでいるというのに、これ以上、宮殿のような建物をつくるわけにはいかない」と言ったフルシチョフも、絢爛豪華なキエフスカヤをつくっているのである。とはいえ、歴史的な共産党第20回党大会でスターリン批判を行ない、強制収容所の門を開き、質素ながらも沢山のアパートを建て、ソ連全土で大規模なインフラを整えたフルシチョフの功績はいかにも大きい。しかしそのフルシチョフの失脚とともに、国民が恐怖政治から解放された、束の間の「雪解け」の時代は終りを告げ、ネオ・スターリン時代ともいうべき反動の18年が始まるのである。この「雪解け」の時代を20代で経験したミハイル・ゴルバチョフが、後にペレストロイカの旗手となるのは、けだし偶然ではあるまい。

◎ブレジネフ時代——見せかけの文化（1964〜82年）

ブレジネフが書記長に就任すると、フルシチョフが行なったスターリン批判にストップがかかり、再び陰惨な時代に逆戻りする。「停滞の時代」ともいわれるが、ソ連建国以来、最も安定した時期でもあった。交通機関をはじめ首都のインフラ整備も順調に進み、ブレジネフ期に開通した駅の総数は、今日、存在する駅の26%に相当する（図4）。駅の建築は、初期にはフルシチョフ時代の簡素なスタイルを踏襲しているが、1970年代に入ると再び装飾性が見られるようになった。郊外のアパートも高層化され、色彩もカラフルになる。都市交通上の大きな変化としては、1965年にマイカーの保持が自由化されている。

長期政権であったブレジネフ時代の注目すべき出来事の1つに、1980年に開催された夏季オリンピックがある。1979年12月に採択されたアフガン介入の決議に対する抗議から、日本を含む西側諸国は一斉にボイコットするが、この時期、空の玄関であるシェレメチェヴォ国際空港の大規模改修、ホテルやスタジアムの建設など、都市開発が進んだ。1979年12月には、オリンピック開催を目前に6駅からなるカリーニンスカヤ線が開通しており、世界中から集まる外国人観光客を意識して、どの駅もこれまでとは一転して装飾が豊かになっている。レーニン廟を思わせるプローシャチ・イリイチャー駅、黄金の吊天井と飛翔する乙女のオブジェで飾られたアヴィアマトールナヤ駅、政治犯の解放がテーマのショッセエ・エントゥズィアストフ駅など、短い路線ながら美しい駅が揃っている。当時のモスクワ地下鉄の路線数は8本であるが、どの路線沿いにも大規模なオリンピックの施設がつくられた。

この時期、たくさんのホテルやスタジアムも建設され、空港も改修されたが、これらの建築物はいずれもありきたりのもので、決して「見せるため」につくられたものではない。創成期の地下鉄が、ソ連の工業力を世界にアピールする目的でかくも豪華につくられたのと同じように、この時期再びソ連の繁栄と成功を世界に「見せる」、正確にいえば「見せかける」ために地下鉄が選ばれたのは興味深い。もっとも、ソ連で「見せる」目的で建てられた施設は、地下鉄に限らない。例えば、外国の要人は、モスクワ南部のヴヌコヴォ空港に降り立つが、ここからクレムリンに向かう際に通過するレーニン大通りもまた、外国の来賓を意

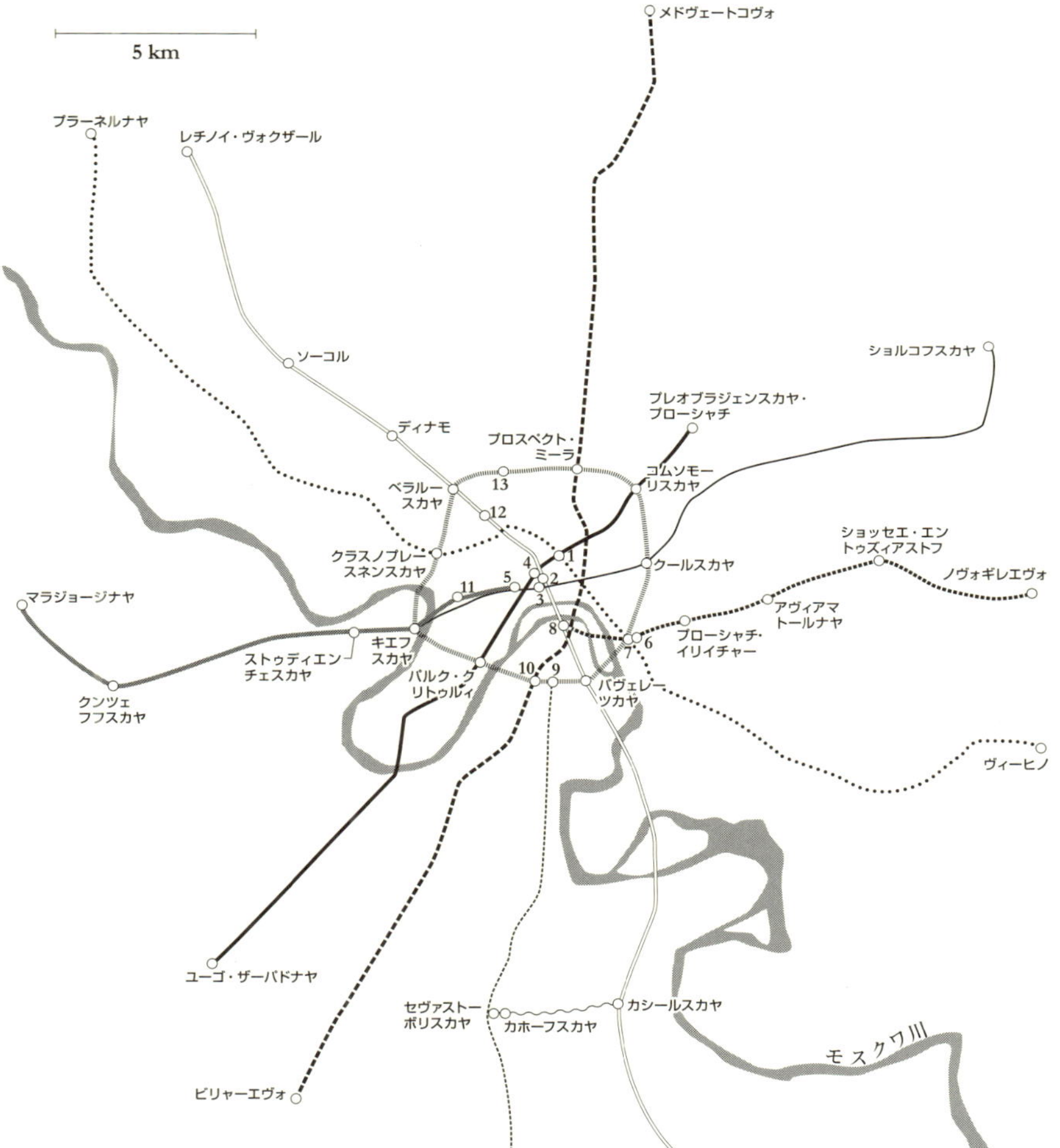

1　ルビャンカ
2　テアトラーリナヤ
3　プローシャチ・レヴォリューツィ
4　アホートヌィ・リャート
5　アルバーツカヤ
6　マルクシーツカヤ
7　タガンスカヤ
8　ノヴォクズネーツカヤ
9　ドブルィニンスカヤ
10　オクチャーブリスカヤ
11　スモレンスカヤ
12　マヤコフスカヤ
13　ノヴォスラボーツカヤ

図4．モスクワ地下鉄路線図（1984 年）

識した「見せる」通りであり、見事に同じ高さに揃ったアパートが道路の両側に広がる様は、社会主義国ならではの眺めである。

オリンピックのかなり前になるが、1963年にこの通り沿いに開店した国営百貨店「モスクワ」も、「我が国の首都にも百貨店はあります！」という事を示すべく、この場所につくられたのだという。この百貨店も中心からはやや離れており、ソ連では利便性などとは根本的に違う次元で都市計画が進められることがあった。古くはエカテリーナ女帝の時代、露土戦争を指揮した軍人ポチョムキンが、戦争で併合したクリミア半島への女帝の行幸の道中を張りぼての建物で飾りたて、帝の目を欺いた話が有名である。ここから中身のともなわない「見せかけ」を「ポチョムキン村」というようになった。

1970年代末期、ソ連経済はゼロ成長に転落し、アフガン侵攻、アメリカとの軍備拡張競争に疲弊し、短命なアンドロポフ、チェルネンコ書記長の時代を経て、ソ連崩壊へと向かってゆく。

カリーニンスカヤ線の駅は、退行する70年代のソ連につくられたとは到底思えない奇抜さと美を備えるが、この「見せかける」ためにつくられた路線に乗ると、ブレジネフ時代を象徴するようなモスクワ・オリンピック開催前夜の1つの挿話を想い出す。

超大国ソ連の首都モスクワには食料が溢れていなければならないことを示すべく、食料品店には国中から食べ物が運ばれてきた。しかし、荷を満載したトラックは、首都を目前に数珠つなぎに渋滞し、食料は店に到着する前に腐り始めたという……。

◎ゴルバチョフ時代――自由化の中で（1985～91年）

ゴルチョフが推し進めたペレストロイカ（改革）とグラスノスチ（情報公開）の結果、社会で生じた激変は、計り知れないものがある。マクドナルドの開店などはその象徴的な出来事として、日本でも紹介された。経済が徐々に自由化される中、1987年にはタクシーの個人営業も認められるようになった。

地下鉄の駅にも自由の蘖《ひこばえ》が見いだされる。1980年代に駅の設計を手がけたシュマコフやムンらは、今日のモスクワ地下鉄の中心的建築家となっているが、この2人が設計した駅は、ソ連のイデオロギーから解放され、実に遊び心に富んでいる。例えば、1987年にカルーシスコ・リーシスカヤ線に開通したコニコーヴォ駅である。この駅は柱の無いドーム型の駅であるが、コニコーヴォという駅名からすぐさま想起されるコーニ（馬）という言葉の連想から、ドームの断面が馬蹄形につくられている。また同じ作者らによるクルィラーツコエ駅（1989年開通）も、駅名の語源であるクルィロー（翼）の連想からドーム型の天井に翼のような切込みがあるといった具合である。地下鉄は、50年代までに9つあるターミナル駅の8駅を結んでいたが、1988年12月にようやくサヴョーロヴォ駅にも地下鉄が開通した。ほかのターミナル駅とは異なり、サヴョーロヴォ駅からは、国際列車や地方へ向かう列車は発着していないが、2008年よりシェレメチェヴォ国際空港までアエロエクスプレスが運行しており、市内と空港間の移動が格段に便利になった。

ゴルバチョフの外交政策は、全世界に影響をおよぼしたが、モスクワ地下鉄はその初期から、駅名やデザインにそれぞれの時代の国際関係がしばしば反映している。キエフスカヤ（ウクライナの首都キエフ）、リーシスカヤ（エストニアの首都リガ）、ワルシャーフスカヤ（ポーランドの首都ワルシャワ）、プラーシスカヤ

（チェコスロヴァキアの首都プラハ）、リムスカヤ（イタリアの首都ローマ）、ブラティスラーフスカヤ（スロヴァキアの首都ブラティスラヴァ）など、外国の都市名を冠した駅も多い。

ゴルバチョフの時代には、1985年にプラーシスカヤ（プラハ駅）が開通しているが、同時期プラハには Moskevská（モスクワ駅）がつくられている。これは、友好関係にある両国の首都に、それぞれの国の特徴をもった地下鉄の駅をつくるというプロジェクトであった。実際、モスクワのプラーシスカヤ駅の内装は独特で、モスクワの地下鉄らしくない。駅の地下通路の一角にはプラハ市の紋章を刻んだ柱が立ち、その頂にはモルダウ川を擬人化したという両腕を広げた裸の少女の像もある。一方、プラハのモスクワ駅のつくりはモスクワの地下鉄そのものであるが、その後 Moskevská 駅は、Anděl 駅と改まり、ソ連による押し付けられた「友好の証」は抹消されてしまった。支配国であったソ連の首都モスクワのプラーシスカヤ駅は、駅名も内装もそのままで、駅前にはソ連とチェコスロヴァキアの宇宙飛行士像があり、今日も仲良く肩を組んで並んでいる。

時代は戻るが、1969年に開通したワルシャーフスカヤ駅もソ連とポーランドとの「友好」が主題となっている。壁面にはワルシャワの景を描いた4枚の壁画が飾られ、その内の1枚には、国立歌劇場、ニケの像と文化科学宮殿が描かれているが、この壁画、一見するとモスクワと見間違えてしまう。遠景に描かれている文化科学宮殿が、モスクワにあるスターリン様式の高層ビル、その中でもホテル・レニングラードそっくりなのである。実は、この文化科学宮殿は、スターリンがポーランドに贈ったもので、今ではソ連支配の象徴として地元では頗る評判が悪いと聞く。そのホテル・レニングラードも今ではヒルトン・ホテルの経営となり、皮肉にもスターリンの権力の象徴的存在であったアンピール様式の建物に、「ＨＩＬＴＯＮ」のブルーのネオンが煌々と光っている。

◎ポストペレストロイカの時代――機能主義の方向へ（１９９１年以降）

ソ連崩壊後の混乱期には、地下鉄建設のテンポも緩やかになったが、ロシア連邦初代大統領エリツィンの時代には、９駅からなる新路線リュブリンスカヤ線（１０号線）が開通しているのが注目される（図５）。この路線は全駅がソ連崩壊以降に開通しており、ほかの路線の駅に見られるイデオロギー色は完全に姿を消し、デザインも都会的かつ洗練されており、新たな時代の到来を感じさせる。連邦解体後は、地下鉄の経営もモスクワ市当局に移管され、以後、公共交通機関や都市開発は、ルシコフ・モスクワ市長の支配下に入る。２０００年５月に大統領に就任したプーチン政権下では、石油を中心とする資源価格の高騰によって、ロシアは大きく国力をつけた。地下鉄も３号線、４号線、９号線、１０号線が延長され、新路線ブートフスカヤ線が開通している。２００１年１２月に開通したアーンニノ駅の開通記念式典にはプーチン大統領が出席しているが、このことからも、地下鉄がこの国でいかに重視されているかが分かる。

この時期の注目すべき出来事は、軽メトロ・ブートフスカヤ線の開通である。モスクワは、クレムリンを中心に幾重にも道路が取り巻いていること、その最も外側をなす道路がモスクワ環状自動車道であることは本稿の冒頭で既に触れた通りであるが、６０年代、この自動車道は、モスクワと農村部を区別する境界をなしていた。しかし８０年代には、既に都市部はこの境界にはおさまりきらなくなり、環状自動車道を越えてミーティノ、ジュレビノ、ブートヴォといった小地区が次々に形成されていく。軽メトロは、その中でも成

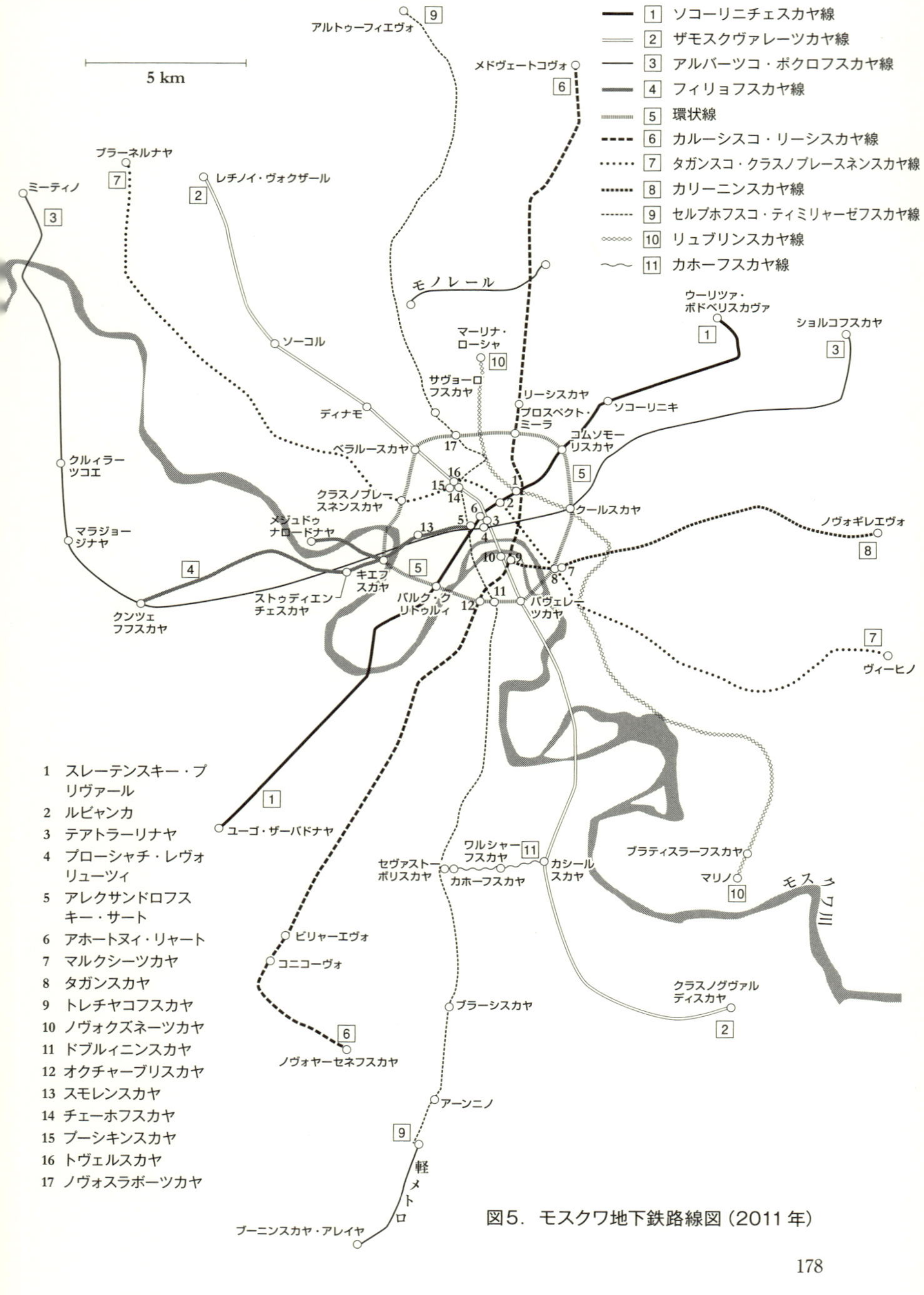

図5. モスクワ地下鉄路線図（2011年）

長著しいモスクワ市南部に広がるブートヴォ地区につくられた。軽メトロは、メトロとは称するものの、従来の地下鉄とは異なる全く新しいタイプの交通機関で、始発の駅は、既存の地下鉄（セルプホフスコ・ティミリャーゼフスカヤ線）と接続しているため駅も地下につくられているが、全5駅中、4駅はいずれも高架駅（写真5）である。地質調査も不要であり、建設コストも低く、短期間（ブートフスカヤ線は2年足らず）で建設できるため、郊外の新しい交通手段として発展が期待されている。

軽メトロの車両は、運転音も静かで冷房も完備しているほか、駅のデザインも洗練されている。また体が不自由な乗客のための昇降機が設けられたのも、この路線が初めてであった。冷房について付言すれば、

写真5．軽メトロの高架駅　筆者撮影

2010年の夏は、130年におよぶモスクワの気象観測史上最高気温を更新し、消費者権利保護団体が、地下鉄駅構内が暑すぎるとしてモスクワ地下鉄を訴えるという珍事があった。モスクワ地下鉄では一昼夜に3回空気が入れ替わるため、これを冷却するには費用がかかり過ぎ、現実的ではないとされる。車両については、現在冷房が付いているのは軽メトロを含め10％に過ぎないが、今後5、6年の間に順次、冷房付の車両に入れ替える計画である。

このように年々設備も充実されつつあるのだが、今も昔も無くて困るのはトイレであろう。緊急の場合には、地上に出て、駅周辺に設置されている有料簡易トイレを利用するしかない。余談であるがこの有料トイレは、多くの場合いつくか並んでいる。その内の1つにはトイレ番（多くは初老の女性）が座り、料金を支払うとトイレットペーパーを渡される。

トイレのオーナーは別におり、毎日集金に来るのだが、トイレ番ははたして客から受け取った代金を正直にオーナーに渡すであろうか？　トイレ番の不正を防止する手段として、客が10人使用する毎に、規定量の液体洗浄剤を投入しなければならないといった決まりがあり、オーナーは増加した液体洗浄剤の量を棒で測定し、おおよその利用客の数を逆算する。しかし、したたかなトイレ番は、洗浄剤を使う頻度を減らすことで、利用客の数を過少に申告し、売り上げの一部をねこばばするのが通例だ。オーナーもそんなことは百も承知なのであろう、だからこうした職では給料が上がらない。そうして給料が上がらないから不正がなくならないという、ロシア経済の随所に見られる相互不信による負のスパイラルに陥ってゆくのである……。

2007年にリュブリンスカヤ線（10号線）に建設されたスレーテンスキー・ブリヴァールは、ステンレス素材にコラージュの技法を使った装飾の美しい駅である。コラージュには、劇作家のグリボエードフや詩聖プーシキン、作家のゴーゴリの像とともに、彼らの作品から引用した詩句が記されている。その内の1つには、詩人で俳優、作詞作曲家のウラジーミル・ヴィソツキーが幼少期を過ごしたボリショイ・カレートヌィ横丁を図案にした作品があり、詩人の歌の1節が引かれている。生前は激しい体制批判のため、1枚のレコードも出ることはなかったが、彼の歌を録音したテープは、人の手から手へと渡り、国中に広まったという。ソ連時代、ヴィソツキーに匹敵するような存在はほかにちょっと想像ができない。

ソ連時代には1冊の詩集も出版されなかったヴィソツキーの詩が公共交通機関を飾り、今では、そのことを感慨深く思ったり、意識する者もないほどに世の中は変わっている。

ここで、ほかの交通機関の歴史についても簡単に触れておきたい。

初めての路線バスが1924年に現れたことは先にも述べたが、その路線網は、地下鉄同様、戦後に著しい発展を遂げる。路線バスの乗客数は、1958年にはトロリーバスを、そして59年には路面電車を凌ぎ、

73年には地下鉄と拮抗するまでになった。乗客数は1990年頃にピークを迎えるが、連邦崩壊後は経済危機により外貨が不足、その多くが輸入品であった車体や部品の調達に支障を来たし、運行本数は激減する。1989年のバスの総数が7929台であったのに対し、93年末には5627台にまで減少している。1994~96年にかけて回復したが、今もピークには遠くおよばない。

モスクワでは、大きなバスターミナルは地下鉄の各路線の終着駅にある。地下鉄が通っていない地域の住民が主な利用客で、このようなターミナルは、地下鉄の路線が延伸されると移動することになる。地下鉄の終着駅はバス利用者が集るため、どの路線でも非常に混むのである。

路面電車は最も歴史が古く(1899年開通)かつまた最も衰退している交通機関であるが、それでもモスクワには46路線が現存している。路面電車の最盛期は1930年代の初頭で、およそ400万の人口に対し、1日の利用客は260万人に達した。路面電車は、同じ区間で地下鉄やトロリーの路線が開通すると廃止されていったが、それでも1960~70年代には、まだ地下鉄が通っていない地区に新たな路線が開通した。最後に路線が開通したのは1982年で、以後は減少の一途を辿っている。

しかし一方で、今日、路面電車を見直す機運が高まっており、高速路面電車を新たに敷設する計画がある。従来の路面電車の時速14kmに対し、高速路面電車は38kmである。面白いものとして、市の中心部には路面電車レストランが運行していたが、現在は営業していないと聞く。私もついに乗る機会を逸してしまった。

トロリーバスの路線は1933年に開通した。モスクワを路面電車が走るようになったのは、ロシアで8番目とかなり遅れていたのに対し、モスクワのトロリーバスはソ連初である。戦時中は、バスの大半が軍事目的に使用されたため、市の中心部ではトロリーバスの重要性が高まった。1960年代はほかの交通機関同様、その路線網は急速に拡大する。1970年代の初頭には1253kmに達したが、これはトロリーの路線としては世界最長であった。しかし１９８０年には８億６００万人の乗客数を記録したトロリーバスも、２００８年にはわずか３億７９００万人に減少しており、今後もこの傾向は続いてゆくであろう。

今日、路面電車、バス、トロリーバスはいずれもモスゴルトランス（モスクワ市交通）という国営企業が運営し、地下鉄のみ別会社となっている。

◎おわりに

モスクワの地下鉄は、世界初の社会主義国ソ連が、世界に向けてその革命の勝利を印象づけるプロパガンダであったことは良く知られているが、「地下宮殿」にはまた、ソ連国民に、自国に対する誇りを抱かせるという教育的な意味もあった。つまり乗客が地下に降りるたびに、その壮麗な建築によって、共産主義建設という大事業に向かって歩むソ連の素晴らしさを認識させるようにしたのである。ブレジネフ時代にソ連で出版されたモスクワのガイドブックには、「美しいモスクワ地下鉄を観、間近に名所旧跡に親しみ、晴天には街全体が掌上にあるが如くに望まれるレーニン丘に登臨してみなければなりません」とある。地下鉄がソ連国民にとっても単なる交通機関ではなかったことは明白であろう。モスクワ地下鉄のホームページや、数多のモスクワ地下鉄を扱った本などには、英雄的な建設の歴史や駅のユニークさについての記述で溢れているが、それは歴史の一面に過ぎない。今回、モスクワの都市交通の歴史を概観するにあたって、とりわけ地下鉄の建設が、いかに大きな代償のもとに進められたのかを示したいと考え、また時代の雰囲気が少しでも感じられるようにあえて陰惨な話も散りばめた。

フルシチョフとブレジネフ時代に宮殿建築は姿を消すが、「地下宮殿」のDNAは時代を超えて生き続け、今日のロシアで再び活性化しつつある。ソ連は消滅したが、地下鉄に込められた意義そのものは、その本質においてはあまり変わっていないといえるかもしれない。

レーニンの時代に一世を風靡したアバンギャルド、スターリン崇拝、第2次世界大戦と戦勝、スターリン批判と雪解けの時代、ガガーリンによる世界初の有人宇宙飛行、冷戦時代の国際関係、モスクワ・オリンピック、ペレストロイカ、ソ連邦崩壊、新生ロシアの誕生、強いロシアの復権……。モスクワの地下鉄が興味深いのは、その建築のユニークさよりも、これら全ての歴史上の出来事が、1つ1つの駅に刻印されていることであろう。東京の地下鉄の駅では、それがいつ頃に建てられたものなのか皆目分からないが、モスクワでは年代の特定は容易である。そうして30年代の駅、戦時中の駅、50年代の駅と順々に降りてみると、それぞれの時代の息吹に触れることができる。モスクワ地下鉄は、時代を映す鏡なのである。

2010年10月、18年間にわたりモスクワ市長として君臨したルシコフが解任され、ソビャーニン氏が新市長に任命された。この謹厳な実務家は、交通問題の解決にも積極的で、地下鉄の路線を年間15km延伸する必要性を説き、着任早々モスクワ地下鉄幹部の仕事ぶりを厳しく批判した。新市長の指示で会計院がモスクワ地下鉄の資金の使途を調べた結果、建設資材の発注に莫大な金額の無駄遣いがあることが露見している。市長は建設費の削減と路線の発展を同時に実現しようとしているが、かくしてまた1人の政治家の個性がモスクワの地下と街角に刻印されるのである。

注

(1) アホートヌィ・リャート駅を含め、モスクワでは度々駅の名が変わっている。本稿では、便宜上全て、現在の駅名に統一している。

参考文献

岡田譲『モスクワ地下鉄――地下宮殿の世界』東洋書店、２００９年

木村浩『世界の都市の物語１１　モスクワ』文藝春秋、１９９２年

齋藤君子『モスクワを歩く――都市伝説の由来』東洋書店、２００８年

齋藤建『モスクワの地下鐵』社會書房、１９４８年

下斗米信夫『スターリンと都市モスクワ』岩波書店、１９９４年

下斗米信夫『ソ連＝党が所有した国家』講談社、２００２年

鈴木常浩『モスクワ地下鉄の空気――新世紀ロシア展望』現代書館、２００３年

千野琢也『ロシアの鉄道』近代文芸社、２００５年

中村泰三『世界の都市⑤　モスクワ』東京大学出版会、１９８８年

リシャット・ムラギルディン『ロシア建築案内』ＴＯＴＯ出版、２００２年

和田春樹『私の見たペレストロイカ――ゴルバチョフ時代のモスクワ』岩波書店、１９８７年

Ларичев Е., Углик А. *Московское метро путеводитель*, Книги WAM, 2007

Наумов М.С., Кусый И.А. *Московское метро*, Вокруг света, 2005

第6章

上海

山田俊明

◎誇りとほろ苦さ

2010年に上海で開催された万博は、史上最多の入場者を記録。いまやニューヨークのマンハッタンをも凌ぐのではないかと思わせる摩天楼が建ち並び、地下鉄の営業キロが世界最長となるなど、疾風怒濤の勢いで成長を続ける中国最大の経済都市上海。多くの中国人にとって、今日の上海の繁栄は誇らしいものであろう。しかし、その歴史を振り返ったとき、ほろ苦い思いが募るのもまた事実ではないだろうか。租界の公園には、犬と同列扱いで中国人の入場を拒む看板が掲げられていた時代もあった。第2次世界大戦前の上海の中心に位置し、この都市を特徴づけていた租界という存在。租界とともに成長した「国際都市」上海。中国の大地の要ともいうべき長江の河口に、西欧近代が強引に入り込み、つくりあげた都市、それが上海なのである。

上海の租界とは何か。外国の要求に屈して自国の領土の一部を外国人居留民に提供したものではあるが、一般的な租借地（コンセッション）とは少し異なっていた。コンセッションの場合、設置国政府がその土地全体を中国政府から永借し、それを各個人に払い下げる形となるので、居留民は租借国政府（領事）の直接支配下に置かれる。しかし、セツルメントと呼ばれる上海の租界の場合、土地所有権は中国人にあり、外国人たちは、直接中国人地主に代金を払い、領事を介して中国政府へ手続きすることで、永借権（永租地券）を手に入れることができる仕組みになっていた。外国人商人たちは、思いどおりにその土地を利用することができ、居留民代表によって組織された一種の自治組織が広範囲にわたる自治権を有したことで、中国政府の関与できない治外法権エリアとなった。外国人居留民にとっては、自国政府からも自由な自治都市、自由都市、あるいは都市国家と呼んでもおかしくないような存在となったのである。この「自由さ」が、世界中の人々をひきつけ、夢と欲望渦巻く「冒険者の天国」「東洋の魔都」となっていくのである。内外のさまざまな政治勢力が暗躍する一方、時の権力や政治的迫害から逃れた人々が潜伏し活動できる余地もあり、中国共産党が呱々の声をあげたのもフランス租界の一角においてであった。近代都市上海の歴史は、この租界という存在を抜きにして語ることはできないのである。

◎近代都市上海の誕生

中国の近代は、アヘン戦争（１８４０〜４２年）に始まるといわれるが、近代都市上海もまた、アヘン戦争の結果結ばれた南京条約からスタートしたと見ることができるだろう。アヘン戦争に敗れた清国は、南京条約（１８４２年）により5港の開港を余儀なくされる。それまで、清国が外国に門戸を開いていた港は、広東（現在の広州市）のみであったが、それに加えて上海、厦門《アモイ》、福州、寧波《ニンポー》が開港されたのだ。その中で長江の河口付近に位置する上海は、後背地がずばぬけて大きい。昔から「江浙（江蘇省・浙江省の意）実らば天下足る」といわれるように、あたり一帯は豊かな穀倉地帯であり、長江流域にはばく大な人口が集積している。ここに目をつけ、貿易拠点を築こうと考えたイギリス人たちの抜け目の無さには感心させられる。

１８４３年１１月、最初のイギリス領事ジョージ・バルフォアが上海にやってきた。イギリス租界が設けられたのは、その2年後、１８４５年１１月２９日の第1次土地章程によってである。翌１８４６年に後

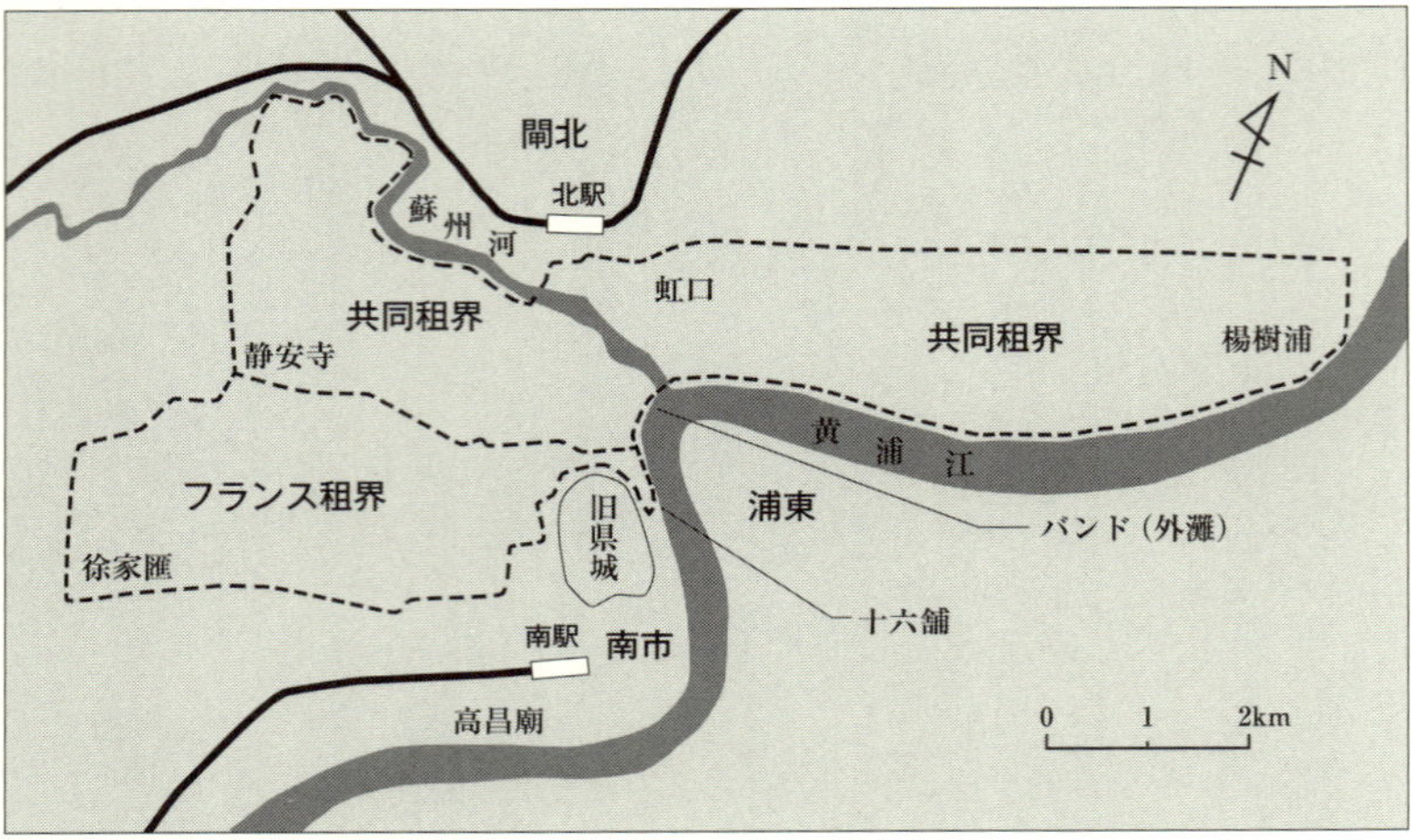

図1．上海の租界略図（1925年末）『最新　上海全埠地図』中華書局、1925年を参考に作図

任としてラザフォード・オルコックが着任する。オルコックが総領事兼外交代表として上海で活動した10年の間に、租界の基盤が形成されたとされる。ちなみに、オルコックは、中国での活動の後、幕末の日本でイギリスの初代総領事（のち公使）を務めた人物としても知られている。

租界の草創期が終わり、都市的風貌を備えるにいたったころ、その様子を見た日本人がいた。1862年に、幕府派遣視察団の一員として上海に滞在した長州の高杉晋作である。高杉は、立ち並ぶ立派な商館とその繁盛ぶりに度肝を抜かれる一方、外国人支配者の下で、貧しく惨めな生活を送る中国人たちの様子も見逃さなかった。この体験が、日本の植民地化への危惧の念を抱かせ、倒幕運動の原動力になったといわれる。

イギリス人が登場する以前の上海が、無人地帯であったかといえばそうではない。宋代には集落（鎮）が形成され、元代に県となり、明代には倭寇を防ぐために城郭で囲まれた中国式の都市が姿を現している。清代には、港湾としての重要性がより一層高まっていった。県城があったのは、現在、上海市内の観光名所となっている豫園《よえん》を含む一帯である。その南部のエリアは南市《なんし》と呼ばれ、租界形成後も、西欧風の近代都市上海とは異なる中国人のエリア＝華界であり続けた。当然、そこは中国政府の統治のおよぶところであった。

上海にやってきた外国人たちは、風俗習慣の違いや衛生面の問題から、中国人との混住を嫌い、外国人だけの居留地を求めた。外国人を夷狄《いてき》とみる中国側にとっても、混住は望ましいものではなかった。１８４５年、県城の北側、黄浦江《こうほこう》に流れ込む蘇州河《そしゅうが》との間の湿地帯にイギリス租界が設けられ、１８４８年には、蘇州河の対岸（北側）にアメリカ租界が設定された。１８４９年には、県城とイギリス租界の隙間に割り込むような形でフランス租界が設けられた。フランス租界は、最初は極めて小さなエリアに過ぎなかったが、３度にわたる拡張、特に１９１４年の第３次拡張により西方に大きく広がり、上海きっての高級住宅地となっていく。アメリカ租界は、１８６３年に、イギリス租界と統合されて共同租界（中国では公共租界と呼ぶ）となった。１８９３年には虹口《ホンキュ》方面へ、１８９９年には楊樹浦《ヤンジッポ》方面へと拡張され、東西１２km弱、南北２km前後、東京の千代田区と中央区を合わせた程度の広さをもつにいたったのである（図１）。蘇州河以南の黄浦江沿いのエリアは、埠頭が設けられたことから「バンド」（埠頭を意味するペルシャ語由来の表現、中国では外灘《ワイタン》）と呼ばれた。埠頭の背後にはモダンな洋館が立ち並び、上海を代表する景観、上海の顔となった。

共同租界の運営にあたったのは、居留民代表からなる参事会（国民革命後の１９２８年に初めて中国人参事が誕生するまで全員外国人）であり、その下で行政全般を担当したのが工部局であった。フランス租界の場合は公董局《こうとうきょく》がその任にあたった。当初、租界に住むことができたのは外国人だけであったが、１８５３年、太平天国の乱に呼応した小刀会による県城占拠という出来事があり、大勢の避難民が租界へ逃げこんだことから、その翌年の第２次土地章程により、中国人の居住も認められることになった。租界は、中国にあって中国の統治がおよばない場所であるがゆえに、政治的変動による社会の混乱や戦火を避けることのできる安全地帯という面があり、着の身着のままという者だけではなく、財産の保全や自由な商売を目的とする資産家たちも移り住んできた。上海の発展は外国人ばかりでなく、むしろ多種多様な中国人移住者たちによって支えられていたということができる。

◎公共交通の萌芽

租界における都市建設が進む中で、埠頭と並んで道路の整備にも力が注がれた。１８６０代には主要道路の幅が４０フィート（約１２ｍ）へと拡幅され、東西方向の道路には中国の都市名が、南北方向の道路には省名がつけられた。

１９世紀における市内の移動手段としては、客貨兼用の小車（車輪の両側に座席を設けた1輪車。江北車ともいう）が一般的であった。上流階級に属する人々や外国人は轎子《かご》を利用していた。１８７４年に、日本生まれの人力車（上海では黄包車と呼ぶ）が持ち込まれると、安価で便利な乗り物として爆発的な勢いで普及し、最盛期の１９３０年代には、その台数は3万１０００両に達したとされる。西洋式の馬車も存在したが、高価で一般市民には縁遠い乗り物であった。ただし、１９世紀末に、「野鶏《イエーチー》馬車」(1)と俗称された乗り合い馬車が現れると、かなりの利用者があり、上海における公共交通のはしりとなった。

都市交通の範疇には入らないが、中国最初の鉄道が登場したのは上海であった。英国商人等が設立し、ジャーディン・マセソン商会を在華代理人として建設した呉淞《ウースン》鉄道（淞滬鉄道）である。１８７６年7月1日、上海～江湾間を開業（最初の2日間は招待客のみで一般営業は3日から）し、同年１２月１日に呉淞にいたる全線（14・5㎞）が開通した。2フィート6インチ（762㎜）ゲージ、26ポンド軌条を用いた軽便サイズの鉄道であった。しかしこの鉄道は、中国側の許可を得ずに一方的に敷設したものであったことから、住民等の反発は強く、結局当局が買い上げて1877年10月には撤去してしまった。わずかな期間しか存在しなかったとはいえ、大勢の利用者があり、途中で車両の増備まで行なったところをみると、上海の人々が初めて体験した本格的公共交通機関は、この呉淞鉄道といえるかもしれない。

清末の上海は、人口100万を超える大都市に成長していた。当時の地理書は上海の様子を「其人口の稠密なる1平方哩の住民8000人に及び……（中略）……其市街の設備構造は最も完全にして遙にほかの諸都市に越《（ママ）》え、図書館、博物館、及び公園等、其築造の美なる東洋に於て稀に見る所なり[2]」と記している。いよいよ、近代的な都市交通機関の出番が近づいていた。

◎路面電車の開業

租界が拡張されたことで市内の移動距離が伸び、人口増加と相まって、個人的な輸送手段では対応できない状況が現れてきた。路面電車敷設の機運が高まり、1897年、工部局は電車の建設に関する入札規定を定めて、ロンドン、パリ、ニューヨーク、ベルリンで事業者を募った。1905年3月1日、英商の布魯斯《ブルース》・庇波爾《ピーブル》公司（Bruce Peeble Co）が路面電車敷設の権利を獲得。同年9月21日、共同租界の工部局と正式な契約を結び、35年間の電車専営権を与えられた。同じ年の11月、ベルギー商の東方万国公司が、公董局からフランス租界の電車と電気事業の専営権を得た。

写真1．創業時代の上海電車公司の路面電車

1906年3月15日、布魯斯・庇波爾公司は電車業務の権利を上海電気事業建設公司に譲渡し、工部局もこれを承認。一方、フランス租界の電車、電灯電気事業の経営権も、同年6月19日、フランス資本の電車電灯公司へ移譲され、同社は同年7月9日にパリで登記を行なった。資本金は360万フランであった。

1907年10月1日、資本金70万ポンドで、本社をロンドンに、事業所を北蘇州路に置く、上海電気事業建設公司の上海電気建設公司上海有軌電車（通称・上海電車公司）が設立された。こうして、両租界で、電車の敷設と営業へむけての動きが本格化したのである。

一歩先行したのは共同租界の方で、はやくも翌1908年1月には、上海電車公司の電車が、愛文義路《アベニューロード》（現・北京西路《ペキンせいろ》）上で試運転を行なっている。そして、1908年3月5日、上海最初の路面電車が営業運転を開始した（写真1）。静安寺《せいあんじ》から、愚園路《ぐえんろ》、赫徳路《ハートロード》（現・常徳路《じょうとくろ》）、愛文義路（現・北京西路）、卡徳路《カーターロード》（現・石門二路《せきもんにろ》）、静安寺路《せいあんじろ》（現・南京西路《ナンキンせいろ》）、南京路《ナンキンろ》（現・南京東路《ナンキンとうろ》）を経由して外灘（バンド）へ、その後は、黄蒲

写真2．1920年代末ごろの南京路を行く路面電車　トレーラーをひくスタイルが上海の名物であった。　『世界地理風俗体系　第3巻』新光社、1930年より

江沿いを南下し上海総会（現・東風飯店）へいたるというルートで、全長は6・04kmであった。これは共同租界の目抜き通りを東西に結ぶ路線で、東京に例えれば、上野から銀座を経て新橋へ電車が通じたといった感じであろう。その年のうちに、外白渡橋《がいはくときょう》（ガーデンブリッジ）から楊樹浦路勒克諾路《ヤンジッポラックナウろ》（Lucknow Road、現・寧武路《ねいぶろ》）にいたる路線や、卡徳路から虹口へいたる路線、外白渡橋から外灘を南下し、上海総会へいたる路線などができあがり、8系統で電車が運行されるようになった。

フランス租界でも、事業所を上海呂班路《シャンハイろはんろ》（現・重慶南路）に置く電車電灯公司によって建設工事が進められ、1908年5月6日、最初の電車が営業運転を開始した。十六舗《セロップ》から公館馬路《こうかんばろ》（現・金陵東路《きんりょうとうろ》）、宝昌路《ほうしょうろ》（現・淮海中路《ワイハイちゅうろ》）を経て善鐘路《ぜんしょうろ》（現・常熟路《じょうじゅくろ》）にいたる5・6kmの路線で、同年7月31日には徐家匯《ジーカーウェイ》まで延長され全長8・5kmの路線となった。同じ年の6月には十六舗から斜橋《しゃきょう》へいたる路線も開業した。

1909年7月、上海電車公司は、2両の電車にトレーラー（付随車）を連結。1926年には、全車両がトレーラー付の2両連結となった。戦前の上海の写真や絵はがきには、2両連結の路面電車がよく登場する。香港名物の2階建て電車に対して、トレーラー付電車は、上海の租界のシンボル的存在になったのである（写真2）。

1910年の上海の人口は128・9万人余とされ、その約半分の61・7万人余が租界の人口とされる。その租界の中に、路面電車という近代的公共交通機関が走り始めたのであるが、日本で最初の営業電車である京都電気鉄道が開通した1895年とくらべると、13年も遅いスタートであった。

1911年の辛亥革命により清朝は倒れ、アジアで最初の共和国である中華民国が誕生した。革命の嵐の中で、戦乱を避けて中国各地から上海へ逃れてきた人々により、租界の人口が急増したばかりでなく、華人エリアの南市もまた発展した。旧県城の城郭が取り壊されて道路（中華路、民国路）となり、公共交通へのニーズが高まる中、民族意識の高揚を背景に、中国人による電車事業がスタートする。

1912年2月、南市に、資本金20万元で、上海華商電車有限公司が設立され、同年7月には上海南市市政庁と30年の事業契約が結ばれた。翌1913年8月11日、同公司の最初の路線が開業。それは小東門《しょうとうもん》から高昌廟《こうしょうびょう》（現・高雄路《こうゆうろ》）にいたる全長4・8㎞の路線であった。この結果、上海には、英商、仏商そして華商による3つの電車会社が存在することになった。ただし、規格は同一で、ゲージ（軌間）は1m、架線電圧は550Vであった。

◎トロリーバスの登場

1914年、上海に新しい乗り物が登場した。それはトロリーバスである。上海電車公司が初めて導入したもので、11月15日、鄭家木橋《ていかぼくきょう》〜老閘橋《ろうこうきょう》間（現在の福建中路の一部）を開業。わずか1・1㎞の路線であったが、その後、大きく路線網を拡大していくことになる。中国では、普通の路面電車を有軌電車、トロリーバスを無軌電車と呼ぶ。どちらも電車であることに違いはない（日本でも法令上トロリーバスは「無軌条電車」に分類され鉄道扱い）と考えられており、今日の上海には有軌電車（2010年に浦東《プートン》地区に開業した新交通タイプのものを除いて）が存在しないことから、電車といえばトロリーバスを指すことが多い。

日本でトロリーバスの営業運転が始まったのは1928年の花屋敷駅（現・雲雀丘花屋敷《ひばりがおかはなやしき》）〜新花屋敷間が最初とされるので、電車では遅れをとった上海も、トロリーバスでは日本より14年も先行した。しかも、短期間に大規模な路線網を形成したことは、特筆すべきであろう。「東洋唯一のトロリーバス」として、当時の旅行書などには、上海名物の1つとして取り上げられていた。トロリーバスが普及した背景には、道幅の問題があったようだ。1927年に、上海電車公司が所有していた車両は、路面電車の100両（電動車＋付随車のセットで）に対して、トロリーバスは85両と、すでに路面電車に迫る勢力となっていた。1926年10月23日には、仏商の電車電灯公司もトロリーバスの運行を始め、3路線で英仏両社間の直通運転を実施している。

1927年末の電車とトロリーバスを合わせた上海の電車路線（系統）は24、車両総数は413両（内トレーラー122両）であった。1日の輸送人員は48・6万人で、市内交通の主役としての役割を果たしていたのである。[3] ちなみに、同時代の東京市電と比較すると、車両数では4分の1でありながら、輸送人員では約4割となっており、相当高い輸送密度で運行していたことが分かる。

上海で最初の乗合自動車（バス）路線の開設は、華人によるものであった。寧波出身の董杏生《とうきょうせい》という人物が公利汽車公司（汽車は中国語で自動車の意）を設立し、1922年8月、共同租界西部に1路線を開設した。しかし、2年後に運行を停止している。1923年、英商による中国公共汽車公司が設立され、翌1924年10月9日から営業を開始した。これが上海における本格的なバス事業の始まりとされる。一方、フランス租界でも、1927年2月、仏商の電車電灯公司が2路線を開業。1927年の上海のバス台数は全部で82両、路線数12という規模であった(4)。

このころの上海の都市部の面積は、租界が約25㎢、旧市街（華界）が約7㎢、合計32㎢で、そこに271万人（両租界121万人、華界150万人）が住み、人口では世界第8位の都市であった(5)。

◎国民政府樹立後の上海の公共交通

中華民国は、大総統の袁世凱の死後、軍閥割拠の四分五裂状態となっていたが、この状況を打破して近代的な統一国家を樹立すべく、1926年7月、蒋介石を総指令とする国民革命軍が北方への進軍（北伐）を開始した。民衆の歓迎を受けつつ上海に入ったが、1927年4月12日、蒋介石は反共クーデターを起こして共産党勢力と袂を分かち、南京に国民政府を樹立する。7月には上海特別市条例を公布して、上海特別市を設置した。南市と閘北《チャペイ(ざほく)》（共同租界北側の華人エリア）の一体化が図られ、華界の市内交通を統一管理する行政機構が設けられた。さらには、租界を包囲することで、上海を租界中心の都市から脱却させようという「大上海計画」の構想が打ち出される。その目玉は、共同租界の北東に大規模な中心市街地を建設することであった。結果的には幻に終わるのであるが、着手された道路や建造物で完成をみたものもあった。

写真3．1940年ごろの南京路風景　路面電車のほかに中国公共汽車の2階建てバスが走っている。

　このような時代背景の下で、華人の中から再びバス事業に乗り出す者が現れる。１９２８年、雷兆鵬《らいちょうほう》等が華商公共汽車股份《こふん》有限公司（股份有限公司とは株式会社のこと）を設立し、同年１１月９日、閘北区に７・４㎞の最初の路線を開設。同社は、市の北方一帯に路線網を広げ、１９３６年には、車両４５両、５８・１㎞の営業路線を有する規模に成長した。

　もう１つ、華人経営のバス会社が存在した。１９２８年に夏樹香《かじゅこう》が滬南《こなん》公共汽車股份有限公司を設立し、徐家匯など南西部方面に路線を設けたが、こちらは１９３２年８月に破綻してしまう。その後、１９３４年１月に、上海市公用局公共汽車管理処が設立され、滬南公共汽車の業務を引き継いだ。１９３６年度の営業規模は、車両総数４５両、営業路線４７・２㎞であった。

　英商の中国公共汽車は１９３４年から２階建バスを走らせ、１９３６年の営業規模は１７路線となった。このように、１９２０年代後半から３０

年代にかけて、市内のバス路線網は大いに伸張し、電車を脅かす存在となっていったのである（写真３）。

１９１０年代末期から日中戦争が始まる１９３７年までのおよそ３０年間を、戦前の上海が最も繁栄した時代ととらえるとすれば、その背景に、市内の移動を円滑化した、公共交通機関の発展があったことは疑

	路面電車［有軌電車］	トロリーバス［無軌電車］
共同租界	①静安寺～虹口公園（8.6） ②静安寺～十六舗（5.9） ③麦根路～東新橋（2.8） ④堤籃橋～海格路（3.3） ⑤北駅～盧家湾（2.3） ⑥北駅～北駅（6.6） ⑦北駅～堤籃橋（5.8） ⑧陽樹浦～十六舗（8.4） ⑪外洋涇橋～虹口（4.0） ⑫堤籃橋～十六舗（4.6）	⑭民国路～北駅（2.6） ⑮民国路～乍甫路（2.4） ⑯民国路～曹家渡（8.6） ⑰蘭路～斜橋（8.6） ⑱岳州路～斜橋（5.7） ⑲民国路～小沙渡（7.4） ⑳静安寺～兆豊公園（2.4）
フランス租界	①十六舗～福開森（7.2） ②十六舗～徐家匯（8.6） ③小東門～老西門（2.5） ④海格路～堤籃橋（5.7） ⑤盧家湾～北駅（3.5） ⑥十六舗～盧家湾（5.1） ⑦十六舗～海格路（6.4） ⑧十六舗～外洋涇橋（1.1） ⑩十六舗～盧家湾（4.9）	⑰斜橋～蘭路（11.5） ⑱斜橋～岳州路（11.5）
華界	①高昌廟～小東門（4.8） ②肇周路～肇周路（8.9） ③老西門～老西門（5.1） ④高昌廟～肇周路（3.9）	

表1．日中戦争開始前（1937年）の上海の電車路線〈運転系統〉

※○内の数字は路線（系統）番号。（　）内はキロ数。

※麦根路は現在の石門二路、東新橋は現在の延安東路と浙江北路の交差点付近、海格路は現在の華山路、福開森は現在の武康路、蘭路は現在の蘭集路、兆豊公園は現在の中山公園のことである。キロ数には疑問な点もあるが、そのまま掲載した。

『上海交通話当年』華東師範大学出版社、1992年より

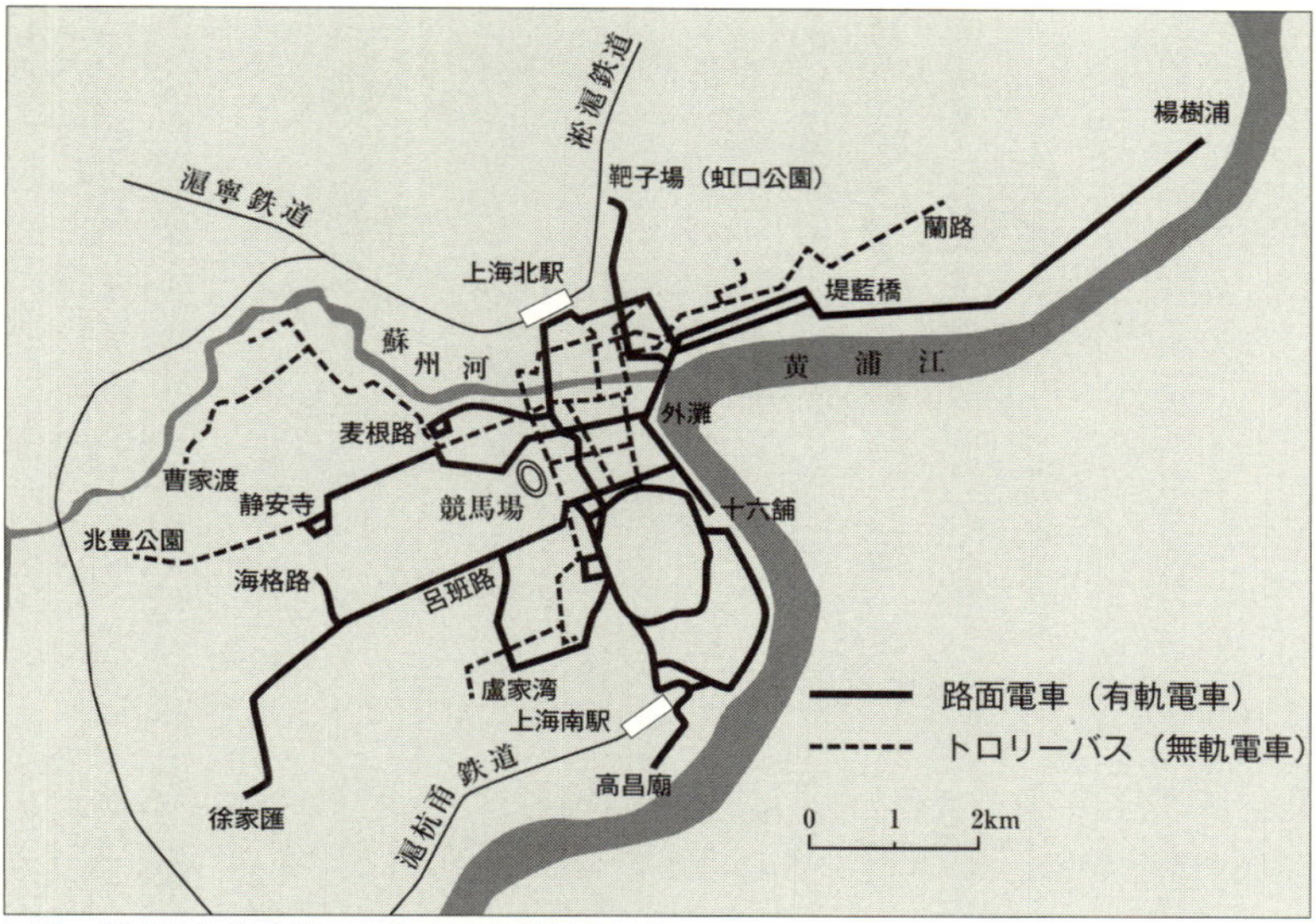

図２．1930年代中期の上海の電車路線網　『上海市電車路線図』上海市公用局、1937年４月より

いない（表１）。１９３０年代の上海では、路面電車、トロリーバス、乗合バスという３種の路線網が四通八達し、都市交通の主たる担い手となっていた（図２）。

ちなみに、１９３６年末の車両数を記すと、左記のとおりであった。

英商——路面電車１０７両、付随車１０７両、トロリーバス１０９両、営業路線数２０

仏商——路面電車６３両、付随車３２両、トロリーバス１８両、バス１９両

華商——路面電車５４両、付随車２７両

英商の中国公共汽車——バス１５４両

このほかに上述の華商公共汽車や上海市公用局公共汽車管理処の路線バスがあった(6)。

路面の公共交通は発展したものの、都市高速電車の類がまったく発達しなかったところが、日本や欧米の大都市とは異なるところである。その理由としては、上海が１つの都市というよりも、共同租界、フランス租界、そして華界という、統治者

の異なる3つのブロックから成り立っており、その面積をすべて合わせても東京の都心3区（千代田、中央、港）に新宿区を加えた程度の広さしかなかったことをあげることができるかもしれない。その狭いエリアに300万人もの人口が集中しているという都市構造から、郊外電車や都市間連絡電車が勃興する環境にはなかったということができるだろう。また、市内に地下鉄を建設しようにも、当時の技術では克服が難しい軟弱地盤という問題が横たわっていた。

◎日本軍の侵攻と上海支配の下で

1931年9月18日に引き起した、自作自演の柳条湖《りゅうじょうこ》における満鉄線爆破を口実に、日本軍は満州（東北地方）全土を制圧した。世界の非難が集まると、その目をそらす目的で、これまた謀略事件ともいわれる日蓮宗僧侶襲撃事件を口実に、1932年1月18日、海軍陸戦隊が上海で軍事行動を起こした。第1次上海事変である。閘北が戦場となり、多くの工場や住宅が破壊された。事変後、共同租界の北部と東部は日本軍の警備下に置かれ、軍に守られる形となった虹口地区には、日本人居住者が集中し、あたかも日本租界のような様相を呈していくことになる。

1937年7月7日、日本と中国は全面戦争に突入し、8月には上海が戦場となった（第2次上海事変）。中国側は頑強に抵抗し、租界の周辺地域（華界）は広範囲にわたり瓦礫の山と化したのである。同年12月、日本軍はその力を誇示するため、共同租界とフランス租界の双方で戦勝軍事パレードを行なった。支配下に置いた華人エリアには、蔣介石政権の上海市政府に変わって、日本の傀儡である上海市大道政府（のち上海特別市政府）を設置。華商電車公司は接収され、華界から路面電車が姿を消した。この段階では、「中立地帯」の租界には、日本軍も直接手を出すことはできず、発言権の強化をねらって参事会へ日本人参事を送り込むことに力を注いだのである。しかし、１９４１年１２月８日、米英との戦端が開かれると、日本軍は共同租界に進駐し支配下に置いた。その翌年の３月２０日、英商の上海電車公司と中国公共汽車公司は、国策会社である華中都市公共汽車股份有限公司（１９４４年７月、上海都市交通股份有限公司へ改組）へ強制委託される形となった。フランス租界の方は、当時のフランスがドイツに敗北し、親ドイツのヴィシー政権が成立していたために、敵国とはみなされず、日本軍が進駐することはなかった。１９４３年１月、「大東亜共栄圏」建設のたてまえ上、日本は、傀儡政権である汪精衛《おうせいえい》（兆銘《ちょうめい》）政権に対して租界を「返還」。実質的支配下においていたフランス租界も「返還」させた。一方、米英も同盟関係にある蒋介石政権に対して租界を返還したので、ここに、１世紀あまり続いた租界という存在は消滅したのである。

◎「解放」後の上海と路面電車の消滅

１９４５年８月、戦争が終わると、旧租界内の英商、仏商による電車、バス事業は旧に復した。一方、汪傀儡政権下の市政府建設局主管のバス業務については、市公用局が接収。上海市公共汽車公司準備処（間もなく委員会に改組）と上海市電車公司準備処が設けられ、１９４６年１１月に両者を合併して上海市公共交通公司準備委員会が設立された。１９４８年に同公司は１４路線、１０３㎞のバス路線を運営していた。

上海は中国のもとへと戻ったわけだが、勝利者としてやってきた国民党関係者による不法な接収や物資の略奪が横行し、アメリカの援助物資の大量流入等による大インフレも発生。経済は混乱し、失業者も増加した。アメリカ軍兵士の横暴も目に余るものがあったといわれる。[7] 国民党政権への失望は怒りに変わっていった。抗日戦争時には共同して戦った国民党と共産党であったが、１９４６年６月には内戦状態となった。最初のうちこそ国民党軍が圧倒的に優勢であったが、次第に形成は逆転し、１９４９年４月２３日、首都南京が陥落。上海も持ちこたえることはできず、５月２７日、人民解放軍（共産党軍）が上海へ入り、その翌日、上海市人民政府が成立した。

１９４９年１０月１日、中華人民共和国建国。人民解放軍上海市軍事管制委員会は、１９５２年１１月２０日、英商の上海電車公司を接収し、１２月９日、上海市電車公司と改称した。翌年１１月、上海市人民政府の命により、仏商の電車事業も同公司に委ねられたので、市内の電車事業は、すべて上海市電車公司の管理するところとなった。１９５６年１０月には、上海市公共汽車公司が成立し、全市のバス事業を管理下

写真４．南京東路の東端、外灘への出口付近を走行するトロリーバス　1978年1月の風景だが、黄浦江対岸の浦東地区は未開発で、高層ビルはひとつもない。　筆者撮影

写真５．外白渡橋（ガーデンブリッジ）のたもとを行くトロリーバス　筆者撮影（1978年1月）

においた。１９５８年７月２５日、上海市公用事業管理局の下に、上海の電車やバス事業を統合する上海市公共交通公司が設置され、陸上公共交通の公的一元化が図られたのである。

上海市公共交通公司の下で、トロリーバスやバス路線については、延伸や拡充が行なわれたが、路面電車は廃止の方向へと動いていった。路面電車の廃止は、先進国の諸都市のようなモータリゼイションの進行に起因するものではなく、施設の老朽化が主な理由であったようだ。トロリーバスは、１９５０年に試作に成功して以来、自前で製造できるようになっており、１９５９年からは連接式のものも製造を開始していたので、路面電車の代替は可能と考えられたのであろう。

１９６０年６月１日、淮海中路（重慶路以西）の路面電車が撤去され、１９６３年８月１４日には、南京路から路面電車が姿を消した。１９７０年代に入ると撤去の流れは最終段階へとむかい、１９７５年１２月１日、上海最後の路面電車となった３路（系統）の虹口公園～五角場《ごかくじょう》間が撤去されて、９０年代に地下鉄が開業するまで、上海の都市交通は、トロリーバスとバスのみということになったのである。トロリーバス（連接車が多い）は、新たな路線の開設が引き続き行なわれ、その役割は増大したようだ。ちなみに、トロリーバスの車両数は、1957年の326両から、路面電車が全廃された1975年には599両へとほぼ倍増している(8)(**写真4、5**)。

上海市の行政区分は時代とともに変化しているが、1964年の状況をみると、黄浦、南市、盧湾《ろわん》、徐滙《じょわい》、長寧《ちょうねい》、静安、普陀《ふだ》、閘北、虹口、楊浦という10の区とその周辺の10の郊外県から成り立っており、区＝都市エリアとみれば、その範囲は戦前とそう大きく異なるわけではない。人口は増加したものの、公共交通機関としてはバスとトロリーバスでなんとかしのぐという状況が続いたのである。

◎成長軌道を走り出した上海

「文化大革命」の嵐が去り、1978年に中国は改革開放政策へと大転換する。その年、改革開放のシンボルとして、上海市街地の北方、長江沿岸の宝山《ほうざん》に上海宝山製鉄所が設立された。最新式の臨海型製鉄所づくりをめざして新日鉄の技術を導入し、1985年に第1高炉が操業を開始した。その後、第2、第3高炉建設へと進み、いまや世界有数の大製鉄所に発展していることは周知のとおりである。寒村に過ぎなかった地域が重工業地帯化していったことで都市化が進んだ。上海の北方エリアでは、1980年に呉淞区が設置されたが、88年には宝山県と合体し、宝山区となった。

改革開放政策開始翌年の1979年には、外国資本と技術の導入による経済発展を図るための拠点として、4ヵ所(のち海南島を加えて5ヵ所に)の経済特区(経済特別区)が設置されたが、上海はその中には入っていない。改革開放を推し進めた鄧小平は、上海を早期に経済特区に指定しなかったのが悔やまれると述懐したというが、その後、1984年に国務院が制定した14の沿海開放都市（外国資本や技術導入などに自主権をもち、税の軽減措置もある）の1つに指定され、新たな発展が始まった。経済技術開発区が設けられた西郊の虹橋《こうきょう》地区や南郊の閔行《びんこう》地区などの開発が進み、上海は周辺部へむかって都市エリアを広げていくことになる。

上海市公共交通公司は1988年11月に、上海市公共交通総公司と改称された。その前年、1987年末の事業規模は左記のとおりであった。

連接バス3288両、一般バス1596両、連接式トロリーバス960両、職員数6万3635人、市内バス路線は、全日運行・74路線、ラッシュ時運行・28路線、終夜運行・23路線、郊外バス路線が142路線、他省へまたがる長距離路線が60路線、トロリーバスは21路線、公共交通の路線延長は1万5781・891km、1日平均の輸送人員は1518万人に達していた(9)。

改革開放政策へ転換後の10年間に、経済成長にともなう人口増加、郊外への都市の拡大により、輸送需要は増加し、公共交通（電車とバス）の年間輸送人員はおよそ2・2倍になっている。車両数もこの間に2倍に増強されているが、輸送力不足は否めず、乗車難が日常化した。公共交通に頼らず自転車を利用する市民が増加した結果、自転車の洪水によって、バスやトロリーバスの運行に支障をきたすという悪循環に陥った。都市機能を維持するためには、都市高速鉄道のような大量輸送手段が必要なことが、誰の目にも明らかとなっていた。

1985年3月、地下鉄の建設運営の担い手となる上海市地鉄公司（中国では地下鉄を地鉄とよぶ）が設立された。1989年5月、ドイツとの間で4・6億マルクの借款協議がまとまり、その翌年、国務院の同意を得て、新龍華《しんりゅうか》（現・上海南駅）と上海火車駅《シャンハイかしゃ》を結ぶ地下鉄1号線の建設に着手した。

こうして地下鉄の建設が進められる一方で、１９９０年には、上海の新たな都市開発の目玉となる浦東《プートン》開発が打ち出された。浦東とは黄浦江の対岸（東側）の地域のことで、大規模開発により、そこに超近代的な新市街地を形成し、国際都市上海を再構築しようというものである。上海市だけでなく、中国経済全体にかかわる国家プロジェクトと位置づけられていた。国際的貿易・金融センターとなる陸家嘴《りくかし》を核に、その背後には経済技術開発区や各種工業団地が配置され、新たな港湾施設の建設、保税区の設置、住宅団地や学校の整備、さらには新たな上海の国際空港となる浦東国際空港の建設と、そのスケールの大きさは大都市を１つ創設するのに等しいものであった。従来の浦東地域といえば、黄浦江の沿岸に倉庫や工場が散在し、その先には水田が広がるという、観光客が訪れることなどまずない地味なエリアであったが、あれよあれよという間に開発が進み、摩天楼が建ち並ぶ新景観ができあがっていったのである。

１９９２年には閔行区、１９９６年には嘉定区《かていく》と浦東新区《ほとうしんく》が加わり、上海市は１４の区と６つの県で構成される形となった。区部の人口は、９５６・７万人で、全市の７３・５％を占め、面積は２０５７㎢、人口密度は４６５１人であった。面積は東京２３区の３倍強で東京都全域に匹敵する。出稼ぎ労働者など、上海に戸籍を有さない人々を加えると、上海の都市部の常住人口は１３００万人に達していたとみられ、都市高速鉄道の整備は待ったなしの状況となっていた。

◎地下鉄の開業と延伸

１９９３年１月１０日、地下鉄１号線で最初に完成した新龍華～徐家匯間で試運転が始まった。４月９日

写真６．地下鉄２号線張江高科駅　２号線は浦東地区に乗り入れた最初の地下鉄で、2010年２月まで、この駅が終点であった。　筆者撮影（2004年１月）

には、観光運営と称する乗客を載せての試運転も開始された。これは営業運転への訓練と市民へのアピールを兼ねたようなものであるが、その時点で開業したわけではなく、まだ試運転の段階である。

中国では、一般の鉄道もそうだが、施設が完成するとまず試運転が行なわれ（これは日本も同じ）、その後乗客を載せての試運営（仮開業）があり、その後国家の検査を経て正式運営開始（正式開業）となる。試運営が始まれば、一般人が運賃を払って普通に利用できるので、試運営開始日＝開業日と考えてよく、多くの報道がそのような解釈でなされている。筆者もそう捉えているが、資料によっては、区別がつかないことがあるので少々まぎらわしい。

地下鉄の本格的開業とさらなる建設を控えて、１９９４年には、投資から建設、運営までを一手に担う上海地鉄総公司が設置された。１９９５年４月１０日、１号線上海駅～錦江楽園《きんこうらくえん》間約１６km

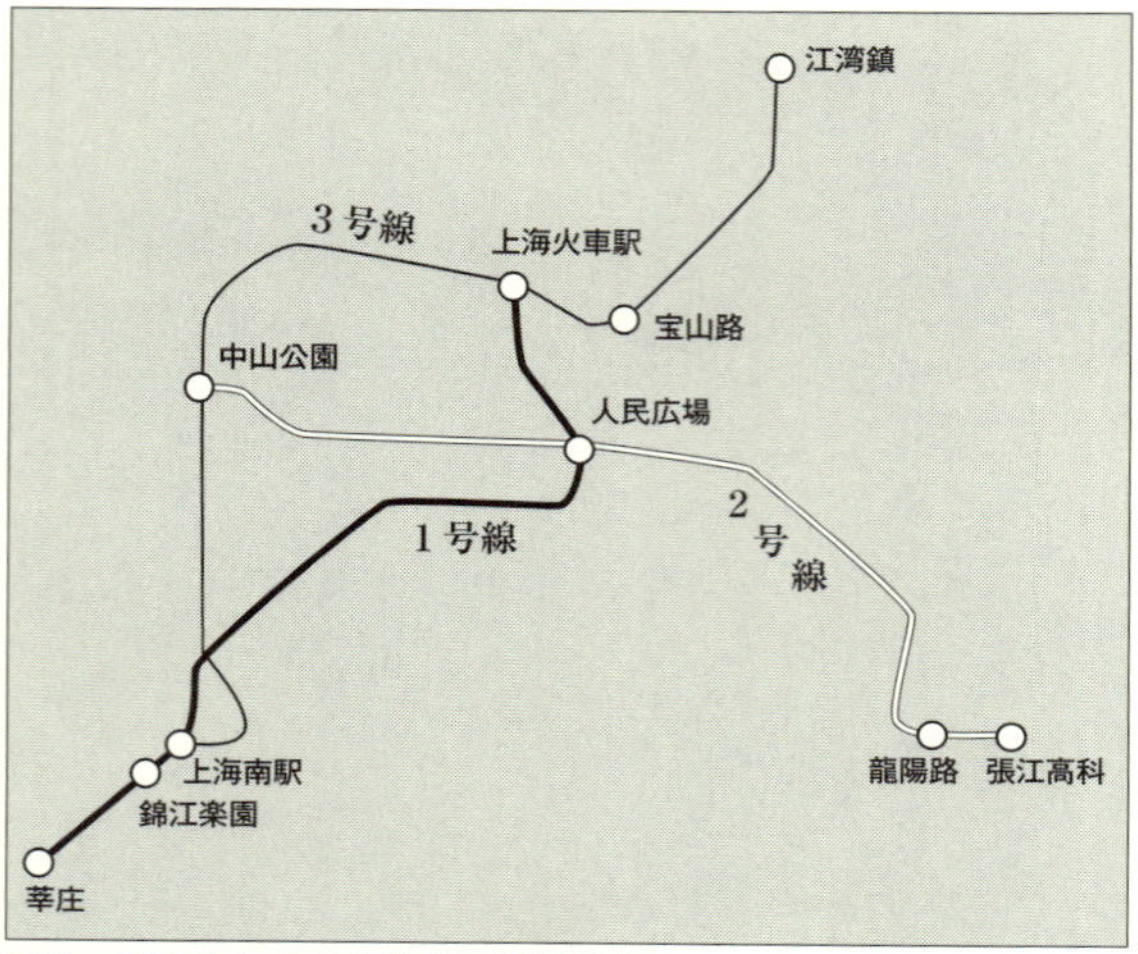

図3．2000年末の上海地下鉄路線網

が開業（試運営）し、上海は、北京、天津に次いで中国で３番目の地下鉄を有する都市となった。１号線は１９９７年７月１日、錦江楽園～莘庄《しんそう》間を延長開業し、２１kmの路線となった。２０００年６月１１日には、２号線中山公園《ちゅうざんこうえん》～龍陽路《りゅうようろ》間１６kmが開業し、浦東地区へも地下鉄で行けるようになった。同年１２月２６日には張江高科《ちょうこうこうか》まで約３km延長された（写真6）。すでに浦東開発は本格化しており、１９９４年には、浦東のシンボルというべきテレビ塔（東方明珠電視塔）が完成し、１９９９年１０月１日には、新たな海外からの玄関口となる浦東国際空港が一部オープンするなど、大きくその姿を変えていた。

租界時代の競馬場跡地である人民広場を結節点に、南北を結ぶ１号線と東西を結ぶ２号線が開業したことで、上海における地下鉄の軸ができあがった。２０００年１２月２６日には３号線（明珠線）の上海南駅～江湾鎮《こうわんちん》間２５kmが開業した。この線は全線高架であるため、地下鉄ではなく「軽軌」と呼ばれた。こうして、２０００年末には３路線、６５kmの都市鉄道網が形成され、上海における都市高速電車時代の幕が開いたのである（図3）。

経済改革の流れの中で、地下鉄建設においてもその促進と効率化を図るため、２０００年４月には、それまで上海地鉄総公司に集中していた、投資、建設、運営、監督の役割を分離する組織改革（四分開体制と呼ばれた）が実施され、投資とプロジェクト全体を担う上海申通集団有限公司が設立された。建設は上海地鉄建設管理公司など複数の企業が、運営は上海地鉄運営公司および上海現代軌道交通有限公司が、監督は上海都市公共交通管理局が担う形となった。

「5年後には別の町になっている」といわれたほど、21世紀に入ってからの上海の変貌ぶりは凄まじいものであった。その勢いを象徴するような乗り物が浦東に登場した。それは、世界初となる、商業用磁気浮上式高速鉄道（日本での通称は上海リニア）である。浦東国際空港へのアクセス手段として導入されたもので、地下鉄2号線の龍陽路駅と浦東国際空港間29・9㎞を最高時速430㎞、所要時間7分余で結ぼうというものであった。ドイツのトランスラピッドを採用し、2002年12月31日、当時のドイツのシュレーダー首相も出席して華々しく開通式を挙行。2003年12月29日に営業運転を開始した。上海リニアの運営を担ったのは、上海申通集団有限公司等、上海の大型企業の共同出資によって設立された上海磁浮交通発展有限公司であった。起点の龍陽路が浦東の郊外であることや、当初は運転時間が昼間時に限られていたことから、必ずしも使い勝手のよい乗り物とはいえなかったが、躍進する上海を観光客やビジネス客にアピールする広告塔としての役割を果たすことになった。

◎軌道交通による郊外の都市化

上海市のＧＤＰは、1990年とくらべて2000年は6倍、08年は18・1倍となっている。物価の上昇を考慮しなければならないものの、大変な高度成長である。21世紀に入ってからの上海の地下鉄の発展は驚異的だが、その背景に、こうした経済の高度成長があったことはいうまでもない。郊外の都市化も進んだ。金山や松江、青浦、奉賢、南匯《なんわい》といった周辺部の県が軒並み区となった結果、２００２年末の上海市は１８区（南市区は黄浦区に統合）となり、県は崇明県（長江河口の島）のみ、残りの地域はすべて区部となったのである。区部の人口は１２７０万人（崇明県を含む全上海市の人口は１３３４万人）となった。もちろん実際の常住人口はこれよりもはるかに多く、２〜３割増しと見なければならないだろう。

大都市上海のイメージをつかむために、東京と少し比較してみよう。上海の区の中で、人口密度が１万５０００人を超えている区が９つある。人民公園（市政府が隣接）を都心にみたてると、それらの区はそこからほぼ１０km圏内にあり、その面積は東京２３区の約半分の３１５㎢となる。そこが、上海の市街地（都市部）といってよいだろう。その周辺の区は郊外ということになるのだが、最も遠いところは都心から４０〜５０km圏となり、東京にあてはめれば、多摩地域はもちろん、神奈川県や埼玉県南部、千葉県西部を含む範囲となる。したがって、上海市は東京の都市圏と変わらない広さをもっているということができる。違いがあるのは、都心部への人口集中度が極めて高く、人口密度最大の黄浦区（かつての共同租界中心部から南市にかけてのエリア）は５万人を超え、静安区や盧湾区も４万人を超えている。東京で人口密度が最も高い中野区や豊島区でも２万人レベルでほかは１万人台であるから、いかに高密度か分かる。その反対に、周辺の区の人口密度は１０００人未満のところが多い。これは、既に述べたような歴史的経緯と、都市高速鉄道が存在しなかったことをその理由としてあげることができるだろう。しかし、この状況を大きく変えつつあるのが、地下鉄の延伸であり、今後、郊外の開発、都市化が一気に進む可能性がある。

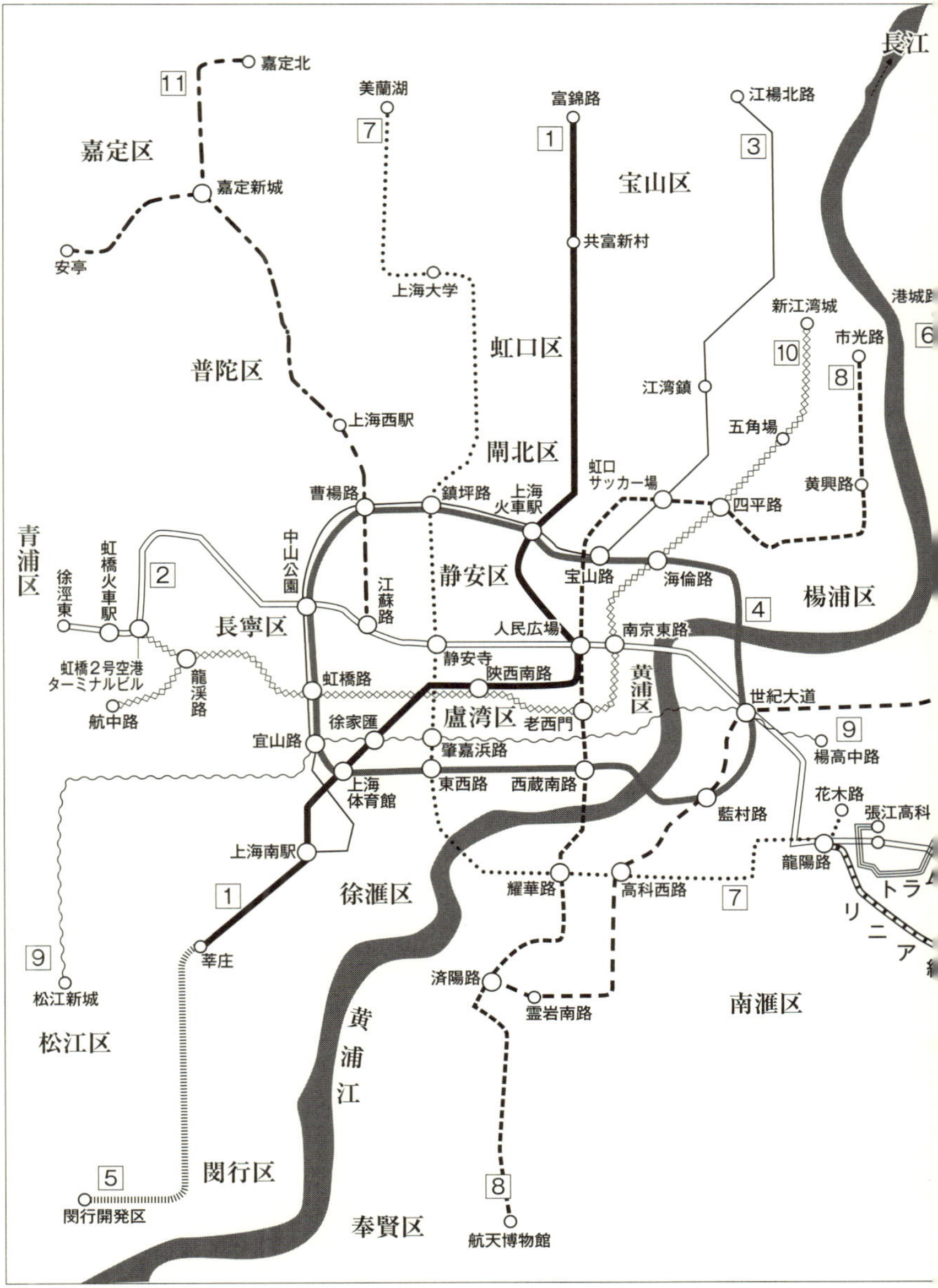

図4．上海軌道交通網概念図（2010 年 12 月末現在）

万博の開催が迫るにしたがって地下鉄網整備に拍車がかかり、２００６年以降は新線の開業ラッシュといってもよい状況となった。２００９年末には、地下鉄の総延長は３４５㎞に達し、東京を抜いて世界第３位に躍進。万博開幕直前の２０１０年４月８日には、２号線の延伸により虹橋空港（主に国内線用）と浦東国際空港が地下鉄で直結され、２日後の４月１０日には１０号線の新規開業により、路線数１１、総延長４２０㎞の規模となった。キロ数ではロンドンを抜いて世界一となったのである（図４）。なお、上海の地下鉄のゲージ（軌間）は、全路線１４３５㎜の標準軌で統一されており、直流１５００Ｖの架線集電式であることも同じだが、５、６、８号線は、小型車両（長さ１８ｍ、幅２・６ｍ）が用いられており編成も短い。それ以外の路線は大型車両（長さ２３～２４ｍ、幅３ｍ）が用いられている。

◎疾走する上海

地下鉄が世界最長になったといっても、全部が地下を走っているわけではなく、地上を走る区間が大半を占めている路線もある。そこで、近年は、地下鉄ではなく軌道交通と呼び、「軌道交通○号線」と表現するようになっている。

その軌道交通、略称上海地鉄（Shanghai Metro）の経営主体はどこか。実はそれが大変分かりにくいのだ。前述のように、２０００年の組織改革により、投資、建設、運営、監督の役割が分離されたが、２００４年と０５年に、上海地鉄建設公司、上海地鉄運営公司がそれぞれ上海申通集団有限公司に吸収されてその下部組織となった。その際に上海申通集団有限公司は上海申通地鉄集団有限公司（Shanghai Shentong Metro Co.,

図5．上海軌道交通ネットワーク計画図　張慶賀ほか『地鉄与軽軌』人民交通出版社、2003年より

Ltd.）と改称している。さらに、２００８年には、５、６号線を運営していた上海現代軌道交通有限公司を吸収し、全路線の運営は上海地鉄運営有限公司に一元化された。しかし、２００９年２月には、またまた管理体制が改編されて、上海地鉄運営有限公司は４分割（第１から第４運営公司となり、それぞれ３～４路線を運営）され、「４＋１体制」（４つの運営公司と１つの管理センター）となった。試行錯誤の連続のように見えるが、「走りながら考え」変化を厭わないところが、上海らしさといえなくもない。しかし、運営部門の改編はあるものの、資金調達から建設、保有、運営の権限を握っているのは、上海申通地鉄集団有限公司であり、この企業が上海の軌道交通の経営主体であるという理解で間違いなさそうだ。

　ところで、中国では鉄道と都市交通は全く別物である。前者は長距離輸送手段であり、都市内の通勤通学輸送といった役割を担うことはない。したがって、上海の地下鉄は、東京でいえば、私鉄やＪＲの近郊電車区間が担っている役割をすべて果たさなければならないのだ。東京の地下鉄（東京地下鉄と都営地下鉄）と単純に長さを比較すればそれを上回ったとはいえ、都市鉄道全体をみれば、都内だけでも１０００㎞以上の路線網がある東京にははるかにおよばない。２０００万人以上の常住人口を抱える巨大都市上海にとって、軌道交通はいまだ発展途上ということができる。現在建設中の路線が開業する２０１２年には５１０㎞に拡大し、いずれは、９００㎞超の鉄道網になるとみられているが、そうなってこそ、都市鉄道を軸とした機能性の高い都市が完成の域に達するといってよいだろう（図5）。

新たな交通手段が発達する一方で、消え去って行くものもある。路面電車は既に１９７０年代に姿を消したが、その後を継ぐ形で大きな役割を果たしてきたトロリーバスが、路線の廃止や縮小により衰退しつつある。現在の保有車両数は３００両程度とされ、最盛期（１９９０年代初頭）の９２３両とくらべると3分の1の規模に縮小している。近い将来全廃の可能性もあり、その是非をめぐり市民の間で論議を呼んでいる。

中国最大の経済都市であり、国際的な貿易・金融センターをめざす上海が、世界の都市交通の動向に敏感でないはずはなく、欧米諸国で復権している新しいタイプの路面電車（ＬＲＴ）を都市づくりに活かそうという動きも現れてきた。

浦東の地下鉄2号線張江高科駅前を起点に、ハイテク産業の開発区である張江の工業団地を貫き、張東路《ちょうとうろ》金秋路《きんしゅうろ》にいたる、ゴムタイヤ式トラムが建設されたのである。所有管理者は上海浦東現代有軌交通有限公司で、張江有軌電車と通称される。有軌といっても、道路上にはガイドレールが1本敷設されているだけで、ゴムタイヤによって車体を支え走行するものであり、路面電車の形をした案内軌条式鉄道である。フランスのロールインダストリアル社が開発したもので、トランスロール式トラムと呼ばれる。「導軌電車」という中国語訳もあるが、実態に一番あっているように思う。中国では、２００７年5月に天津で開業したものが最初で、上海は2番目となる。２００９年6月1日に試運転を始め、２０１０年1月1日に開業した。3両連接型で、車体中央下部にV字形に設置した車輪を溝型のガイドレールに挿入して走る。この種の中量輸送システムは、工業団地や住宅団地内の移動には有効であるとみられ、建設費が比較的低廉であることから、使用実績がよければ、ほかのエリアへ普及していくことも考えられよう。

地下鉄はもちろん、磁気浮上式高速鉄道にせよ、トランスロールにせよ、都市づくりに効果ありとみたものをどん欲に取り入れ、短期間で実現する。このスピード感は、既に成熟してしまった日本の都市では味わえないものであり、それが現代の上海の最大の魅力といってよいだろう。しかし、スピードを追求するあまり、安全や市民生活への配慮に欠けている面があるのもまた事実である。地下鉄4号線建設時には、黄浦江の堤防が崩壊するほどの陥没浸水事故を引き起こし、事態を重く見た国務院が全国の地下鉄建設工事の一時中止を打ち出す騒ぎとなった。上海万博のテーマでもあった「より良い都市、より良い生活」実現の鍵は、租界時代とは異なり、まさに上海市民の手に握られているのである。

注

(1)「野鶏」とは街娼やもぐりの商売の俗称であり、ルートだけが決まっていて、客が集まれば発車するという形態であったことから、そう呼ばれたようだ。
(2) 勝部國臣『清国商業地理』東京博文館、1905年。
(3) 上海市人民交通弁公室・上海市経済学会編『上海交通』(上海科学技術文献出版社、1989年)による。
(4) 前掲『上海交通』による。
(5)『世界地理風俗体系　第3巻』新光社、1930年。
(6) 前掲『上海交通』による。

（7）榎本泰子『上海——多国籍都市の百年』中公新書、２００９年。
（8）前掲『上海交通』による。
（9）前掲『上海交通』による。

参考文献

榎本泰子『上海——多国籍都市の百年』中公新書、２００９年
木之内誠編著『上海歴史ガイドマップ』大修館書店、１９９９年
熊月之・周武『上海——一座現代都市的編年史』上海書店出版社、２００７年
上海市人民交通弁公室・上海市経済学会編『上海交通』上海科学技術文献出版社、１９８９年
上海図書館編『老上海地図』上海画報出版社、２００１年
上海図書館編『老上海風情禄（2）』上海文化出版社、１９９８年
周源和『上海交通話当年』華東師範大学出版社、１９９２年
藤原恵洋『上海　疾走する近代都市』講談社現代新書、１９８８年
村松伸『上海・都市と建築』ＰＡＲＣＯ出版、１９９１年
『世界地理風俗体系　第3巻』新光社、１９３０年
上海公共交通ＨＰ（上海公交在線）http://www.shanghaibus.net
上海市地方志弁公室ＨＰ http://www.shtong.gov.cn
上海地下鉄ＨＰ http://www.shmetro.com/
百度百科ＨＰ http://baike.baidu.com/

第7章

ソウル

藤田崇義

◎はじめに——アジアの大都市の中のソウル

近年、国境を越えた資本の流動が当たり前に行なわれ、また同一国内でも労働力の地域間移動が盛んになったことから、各国の中心をなす都市への経済的・社会的資源の集中が進んでいる。自由主義国において、都市への人間や資本の流入を強制的に抑える規制がとられることはまずなく、さらに都市の側で、それらを受け入れる生産・生活基盤の整備が追いつかないため、人々は、就労機会や娯楽・サービスといった、集中にともなう便益を享受する一方、住宅難や環境問題等、不便をも抱えることになる。こと交通は、日々の通勤・通学でこれを用いる都市住民にとっても、ビジネスやレジャーといった所用で訪れる者にとっても関心の高い分野であり、その不便は、直ちに交通問題として世論の標的になる。かつて、アジアの大都市のそれは目を覆わんばかりのものであったが、現在、クアラルンプール・マニラ・バンコク等では鉄軌道の整備が進み、ジャカルタやホーチミン・ハノイのような渋滞都市とは、市内の移動の利便性・快適性において、一線を画すようになった。

そのアジアにあって、他国に先駆けて経済発展が進んだＮＩＥＳ地域では、相異なる政治体制下で都市政策が立案されたため、四者四様の都市交通体系をみせる。自由放任主義の下で多様な交通手段を張り巡らせた香港と、行政による徹底した管理下で交通需要管理方策を浸透させたシンガポールは、政治体制の違いが都市交通にも色濃く現れた好例である。また、台北（台北市２７２㎢・２６２万人、新北市２０５３㎢・３９１万人）とソウル（ソウル市６０５㎢・１０５８万人、仁川《インチョン》市９５６㎢・２８３万人、京畿道《キョンギド》１万１８６㎢・

1207万人）とでは、都市圏の規模が大変異なるが[1]、台北は、限られた人口や財政の中で大量・中量の重層的な交通体系を構築した例といえ、片やソウルは、延々と南方へ広がる平野部に、全人口の約半数にあたる2000万の人口を抱えながらも、わずか30余年のうちに、世界5位の延長を誇る地下鉄網をはじめ、大々的な交通基盤整備を成し遂げた例として異彩を放つ。

このソウルの都市交通の歴史を扱うとすれば、都市化の始まった朝鮮王朝末期から始めなければなるまいが、その特殊性は、主に高度成長期の都市・地域政策と交通政策によってもたらされたものといえる。よって本稿でも、地下鉄整備の始まる1970年代以降に焦点を据え、都市交通政策体系の変化、都市交通にかかわる日韓の違い、その都市交通が抱える現代的課題の3点について、一通り眺めた上で、最後に若干の考察を加えてまとめることとしたい。

◎都市計画体系の変化

（1）経済開発以前

韓国において、近代的な人口調査が行なわれたのは1920年の臨時世帯調査が初めてであり、当時の半島の人口1726万人に対し、ソウルには、釜山や仁川よりは多いとはいえ、全体の14.5%、25万人が住むに過ぎなかった。この都市に、路面電車が米国人コールブランとボストウィックの手でもたらされたのは、京都市電から遅れること3年のことで、韓国王室が50%、米国人両名が50%の株式をもつ合資会社、漢城電気が設立され、1898年2月19日に着工、翌5月17日から運行が始まった。その後、運営

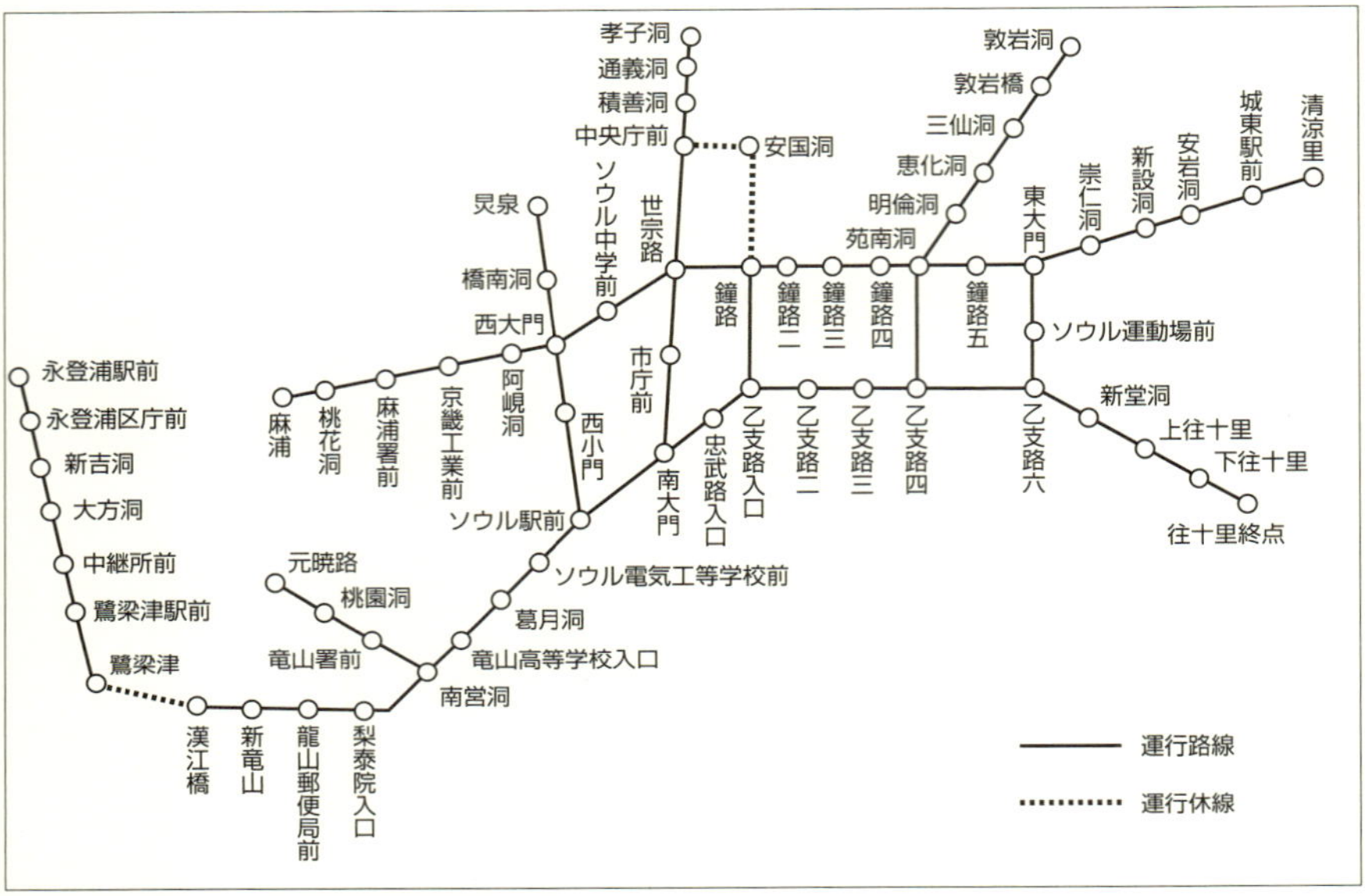

図1．ソウルの路面電車路線図（1956年12月31日当時） 交通総覧編纂委員会『交通総覧』行政新聞社、1958年、341頁より

主体は韓美電気（1902）から日韓瓦斯株式会社（1909）へと移行、同社は1915年に京城電気株式会社へ改称し、電気・ガス事業と共に電車事業を営んだ。

漢城から京城と称された頃の都市交通の成り立ちは、日本人の流入と無縁ではない。1885年、民間の日本人にもソウルへの居住が認められ、チンコゲ一帯がその居住地と定められるや、その周辺の忠武路《チュンムロ》（本町）や明洞《ミョンドン》（明治町）をはじめとする「南村」と称する界隈には日本人が多く住み、相対する「北村」には朝鮮人が居を定めるようになった。住民の経済力を反映し、朝鮮総督府を除く公共施設（府庁・府民館・銀行・郵便局・新聞社）は南側に位置したものの、路面電車の路線網は、北村の鐘《チョン》路《ノ》と南村の乙支路《ウルチロ》を長辺とする長方形に、麻浦《マポ》・龍山《ヨンサン》・清涼里《チョンニャンニ》・往十里《ワンシムニ》といった延伸部および京城駅を拠点とする南北路線数本という四方にバランスのとれた姿をなす（図1）。これは、1910年の京城府設置後、朝鮮総督府において市区改修事業（第

１期１９１３年～・第２期１９１９年～）を通じて街路網の整備を進めたことも一因といえる。京城府による都市計画事業について付言すれば、１９３４年には韓国における最初の都市計画法といえる朝鮮市街地計画令が制定されたのにともない、目標年度１９６５年、計画人口１１０万人、計画区域１３５・４㎢とした京城市街地計画が１９３６年に告示されるにいたっている。

漢城（１９１０年まで。都市面積は四大門内の約１６㎢）から京城（１９３６年まで３３㎢、同年から１３４㎢）にかけての、市街地の拡大につれ発生した問題に、運賃問題がある。当初、漢城電気は、上等３銭５分、下等１銭５分の２等級制をとっていたが、韓美電気・日韓瓦斯へ経営権が移ると、これを１区５銭均一とした上で市内と市外で区域を分け、区境をまたぐごとに５銭ずつ加算する方法に改めていた。１９２１年、四大門（東の興仁門、西の敦義門、南の崇礼門、北の粛靖門を指す）外だが師団や鉄道施設のある龍山（京城府内）まで市内線に含めたことで、同じく門外（ただし京城府外）の清涼里・往十里・麻浦の住民から、軍隊や鉄道に勤める日本人優遇であるとして、新聞社を巻き込んで、物議を醸したのである。

半島の中心たる京城の人口は、１９４２年には旧府域で６２万人、３６年の編入区域も含む全域で１１２万人を数え、路面電車の乗客数も、１９０９年の７０００人／日から２８年には９万人／日、４３年には５１万人／日へと増加した。韓国独立にともないソウルとなった後も、電力３社（朝鮮・京城・南鮮）が１９６１年に韓国電力に統合されるまでは京城電気が路面電車を運営し、１９５１年の朝鮮戦争で被害を受けたものの、１９５９年には路線網は４０・５㎞に達し、乗客数も３１万人／日の乗客数を数えていた[2]（なおバス事業も、民間業者による過当競争を嫌う京城府により、１９２８年から府営で運営されていたが、路面電車との競合路線が多く、赤字が深刻になったため、１９３３年に京電に譲渡された。京電のバス・電車事業独占は、１９４９年にソウルに乗合自動車株式会社が参入するまで続く）。

経済（社会）計画	国土計画	首都圏計画
1962 ～ 66 年 第 1 次経済開発 5 カ年計画		
1967 ～ 71 年 第 2 次経済開発 5 カ年計画		
1972 ～ 76 年 第 3 次経済開発 5 カ年計画	1972 ～ 81 年 第 1 次国土総合開発計画	
1977 ～ 81 年 第 4 次経済開発 5 カ年計画		
1982 ～ 86 年 第 5 次経済社会開発 5 カ年計画	1982 ～ 91 年 第 2 次国土総合開発計画	1982 ～ 91 年 首都圏整備基本計画
1987 ～ 91 年 第 6 次経済社会開発 5 カ年計画		
1992 ～ 97 年 第 7 次経済社会発展 5 カ年計画	1992 ～ 2001 年 第 3 次国土総合開発計画	
		1995 ～ 2011 年 第 2 次首都圏整備基本計画
	2000 ～ 20 年 第 4 次国土総合計画	2006 ～ 20 年 第 3 次首都圏整備計画

表1．韓国の経済開発計画・国土計画・首都圏計画との関係

しかしながら、路面交通に頼ってそれなりに交通需要がさばけていた時代は１９６０年代、終わりを迎える。こと路面電車は朝鮮戦争後、渋滞の激化につれ道路交通の邪魔者と見なされるようになり、また、運賃収入で営業費用の半分も賄えなくなった。１９６６年、金玄玉《キムヒョンオク》市長が交通難緩和策として路面電車撤去を打ち出し、同年に電車運営権が韓電から市に移管されたことでその命運は尽き、１９６８年１１月２９日をもって、ソウルの路面電車は運行を止めた。

（2）経済開発時代

開発経済体制　１９６１年、朴正熙《パクチョンヒ》政権の発足にともない、韓国は権威主義体制の下で、「漢江の奇跡」と呼ばれる高度成長の時代を迎える。その指針として欠かせない役割を担ったのが、１９６２年から始まる「経済（社会）開発５ヵ年計画」であり、これにもとづき、最初は軽工業・輸入代替型工業に傾けられた財政支援・社会資本投資は、後には重化学工業・輸出志向型工業へと展開し、今日、世界でも指折りの先端技術を誇るようになった韓国産業界の礎

をなしたのである。
当時の韓国の政策体系で特徴的なことは、「経済開発５ヵ年計画」を最上位計画に据え、国土計画・地域計画をその下位計画に位置づけて、両者の間に整合性を保ちながら政策を推し進めた点である。すなわち、経済開発計画で示された産業の発展を至上の命題とし、さまざまな生産基盤の造成を、国土開発次元から取り組む必要に迫られたため、１９７１年から「国土総合開発計画」が策定され、交通や電力、用水といった分野の配置に関する青写真が描かれるとともに、資金が配分されることとなった。社会資本整備が工業地帯での産業基盤に造成に集中し、都市・地方での生活基盤の形成は顧みられなかったため、間もなく都市での過密や地方での過疎といった、地域間不均衡問題が噴出する。そこで、１９８４年からは首都圏・地域計画が策定され、土地利用規制と社会資本投資を主な手段に、首都圏への集中抑制と地方圏への分散が試みられるのである（**表１**）。日本でも戦後、米国のＴＶＡ（テネシー渓谷開発公社）の事例に刺激を受け、電力開発をも兼ねて河川総合改修事業が展開され、これが後に国土計画につながるのであるが、その国家経済にもたらした影響は相当異なる点には留意を要しよう。

第１期地下鉄の導入　韓国が歴史的に中央集権的な行政機構を備えていたこともあり、急速な経済成長にともなう、全国からソウルに向けた人口の移動は凄まじく、例えば、１９６６年の市の人口は３８０万５０００人であったものが、７０年には５４３万３０００人と、わずか４年で１６０万人強もの増加をみた。１９６０年代、都市管理に必要な法制度（都市計画法の制定は１９６２年）が整ったため、６０年代後半から永東《ヨンドン》（現在の江南《カンナム》）や汝矣島《ヨイド》の開発が、７０年代に入り蚕室《チャムシル》の開発が手がけられ、旧来の江北《カンブク》とは漢江で隔たった場所に、新たな市街地が造成されることとなったのである。
１９６０～７０年代のソウルの都市交通は、バスによって支えられたが、その保有台数と輸送人員は

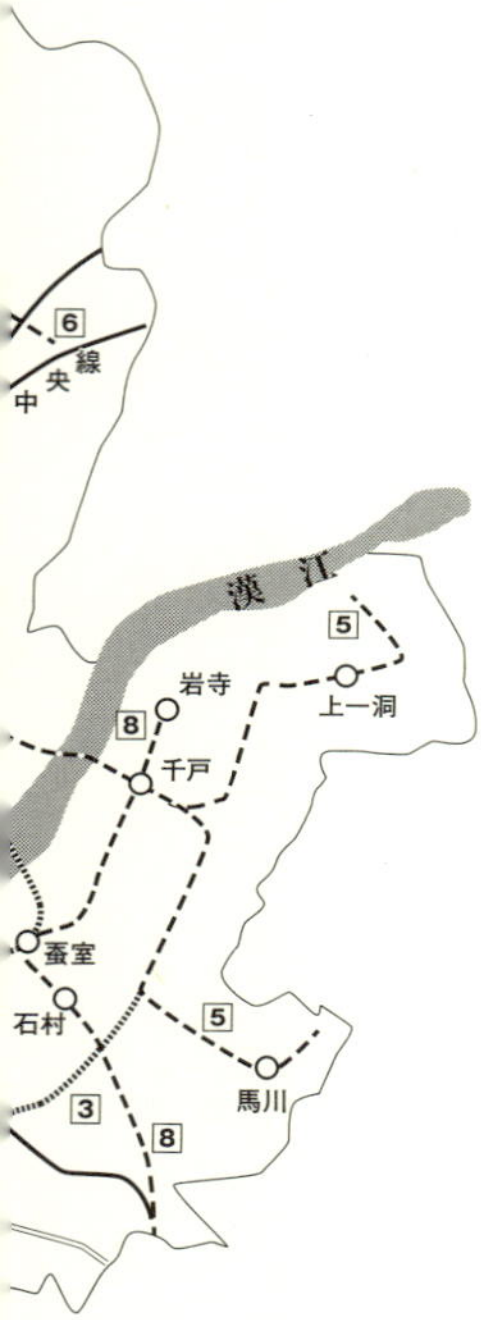

1960年の615台、約60万人／日から、65年には2446台・約157万人／日、さらに70年には3965台・約444万人／日へと急増し、道路交通問題は深刻な状況に陥った。

ソウルの地下鉄の建設はこの時期に始まった。まず鉄道庁（現韓国鉄道公社、以下KORAIL）京仁《キョンイン》・京釜《キョンブ》線の起点であるソウル駅と、京元《キョンウォン》・中央《チュンアン》線の起点である清涼里駅を結ぶ1号線が手がけられ、続いて、江北・江南・永登浦《ヨンドンポ》等の都心・副都心や新村《シンチョン》・往十里・蚕室等の拠点を結ぶ2号線が環状線として開業する。さらに、X字状にソウル市を縦横断する形で、（一山線〜）江北・江南〜水西《スソ》を結ぶ3号線と、城北《ソンブク》〜江北・龍山（〜果川・安山線）を結ぶ4号線が、第1期（旧称ソウル特別市地下鉄公社、現ソウルメトロ）として完成した。建設段階で、都市鉄道の形成で先行した日本の資金や技術、さらには運営の経験に鑑み、相互直通運転を前提とした規格を用いているのが特徴といえる（図2、3）。

首都圏電鉄の発展　韓国語でいう「新都市」は、日本語の「ニュータウン」と同じく、中心都市へ強く経済的に依存する郊外開発地といった意味であるが、日本語の「衛星都市」と形容してよいような人口を誇る（表2）新都市群が、1970年代から続々とソウル近郊に現れる。1969年からソウル南部の広州《クァンジュ》（現在の城南《ソンナム》）で大団地事業が行われたのを皮切りに、77年、既存の都市から全く独立した場所に半月《パヌウォル》（現在の安山《アンサン》）が造成され、80年には果川《クァチョン》が計画面積89万6000坪・収容目標人口4万5000名の田

図2．ソウル都市鉄道路線図（2011 年 12 月現在） ソウル市内のみ表出

	出勤通行発生量（人）			ソウル市流出入出勤通行量（人）			ソウル市依存度	
区分	2002 年	2006 年	増減率	2002 年	2006 年	増減率	2002 年	2006 年
五大新都市	560,439	652,717	16.5%	210,764	226,515	7.5%	37.6%	34.7%
新規宅地開発	451,112	663,017	47.0%	116,826	193,367	65.5%	25.9%	29.2%
その他地域	3,399,023	3,884,257	14.3%	704,072	754,314	7.1%	20.7%	19.4%
合計	4,410,574	5,199,991	17.9%	1,031,662	1,174,196	13.8%	23.4%	22.6%

表2．地域別にみた出勤通行およびソウル市への依存度　五大都市:一山新都市、盆唐新都市、中洞新都市、坪村新都市、山本新都市／新規宅地開発地域:龍仁市、南陽州市、金浦市、陽州市、広州市　首都圏交通本部（等）『2006 年首都圏世帯通行実態調査』第Ⅳ編、24 頁より

園都市として着工される。さらに1988年、「住宅200万戸開発計画」が政府から示されたことを受け、五大新都市事業として盆唐《ブンダン》(開発面積594万坪・計画人口39万人)が1991年から分譲開始、一山《イルサン》(計画面積476万坪・収容人口30万人)、坪村《ピョンチョン》(計画面積155万坪・計画人口17万人)、中洞《チュンドン》(計画面積165万坪・計画人口17万人)、山本《サンボン》(計画面積127万坪・計画人口16・3万人)がそれぞれ1992年から入居を開始し、首都に職場をもち、比較的良好な住環境を求めるものの、市内に住むだけの余裕のない庶民層が移住した(図4)。

私鉄事業者が、沿線周辺をテリトリーに取り込み、不動産部門で郊外の住宅開発を、商業部門で都心の百貨店開設を進めた日本とは異なり、韓国では、政府の住宅供給計画にもとづいて、公的な主体によって進められた。また、首都圏南部は100km圏を超える大平野が広がっていることもあり、ソウルは、1980年代末の時点で2本の高速道路(京仁・京釜)と、19本の放射線道路、3本の都市循環道路という幹線道路網を備えており、それを通じたバス・乗用車に頼る通勤体系がまず定着した。それでも、五大新都市については鉄道が整備され、安山線が1988年、果川線が1993〜94年(4号線と相直)、盆唐線が1994年、一山線(3号線と相直)が1995年に開業し、遅ればせながら、郊外からの通勤の足に加わった。

第2期地下鉄の形成　ソウルは、都市の周りにグリーンベルト(開発制限区域。ここでは、ほとんどの都市型の土地利用は認められない)が維持される、世界でも稀有な例である。盆地という地形を利用した、幅1〜9kmを占めるグリーンベルトにより、無秩序な市街地のスプロールを抑えられ、また市民は週末、気軽にハイキングを楽しむことができる代わり、住宅供給は、先述のような郊

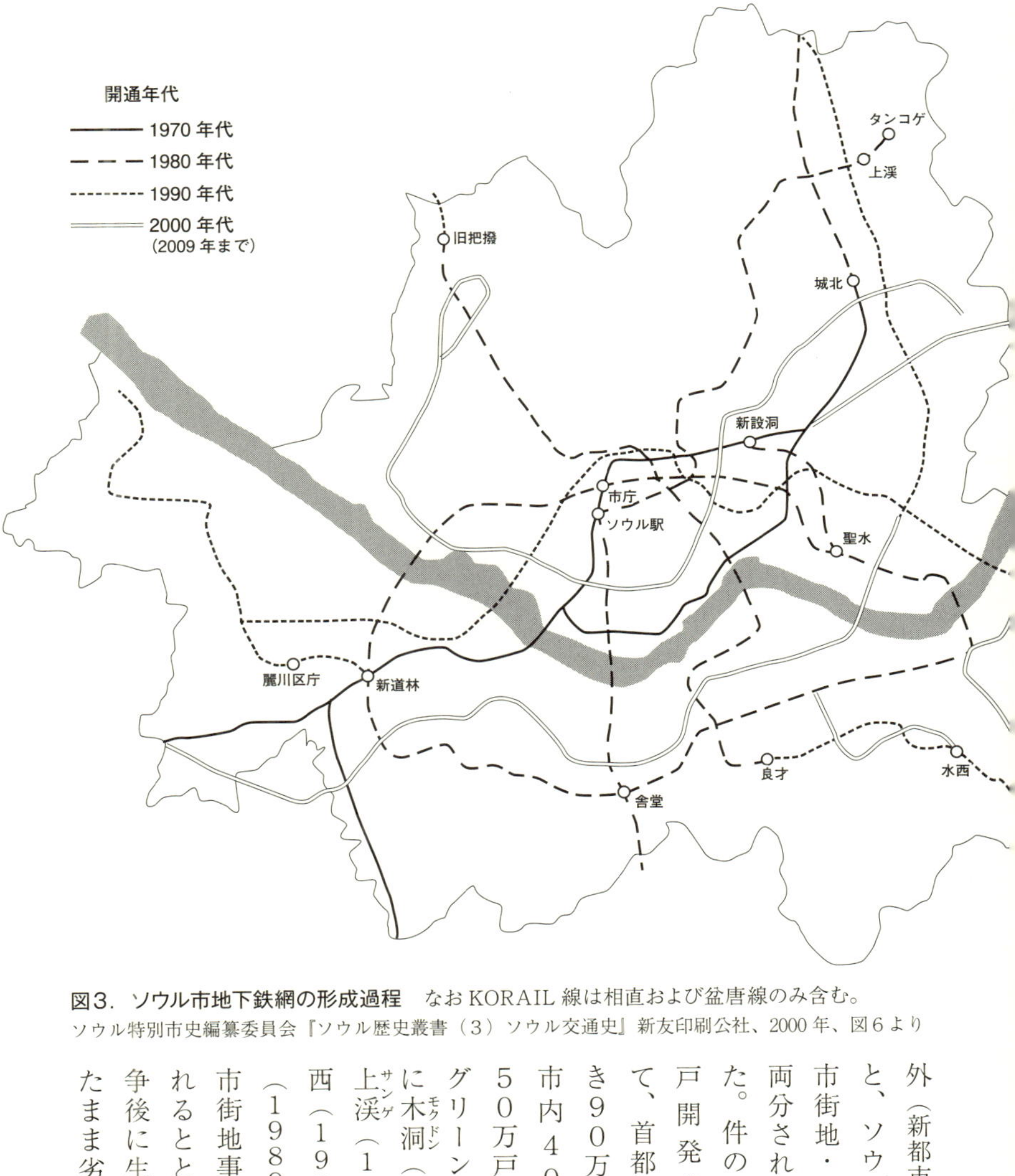

図３．ソウル市地下鉄網の形成過程　なおKORAIL 線は相直および盆唐線のみ含む。
ソウル特別市史編纂委員会『ソウル歴史叢書（3）ソウル交通史』新友印刷公社、2000 年、図６より

外（新都市群）への展開と、ソウル市内部の新市街地・再開発事業に両分されることとなった。件の住宅２００万戸開発計画において、首都圏に供給すべき９０万戸は、ソウル市内４０万戸、市外５０万戸と配分された。グリーンベルトの内部に木洞《モクドン》（１９８３年）・上渓《サンゲ》（１９８６年）・水西（１９８９年）・加陽《カヤン》（１９８９年）等で「新市街地事業」が進められるとともに、朝鮮戦争後に生活基盤を欠いたまま劣悪な状況で建

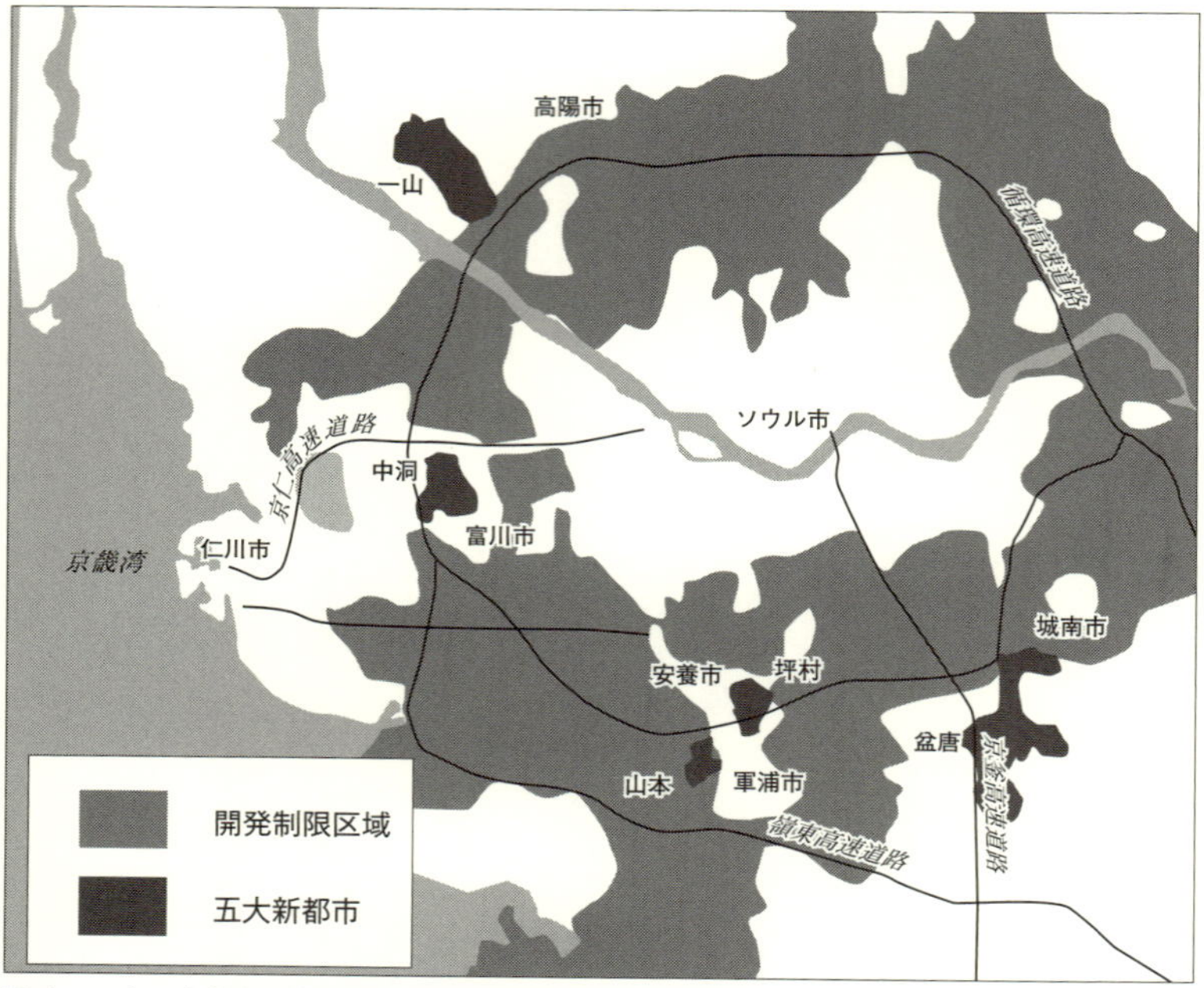

図4．ソウル市および新都市群の開発制限区域　国土開発研究院『国土50年』ソウルプレス、1996年、438頁より

てられた住居の改善を目的とした「住宅改良再開発」、やはり急造したものの早々に老朽化したアパート群の「再建築事業」、さらに主に四大門内に残された落伍地域に目をつけた「都心再開発事業」が、市内のいたる所で活発に試みられたのである。

第2期地下鉄（5～8号線、ソウル特別市都市鉄道公社が運営）は、市内の方々で高密度の居住地が存在し始めたことに鑑み、交通需要を勘案しつつ、できるだけ交通空白地帯を埋めることを念頭に、その路線網が描かれた。5号線は木洞や汝矣島といった新市街地を、6号線は麻浦や月谷《ウォルゴク》といった住宅密集地を結んでおり、また7号線は江南地区における2号線の代替路線としての機能を帯び、8号線は城南市にも足を伸ばす。ただし、第1期路線との重複を避けてつくられたため、既成市街地は極力経由地から外されていて、乗客数もそれほど見込めないことから、他路線との相互直通運転は行なわない代わり、6～8両編成・ワンマン運転、直流専用でやや天井の低い車両といった、より省力化の可能な規格が採用された（**写真1**）。

（3）経済開発以後

1990年代に入り、韓国は政治的にも経済的にも大きな変化を迎えた。政治的な動きとしては、1993年に金泳三《キムヨンサム》氏が大統領に就任し、文民政権への転換を果たしたことで、軍事政権時代の中央集権的な色彩が弱まった。また盧泰愚《ノテウ》前大統領とて、1987年に「民主化宣言」を行なっていて、それにもとづいて91年には地方自治体議員が、95年には地方自治体首長が直接選挙で選ばれるようになり、相対的に地方の発言力が強まった。一方、経済的な面に目を移すと、韓国は1995年のWTO加盟に続き、1996年にはOECDに加盟し、世界経済の一角に取り込まれる。やがて、1997年にはIMF通貨危機に直面し、多くの財閥系企業が淘汰された。こうして経済・社会を取り巻く状況が複雑化したため、「先成長・後分配」とばかり、冷戦下の南北対立の折、ひたすら国富の増加を追い求めた経済社会開発5ヵ年計画は意義を失い、やがて有名無実のものと化して放棄される。その下位計画であった国土計画や首都圏・地域計画も、地域間格差の是正や地域環境の改善へと、重点目標を移すこととなる。

写真1．漢江を渡る7号線　筆者撮影（2011年）

こと首長公選制の実施は、経済開発時代に整えられた行政機関を支える政策研究院の人的資源を活用し、首長の号令の下、さまざまな地方の目玉事業が行なわれるきっかけとなった。ソウルもその例に漏れず、国務総理はじめ中央政府の長官を歴任した高建《コゴン》氏が市長であった民選2期目（１９９８〜２００２）は、２００２年に迫ったワールドカップの受け入れ準備をはじめ、地下鉄・幹線道路の整備等、堅実な政策が中心であったが、民間企業での成功経験を背景に政界に転身した李明博《イミョンバク》氏が務めた3期目（２００３〜０６）では、市長選で最大の争点となった「清渓川の復元」の完遂のほか、バスや地下鉄にかかわる公共交通の改編が大々的に行われることとなった。

「清渓川復元事業」とは、都心を東西に流れる清渓高架道路の老朽化を機に、これを撤去し、道路で覆われていた清渓川を親水空間として復元しようとする事業であり、２００３年に着工、０５年秋に竣工した。その施工にあたっては、上流の業務地域では清渓川に架かる石橋等の文化財の保存を、中流の商業地域では噴水や壁画のような人々の集う空間の創出を、下流の住宅地区は河川敷での生態系の復元を、それぞれ強調する等、周辺の土地利用との融合が図られている。これに合わせて、市庁前広場や南大門ロータリーの緑化、城郭近くの公園の開設等も進められ、江北都心の、清渓川一帯の歩行環境は一挙に改善した。

また「交通体系改編事業」は、道路事情悪化と事業者間の過当競争によって混迷を極めていた市内バスに対し、世界各地のＢＲＴ（Bus Rapid Transit）と称するバスの高度化に関する手法に解決策を求め、路線体系改編（バス路線を幹線・支線・地域急行・地区系統に改編、それに合わせてバスの系統番号とカラーを更新）・運営体系改編（民間バス事業者に適正利潤を保障する「準公営制」導入）・運賃体系改編（地下鉄・バスの運賃は、公共交通を用いたトリップの起終点の距離に応じて賦課する）・乗換センター設置（ソウル駅前・清涼里駅前・汝矣島等）・ＢＭＳ（Bus Management System：管制室の設置を通じた運行管理および情報提供）・中央走行方式バス専用車線導入（道峰路・城山路・江南大路等）・新型交通カード導入（国際標準タイプの汎用型ICカード）・新型バス導入（連接車・低床CNG車）を施したものである。

李明博市政の代表的実績といえる両事業が市民に概ね肯定的に評価されたこともあり、氏が２００７年末の韓国大統領選挙で圧勝し、保守回帰を成し遂げたのは、まだ記憶に新しい。

◎日本との比較からみたソウルの都市交通

写真２．高架区間を走る２号車両　筆者撮影

(1) 環状線の機能

世界の大都市の都市鉄道網を眺めると、ロンドン・パリ・ベルリン・モスクワ・北京・上海に環状線があり、路線網の一角で重要な役割を果たしている。こと日本においては東京の山手線、大阪の大阪環状線、名古屋の名城線と、環状線が市内のターミナルを結ぶことで、郊外鉄道の機能を一層高めている。ソウルでも、２号線（写真２）という環状線が存在することから、これが同様の機能を果たしているかにみえるが、実際はかなり様相が異なる。

まず民間資本による郊外開発と、都心側での商業開発が手がけられ、その後で公的主体によって地下鉄等の社会資本が整備された日本とは異なり、韓国では、公的主体による都市・地域計画にもとづいた都市開発

路線	区間	混雑率
1号線	東廟前→東大門	129%
2号線	舎堂→方背	221%
3号線	独立門→慶福宮	137%
4号線	漢城大→吉音	189%
5号線	新吉→汝矣島	176%
6号線	望遠→合井	175%
7号線	中谷→君子	179%
8号線	石村→蚕室	176%

表3．ソウル地下鉄の路線別混雑区間・混雑率

が行なわれるのとほぼ同時に、交通をはじめとする社会基盤が形づくられたということは前節で論じた。ソウルの2号線も、江南開発にわずかに遅れて建設が進められ、開業以来、長きにわたって唯一の東西軸をなした。江南圏への往来には2号線に乗らねばならないが、その通勤者とて、皆がソウル市内に住んでいる訳ではない。ソウルを二分する経済圏の江南を走る路線が2号線のみという状況は、あまりに貧弱すぎた。路線網をみればわかるが（図2参照）、まず、京仁線（複々線）・京釜線からの通勤者は、新道林まで来た後、2号線に乗り換える。さらに、果川・安山線からの通勤者が、舎堂《サダン》から合流する。加えて、3号線からの通勤者が、教大《キョデ》で合流する。もちろん、2号線沿線から江南・江北への通勤者もこれに加わるため、新道林《シンドリム》↓江南は満員列車が毎朝数珠つなぎとなり、こと舎堂↓方背《パンベ》は、地下鉄の最混雑区間として長く名を馳せたのである（表3）。

話はこれに終わらない。南西側に第2期地下鉄や郊外新線が１９９０年代から建設されたが、これも唯一の東西軸たる2号線上に起点を定める。8号線千戸《チョノ》・城南方面、盆唐線が加わり、混雑に拍車をかけた。２０１１年１０月、新盆唐線が開業したが、これも2号線江南発着である。遅ればせながら、7号線や9号線という東西代替路線が開業したものの、副都心の市街地を外れたところを通り、かつ郊外路線との接続駅が少ないので、2号線を補完しきれていない。

これをみて日本のネットワークを眺めてみると、例えば池袋からは丸ノ内線・有楽町線・副都心線、新宿からは丸ノ内線・都営大江戸線・都営新宿線、渋谷からは銀座線・半蔵門線・副都心線と、環状線外側の郊外路線ばかりでなく、内側への地下鉄が複数あり、ターミナルは郊外路線の集約の場でありながら、都市内方向への分散（退勤時は逆）の場であることもわかる。

ソウルの地下鉄網を東京のそれで例えるならば、郊外私鉄の発展した北・西側ではなく、東西線や都営新宿線がターミナルをもたず、都心内に潜り込んでゆく東側の様の方が近い。かかる路線網では、直角方向の路線への中間乗換駅での集散が激しく、乗換通路の混雑も深刻であるが、その直角方向の路線が2号線しかないのが、ソウル江南圏の実態といえる。江南圏において、郊外路線群が7・9号線とも交差し、東西南北で網の目を形成するようになれば、郊外からの乗客が全て2号線に注ぎ込まれる状況も、多少は改善されるであろう。

(2) 急行運転と通勤距離・時間

先に例を出した東西線も都営新宿線も、地下鉄路線でありながら、千葉県にまで足を伸ばすので、急行運転を実施している。都心側にターミナル駅を欠く路線で、運転計画の作成時に抱える不便は、列車の緩急系統の差別化である。すなわち、相直運転を行なう路線の地下鉄の側では、全列車各停による等間隔・高密度運転こそ望ましい。片や郊外鉄道の側では、駅の全てに止まっていてはまだるっこしく、運転間隔は多少開いてもいいから、急行を設定してほしいとの要望が強くなる。ターミナル駅があれば、割と自由に運転間隔を調整できるのであるが、相直路線では、地下鉄区間での等間隔運転を極力維持せねばならない。そのため、緩行数本に急行1本を交えるという程度の緩急運転に止まってしまうのである。

交通手段の区分	ソウル市着	仁川市着	京畿道着	首都圏外郭着	計
徒歩および自転車	0	1,492,098	857	0	1,492,955
乗用車	165,053	1,493,755	437,310	24,561	2,120,679
通勤／通学バス	11,645	100,894	16,723	4,344	133,606
一般バス	12,110	1,088,795	36,561	449	1,137,915
広域座席バス	17,161	34,329	9,780	70	61,340
市外／高速バス	10,088	5,186	12,114	11,340	38,728
その他バス	5,458	72,189	8,776	10,470	96,191
地下鉄・鉄道	119,138	172,897	54,684	727	347,446
タクシー	6,628	404,840	8,383	913	420,764
オートバイ・その他	48,879	314,677	75,237	18,947	457,740
自転車	142	62,120	2,419	0	64,681
公共交通手段計	175,600	1,474,290	138,638	27,400	1,815,928
合計	396,302	5,241,780	662,844	71,821	6,372,045

表4．仁川市基準でみた手段別通行数（2006年） 単位：通行／日
元の表にはマウルバス（地区内バス）があるが、仁川発分の記載はないため省略した。
首都圏交通本部（等）『2006年首都圏世帯通行実態調査』第Ⅳ編、12頁より

ソウルの場合、地下鉄との相直を前提に都市圏鉄道が発展したため、車両は地下鉄と共通仕様の4扉ロングシートであり、またターミナル駅の配線を用いた緩急系統の設定も行なわれなかった。そこで、高規格道路が発達しているソウル首都圏では、特に郊外から出勤する場合、乗用車でなければ、多少時間を要しても、揉まれずに座っていける地域急行バスを選ぶ通勤者がかなり多い。**表4**は、仁川市出発基準でみた通行数であるが、仁川発ソウル着でみた場合、鉄道30・1％、バス14・2％、乗用車41・6％となっていて、乗用車の方が鉄道よりも分担率が高いこと、またバスで毎日5万6462通行もあることに驚かされる。

日本人であれ韓国人であれ、日常生活の中で、無理なく通勤に割け得る時間の目安は40分前後と大差ない。しかし、都会に勤めをもちながらも、ある程度良好な住環境を求めようとすると、通勤時間に1時間、2時間としわ寄せがくる。**表5**は、ソウル市および首都圏を対象にした通勤時間の統計であるが、ソウル首都圏全体の平均39・3分に対し、ソウル市流出入で

区分	ソウル市内部		ソウル流出入		ソウル市関連		首都圏全体	
	時間	距離	時間	距離	時間	距離	時間	距離
平均	36.8	8.8	64.1	29.2	45.3	15.1	39.3	12.9
単一手段（a）	32.9	8.0	57.7	28.0	39.8	13.5	34.7	11.6
複合手段（b）	61.0	13.9	81.3	32.3	70.5	70.0*	70.0	21.8
複合対単一手段比 (b/a)	1.85	1.73	1.41	1.15	1.77	2.02	2.02	1.88

表5．ソウルに関係する通勤の所要時間・距離　単位：分・km

* 原典に従うが通勤距離70kmというのは考え難く、このマスは表作成時の誤記入と思われる。

ソウル特別市「2002ソウル市世帯通行実態調査」2003年4月、244頁

は64・1分へと延びる。これは東京首都圏の平均43分、対東京区部出勤での56分と比較して、[3] やや長めとなっており、その差をもたらす一因を、日本では当たり前に走る急行列車がなく、各駅停車や急行バスに頼っている点に求めるのは無理がないと思われる。

昨今、日韓で通勤風景にさしたる違いはみられなくなって、誰もが携帯電話を触ったり、イヤホンを耳に差し込んだりしているけれども、日本では馴染みのある、肩をすぼませて文庫本の活字を追っている姿は、韓国ではみられない。日本語と韓国語で、文法はほぼ同じであるが、片方は漢字・仮名混じりであるのに対し、片方はハングル表記が原則で、文節ごとに分ち書き等を施して文章を捉えやすくはしてあるものの、どうしても字が大きく、かつ判が大きくなりがちで、バスはもとより電車での読書にも不向きである。2008年の統計で、日本の出版点数7万6322点と出版部数7億5126万冊に対し、韓国のそれは3万6558点と1億960万冊という数字をみると、[4] 日本の出版界は、一点あたりの購買量すなわち冊数において、韓国より恵まれた市場にあるといえそうだが、日本の出版量の3割を占めるという文庫本の、どのぐらいが電車通勤の無聊《ぶりょう》を慰めるために生じた需要なのか、研究した例はまだみあたらないようである。

なお、駅間距離が日本より長いとの事情もあり、急行運転が盛んでな

かったソウルでも、京仁線では複々線化され、京釜線や京元線、京義線等で徐々に急行列車が走るようになり、退避施設をもつ9号線、都市間急行路線といえる新空港鉄道・新盆唐線等も登場し、今後、鉄道の表定速度は相当向上するものと期待される。しかし、急行バスから急行電車に通勤手段が移ろうとも、IT技術が進み、通勤途上で映像やゲームに興じる時代になった今、文脈を目で追いやすいからといって、韓国の通勤電車で日本式の文庫本が普及する日は来るとは思えない。むしろ、2000年頃から相ついで横書きになった韓国の新聞に、パソコンや端末で見慣れているからと日本の新聞が追従し、横書きの紙面を組む日が来ることの方を恐れねばならないのかもしれない。

(3) ターミナル駅と郊外駅の周辺

そういう次第で、ソウルには乗用車やバスで通勤する層がそれなりにいる。ドアツードアの乗用車はもとより、バスも自宅や会社の最寄りのバス停近くに行動範囲が限られるため、東京のごとく、会社帰りに同じ方向のターミナル駅で待ち合わせて一杯というよりは、会社近くで済ますか、誰かの自宅近くに連れ立って飲むことが多いように感じる。かくして、流動の集散の点から、日本のターミナル駅は一大消費拠点をなすのであるが、駅周辺には、飲み屋街や百貨店、家電量販店ばかりでなく、公営・私営の展示・興業施設も点在し、さまざまな文化的催しに接しやすいという余禄もある。

東京では、都市生活者の娯楽としての落語・講談が定着し、戦前の寄席の数は数十を数えたというが、戦後の映画・音楽鑑賞等、ほかの娯楽にその地位を奪われ、現在、大小とりあわせても両手に足りる程しかない。その中で定席と呼ばれる4ヵ所が上野・新宿・浅草・池袋といったターミナルに集約されたことを想起すれば、不特定多数の人々が集散するターミナルが単なる経済的な消費活動の場ばかりか、文化的活動の再生産の場たり得ることがわかる。世界の芝居小屋の立地について筆者は明るくないが、個人の軽い負担によって相応の収入が確保されなくては、一応の施設と芸人を抱える興業は成り立たない。今のソウルでも伝統芸能や現代劇に触れる場は皆無ではないものの、国立劇場や芸術の殿堂は、「公演の鑑賞を目的とした通行」の必要な、かつ自動車で乗りつけるべき施設であり、また大学路《テハンノ》や新村の小劇場での観劇は可能でも、遍く年齢層に認知されているとはいい難い。ソウルで寄席あるいは新旧韓洋の演劇のような大衆芸能が定着しない理由の全てではないにせよ、1つにはターミナルの不在を挙げることができると思うし、お茶の間のテレビが芸能文化で占める位相が高いことが、韓流映像文化の昨今の隆盛につながっているかもしれない。

さてソウルでは、都心側ではターミナル駅界隈の雑踏がみられないのであるが、郊外側の駅周辺も最近、大型店舗が入る「民衆駅」（韓国では「民資駅」）もみられるようになったとはいえ、全体的には賑わいの核を欠くようにみえる。京釜線等、既存路線の電化路線には駅前広場は存在するが、道路と一体的に整備された路線では、地下・高架との出入口が直ちに幹線道路の歩道上にあり、駅前広場という、駐車場やバス停、さらには商業・公共施設を配する空間を捻出しにくいことが一面としてあげられる。駅と道路との緩衝帯がないから、駅の出入口付近で、バスやタクシーが一車線を塞ぐ光景も珍しくない。

写真3．河川敷一部を自転車道に転用した例（冠岳区）
筆者撮影

ソウルでは長く、自転車が老若男女の全ての層から交通手段として顧みられなかったが、その理由を韓国人に問うと、「自転車には、貧しい階層の運搬具か、あるいはスポーツ用の乗り物というイメージが定着し、通勤・通学向けという発想がない」、「車道は自動車の運転が荒っぽいため危険である」、「ソウル周囲はもとより、その内部も丘陵が多い」、「駅や商店までの交通手段ならマウルバス（地区内を走る小型バス）がある」等との回答が返ってくる。日本人としては、「12～3月は気温が零下に下がり、路面も凍結するので使い物にならない」、「子供の頃に仲間同士で教え合う機会がなく、乗り方がわからない」等といった理由もつけ加えたいが、それのみならず、郊外側の駅に駐輪場がないことも無視できないと思うし、その遠因には、線路際のあの敷地につながる、駅前広場の不在を指摘してもよいと思う。

ただしソウルでも、呉世勲《オセフン》市長（民選4・5期、2006～11）になって、公共自転車の配置や自転車道の整備が進んでいる。広い道路や河川敷を用いた走行空間の設定は容易であるが（写真3）、そのためか、自宅から会社まで自転車で走り抜けるオランダ等での使われ方を想起させる構想であり、日本で一般的な「自宅から駅までの3～5㎞でのアクセス」とは捉え方が異なる。今後、韓国では、日本とは別の形での自転車（通勤）文化が定着してゆくのかもしれない。

◎現代的課題

（1）自立的経営

1～4号線を第1期、5～8号線を第2期として建設されたソウルの地下鉄は、その後継に、9～12号線からなる第3期地下鉄が計画されていた。しかし、第2期の段階で8両編成・ワンマン運転と省力化・合理化を図っていて、一段と需要の落ちることが想定される第3期を、一般的な地下鉄として建設するのは無理があると判断されたため、パリのＲＥＲ（急行地下鉄）にならった広域新線と、東京のゆりかもめ・台北の文山線・香港の屯門ＬＲＴ・シンガポールのセンカンＬＲＴ等にならった軌道系新交通路線からなる計画に切替えられた。これが、件の交通体系改編事業が行なわれる過程で手つかずのまま残されたため、アジアの他都市では新開地の利便性を引き立たせる新交通を、ソウルでは未だ欠いたままとなっているのである。

第３期計画がご破算となった理由は、ソウル市の側では、わずか２０年少々で東京のそれをしのぐ地下鉄網を整備したため、例えば、９号線の建設が具体化され始めた１９９９年の時点で、地下鉄公社の負債が３兆３８４０億ウォン、都市鉄道公社のそれが２兆５２５億ウォンと[5]、建設負債の膨張を看過できなくなっている。また運営主体の側でも、公社形態のため政策的に運賃が低く抑えられた上、高齢者や国家功労者を無料にせざるを得ない等、運賃収入で営業経費を賄えておらず、今なお赤字基調が続くためである。とはいえ、現状の路線では、交通問題の解決にいたっていないのも事実であり、第３期計画で提示された路線の一部が、ＢＴＯ（Build-Transfer-Operate）型民間投資事業として建設され、陽の目をみるようになった。

９号線の場合、上下分離方式を採用し、インフラ工事はソウル市が自ら行なう一方、運営部門は、ソウル市と契約を結んだ民間事業者が担当することとなった。事業者は、インフラに属さない運営に必要な部分を建設し、竣工とともにソウル市へ建設資産を寄付する代わり、メトロ９号線株式会社に３０年間の施設管理運営権が認められる。メトロ９号線株式会社は、フランスの交通運営会社ベオリアと、韓国の鉄道車両メーカー現代ロテムが大株主である９号線運営株式会社に運営委託を行なうことで、株主両社の運営・保守のノウハウを生かし、経営の効率化を期す。

日本のような純然たる民間事業者による鉄道建設が難しいアジア各地にあって、この種の官民協業は広く活用されているが、こと韓国では、ＢＴＯ方式が、２０１１年１０月開通の新盆唐線（建設主体：新盆唐線株式会社、運営主体：ネオトランス株式会社、資産帰属先：国土海洋部）、２０１４年開通予定の牛耳《ウイ》新設軽電鉄（建設・運営主体：ウイトランス、資産帰属先：ソウル市）にも準用されているため、当面は、これが一般的な手法として定着するものと考えられる。

韓国で民間資本が鉄道運営にかかわるのは大きな変化であるが、例えば9号線運営部門の事業費はソウル市助成金４２００億ウォンと、民間事業費４７９５億ウォンからなる等(6)、依然として公的支援も受ける中、政策的な関与は免れない。他路線とは乗換ラッチを設け出入管理を行なうものの、運賃体系は共通となっている。韓国には、戦後日本で消費者補助制度として定着した通勤手当がなく、通勤費用は自己負担である上に、日本式の通勤定期がないため、多少便利になっても、毎日の交通費の負担増への抵抗感は根強い。これも一例であるが、仁川空港鉄道が、仁川地下鉄桂陽《ケヤン》とソウル5・9号線金浦《キンポ》空港を結ぶ新たな京仁間の動脈をなしたにもかかわらず、通勤需要の移転はなく、空港間需要の不振も深刻なため、２００７年3月の開業後わずか2年半で、ＫＯＲＡＩＬが資本の大部分を受け持つ救済策が講じられるにいたった。低運賃・高利子負担のジレンマを抱える韓国型民鉄が、こうした状況で、どう自立経営を確立させていくのか、今後の動向が注目される。

（2）交通需要管理

ソウルの駐車場には、入口にナンバープレートの末尾番号を掲げ、利用できない車両を撥《は》ねている例がある（自動車１０部制。偶奇数での選別なら2部制となる）。また人によっては、ソウル都心にトンネルを抜けて入る際、料金所で待たされた経験もあるかもしれない。これらは、企業やトンネル管理主体が個々に行なっている取り組みではなく、都市交通政策上の「交通需要管理」（TDM: Traffic Demand Management）の一環として行なわれている施策である。

ソウルの都市交通政策の中で特徴的な試みとして挙げられるのが、交通需要管理の体系的な推進である。これは、特に自動車の使用を、交通施設の疎通能力以下に抑えるために講じられるさまざまな手法のことをいうが、世界的にみて、シンガポールのロード・プライシングやスウェーデンのトラフィックセル等、数えるほどしか例はなかった。交通政策とは、交通需要の増大に応じて交通施設の拡大を図るのが本筋であり、物理的・経済的・制度的な各種規制を通じて、自動車を用いる通行そのものを控えさせる手法は、なかなか理解を得にくい。しかし、急速な首都圏への経済・社会的集中に対応を迫られたソウルでは、その間つくり上げられてきた都市交通政策体系の中に交通需要管理方策を取り込み、実施に移したのである。

韓国における交通需要管理政策は、都市交通整備促進法の下に「大都市交通整備圏域」を指定し、そこで定めるべき都市交通整備基本計画の項目の中に交通需要管理も含んでいることを根拠に進めている。ソウル市では、自動車10部制の実施拡大・時差出勤制施行・自動車共同利用・通行地区制・駐車場供給制限・駐車税賦課・道路使用許可制・バス専用車線拡大・地下鉄連携交通手段の構築・自動車燃料税の引き上げ等を施策例に挙げており(7)、ここに受益者負担・原因者負担の原則の下、物理的手法よりは経済的手法を尊重しつつ、企業の協力を得ながら交通需要抑制を図るという、韓国型需要管理の原型が示されている。

ソウルで、このような交通需要管理が早期に導入された理由は、韓国には米国帰りの研究者が多く、米国で研究された自動車のシステム管理、さらには需要管理といった発想を、直ちに韓国に適用できた点が大きいと思われる。例えば、ソウルの交通需要管理は、米国ロサンゼルスでの通行抑制方策および交通改善計画条例の影響を受け、また同地域を管轄する西海岸大気汚染管理者機構による通勤自動車削減計画の「レギュレーションXV」のペナルティ条項を、韓国の事情に合わせてインセンティブ条項に切り替える等、米国での

写真４．復元された清渓川（中区茶洞付近）　筆者撮影

写真５．江南大路のバス専用車線　筆者撮影

経験が生かされている。

さらに需要管理は、実行性がともなわねば施策に理解を得れないまま、絵に描いた餅に終わってしまう恐れが多分にあるが、韓国では、自動車管理法において有事の際の自動車使用制限が定められており、初期はその事項を、都市環境問題に読み替えることで、施策の徹底を図ることができた。現在は、同法第２５条第１項の規定、「戦時・有事またはそれに準ずる非常事態」と並んで、第２項「激甚な交通渋滞解消地域の発生予防および解消」、第３項「大気汚染防止その他大統領令が定める事由」に該当すれば、国土海洋部長官は警察庁長官と協議し、自動車の運行制限を命ずることができる旨、明文化されるにいたっている。

また、穿った見方をするならば、需要管理が自動車管理法等にもとづいて行なわれることは、ドライバーに対してのみならず、国情上、日本とは異なり自治警察ではなく国家警察である韓国において、彼等からみて格下ともいえる自治体の政策に則り行なわれる需要管理への、交通警察からの協力をとりつける上での牽制として、有効であるといえなくもないと思う。

(3) ソウルの改革を支えた裏方達

「諸君は、ソウルの都市交通問題を解決するために集まった特殊部隊である……」。いつであったか、交通体系改編研究支援団の全体ミーティングで、金敬喆《キムギョンチョル》団長が述べた訓示の一節である。それを神妙な面持ちで聞くのは、筆者のような外国人傭兵を含む「仕事人」２０余名。２００３年１０月、李明博市長が就任し、市の政策立案機関であるソウル市政開発研究院から市役所の一角に支援団が派遣され、改革の研究に着手して間もなくの頃であった。

李明博市長期に進められた清渓川復元事業（写真４）と交通体系改編事業（写真５）について、日本では、これらが同時期に出現したことから、両者が一体的に行なわれたと捉える向きも多いようであるが、その渦中にいた者からいわせれば、両者は独立した研究支援団を抱える別の事業で、団長も異なれば団員も異なる。もちろん、双方で知らない顔ではないから、何かの折に仕事の調子を聞くこともあったが、お互いの「縄張り」の内は関知しなかったという方が正しい。

この両事業が、過去の韓国型都市計画と一線を画するのは、混沌を極めたバスの改編は、まだ何度か過去に議論の俎上に置かれたことはあるものの、こと清渓川については、かつて夢として語られたことはあっても、清渓高架道路の老朽化が取り沙汰されるまでは、現実的な課題として扱われたことはなかったという点である。韓国の都市計画体系は、上位計画と下位計画の整合性を重視するという特性があるが、市長選の争点として取り上げられるまでのあらゆる地区計画で、清渓川復元に論及した例はない。そこに都市交通、ひいては経済・社会に多大な影響の避けられぬ事業を、４年の任期内に達成するというのである。当然、その実現は疑問視された。

では、なぜ任期内に両事業を実現することができたのか。市長のリーダーシップや、都市政策のパラダイム転換に理由を求める向きもあるが、市長の号令一下で公務員に新しい発想で政策を立案させたり、まちづくり団体に実践的な提案を求めたりするのは無理がある。筆者は、韓国の流動性の高い若手研究者市場の存在を欠いて、実現にいたる過程を理解するのは難しいと思う。韓国は、「ウリ」と称するさまざまな段階でのサークルにおいては、内部の秩序が尊ばれる儒教社会であるが、一歩外に出ると、日本以上に履歴書に記されたキャリアがモノをいう競争社会である。一握りの秀才や、よほどの運とコネに恵まれた例外を除き、修・博士の学位をとって、数少ない高度専門職の座を狙う者は、民間企業や研究機関の非正規雇用職を渡り歩き、腕を磨かねば認めてもらえない。都市政策分野で、韓国に前例のない発想とスピードを求められた2大事業は、若手研究者の士気とチームワークを必要とし、また彼らも、ソウルのほかでは考えられない、自らの力量を試す絶好のフィールドを得たのである。

交通体系改編事業団については、2004年7月をピークに、フォローアップ作業が縮小されるにつれ団員も1人、2人と姿を消し、ついにソウル市政研で支援団に属していた者は誰もいなくなった。筆者は、他自治体や官庁で思いもかけず彼らのうちの数人と再会したことはあるが、研究機関や民間企業で定職を求める者もあれば、ある者は大学に戻り、ある者は他国へ留学に渡り、またある者は次のプロジェクトに参じ、さらにある者は家庭におさまってと、個々の道を遠く歩んでいる。都市政策の世界では、リーダーシップを帯びる首長や、さもなくば、まちづくりNPOの活動が強調されるが、社会史の側面からは、不安定な身分を託《かこ》ちながらも、自分に任された仕事に、自らが持てる能力を傾けて作業に従事し、その成就をみて去っていく無名の若手研究者達の働きも、片隅に刻んでおきたい。

◎おわりに――トップダウン式都市計画の今後

「はじめに」で眺めた通り、過去半世紀の韓国における都市交通網の構築は、トップダウン式政策決定過程の賜物であり、それは、生産・生活基盤といった社会資本の整備との整合性に重きを置いていることから、都市経済・社会の発展と歩みを同じにすると捉えて差し支えない。朝鮮戦争の災禍を経て、軍事独裁政権期に整えられた、財閥系企業の育成を通じて国家経済の発展を期する経済開発計画と、その効果を高め、また弊害を緩和せんがために取り組まれた国土・地域・都市計画は、「漢江の奇跡」と称される、高度成長の実現に寄与した。しかし今世紀に入り、地方自治の復活と、都市生活のニーズの変化が、清渓川復元や交通体系改編に代表される、上位計画にない社会資本をつくり上げてしまう事態をもたらした。

坂本龍馬を扱った俗談で、龍馬が懐に忍ばせる短刀をみた陸奥宗光が、日を改めて短刀を用意して龍馬に披露すると、「今はこれだ」と短銃をみせつけられる。それならばと宗光がやはり短銃を調達してくると、「次はこれだ」と懐から万国公法が出てきた、という話がある。「日本との比較からみたソウルの都市交通」の節で現代的課題について扱ったが、昨今のソウルの都市再生の試みも、親水空間の復元、パブリックアートの振興、都心再開発（東京ミッドタウン等）と、東京で手がけた課題を、数年遅れて、その代わり規模をより大きく、かつ洗練した形で実践するという傾向がみられる。このような流れであれば、海外で学位を得た研究者を介した、トップダウン式の政策形成も機能しようが、「宗光」の側で意気込むうち、いつの間にか「龍馬」との差が縮まり、分野によってはそれを逆転し、さらに、国民所得の増大にともなって、誰もが気軽に日米欧の大都市を観光できるようになると、海外事例や研究に真っ先に接し得るという研究者の持つ優位性が失われ、代わりに、海外での見聞を交えつつ、自らが生活する地域の問題を考察できる巷の人々の感覚の方が、地に足のついた都市政策を講じる上での拠り所になる。現在、日本ではリーダーシップのある首長が評価され、トップダウン式の政策決定を待望する声が強いのとは反対に、ソウルではむしろ、上位計画で扱いきれないほど多様化・複雑化した経済・社会的主体群の意向を反映し得る、ボトムアップ式のそれの導入が課題になっているといえよう。

「都市計画体系の変化」の節で論じたソウルの都市交通の特徴は、こと日本との比較において、都市鉄道の要衝たるターミナル駅を欠くことによってもたらされた面が大きい。しかし、アジアの都市を見渡してみても、各方面への電鉄ターミナルを抱える日本の例の方がむしろ特殊であり、都市にかかる強大な求心力をもつ拠点のないことが、後から民間資本による面的な地区開発や、住民や通勤者層の文化・社会活動を促す上で、却って有利に働くということもできる。

現在の、韓国での首長のリーダーシップを介した都市政策ひいては都市交通基盤整備は、過去の、中央政府からの上位計画にもとづくトップダウン式の社会資本形成と、今後の地域企業・住民からの提案によるボトムアップ式のそれとを結ぶ、過渡期の政策形成過程の姿であるのかもしれない。

注

（1）各自治体ホームページより。
（2）ソウル特別市史編纂委員会『ソウル歴史叢書（3）ソウル交通史』新友印刷公社、２０００年、７４９頁。
（3）東京都市圏交通計画協議会ホームページ (http://www.tokyo-pt.jp/letter/download/vol2.pdf)。
（4）日本著書販促センターホームページ（http://www.lbook/.co.jp/00319/.html, http://lbook.co.jp/003973.html）。
（5）ソウル特別市都市基盤施設本部『ソウル地下鉄９号線建設史』２０１０年、２６１６頁。
（6）前掲書、２６１３頁。
（7）ソウル特別市『ソウル特別市交通整備中期計画最終報告書』２０００年、２５９~２８４頁を整理。

参考文献

国土開発研究院『国土50年』ソウルプレス、1996年
ソウル特別市史編纂委員会『ソウル歴史叢書（3）ソウル交通史』新友印刷公社、2000年
各自治体・事業者ホームページ

第8章

大阪

三木理史

◎はじめに

東京一極集中による経済的地盤沈下がいわれて久しい京阪神の現状からするなら、明治維新期に東京とともに大阪遷都論が、しかも大久保利通によって唱えられていたというのは[1]、いささか信じ難い気もする。当時、それに反対した前島密《まえじまひそか》の江戸遷都論の根拠には、「浪華《なにわ》は市外四通の道路狭隘……」や、「浪華の市街は狭小にして、車馬駆逐の用に適せず……[2]」などがあったという。要するに都市内移動の不便なことが、大阪遷都を妨げた要因であったということになろう。

なぜ、大阪（以下、近世以前を「大坂」、明治以後を「大阪」と表記）は道路狭隘で、市街狭小であったのか。大阪の都市的起源は一般に豊臣秀吉の城下町建設に求められ、古代に難波京が置かれながら、なぜかそれとは断絶して考えられることが多い。大阪は淀川河口に形成された平野に位置するが、現在の中心的都市軸である御堂筋から見れば、東部に上町台地という南北に細長い低平な台地を擁する。古代の難波京時代は、この上町台地が西側の大阪湾へ突出し、東側に淀川や大和川の流水溜まる河内湖の跡が干潟のように残っていたことも相まち、さながら岬のような景観であったとされている。そのため難波京域は台地上に限定され、それは中世末における大坂本願寺（のち大坂城建造地）寺内町の市街地にもほぼ該当した。要するに秀吉時代以前の大坂は上町台地上の南北に細長い「都市」であった。

秀吉は、西側の大阪湾を干拓し、城下町を平面的に拡大しようとした。豊臣家にそれを実現する時間はなかったが、その遺志を継いだ江戸幕府は、船場や島之内と呼ばれる近世大坂の中心地区はもとより、難波や北浜という近代大阪の中心地区も、これらの干拓によって生み出した。大阪の市街地は、東縁を大坂城の載る上町台地、西縁を淀川河口支流の1つ木津川、で各々仕切られた。そして、北・南を各々堂島川と道頓堀で隔てた範囲に天満を加えて「大坂三郷」と呼び、そこを市中としていたが、その面積はわずか15・3㎢程度（2009年の大阪市域の面積は222・3㎢）で、近世の江戸の都市図において市中に相当する範囲とされる「朱引域」の5分の1ほどしかなかった（表1）。

都市名	市域面積（単位：㎢）	現住人口（単位：人）	人口密度（単位：人／㎢）
大阪市	15.3	476,392	31,136.7
東京市	72.5	1,207,341	16,653.0
京都市	28.7	288,863	10,064.9
横浜市	5.4	127,987	23,701.3
名古屋市	13.6	165,339	12,157.3
神戸市	21.3	136,012	6,385.5

表1．市制施行時、六大都市の市域面積と現住人口および人口密度
市域面積（除・神戸市）は原資料の平方里を㎢換算した概数値。
三木理史『都市交通の成立』日本経済評論社、2010年、29頁より。

さらに大坂城下の建設では、淀川河口という地の利を活かすために市中へ多数の堀川を築造し、舟運による物流の円滑化に努めた。道頓堀や長堀などの現在でも知られる都市内河川は、本来貨物の通路で、そのために陸上の道路は一部荷車を使ったが、基本的に人の通行を考えておけばよかった。要するに大坂の「道」とは、人の移動する陸上の街路と、荷物の移動する水路を合わせた概念であり、たとえ街路が狭くとも不便を感じなかったのであろう。もっとも水陸間の貨客輸送分担は、近世以前の日本全国に当てはまるが、特に「水の都」や「八百八橋」と呼ばれた大坂はその典型であった。

◎水都・大坂の成立

多数の水路をもつ大坂には多数の船が出入りした。まず、江戸と結ぶ航路を往き来する菱垣廻船《ひがきかいせん》や樽廻船、瀬戸内海を下関まで下って日本海を往来する北前船は航洋船の代表で、大坂市中の西北端の川口付近（現・阿波座《あわざ》周辺）まで安治川《あじがわ》を遡航した（図3参照）。

一方、大坂湊は、古代から海湊のない奈良や京都の外港でもあり、京を結ぶ淀川はもちろん、奈良と結ぶ大和川も、1704（宝永元）年の新大和川開鑿《かいさく》による堺方面への流路変更まで、市中東北端で淀川に合流して大坂湾へ注いでいた。淀川では過書船《かしょぶね》、大和川では剣先船《けんさきぶね》などの貨物船が盛んに往来し、特に淀川には全国的にも珍しい三十石船という旅客船が頻繁に往来し、それらは中之島東南方の八軒屋浜（現・天満橋付近）に発着していた。淀川で全国的にも異例な旅客船が活躍したのは、京と大坂間という大都市間の移動路が淀川左岸の京街道（現・国道1号、京側では大坂街道と呼ぶ）に限定されていたことも一因であろう。現在、JR東海道本線、同新幹線、阪急京都線が通過して京阪間交通路の主要舞台となっている淀川右岸経路の前身である近世までの西国街道（現・国道171号）は、京から大坂を経ずに西国へ向かっていた。その地域が京阪間の移動経路になったのは1876（明治9）年の京阪間官設鉄道の開通以後のことである。

そして、市中西部の川口と東部の八軒屋浜の間には、茶船や上荷船《うわにぶね》と呼ばれる市中の河川を専ら運航する貨物船が多数往来し、過書船や剣先船と航洋船の間をリレー輸送した。筆者は、大阪の「水の都」という呼称には、海洋―市中―内陸を直結して物資を輸送する水運輸送網の確立を含意したものと考えている。しかし、茶船や上荷船は船仲間という強力な組合組織で運営され、市中の航行を独占していた。[3] そのため近世水運で既に市中は、航洋の廻船はもちろん、内陸河川の移動とも区分された一種の「聖域」になっていた。

ところで、江戸幕府の交通政策では、原則として街道での「車両」利用を禁止していたが、江戸、京、大坂の三都の市中とその周辺では例外的に使用が認められていた。そこで、大坂市中では「べか車」という荷車が用いられていた（写真１）。一方、大坂市中に網目状にめぐらされた水路に、「八百八橋」と呼ばれるほど多数の架橋が行なわれたのは、水・陸双方の輸送を両立する手段であったが、橋を傷める可能性のあるべか車の渡河は禁止していたとされている。

写真１．復元されたべか車　なにわの海の時空館
筆者撮影（2005年６月）

◎陸運への移行

近世に幕府の政策によって制限された車両使用も、幕末開港とともに変化し始めた。まず、１８６３（文久３）年に荷車による貨物輸送が許可され、ついで７０（明治３）年に乗用人力車が公認されると、全国的に馬車や人力車が普及した[4]。ところが、街路や橋梁が狭いままの都市部では、馬車の乗り入れさえ困難であり、東京と大阪では馬車輸送も、まずは「市中」外で始まり、１８７１年になってようやく市中への通行が認められた。冒頭で紹介した前島の大阪遷都への反対も、こうした状況下のことであった。特に「水の都」として発展してきた大阪の街路や橋梁の

写真２　「軒切り」の行なわれた心斎橋筋（左側の商店の軒先に注意）　大阪府編『大阪府写真帖』1914年（1910年頃撮影）より

状況は、陸上の車両利用にとってより深刻であったといえよう。

本格的な車両利用の開始は、それまでの客貨間の陸水利用分担を覆す契機となり、客貨双方の陸運への移行を促すことになった。そのためには、それまでの水運利用分を吸収するだけの陸上輸送基盤の整備、要するに道路拡幅を必要とした。しかし、いったん建物が建ち並んでしまった市街地の道路の拡幅は容易でなく、大都市では苦肉の策として道路沿いの家屋の軒先を切り揃えて街路幅を確保する路幅整理事業を行なうことになった（写真２）。大阪は、「軒切り」と呼ばれたその工事を、１８７１年から約７０年間の歳月をかけて地道に実施した稀有な都市でもあった[5]。しかし、それはとりもなおさず、大阪の街路拡幅が容易でないことの証左にほかならない。

大阪をめぐる鉄道は、１８７４年５月に官設鉄道（のちの国有鉄道）の大阪～神戸間仮開業に始まった。現在のＪＲ東海道本線は京阪神間を東西に横貫しているが、阪神間と京阪間の各官設鉄道は当初、建設

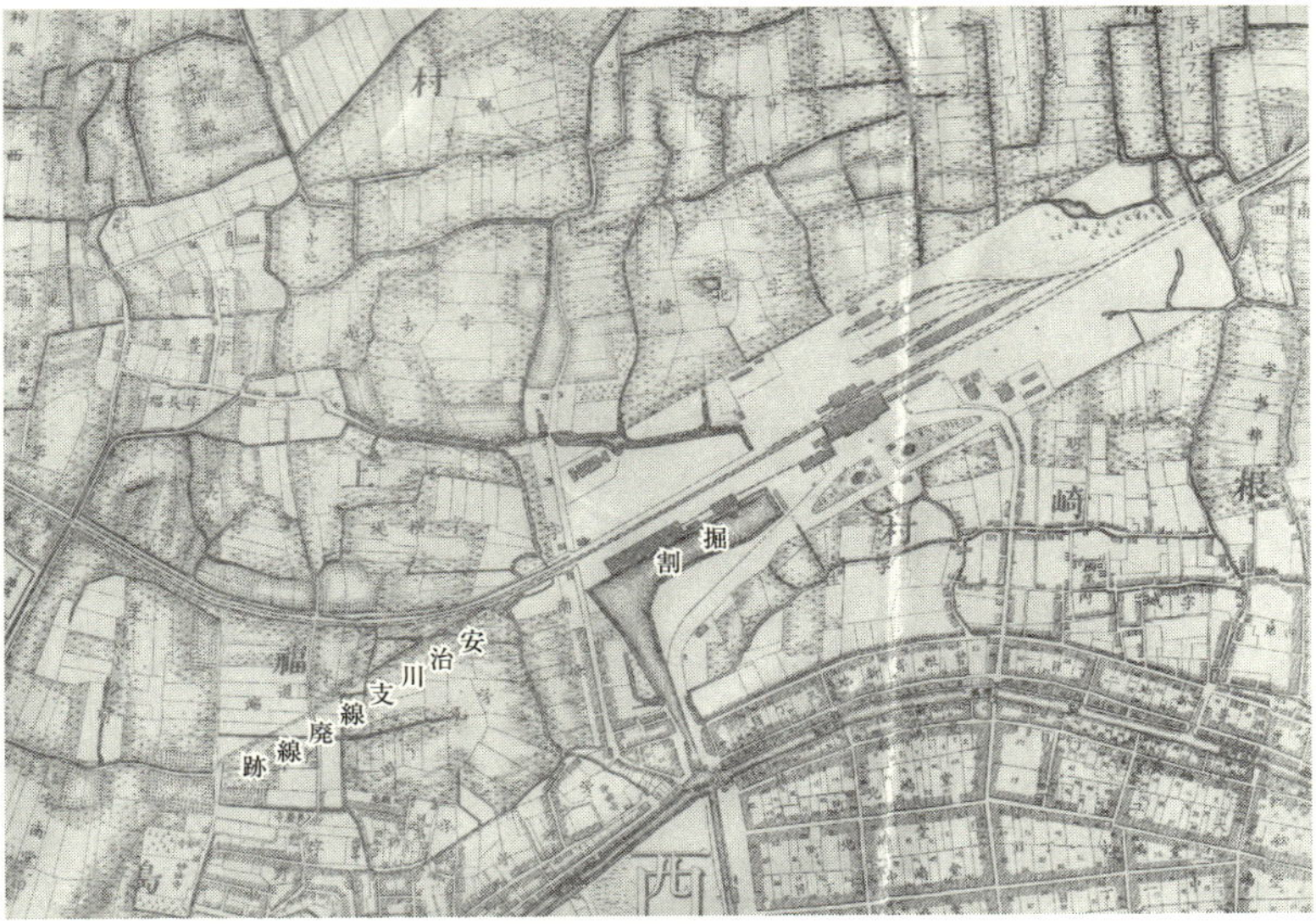

図1. 地図上に残る安治川支線の廃線跡と大阪駅周辺 1:5,000 大阪実測図 より

資金の拠出方法の違いから直通させず、堂島に設置予定の大阪駅で連絡することになっていた。そこでは現在の阪急電鉄梅田駅のように、頭端式と呼ばれる行き止まり式プラットホームから、神戸行と京都行が並行するように出発する配線が考えられていたようである。ところが、途中で京阪間鉄道が官費による建設に変更されると、路線計画も一体化することになり、駅も堂島より北方に設置した方が路線の迂回度を減らせるとして、現在の所在地である曾根崎村に決定した。当時の曾根崎村は、近世までの大坂市中とも離れ、ほとんど市街化していない農村であった。

当初の堂島への駅開設計画は、そこが淀川の支流の1つ堂島川沿いにあたることも一因であった。ところが、曾根崎村への設置場所変更によって、水陸連絡の困難という問題に直面した。重量の嵩《かさ》む貨物は現在でさえ水運での輸送が合理的であり、全国的な鉄道ネットワーク未成立の明治期にはなおさらであった。そこで、官設鉄道は、安治川河畔に向けて安治川支線を建設し、1875年5月にそれを開業させて貨物用として利用した。ところが、伝統的に水運利用の活発な大阪の貨物利用の慣習には馴染まず、鉄道による継送に不便を感じたのか、1877年11月には大阪駅と曾根崎川間に掘割、すなわち連絡用運河を建設し、安治川支線は開業からわずか2年余り後の同年11月に廃止となった（図1）。

◎キタとミナミの成立

現在も大阪市には、梅田を中心としたキタと、難波・天王寺などを中心としたミナミという2つの繁華街がある。両地はともに古い伝統をもちながらも、キタは開拓地的な、また新開地的ムードが色濃いと表現されてきた[6]。それは、キタが曾根崎などの近世以来の繁華街を含むが、その中心にある梅田界隈の発祥が実質的に官設鉄道大阪駅の開設以後で、その場所が近世大坂の外側にあたったためである。一方、ミナミは近世大坂の伝統を色濃く残し、その中心にある道頓堀や千日前などの古くからの繁華街のためであろう。

その旧市街でもあるミナミの外れの難波を起点に、1885（明治18）年12月に私設鉄道の阪堺鉄道（現・南海電気鉄道南海本線）が開業し、88年5月までに大阪～堺間の全線が開通した。大阪～堺間の鉄道敷設計画は、明治初年から五代友厚をはじめ、藤田伝三郎や松本重太郎など大阪財界関係者が企てていた。しかし、当時その建設費を民間で調達することは容易でなく、節約のために廃線となった官営釜石鉱山鉄道（岩手県）の資材を転用したため、軌間（ゲージ）も838㎜となった。これに対して政府は、安易な小鉄道の建設が将来の国内路線網形成に不便を来すとして、標準規格である官営鉄道の1067㎜への統一と大阪駅への乗り入れを勧めたが、阪堺鉄道はこれをあくまで拒絶して開業したのであった。

そして、日清戦争前後に各地で「企業勃興」と呼ばれる会社設立ブームが起きると、大阪近郊でも私設鉄道計画が多数出現した。そして、1889年5月湊町（現・JR難波）〜柏原間で大阪鉄道（現・JR関西本線ほか）、93年12月尼ヶ崎〜池田間で摂津鉄道（現・JR福知山線）、95年8月片町〜四条畷《しじょうなわて》間で浪速鉄道（現・JR片町線）、98年4月大阪〜安治川口間で西成鉄道（現・JR桜島線ほか）、同年10月に大小路《おおしょうじ》（現・堺東）〜狭山間で高野《こうや》鉄道（現・南海電気鉄道高野線）が、相次いで開業した（図2）。これらの多くは、1906〜07年の鉄道国有化で国有鉄道に編入され、現在JR線の一部を成すものが多い。貨物輸送の比重の高い西成《にしなり》鉄道を除けば、いずれも大阪駅には乗り入れず、むしろ大阪、高野の両鉄道のように市街地内では難波に近いミナミを起点とするものが多かった。それは、当時の官設鉄道が全国ネットワークを形成せず、また大阪においてもキタが拠点化していなかった証左といえよう。

◎鉄道と通勤・通学

通勤・通学に必携の定期乗車券（以下、定期券）の歴史は、鉄道創業翌年1873（明治6）年5月の新橋〜横浜間の上等「常乗切手」（割引率4割強）の発売計画にまで遡る。しかし、これらの対象は「上等」旅客で、しかも発売は計画のみに終わり、特定の旅客に対する交付に変更された。その対象は、著名な政府要人や上級官吏が大半で、お雇い外国人でさえ交付を申請しながら、却下された例も散見された。その記録を見ると、初期の官設鉄道は、一般の日本人よりも、政府要人やお雇い外国人などの上流階層者が、都市と開港

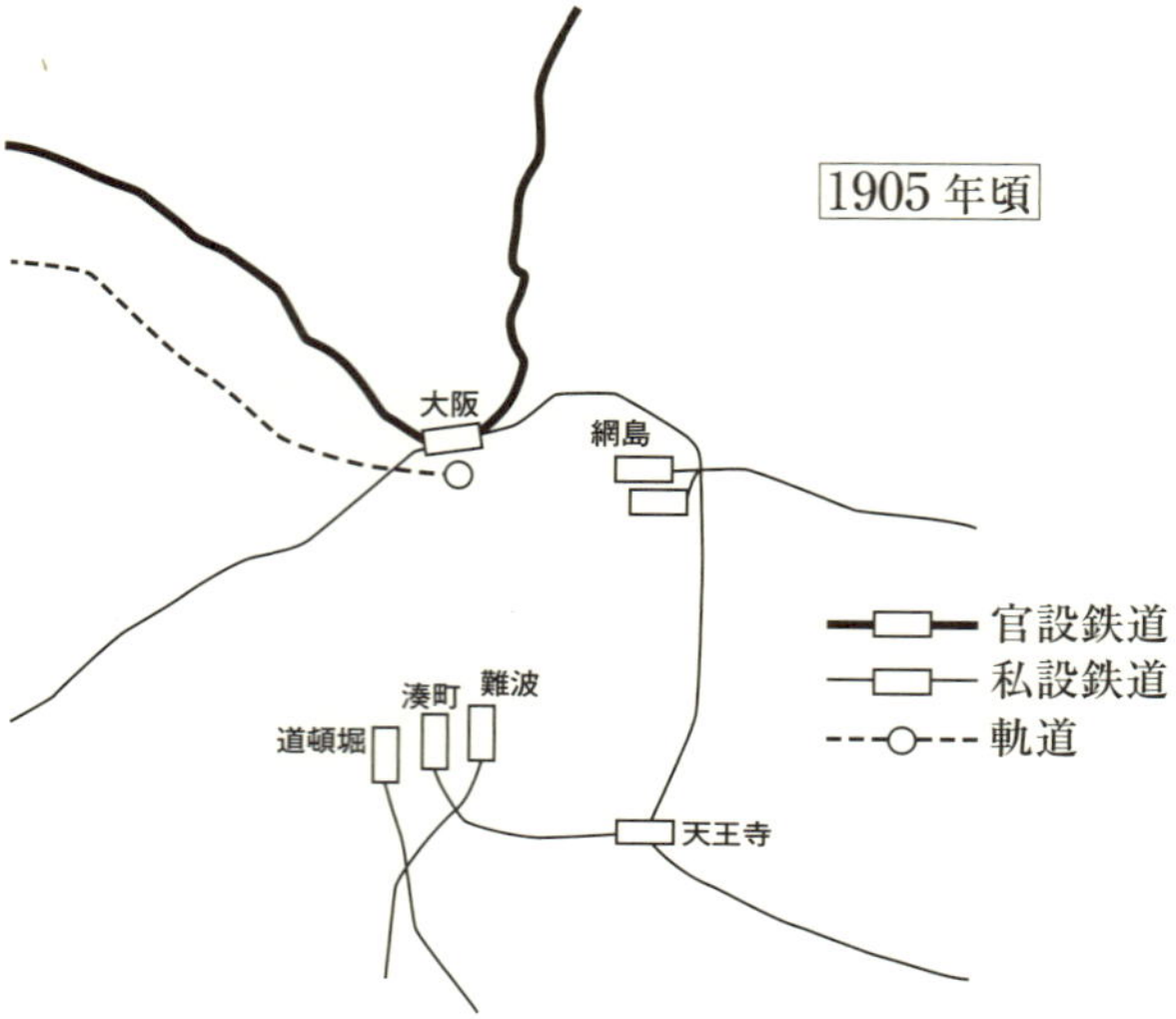
1905年頃
大阪
網島
官設鉄道
私設鉄道
軌道
湊町
難波
道頓堀
天王寺

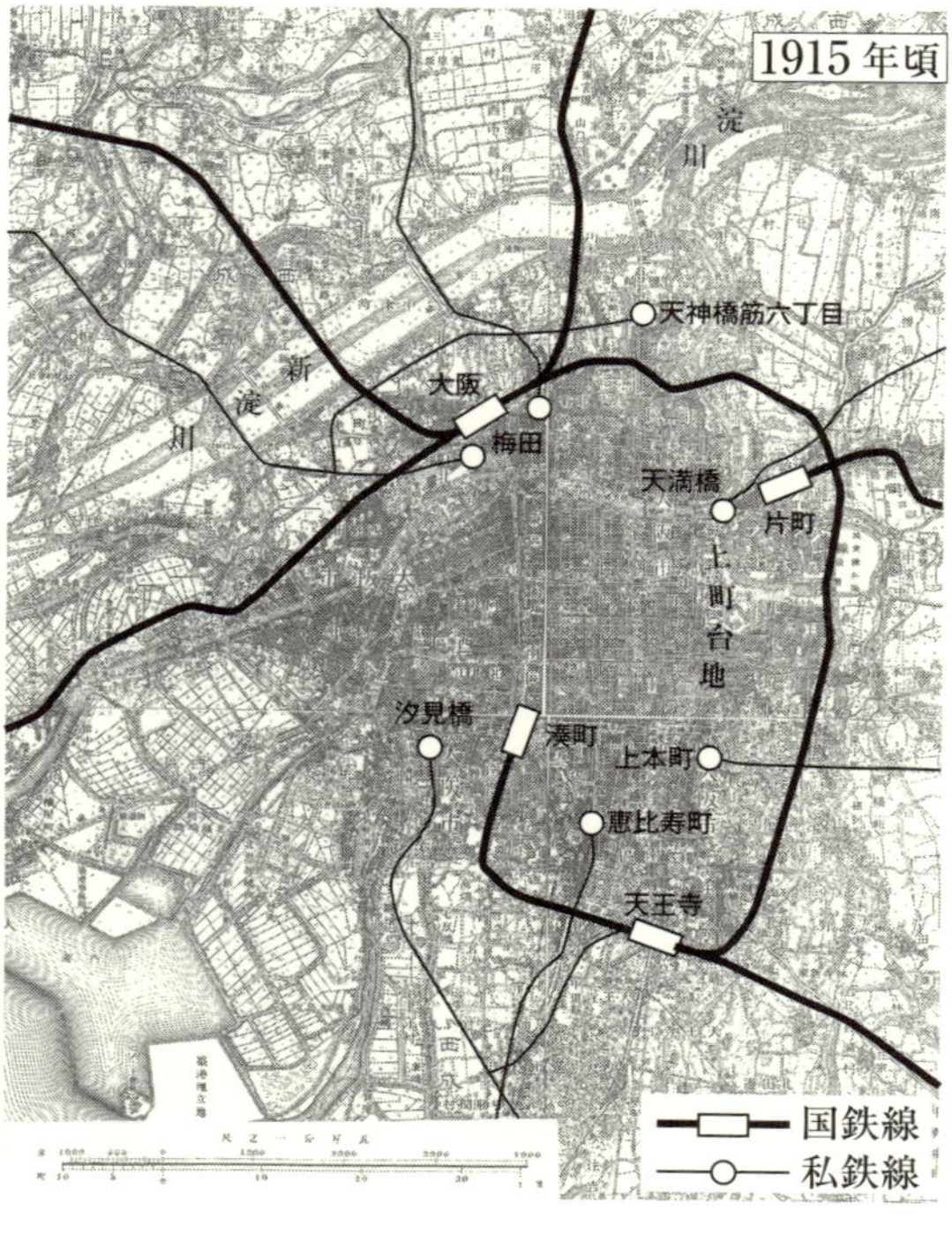
1915年頃
淀
川
天神橋筋六丁目
新
淀
川
大阪
梅田
天満橋
片町
上
町
台
地
汐見橋
湊町
上本町
恵比寿町
天王寺
国鉄線
私鉄線

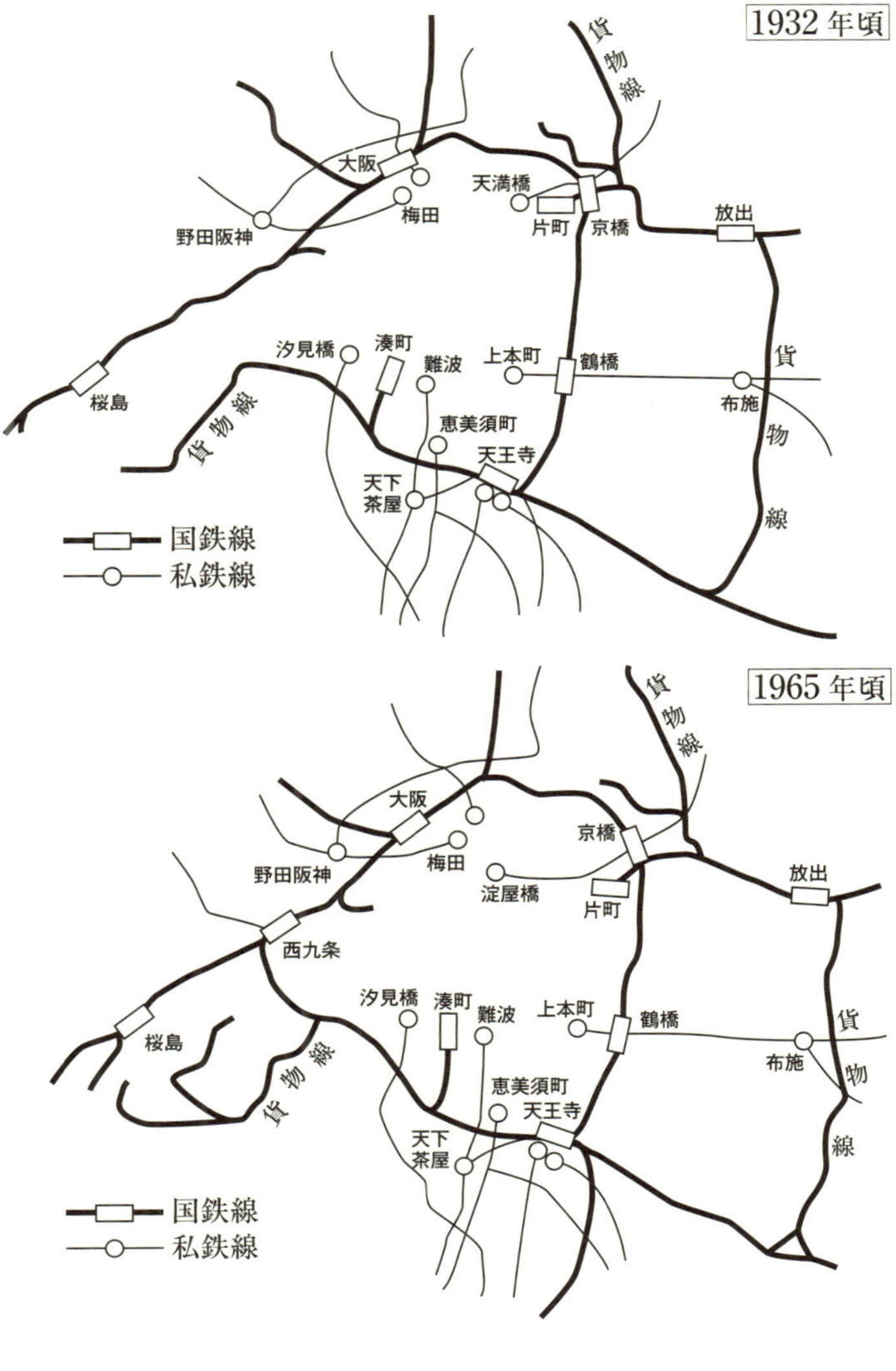

図2. 大阪市周辺部の鉄軌道路線の発達過程

1915年頃は前後の時期の陸地測量部 1:50,000 地形図「大阪東北部」・「同東南部」・「同西北部」・「同西南部」を接合

場間で主に利用していたと考えられる。要するに初期の定期券は、後年の通勤・通学用定期券の大衆的利用と異なる利用を想定していたことになる。

その後1886年1月に新橋～横浜間で初めて定期券が発売されたが、それも上等・中等旅客のみが対象であった。官設鉄道の下等旅客に対する定期券は1895年3月の学生定期券が最初で、3等(＝下等)通勤定期券が実に1903年3月にようやく発売開始となった。つまり定期券利用からみる限り、鉄道利用においては通勤より通学が先行していたことになる。

明治期から初等教育は町村を基本単位として整備され、徒歩通学を原則としていた。一方、高等教育機関が都市に偏在したため下宿・寄宿を前提とし、初期の通学者は両者の間に介在した中等教育機関の在学者であった。大阪の中学校は、大阪市北区堂島に所在し、明治初年開校の欧学校と東・西各々の進級学校を起源とした大阪府立第一尋常中学校(現・府立北野高等学校)に始まり、府下唯一の中学校として広域的に生徒を集めた。1894年以前に他府県生が約15～30％いた同校も、95年以後、府下に中学校が増設されると市内通学率が増加した。そして、市内の中学校では、下宿を要する遠距離進学者が減少し、鉄道を利用して自宅から通学できる範囲からの進学が増加した。しかし、郊外に増設された茨木中学校(現・府立茨木高等学校)や岸和田中学校(現・府立岸和田高等学校)には寄宿舎を設置した。ところが、当時から高等教育機関への進学において都市部と農村部の中学校間には格差が大きく、既に都市部の伝統校志向が強かったため、鉄道通学を要してでも、農村部の新設校よりも都市中心部の中学校を目指した者が少なくなかった。それらの生徒が定期券代を負担した「通学者」の先駆となった。

一方、大正期の定期券購入者の職業に注目すると、銀行員、官公吏、商人などが大半で、それらは銀行員や官公吏などの、後年「サラリーマン」と称される職種に相当している。江戸時代以来の伝統的商家や職人には、当時依然として丁稚制や徒弟制という住み込み制度が生きつづけ、自宅から通勤することも困難であった。1927（昭和2）～28年の大阪市でさえ、呉服商の97・7％、薬業商の23・6％で、各々丁稚制度が存続し、そうした就業体制の近代化の遅れも、通学が通勤に先行する一因になったと考えられる。

◎巡航船と市電の開業

東京では、1882（明治15）年6月に東京馬車鉄道が新橋～日本橋間でいち早く開業し、近代的な「鉄道馬車」として錦絵にも度々登場した。明治期の六大都市では、それに倣って京都や名古屋でも馬車鉄道の導入が検討されたが、人畜力に依存した都市内輸送機関は悪臭の問題が深刻で、いち早く電化が選択された。それに先鞭を着けた1895年の京都電気鉄道の成功によって電気動力の選択が趨勢となり、名古屋（98年）、横浜（1904年）と続き、当初馬力を選択していた東京も03年には電化した。

ところで、大阪市は、1889年の内務省告示で市制施行地に指定され、大阪府令により市制施行して誕生したが、その施行地は前述の大坂三郷をほぼ踏襲したため、15・3㎢のところに47万人あまりの人口が密集する過密都市となった（表1参照）。その後1897年4月の第1次市域拡張によって大阪市の面積は、それ以前の約3・5倍に増加したが、市域内の交通は依然、明治初期の徒歩と人力車に依存する状態が継続していた。特に市街交通の主役は人力車で、その登録台数増加率は東京市や全国の他都市が既に横ばい傾向に転じた1900年以後も増加を継続した。大阪市の人力車依存は、他都市以上に馬車通行にも困難を来し、しかもその街路拡幅が容易ではないためであった。ところが、殖産興業奨励のために実施されてきた「内国

写真 3. 築港地区で創業した大阪市営電気軌道 大阪都市協会編『写真で見る大阪市 100 年』1989 年、41 頁より

勧業博覧会」の第５回目の開催が、１９０３年に天王寺を主会場として決定したため、その玄関である大阪駅や大阪港と会場間のアクセスの改善が求められることになった。

大阪市では、これを機に他都市並みに電気軌道を敷設しようとしたが、街路拡幅の問題は如何ともし難く、そこで水路を活用した巡航船の運行を考えた。そこで、市は、既に東京の隅田川で「一銭蒸気」を運航して好評を得ていた竹内善次郎らに大阪巡航合資会社を組織させ、１９０２（明治３５）年１０月に市へ一定額の報償金を収めさせることを条件に巡航船営業を許可した。この頃から市は、市域内で民営事業者の開業を認める際、収入の一定割合を市に納める報奨金制度を採り、大阪電燈や大阪瓦斯《ガス》とも同様の契約を結んだ。

こうして内国勧業博覧会を前に開業した巡航船は、一時、市内交通機関として好評を得た。ところが、大阪港や八軒屋浜はともかく、大阪駅前に乗船場を設置できず、陸上交通機関との乗り継ぎが不便であった。大阪の水路は、明治以後も貨物の移動が盛んであり、そこへ巡航船のさらなる開設は事故を増加させることになった。

そこで、大阪市は敷設可能な築港地区に市電を敷設することにした。大阪市の旧市域とは異なり、第1次市域拡張の編入域の築港地区や大阪駅のある曾根崎村などは、概ね市街地化が遅れていた。そこで、1902年12月に花園橋（現・京セラドーム北側付近）～築港（現・大阪港付近）間へ市電敷設計画を立てて着工し、翌03年9月に開業した（図3参照・写真3）。しかし、ほかの六大都市が、鉄道駅と市街地等の市街枢要地に市内電気軌道を敷設したのに対し、大阪市の場合は明らかに例外的であった。

◎市営モンロー主義

結果的に博覧会の会期にも間に合わず、しかも市街と離れた区間とはいえ、ともかく市営電気軌道を建設した大阪市は、1903（明治36）年11月の市会で当時の鶴原定吉市長が、以後市内に敷設する電気軌道を原則として市の直接経営とする方針を決議した。この方針は、市内交通機関市営主義、より一般には市営モンロー主義として知られ、以後の、乗合自動車（バス）、高速鉄道（地下鉄）計画においても貫徹されてきたが、それには大きく2つの目的があった。

まず、都市部は農村部にくらべて人口も多く、人々の往来を支える都市の交通は公共性が高かった。その経営は事業的に収益も多くて魅力的であり、多くの事業者がそこへ参入しようとする。そのため過当競争によって公共性が阻害される可能性があり、それを保護するために都市交通は自治体が独占的に経営すべき、とする「公益主義」という考え方である。つぎに都市部の運営は往来も盛んであるがゆえに、道路改修や衛生維持などに多額の経費を要する。その経費を税収のみで賄うのは困難で、収益性の高い有利な事業の都市交通事業を自治体が経営し、その利益で補填《ほてん》が必要という「収益主義」という考え方もあった。

これまで市営モンロー主義は、大阪市の交通政策だと考えられてきた。しかし、同時期の大阪市政を見ると、１８９５年開業の水道事業、９７年着工の築港事業、そして実現は１９２３（大正１２）年までずれ込みつつも電灯・電力事業、をいずれも市営化しており、また３２（昭和７）年には渡船や火葬場を直営化した。これらを踏まえれば、電気軌道の市直接経営も、これら一連の施策の１つと考えるべきであろう。また、市内交通機関を当該市が原則として所有・経営するという考え方も、他都市はもちろん、世界的にも一般的傾向であり、大阪市のみのものではない。ただし、後述する民営事業者の参入を拒む際に、大阪市が長くモンロー主義を盾にしてきたことは否めず、なぜそうした方針に固執したのかは問われるべきであろう。

◎「陸都」への変貌

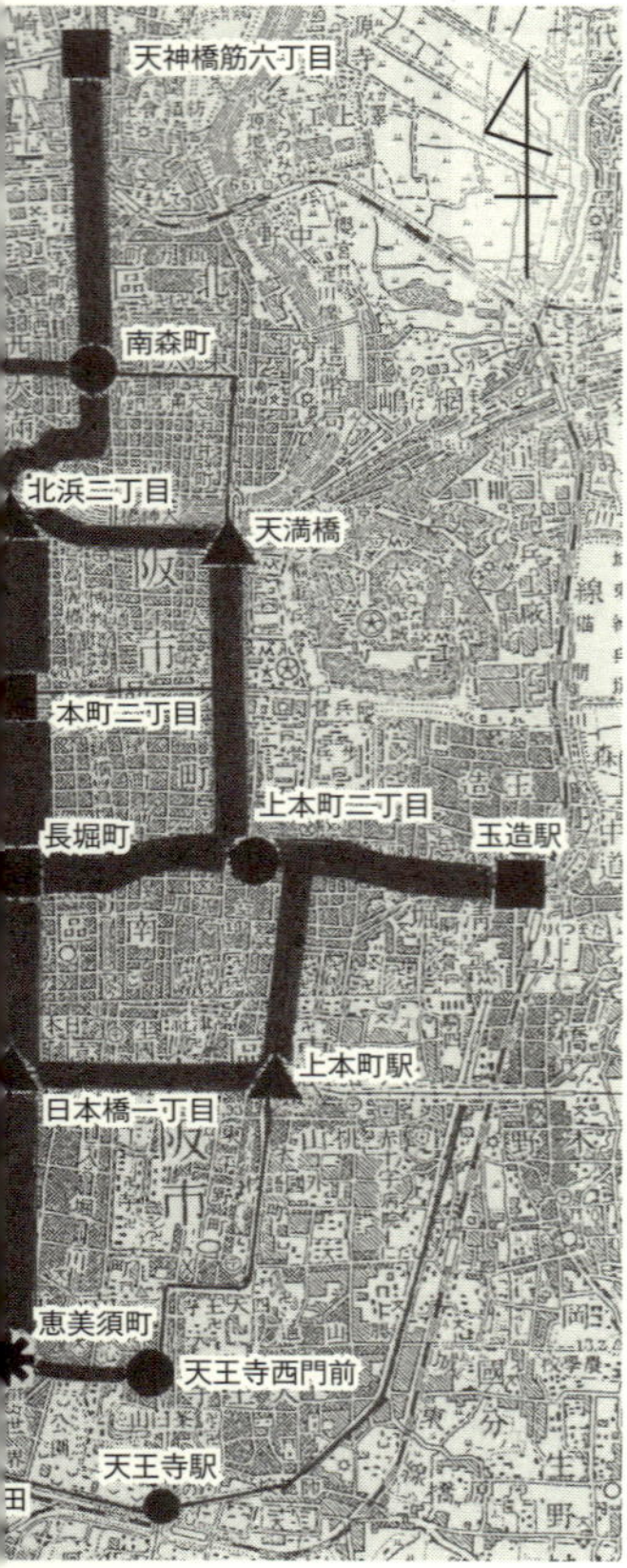

大阪市は、市営主義方針を確立して間もない１９０３（明治３６）年１２月に、府知事へ「電気鉄道敷設ニ就テ請願」を提出した。当時、電気

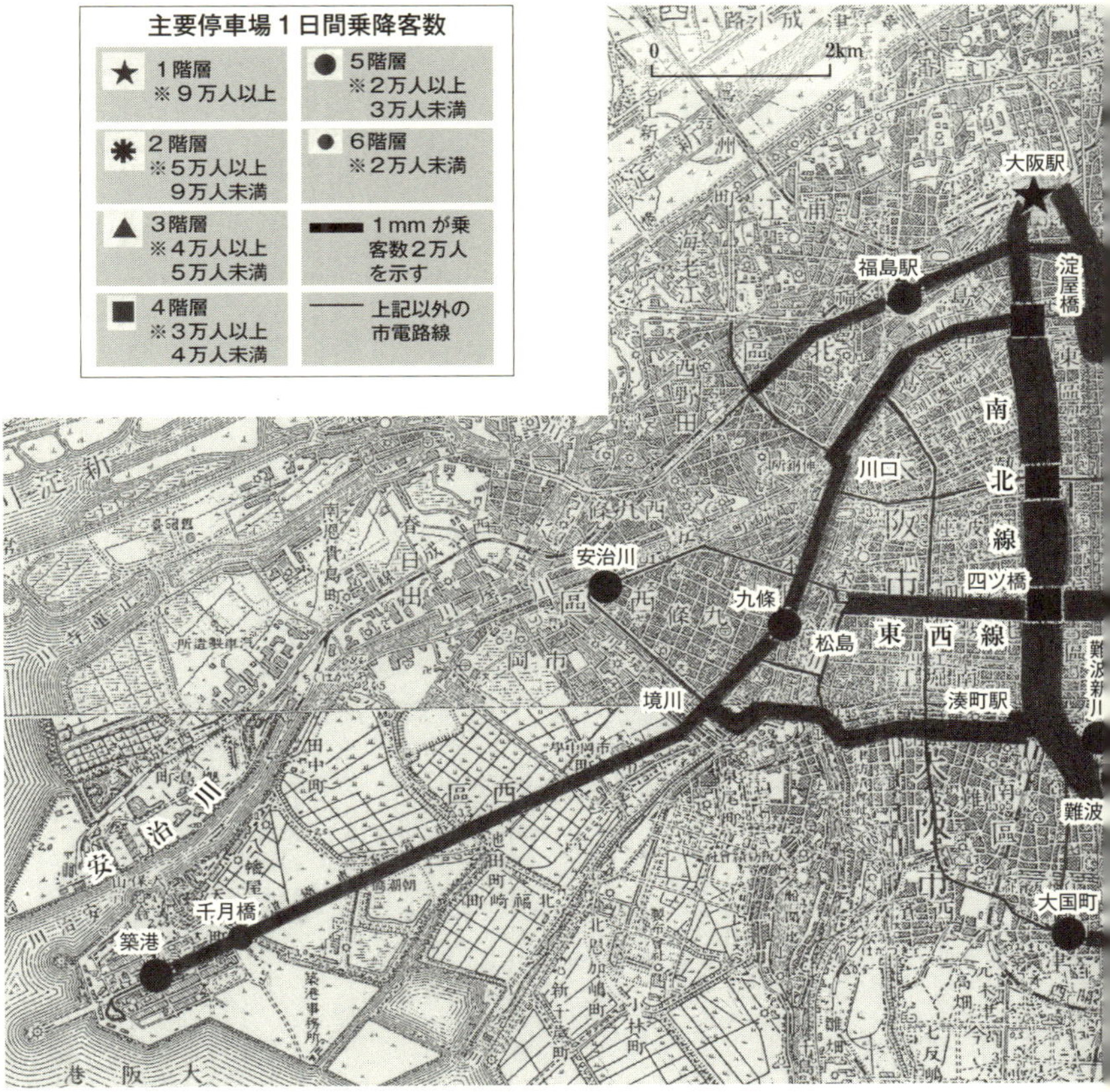

図３. 大阪市営電気軌道の主要停留場乗降客数および区間乗客数
三木理史『都市交通の成立』日本経済評論社、2010 年、252 頁 より

軌道敷設には、軌道敷設道路幅が単線で6間（約11m）以上、複線で8間（約14m）以上必要という規定が一般化していた。しかし、大阪市内の道路は規定よりはるかに狭く、最大幅が4間3分（約8m）しかなく、一般規定を準用した軌道敷設は困難であった。

市では早くから第2期線として東西線（花園橋～末吉橋間）と南北線（梅田～天王寺間）の調査を開始した。これらは、市街地内を縦横に貫通する路線で（図3）、反対運動もあったが、それを抑えて

1904（明治37）年7月市会で第2期線の原案を可決、翌05年7月に特許を得た。道路拡張問題が解決せぬまま第2期線着工に着手したのは、市内区間への民営事業者参入の牽制が要因と考えられる。特にキタとミナミを直結する南北線は高騰した地価によって用地買収が難航したが、キタの大火という椿事で用地問題の氷解した地区もあり、1908年に念願の市中心部への市電敷設を完遂できた。

大阪市電は、建設時期に従って第1～4期線に区分され、それに属さない私鉄建設線の編入分や市域外路線等を期外線と称した。東京に始まる日本最初の都市計画事業は、当時「市区改正」と呼んでいた。大阪市では、東京市のそれに刺激されて、1886～1911年に都合3度におよぶ市区改正運動が起こったが、いずれも頓挫した。その結果、市電敷設時に市街道路を地道に拡張し、道路の一部である橋梁を木橋から、強度や幅員の充分な鉄橋に架け替えるなどする必要があった。そのため大阪市自ら「土着的市区改正」と呼んだ市電建設によって、江戸時代以来「水都」として発展してきた大阪は、益々、そして長足に「陸都」への変貌を遂げることになったのである。

◎阪神電気鉄道の開業

電気軌道が各地で市電として活躍を始めると、その方式を都市内に限定せず、郊外へ拡張しようという動向が生じてきた。しかし、日本は明治まで原則車両交通が禁止され、道路は狭くて未舗装が大半で、併用軌道を敷設して電車を走らせることが辛うじて可能な道路といえば、都市間を結ぶ主要国道程度であった。

神阪電気鉄道は、大阪市電より早い1893（明治26）年12月に大阪～神戸間の免許を申請し、翌

94年3月に摂津電気鉄道に社名を変更し、最終的に1905年4月に阪神電気鉄道（以下、阪神）として大阪市（出入橋《でいりばし》）～神戸市（三宮）間で開業した。出願から開業まで実に12年を要した原因の1つは、法制上の問題であった。神阪電気鉄道の出願の前年に、当時、道路行政を司っていた内務省（第2次世界大戦後は建設省）と、鉄道行政を司っていた逓信省（のち鉄道省等を経て、同戦後は運輸省）との間で、電気軌道は「軌道条例」に、一方鉄道は「私設鉄道条例」（のちの「私設鉄道法」）に、各々則るという基本的合意がなされていた。阪神間の電気鉄道出願に対しても、東海道線との並行を根拠に逓信省は不許可を、内務省は許可を、各々主張して紛糾した。最終的には前述の合意にもとづき内務省の主張を認め、1897年6月～98年8月に大阪～神戸間が特許（「軌道条例」や「軌道法」にもとづく免許の意）された。

阪神間の電気鉄道計画の推進役で、会社設立後に社長に就いた外山脩造《とやましゅうぞう》は、1899（明治32）年にアメリカ留学から帰国した電気技術者の三崎省三《みさきしょうぞう》を技師長に迎え、三崎にアメリカに既存していたインターバン（郊外電車）を実地視察するように出張させた。帰国した三崎は、軌間を1435㎜にし、車両を大型ボギーとすることに加え、経路的にも梅田街道、中国街道（西宮以東）、西国街道（西宮以西）に沿い専用軌道を敷設し、御影付近のみ併用軌道にする方法を提唱し、全線の併用軌道率は15％にとどまった。

◎郊外電車の増加

そうした併用軌道率の低下は高速運転へとつながり、阪神をモデルとして1910（明治43）年3月に箕面有馬電気軌道（以下、箕有）が梅田～宝塚間、4月に京阪電気鉄道（以下、京阪）が天満橋～五条間、

14（大正3）年4月に大阪電気軌道（以下、大軌）が上本町〜奈良間で、各々開業した。これらは、いずれも路線の道路併用比率が低く、高速運転が可能な「郊外電車」として、さらに南海を加えて後年、在阪「五私鉄」として、経済はもとより、社会や文化にいたるまでを主導したことは周知の通りである。

郊外電車のうち、先発の阪神は神戸を終点とし、かつ沿線に大阪湾沿岸の尼崎、西宮、芦屋などの集落が既存した都市間連絡路線であった。京阪は、沿線が大阪の「鬼門」にあたる淀川左岸の低湿地のため、阪神間にくらべると沿線集落規模が小さかったが、やはり都市間連絡路線としての需要があった。しかし、箕有は沿線に在郷町起源の池田を含みつつも終点が山間の温泉場で、また大軌は遊覧地の奈良を結ぶ路線であった。郊外電車は、一般に後発組ほど都市間連絡の性格が弱く、郊外路線としての性格が強かった。

そうした不利な条件にある箕有を率いた小林一三《こばやしいちぞう》は、既存集落の少ない沿線で住宅開発によって集落を創設し、箕有の経営基盤を築いたことで知られた。小林は、箕有開業約1年前の1909（明治42）年3月に池田住宅（11年に室町と改称）経営用地を買収し、郊外電車を利用した大阪への通勤を宣伝して居住者誘致を進めた。しかし、郊外住宅地の普及と、それにともなう郊外通勤の増加に相当な時間を要するとみた小林は、その間の経営を維持するため、より即効性の高い沿線開発として箕面動物園や宝塚新温泉の開発を行ない、それが後年の宝塚歌劇へと結実した。郊外電車の老舗である阪神では既存都市間を結んで鉄道と営業基盤を共有したが、小林率いる箕有は郊外開発によって営業基盤を「創造」するようになった。

◎「高速鉄道」計画の胎動

第1次世界大戦時の好況を契機に、地方農村部から大都市への大規模な人口流入や産業化によって工場が増加し、大都市の居住環境は悪化した。そこに郊外電車によって開発された郊外へと移転する人々が増加し、通勤の遠距離化が進行することになった。

郊外電車は、国有鉄道網とは連携せず、都市内の終点で市電と接続して路線網を形成していた(7)。そのため梅田（阪神・箕有）、天満橋（京阪）、難波（南海）、上本町（大軌）などの郊外電車のターミナルでは、朝・夕に市電との乗り継ぎのための混雑が生じ、次第に後年のラッシュのような深刻な様相を呈しはじめた。

そこで、都心部と郊外を分離せず、両者を一体化した、現代に通じる「都市圏」という考え方が普及する契機にもなった。大阪市はそうした動向を承けて、都市圏に対応した交通機関として帝国鉄道協会と土木学会に「高速鉄道」計画の調査を委託した。ここでの高速鉄道とは、現在通念化している新幹線やTGVなどの大都市間連絡の高速列車ではなく、都心と郊外を直結する都市圏向けの交通機関で、現在の「地下鉄」に相当する。帝国鉄道協会と土木学会は、第1～4号線の路線網を、1926（大正15）年3月市会に提出して即決した。そして、市営高速鉄道計画が始動し、翌27（昭和2）年6月には「軌道法」による特許を、29年6月に都市計画事業として認可を得た。

高速鉄道計画では、当初からその建設を地下式とするか、高架式とするか、の検討を重ねており、現在それを安易に「地下鉄」と呼ぶことは本来正しくない。大阪市のそれも、当初主に高架式で提案され、その後検討を重ねて地下式に落ち着いた経緯がある。それには、当初の計画が国有鉄道線や郊外電車既設線を高速鉄道計画に編入することを考えていたためであった。また、大阪は淀川河口デルタの軟弱地盤に市街地が広がっており、地下式の採用に賛否両論があった。ところが、折しも1923（大正12）年に関東大震災が発生し、最終的に耐震性を優先すべきとする意見に傾き、高速鉄道計画のうち市中心部区間は地下式に決定した。そして、東京を含めて第2次世界大戦前に完成した高速鉄道路線の多くが、地下式を採用したため、結果的に地下鉄という通称が定着するようになった。

高速鉄道計画の基盤とした都市計画事業を、日本にいち早く紹介したのが関一《せきはじめ》であり、1873（明治6）年静岡県に生まれ、社会改良主義的な交通論、都市論を講じた東京高等商業学校教授から大阪市助役に転じ、のち市長に就いたことで知られる。市長と高級助役在任期間に、彼は大阪市の交通政策に直接・間接を問わず、多くのかかわりをもち、中でも市営高速鉄道、すなわち市営地下鉄と御堂筋の建設はその代表的業績となっている。社会改良主義の立場を主張した関市長は、箕有以来の郊外電車が担った郊外住宅地開発を、市が社会政策の1つとして実施すべきとする立場を採り、それらと都心部を結ぶ交通機関として市営高速鉄道を位置づけた。大阪市営地下鉄は、1933（昭和8）年5月に梅田～心斎橋間で開業し、第2次世界大戦前の開業区間はそれを含む梅田～天王寺間および大国町～花園町間にとどまり、いわゆる郊外への延長は戦後の課題となった。

◎国有鉄道の電車化と客貨分離

郊外開発と、それにともなう通勤・通学の増加によって、現代の都市圏の原型が形成されてくると、都市交通において、市電、郊外電車、高速鉄道にとどまらず、次第に国有鉄道の重要性も高まることになった。1930年代になると、明治以来都市部を通過していても、蒸気機関車の牽引する長距離列車や貨物列車の運行が大半であった国有鉄道を部分的に電化し、都市交通機関として活用しようという動きが生じてきた。

写真４．明治30年代頃の城東線（現・JR大阪環状線桃谷駅付近）　大阪都市協会編『写真で見る大阪市100年』1989年、47頁より

大阪近郊の国有鉄道線電化運転は、まず大阪市東部で通勤・通学の増加の著しい片町線の片町～四条畷間を選んで、１９３２（昭和７）年１２月に試行的に実施した。

また、１８９５（明治２８）年に大阪鉄道が官設鉄道（のちの東海道本線）とのバイパス線として建設した梅田線（現在の大阪環状線の東側区間）は、鉄道国有化以後城東線と呼ばれていたが、大正期までそれが大阪の都心部と郊外の境界を成し、その外側には農村が広がっていた（写真４）。ところが、１９３０年頃には地平区間の踏切数が３８ヵ所にも達するほど往来が頻繁になり、次第にその外側も市街地化し、また列車本数も１９２６（大正１５）年には１８９９年当時と比較して倍増した。そこで、１９３３年２月には全線を高架、電化して列車本数をさらに増加することになった。

創業以来官設鉄道は旅客と貨物の双方を取り扱ってきたが、明治中期頃から特に都市内の大規模駅では旅客と貨物の取り扱いを分離しようとする傾向が生じてきた。大阪でも１９０９年に大阪荷扱所を開設したが、大阪駅構内の敷地を利用したため、本格的な客貨分離にはいたらなかった。しかし、その後も大都市中心部への客貨の輻輳《ふくそう》はとどまることがなく、１９２８年

12月に梅田駅を開設して客貨の作業敷地を明確に区分した。一方、貨車のつなぎ替えを専門に行なう吹田操車場を1923年に開設し、28年の拡張工事によって規模は当時東洋一と称されるようになった。それまで関西本線と東海道本線のバイパス線として利用されてきた城東線は、前述の電化にあたり、1929～31年に吹田操車場（東海道本線）～平野（関西本線）間に城東貨物線を建設し、貨物列車はこの経路を使用し、従来の線路は原則として旅客専用線となった（図2参照）。

◎都市鉄道の平準化と戦時体制

当初、道路に併用軌道を敷設して開業した郊外電車も、通勤・通学の増加によって長編成化や高速化が必要になったが、併用軌道敷を用いていては、それが困難な場合も多くなってきた。そこで、都市内区間では、鉄道側の電化による列車本数増加や高速化と、道路側の通行者や車両の増加による安全性確保のため、高架区間が増加した。そして、郊外電車は都市高速鉄道の一翼を担うようになった。

特に1920年代末になると、郊外電車から発展した電鉄の中には、既存線の高速化や長編成化に限界を認め、本格的な高速運転に適した路線を新たに建設して、高速で長距離の都市間連絡を行なう路線計画が現れてきた。1928（昭和3）年に既存の京阪電気鉄道線と淀川を挟んだ右岸経路で京阪間路線を建設した新京阪鉄道（現・阪急京都線ほか）、29～30年に既存の南海鉄道線より内陸経路で阪和間を結んだ阪和電気鉄道（現・JR阪和線）、30年に青山峠をトンネルで越えて大軌と組んで大阪～伊勢間の大幅な時間短縮に成功した参宮急行電鉄（現・近鉄大阪線ほか）などがそれである。

現在、大都市圏ではJR線も、私鉄線も、さらには地下鉄線も、すべて「鉄道」と呼ばれ、実際走っている電車の形態もスピードにもそう違いはない。そうした都市圏の鉄道の平準化傾向は、1920～30年代の郊外の発展が重要な契機になっていたが、もちろんそれだけではない。1931年の満洲事変を契機とした十五年戦争、中でも37年以後の日中戦争本格化による戦時体制によって、多くの分野で「統制」と呼ばれる計画化による合理化が強化された。都市交通でも、当初は乱立する企業を合併することで競合を避けるための企業合同が中心であったが、やがて戦争の激化によって物資が不足するようになると、部品や資材の共通化による操業の維持へと変化した。そうした状況は第2次世界大戦後の復興期まで継続したが、そうした非常時の物資不足は都市鉄道の技術的共通化も促進することになり、都市交通においては国・公・民の各営業体による差違はほとんどなくなって、平準化が進んだ。そして、それが第2次世界大戦後の相互直通運転を可能とする基盤になったのである。

◎バスの登場と競合

日本で最初の自動車運転は、一説では1898（明治31）年の東京とされるが、1903年に大阪天王寺公園を中心として開催された第5回内国勧業博覧会でも、実演運転とともに、大阪駅と会場のある恵美須町《えびすちょう》間にシャトルバスが運転された。そして、これに刺激されて同年中に京都をはじめ、各地で乗合自動車の開業が相次いだ。しかし、本格的なバスの営業は、1923（大正12）年の関東大震災で麻痺した鉄道の代替輸送が契機であり、特に輸送需要の高い都心部にバス路線を開設しようという動きが生じてきて

写真５　上：大阪乗合自動車（青バス）　下：大阪市営乗合自動車（銀バス）　大阪都市協会編『写真で見る大阪市100年』1989年、94頁より

いた。

市電で市営主義方針を確立していた大阪市が、市内バス営業への対応に乗り出すより一足早く、１９２３年８月に大阪府が突如民間事業者に免許を与え、翌２４年３月に大阪乗合自動車株式会社（以下、大阪バス）が設立された。それまで市内交通事業を独占してきた大阪市にとって、それは寝耳に水の出来事であった。そこで、１９２８年頃から六大都市（東京、横浜、名古屋、京都、大阪、神戸）で協調し、市域バス営業免許の出願に際し、当該市の意見を事前聴取するよう府県知事に要求し、大阪バスの轍を踏まないよう心がけた。大阪バスは当初、市内南北軸と東西軸を中心に市電の幹線路線に並行した区間の免許を得、１９２４年７月から車体を緑色に塗装した自動車で運行を開始したため「青バス」と呼ばれた。

市内中心部に路線をもつ「青バス」が次第に市電の脅威となるにつれ、大阪市は１９２７（昭和２）年２月に郊外と市中心部を結ぶ路線で、車体を銀色に塗装した自動車の運行を開始して「銀バス」と呼ばれた。市内中心部に路線をもつ青バスと、もたない銀バスの格差は明白であったが、１９２９年８月に銀バスの市内中心部への乗り入れが認められると、両者の対抗関係は激化した（写真5）。

そうした激しい青バスと銀バスの競合の緩和には、両者の合併以外に方法がなく、やがて交通調整と呼ばれる企業合同が社会的風潮となるにおよび、大阪の交通問題最大の懸案事項の1つとなっていた。青バスの開業を許した大阪市はそれ以後、民間バス事業者の市域への乗り入れに非常に神経を尖らせ、特に郊外電車傘下のバス事業者が郊外路線の市内延長を企てる状況に対して強硬に反応した。1938年8月に「陸上交通事業調整法」が施行され、交通調整が本格化した同年9月に府知事が大阪市と大阪バスとの具体的合併交渉に乗り出し、10月に市が同社の株式を買収する方法で合併し、ようやく10年余つづいた両者の競合は終結をみることになった。

◎調整から統制へ

市内バス事業が一元化されるわずかに前の1938（昭和13）年5月に、ガソリン消費規制が強化された。その結果、市電路線と並行するバス路線は、運行制限や休止を余儀なくされ、合理化の要請が大阪バスの市バスへの統合促進要因の1つであった。市電並行路線を中心に市バスの路線休止が始まり、市電・市バス・市営地下鉄の連携による都市内交通網の維持が不可欠となっていた。

ガソリンの使用が困難になったバスは、次第にその勢力を弱め、木炭を燃焼してガスを発生させる代燃車が登場した。大阪バスの統合とガソリン消費規制によるバス運休の増加で、長らくバスの脅威に晒されてきた市電はその収益性を回復した。

さらに1938年4月に戦時体制への国民動員を目的とした「国家総動員法」、40年2月にそれを陸運に適用した勅令「陸運統制令」の公布によって、交通業界は調整よりも統制ムードが強まってきた。さらに太平洋戦争の開戦で1941年12月に「物資統制令」が公布されると、資材節約のためバスの脅威から逃れた鉄道も、車両や施設の①資材代用化、②規格化と統一化、③廃品の再利用や小型化、が求められ、戦争遂行路線に優先的に転用した。特に空襲で都心部から周辺農村への疎開市民が増加して人口が一時的に減少すると、利用者の減った都心部路線を中心に資材転用の対象となる場合が増加した。また、それまでは人馬や車両の輻輳によって都心部で交通事故が多発していたが、逆に農村部の交通事故が増加した。

一方、都市周辺部の軍需工場への動員が増加し、その通勤には平時以上の混雑が生じ、いち早く車両に扉開閉装置や放送装置の取り付けなどを行ない、戦後のラッシュ対策の先駆けとなった。また、有時の際に輸送路確保として、国有鉄道と私鉄を一貫して統制し、制海権の喪失で貨物輸送が困難になった沿岸海運に代わって国鉄に貨物輸送を転化し、大都市周辺の大量旅客輸送を私鉄に移管する方法が採られた。同時に空襲で終端駅の使用が困難になった場合を想定して、相互乗り入れ設備や電力の融通も奨励されるようになった。

戦後は復員、引揚、疎開者復帰、買い出しなどのため、再び都市周辺部の旅客輸送は著しく膨脹し、特に多数の疎開先を都心部へ輸送する私鉄線は戦中期の混雑が継続した。そのため輸送統制は第2次世界大戦の終戦によっても終息しなかった。しかも戦後の物資不足は容易に改善せず、戦前来の疲弊した輸送施設や車両によって大量の旅客輸送を余儀なくされた。物資不足の中で、統一規格の車両を新造して急場をしのぐ必要から、各路線の共通化が求められた。

写真6.「青空地下鉄」と呼ばれ、開溝型で開業した現・御堂筋線天王寺〜西田辺間　大阪都市協会編『写真で見る大阪市100年』1989年、153頁より

◎復興から経済成長へ

高速鉄道計画を都市計画事業の一環とする大阪市の位置づけは、1948（昭和23）年3月に戦災復興院（後の建設省）に設置した大阪市高速鉄道協議会による地下鉄改訂路線網決定まで継承された。そのため戦前から帝都高速度交通営団（以下、営団）を通じて鉄道省の主導性が強かった東京のそれとは対照的に、内務省を通じた都市計画事業としての考え方が継承され、それが市営主義を維持してきた。しかし、復興時の資材難のために、1950年代の延伸区間では天井を省略した開溝型で建設された区間もあった（写真6）。

一方、戦後も周辺農村への居住を余儀なくされた疎開者が、都心部へと通勤し、彼らの利用する私鉄各線の混雑を促したため、それを補うために郊外と都心を直結するバスが運行を始めた。ところが、市営主義方針に立つ大阪市は、それらの市内乗り入れを拒絶し、やがてそれはその交通政策への不満へと発展した。そして、1947年8月の阪急バスの市内乗入申請を契機に、ほかの五私鉄系列のバスもそれに倣ったため、大阪市も運輸省大阪鉄道局の仲介で、各私鉄ターミナル駅までの乗り入れ譲歩を余儀なくされた。

それに勢いを得た五私鉄では、1949年12月に朝夕ラッシュ時の「交通地獄」の緩和のためとして、さらに市内中心部までのバス路線延長を申請したが、大阪市は頑なにこれを拒否しつづけた。1951年8月に運輸省大阪陸運局長が仲介し、都心部にバスセンターを開設して乗り入れを譲歩する代わりに、市内区間での旅客乗降を認めない「クローズ・ド・ドアー制」を採ることで妥結した。

戦後の五私鉄の輸送復興は、即効性あるバス路線整備を優先したが、復興が軌道にのると、鉄道計画の拡充にも着手した。その皮切りが1946年9月の阪神西九条～難波間と、それに呼応した48年10月の近畿日本鉄道（戦前の大軌が発展。以下、近鉄）による鶴橋～難波間敷設免許（特許）申請であった。しかし、大阪市はこれを都市計画遂行への挑戦として排斥した。一方、東京都では営団の路線網拡張の中で、私鉄や国鉄との相互直通運転が増加してゆくことになった。

◎審議会体制と市営主義

都市計画型思考を堅持してきた大阪市の姿勢転換の契機は、1956（昭和31）年9月の京阪天満橋～淀屋橋間の延長申請容認にあったと考えられる。ちょうどこの頃は、戦後の運輸省の民主化政策の1つとした運輸審議会の一部をなす都市交通審議会（以下、都交審）が、大阪部会を設けて、その大都市圏の交通計画の立案に乗り出した時期に相当していた。

明治期以来、大阪市の堅持してきた市営主義を直接動揺させた１９５８年３月に決定した答申第３号につながる大阪部会の議論は、「原則的に、少なくとも私鉄の乗入れということは、この審議会の部会で認めていいのじゃないか」（島田孝一都市交通審議会長発言）という画期的発議を生み、杉道助《すぎみちすけ》大阪部会長も同部会で「私鉄の乗入れは原則的に認める」という発言へとつながっていった。

もちろん当初、大阪市議会は「到底黙過し得ない事態」だとする要望書を提出して反対したが、歴史の歯車に逆転はありえず、近鉄の鶴橋～難波間が１９５９年２月に免許されるころから、大阪でも「郊外私鉄と大阪市高速鉄道との間においても、今後建設する路線については、直通運転の研究が望ましい」（都市交通審議会『大阪市及びその周辺における都市交通に関する答申』）とする考えが明確化し、それはやがて地下鉄堺筋線《さかいすじせん》と阪急京都線の相互直通運転計画へと発展することになり、その後も同様な事例が増加した。

戦後の大阪市の都市交通計画では、都交審答申が路線計画に多大な影響を与え、戦前までの都市計画事業を基礎にした市の自主性は次第に失われていった。それは鉄道とともにバスでも同様で、当初それに固執し続けようとした大阪市も、１９６０年代にはその困難を認識するようになった。都交審では、「近畿はひとつというような時代に、大阪市バスがどこまでのなわ張りで、既得権はどこまでというような、そんなバカなことをわれわれ論議する必要はない」とする発言さえ現れるようになった。高度経済成長期の都市圏化で、都心部と郊外を一体化した思考の定着によって市営主義はその限界を露呈するようになってきた。

また、市電開業時に市営主義の拠りどころとなった交通事業収入は、第２次世界大戦前まで税外収入で依然高い割合を保っていたが、１９６０年代には次第にその占有割合が減少し、マイカーの増加によって交通事業は赤字基調へと転落した。要するに市が市内交通事業を独占する旨味はもはや過去のものとなったのである。それらが相乗し、約１００年間、さらに遡れば近世の水運における茶船・上荷船時代以来、継続してきた大阪における都心部輸送の独占という慣習は過去のものとなったのである。

◎おわりに

大阪市の都市交通の特徴を一言でいえば、都心部輸送の独占であろう。その思考自体は、全国はもとより、世界の各大都市にも少なからず認められる。しかし、市内交通機関市営主義、あるいは市営モンロー主義に、大阪市ほど固執し、声高に唱え続けた都市も少ないように思われる。かねてから筆者は、大阪市のこの思考の源流を探り、またその崩壊過程を描写することで、大阪市の都市交通を語ることが可能になると考え、研究を積み重ねてきた。

本稿は紙数の制約で充分に意を尽くせなかったところが多い。これらの点に関する筆者の研究にご関心をお持ち頂けた方は、「都市交通」という概念が成立してくる過程を追究した論文集『都市交通の成立』、あるいはその都市交通の通史としてまとめた『水の都と都市交通』を、併読して頂くことができれば幸いである。

注

（1）佐々木克『江戸が東京になった日』（選書メチエ202）講談社、2001年
（2）前島密（市島謙吉編）『鴻爪痕』前島会、1920年
（3）黒羽兵治郎『大阪地方の船仲間』湯川弘文社、1937年
（4）山本弘文編『交通・運輸の発達と技術革新——歴史的考察』東京大学出版会、1986年

（５）石田頼房『日本近代都市計画の百年』自治体研究社、１９８７年
（６）宮本又次『キタ』ミネルヴァ書房、１９６４年
（７）原武史『「民都」大阪対「帝都」東京』（選書メチエ１３３）講談社、１９９８年

参考文献

三木理史『都市交通の成立』日本経済評論社、２０１０年
三木理史『水の都と都市交通——大阪の２０世紀』成山堂書店、２００３年

第9章

東京

老川慶喜

◎はじめに

駕籠か駄馬しか知らなかった明治初年の東京市民は、京浜間を疾走する外国人馬車に目を見張った。1869年1月（明治元年11月）、横浜居留地のランガン商会が4両の馬車を使って京浜間に馬車路線を開設したのである。同年6月頃には、川奈幸左衛門、中山譲二らが「成駒屋」と号して京浜間に乗合馬車営業を開始した。これが日本人による最初の乗合馬車営業といわれ、2頭立て6人乗りで横浜〜東京間を4時間で走った。京浜間の乗合馬車は、1872年10月、京浜間官設鉄道が開業すると次第に駆逐されていった。(1)

乗合馬車は、京浜間の都市間連絡のための交通手段としては駆逐されたが、人力車とともに都市内交通手段として普及していった。東京市内における人力車は、1876（明治9）年に1人乗り1万6177両、2人乗り1万3853両を数えた。また、東京市内の乗合馬車は、1872年に雷門〜新橋間に開業したのを嚆矢に、76年には1頭立て49両、2頭立て122両を数えた。

江戸の人口は、19世紀前半の享和〜天保期には130〜140万人を数えていたが、1868年には50万人まで減少した。しかし、その後は増大し、1873年には59万5900人、旧市内の15区が成立した1878年には81万3400人、81年には113万6200人となった。こうした中で、1880年に東京馬車鉄道会社の設立が計画されたのである。

東京馬車鉄道は、その後電化を企て東京電車鉄道と改称し、1903年8月22日に新橋〜品川間の改築と電化を完了し、8月22日に東京市内では最初の電気鉄道を開業した。また、同年9月22日には東京市街鉄道、翌年12月8日には東京電気鉄道が開業した。そして、東京市街鉄道、東京電車鉄道および東京電気鉄道の3社が合併して東京鉄道会社となり、同社が1911年8月に市有化されて東京市電となった。本章では、東京馬車鉄道の設立から東京市電の成立にいたるまでの、東京市における馬車鉄道、市街電気鉄道の展開を検討することにしたい。

◎東京馬車鉄道の設立と経営

(1) 東京馬車鉄道の設立

東京市内に馬車鉄道を敷設しようという計画は、1873（明治6）年8月に高嶋嘉右衛門、林和一らによって試みられたが、法制局御用掛であったボアソナードが「市内交通機関の問題は軽々に決せられぬ、起業者は当に大規模大方針を確立し、出願以外の義務線をも敷設し得るだけの充分なる資力を要する、此の力あるものでなければ許す事は相成らぬ、一部の切売や撰り喰ひを為さしむるのは前途大害を醸す原因で御座る[2]」と反対したため、奏功しなかったといわれている。

その後、薩摩藩出身の種田誠一と谷元道之が官命を受けて欧米を視察したさい、各都市に馬車鉄道が開通しているのを目撃し、その便利さ痛感した。種田や谷元らは、帰国後まもなく官を辞して、東京に馬車鉄道会社を創設すべく奔走し、同郷の先輩で当時財界の大立者であった五代友厚に相談をした。五代も、都市交通機関の改善を考えていたので、種田と谷元の計画書をみて東京に馬車鉄道を敷設することに賛成した[3]。

発起人らは、1879年11月15日に相会して東京府下に馬車鉄道を敷設することを決議した。そして、

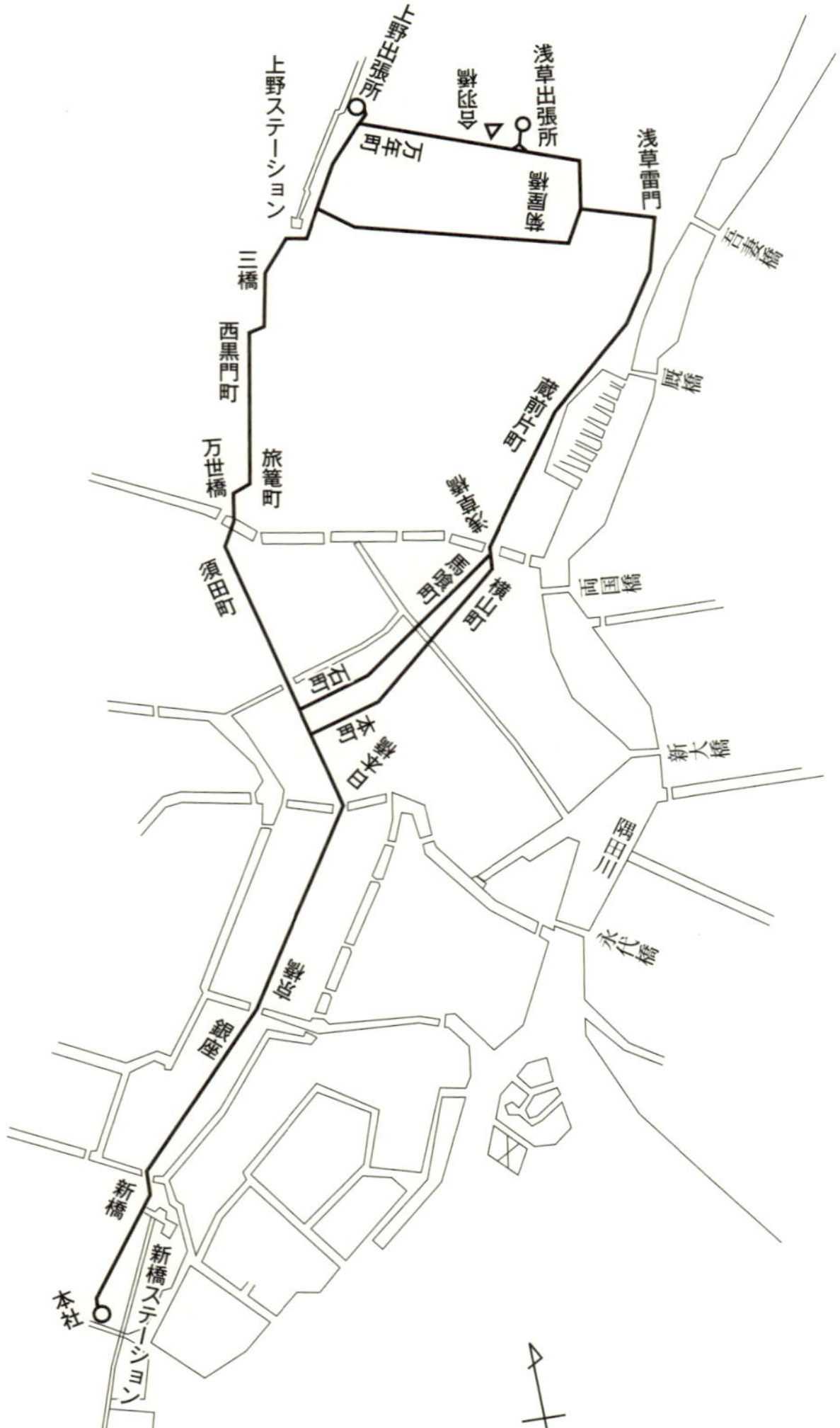

図1. 東京馬車鉄道路線図　1897（明治30）年8月現在　東京都総務局総務部公文書館編『東京馬車鉄道』都市紀要33、1989年、167頁より

五代友厚が発起人総代となって株式を募集すると申し込みが殺到し、わずか3日で締め切るほどであった。川村伝蔵、谷元道之、久原庄三郎、種田誠一らの発起人は、1880年2月23日に「東京府下市街鉄道建築願」を東京府知事の松田道之に提出し、次のように馬車鉄道敷設の趣旨を述べた(4)。

抑東京府街タルヤ、全国ノ首府ニシテ輦轂ノアル所各国公使ノ駐マル所四方輻輳スル所其地形タル四通五達、宜シク早ク該鉄路ヲ設ク可キハ論ヲ俟タズ。依テ私共拙劣不敏ヲ顧ミズ、同胞ノ公衆ニ率先シ当府下市街一二区内ニ於テ該鉄路ヲ起シ、漸次各区ニ敷及シ以テ一ハ人民ノ便利ニ供シ、一ハ陸軍拡張ノ道ニ於テ欠ク可カラザルヲ知ラシメント欲スル所ノ微志ナリ。

「東京府下市街鉄道建築願」は、1880年11月24日に認可を得た。社名は「東京馬車鉄道会社」とされ、谷元が社長、種田が副社長に就任し、五代は顧問役となった。資本金は30万円で、主要な株主は川村鉄太郎（300株）、五代友厚（260株）、高須退蔵（250株）、川村伝衛（130株）、谷元道之（100株）、種田誠一（100株）などであった。

東京馬車鉄道は、1882年6月に新橋～日本橋間を開業し、同年10月には新橋～上野～浅草～浅草橋～本石町～日本橋～新橋間約10マイル（約16.1km）の全線が開通した。軌道幅員は4フィート6インチ（1372mm）、車体は木造、1両の乗車定員は24～27人、馬匹2頭牽引、乗務員は馭者、車掌各1人であった。しかし、その後のたび重なる路線拡張の出願にもかかわらず、内務省や東京府庁の厳しい規制のもとで、東京馬車鉄道は東京市内全域を網羅する路線網を形成するにはいたらなかった。

（2）東京馬車鉄道の経営

東京馬車鉄道の開業後の乗客数、営業距離、車両数、馬匹頭数の推移をみると、表1のようである。乗客数は、1886（明治19）年、91年、99年に前年比で減となるが、傾向としては一貫して増加傾向にあり、1894年に1000万人を超えた。そして、以後東京市内の人口増加もあって急激に増加し、96年に2000万人、98年に3000万人、1901年に4000万人を超えて、02年には4220万7000人となった。乗客の増加は、営業距離の延長、車両数、馬匹頭数の増加によってもたらされ、東京馬車鉄道の社業は急激に拡大していった。

つぎに、東京馬車鉄道の営業成績についてみると表2のようである。1884年2月7日に「当会社々業ヲ拡張シ従来ノ負債ヲ償還センガ為メ、更ニ負債ヲ起シ、馬車弐拾両ヲ増加シ、其収益ヲ以テ負債償還ノ方法ヲ設クル」(5)ことになった。そのため、利益の大半を負債償却に充てることになり、1885年には配当率が8・8%となり、86年には無配に転じている。また、同年下期には、コレラの流行によって営業が妨害されたが一定の営業成績を収め、翌87年には払込額100円の株価が254円60銭に高騰した。

東京馬車鉄道は、株価の高騰を好機として1887年4月8日に臨時株主総会を開き、負債償却のため300株、3万円の増資を決定した。増資は株主の入札に付し、1株（額面100円）311円から315円50銭までで売買済みとなり、総額9万3747円90銭の資金を得た。東京馬車鉄道は、この資金で負債残高元利金などすべてを償却し、なお剰余金を営業準備金などに充当した。ここに、創業以来の懸案であった負債整理が完結した。

また、臨時株主総会では、かねてからの念願であった品川、内藤新宿、板橋、千住の4宿にむけて路線延長に乗り出すことを決定した。社長の谷元および副社長の種田によれば、「年一年ヨリ乗客ノ数ヲ増加シタルハ公衆ニ便益ヲ与ヘタル徴証」であり、「漸次世人ノ便ヲ感スルト当社ノ経験ヲ得ルトニ従テ市街縦横線路ヲ拡張シ、市外四宿ニモ互ニ連絡ヲ通シ、愈以テ公衆ノ便益ヲ相謀」らなければならなかったのである。この延長線の建築費予算は５７万円で、そのため５７万円の増資を断行して資本金を９０万円とし、増資は「株主一同ニ於テ分担出金」することとされた(6)。

１８９０年下期から９２年下期にいたる２年半の間が東京馬車鉄道にとって経営がもっとも苦しい時期で、９１年５月２５日の臨時株主総会では谷元道之が社長を辞任し、新社長に牟田口元学が就任した（副社長の

年	乗客（人）	営業距離（里）	車両（両）	馬匹（匹）
1882	1,106,623	29,310	31	226
1883	3,906,994	170,388	42	262
1884	5,297,868	234,674	62	290
1885	6,349,644	382,048	62	425
1886	5,938,761	421,810	62	401
1887	7,556,473	383,442	62	423
1888	7,776,025	409,107	62	444
1889	8,011,674	429,545	92	661
1890	8,326,559	385,070	92	521
1891	6,594,075	426,035	92	461
1892	7,051,256	431,658	92	447
1893	8,402,701	483,895	92	460
1894	11,058,143	540,069	92	533
1895	15,479,620	670,118	102	595
1896	21,555,373	830,465	135	961
1897	24,801,543	929,554	150	1,020
1898	30,008,059	1,286,765	202	1,220
1899	27,616,374	1,856,552	282	1,503
1900	33,458,121	4,288,381	308	1,854
1901	40,999,332	—	307	2,125
1902	42,206,917	—	307	1,917
1903	19,334,480	—	300	1,174

表１．東京馬車鉄道の経営拡大
内閣統計局編『日本帝国統計年鑑』各年より

年	払込資本金	営業収入	営業支出	純益	配当金	利益率	配当率	配当性向
1882	300,000	41,162	29,829	11,333	7,800	3.8%	2.6%	68.8%
1883	300,000	126,644	63,463	63,181	48,000	21.1%	16.0%	76.0%
1884	300,000	142,415	76,188	66,227	43,500	22.1%	14.5%	65.7%
1885	300,000	146,973	98,374	48,600	26,250	16.2%	8.8%	54.0%
1886	300,000	132,139	84,894	47,246	—	15.7%	—	—
1887	330,000	175,870	86,859	89,012	70,950	27.0%	21.5%	79.7%
1888	500,000	179,360	89,548	89,813	71,201	18.0%	14.2%	79.3%
1889	466,000	187,568	97,922	89,646	72,308	19.2%	15.5%	80.7%
1890	468,000	194,375	124,150	70,225	59,263	15.0%	12.7%	84.4%
1891	467,500	144,626	99,252	45,374	39,737	—	—	87.6%
1892	487,500	153,969	96,055	57,914	47,750	11.9%	9.8%	82.4%
1893	487,500	184,849	104,117	80,732	63,375	16.6%	13.0%	78.5%
1894	487,500	231,880	117,695	114,185	87,750	23.4%	18.0%	76.8%
1895	487,500	325,175	153,159	172,016	126,750	35.3%	26.0%	73.7%
1896	750,000	460,837	216,316	244,521	207,810	32.6%	27.7%	85.0%
1897	750,000	565,831	282,168	283,663	240,600	37.8%	32.1%	84.8%
1898	840,000	737,693	407,846	329,847	280,000	39.3%	33.3%	84.9%
1899	1,450,000	1,011,624	533,779	477,845	377,100	33.0%	26.0%	78.9%
1900	1,567,725	1,327,236	709,587	617,649	511,150	39.4%	32.6%	82.8%
1901	2,525,000	1,450,592	737,511	713,081	609,540	28.2%	24.1%	85.5%
1902	3,347,763	1,459,155	759,192	699,963	594,478	20.9%	17.8%	84.9%
1903	4,175,000	1,322,696	813,953	508,743	431,978	12.2%	10.3%	84.9%

表2．東京馬車鉄道の営業成績　単位：円・％　内閣統計局編『日本帝国統計年鑑』各年より

種田は1891年1月25日に辞任)。取締役には、平沼専蔵、若尾逸平、中野武営が就任し、東京馬車鉄道は大隈重信につながる牟田口・中野と、若尾を中心とする「甲州財閥」の連合体として再出発することになった。牟田口社長のもとでの新体制では、路線拡張ではなく、既設線の整備・充実と経営の合理化による収益の向上に力がそそがれ、①軌道改修による道路修繕費の負担軽減、②複線化の進展による馬車回転数の増加、収益力の向上などがはかられた。

東京の目抜き通りを独占的に使用する東京馬車鉄道の市街交通事業は、きわめて割のよい事業であった。1893年以降は景気の回復と複線化の進行にともない営業成績は次第に上向き、1894年には乗客数、営業収入ともに創業以来の最高を記録した。そして、1895年3月の新橋~汐留間の完全複線化と日本橋停留場における発着運転方法の改良は、馬車鉄道の業績を向上させた。すなわち、1895年から1900年までの利益率は30%を超え、配当率も26~33%台で推移しているのである。翌1899年7月には品川馬車鉄道(品川橋~芝口1丁目間)を合併し、東京馬車鉄道は東京市内の交通を独占した。そして、1901年末には軌道延長21マイル(約33・8km)、馬車300台、馬匹2000頭を擁し、年収140万円を超える「帝都唯一の交通機関として市民に君臨[7]」するようになった。

◎東京市街鉄道の設立と東京馬車鉄道の電化

(1)藤岡市助と電気鉄道の出願

東京電灯の技師長で電気鉄道技術の第一人者であった藤岡市助と、岐阜県出身の実業家で電気鉄道経営の先駆けとなった立川勇次郎らは、1889（明治22）年に東京市内に電気鉄道を敷設するよう出願したが、当時は電気鉄道の効用が知悉されていなかったばかりか、その技術も未熟であったため却下された[8]。鉄道局長の井上勝でさえ、「本局ノ聞ク所ニ拠レハ電気ヲ鉄道ニ利用スルハ欧米諸州ニ於テモ晩近漸ク其試験ニ着手セシモノニシテ未タ完全ナル結果ヲ得ルニ至ラスト、電気ニ関スル機械等ノ販路拡張ヲ謀ル者ニ在リテハ其無上ノ利用ヲ説ク可シト雖モ是或ハ誇張ニ失スルノ憂ナシトセス[9]」という認識にとどまっていた。

1890年に東京の上野公園で開催された第3回内国勧業博覧会（4月1日〜7月31日）の会場で、東京電灯会社が輸入したスプレーグ式電車の試運転が5月4日からなされ、米国から帰国したばかりの藤岡市助が電気鉄道の可能性について説明を行なった[10]。そして、東京馬車鉄道の事業の成功や電気鉄道の技術的な実現可能性をみて、東京市内における市街電気鉄道事業は利益を生むものとの期待が高まり、1893年から99年までに35社の市街電気鉄道の出願がみられた[11]。

雨宮敬次郎ほか41名は1893年10月13日に東京電気鉄道会社の設立を出願し、同年11月26日には藤岡市助ほか15名が東京電車鉄道会社、11月29日には立川勇次郎ほか9名が東京電車鉄道（東京電道）会社の設立を出願した。雨宮、藤岡、立川らは「相争フノ共ニ不可ナル」ことを悟り、「協心戮力外難ヲ排スルコト」に努め、1903年12月、全国各地の電気鉄道出願者を集めて電気鉄道期成同盟会を組織した。幹事には、村野山人（神戸電気鉄道）、外山脩造（大阪電気鉄道）、高木文平（京都電気鉄道）、神戸挙一（東京馬車鉄道）、高木正年・檜山鐵三郎・南部助之亟（東京電気鉄道）、藤岡市助・土田政次郎（東京電車鉄道）らが就任し、懇親会や演説会を開催して「朝野ノ実業家技術家及ヒ当路ノ有司ヲ招キテ賛同ヲ求メ」たり、「取調参考書類ヲ頒布シテ世評ヲ弁シ」たりするとともに、「大臣及ヒ高等官ヲ歴訪スル」などした。

こうした中で、政府当局も市街鉄道問題を放任しておけないと悟り、逓信省技師の浅野應助を欧米に派遣して電気鉄道の実況を調査させ、浅野の帰国を待って内務大臣は市内電気鉄道許否の問題を東京市区改正委員会に諮詢した。同委員会は、7名の調査委員を選任して京都電気鉄道の実地調査を実施し、同年8月24日、①架空式単線法は、地下に埋設されている水道管やガス管などの金属を腐食する恐れがあるので採用しない、②架空式複線法を採用するのであれば、街路改正の事業が完成した場合には、区間を限定して敷設を許可してもよい、③建柱架線を要しない蓄電池式を採用すべきである、などを決議した[12]。

(2) 東京市街鉄道の設立

東京電気鉄道、東京電車鉄道、東京電動鉄道の3社の発起人は、1895(明治28)年4月18日に帝国ホテルで会議を開いて合併を議決し、同年6月2日には発起規約、創立委員を定めた。創立委員には、雨宮敬次郎、横山孫一郎、宏虎童、南部助之亟、土田政次郎、高木正年、藤岡市助、岩田作兵衛、喜谷市郎衛門、立川勇次郎ら10人が就任し、雨宮が創立委員長となった。資本金は100万円で、事務所は築地館におかれ、電気方式は架空式単線法とされていた。

その後、東京電気鉄道は1895年8月5日に東京中央電気鉄道を合併し、12月15日に築地館の創立事務所を京橋区山城町に移した。また、雨宮にかわって藤岡市助が創立委員長となった。1897年2月22日に東京電気鉄道発起人総会が帝国ホテルで開催され、資本金150万円を500万円に増資し、企画設計も拡張した。東京電気鉄道は、さらに東京府内電気鉄道、東京青山電気鉄道、江東電気鉄道、東京目黒電気鉄道、王子電気鉄道、永代橋電気鉄道、城南電気鉄道、浅草電気鉄道、京中電気鉄道など、野中萬助ほか49名によって1896年3月2日に出願された空気圧搾式の東京自動鉄道会社以外の電気鉄道をほとんど合併した。東京自動鉄道は「其原動力応用ノ点ニ於テ見ル所各相反スル」ため、合併の範囲外におかれた

のである。(13)

1897年10月19日、内務大臣樺山資紀は東京電気鉄道および東京電車鉄道の発起人に「内達書」を下した。東京電気鉄道と東京電車鉄道は、内務省の内達にもとづき架空式を蓄電池式に改めて設計書や願書を調成し、1897年11月25日までに出願手続きを終えた。しかし、1897年10月19日の東京市会で「市内交通機関ハ市ニ於テ設備スルノ公益ニ適スル」と主張するものが現れ、同年10月19日に東京市会は「市内交通機関ノ設備ヲ市ノ事業トシテ経営スルノ議」を決し、空気圧搾式市街鉄道の敷設を内務大臣に請願した。これによって「内務省ニ於ケル詮議ノ方針ハ俄カニ頓挫シ切角ノ内達モ遂ニ其甲斐ナキニ至」った。(14)

その後、東京電気鉄道、および1895年6月に福沢捨次郎らによって出願された東京自動鉄道の間で合併の議がおこり、1899年7月19日に合併契約が締結された。合併後の会社は東京市街鉄道と称し、資本金は1500万円で、各社が500万円ずつ負担した。発起人は15名とし、各社から5名ずつ出した。出願人総代は、雨宮敬次郎・藤岡市助・立川勇次郎（東京電気鉄道）、藤山雷太・佐分利一嗣・岡本貞烋（東京電車鉄道）、野中萬助・利光鶴松・青木正太郎（東京自動鉄道）の9名であった。東京商業会議所会頭の渋沢栄一も、欧米の諸都市における電気鉄道の事例を紹介しながら、「我東京市ハ市区改正事業ト云ヒ水道事業ト云ヒ、将タ築港事業ト云ヒ、莫大ノ資本ヲ要スル事業眼前ニ横ハレリ、此際更ニ数千万円ノ資本ヲ要スヘキ市街鉄道ヲ市有ト為スカ如キハ市ノ経済上ニ於テモ其管理上ニ於テモ策ノ得タルモノニアラス、宜シク確実有力ナル私立会社ニ向テ全然之ヲ特許シ速ニ其敷設ニ着手セシムヘキナリ」と、東京市街鉄道を民営事業として推進することを主張した。(15)

こうして、東京市街鉄道は創立に着手し、会社が市に対して負担する義務条件を協定し、市会の承認を得て1899年8月12日に内務大臣に軌道敷設を出願した。[16] しかし、東京市会では市街鉄道市有説が再燃した。1899年10月14日の『東京経済雑誌』(第1000号)に掲載された記事によれば、東京市会および東京市参事会では一昨年以来「殆ど全会一致を以て市有説を可決し」てきた。そして、市有論者は1899年10月10日に日本橋倶楽部に参集し、「東京市街鉄道は明治三十一年第四十四号第九十二号議案にて市会が決議を為したる通り施行すべき」ことを決議した。「民有説」に決したといえ、敷設の特権を得たのは30社以上の出願者のうち、東京電車鉄道、東京電気鉄道、東京自動鉄道の合同によって設立された「東京市街鉄道の一会社に過ぎ」ないので、ほかの出願者が市有説を説くのは当然であった。[17] それでも10月19日の東京市会において、市街鉄道は民営とすることが可決された。市長の松田秀雄が市会にはかったところ、「民設」に賛成した議員は38名、「市設」に賛成した議員は18名であった。[18]

東京市街鉄道の設立は、1900年5月25日に東京市区改正委員会の決議を経て同年6月8日の東京市会で全会一致をもって可決され、6月9日に内務大臣から特許状および命令書の下付を受けた。こうして「多年間幾多ノ障害ヲ排除シ苦心経営ヲ重子タル市内交通機関設備ノ計画ハ東京市街鉄道布設特許命令ノ下ニ於テ其希望ヲ成就シ一大生面ヲ開クニ至[19]」ったのである。1900年6月20日、築地館で東京電気鉄道発起人総会が開催され、3社が解散し、雨宮、藤岡、立川、岩田、小野の5名を発起人72名の代表者に選出した。[20]

東京市街鉄道は、1902年4月18日に神田区美土代町の青年会館で創立総会を開催した。同社の定款によれば、資本金は300万円で、「東京市内及接続町村ニ鉄道ヲ敷設シ一般運輸ノ業ヲ営ム」ことを目的としていた。資本金は、1903年を期して1200万円の増資をし、1500万円とするとされていた。取締役に藤山雷太、野中萬助、吉田幸作、立川勇次郎、高島小金治、手塚猛昌、雨宮敬次郎、監査役に岡本貞烋、根津嘉一郎、福原有信が当選し、取締役会長に雨宮、専務取締役に藤山、取締役理事に野中萬助が就任した[21]。

(3) 東京馬車鉄道の電車化

東京馬車鉄道の経営は順調に推移したが、馬車鉄道は大量の馬糞をまきちらし、衛生、美観、臭気などの問題で市民の批判を受け、動力の馬匹から電力への変更が日程にのぼるようになった。東京馬車鉄道は、1893(明治26)年11月に単線架空式による馬車から電車への動力変更を出願した。そして、1896年5月には東京市内におけるほかの電車鉄道の出願とは趣旨を異にするので、特別の取扱いを仰ぎ速やかに許可をしてもらいたいと上申したが、爾来5年にわたって何の沙汰もなかった。そこで、同社社長の牟田口元学は、1897年9月18日に設計書および図面を添えて内務大臣樺山資紀に電車鉄道への変更を追願し、ほぼつぎの3点を主張した[22]。

(1) 東京馬車鉄道は1時間に70台前後の車両を発車させ、1日に10万人、1ヵ月に300万人の輸送をこなしていたが、なお需要を満たすことはできなかった。しかし、「馬車鉄道としては如何に改良を加ふるも最早殆んと此以上の利便を計ること能はさるの境界に立至」っている。また、多数の車両を運転すれば馬匹の数も増加し、ますます「道路を破損し砂塵を捲き屎尿を散らす」ことになる。

(2) 電車鉄道には、①水道鉄管など地中埋設の金属を腐食し、既設の電話に害を及ぼす、②市街の「観望」を害する、という危惧があった。①については、電気技術が進歩し「軌道以外に電気の漏洩なき」ようになったために解消された。また、②についても、地上に現れるのは「二條の電車線と之を支ふる鉄柱」だけで、ほかはすべて「地中に埋設せらるゝ」ので、「寧ろ市街に幾層の美観を添ふる」ことになる。また、馬車鉄道では馬匹の蹄鉄を痛めるので路面に敷石を敷きしめるのは困難であったが、電車鉄道に変更されれば、「軌道の改築と同時に会社の修繕負担に属する軌道内外の路面は総て敷石をなす」ことができる。
（3）ほかの電車鉄道の出願は「縦令速に御許可を得るの運ひに至り候とも其実施を見るは容易の事に有之間敷」なのに対し、東京馬車鉄道は動力の「変更の許可を得候上は直に工事に着手し蓉年ならずして之か実行を見る」ものと考えられる。また、東京馬車鉄道の出願に許可を与えられ、電車鉄道が運転されれば「道路の保存、公衆の衛生、市街の観望等現時と一変し併せて一般交通の便利を進め」ることができる。

東京馬車鉄道の電気動力への変更は、1900年10月2日に複線架空式による電気鉄道の敷設として許可された。東京馬車鉄道は、同年10月20日に株主総会を開き、動力変更の許可指令に接した旨を発表するとともに、会社名を東京電車鉄道会社と改称した。また、動力の変更と路幅拡築などにともなう資金に充てるため、170万円の資本金を500万円に増資した。そして、1901年6月には社員をアメリカに派遣して電車に関する材料の購入にあたらせ、1902年末から電化工事に着手し、03年7月25日に品川～新橋間の試運転、8月22日から営業運転を開始し、04年3月に全線の電車化が完成した[23]。

◎東京鉄道の設立と市有化

（1）東京鉄道の成立

こうして、東京市内では東京市街鉄道、東京電車鉄道と東京電気鉄道（森岡昌純や岡田治衛武らが設立した川崎電気鉄道が1900（明治33）年5月に改称）の3社が鼎立することになった。3社は線路敷設工事の進捗に努め、東京電車鉄道は1903年8月22日に品川～新橋間、11月25日に新橋～上野

	単位	東京電車鉄道	東京市街鉄道	東京電気鉄道
資本金	万円	600	1,500	600
軌道延長哩数	哩	22.880	45.166	21.496
車両数	両	250（40 人乗）	480（40 人乗）・9（66 人乗）	180（40 人乗）
運転車両数（1日平均）	両	209	332	101
運転哩数（1日平均）	哩	25,316	34,204	11,257
乗客数（1日平均）	人	126,800	185,615	8,334
乗車賃収入（1日平均）	円	3,605	5,266	1,394

表3．合併3社の概要　東京鉄道会社『第一回報告書』1906 年 9 ～ 11 月、10 ～ 26 頁より

間、１９０４年２月に日本橋区銀町～小伝馬町～浅草橋～雷門間、３月１８日に雷門～上野間を順次開通した。東京市街鉄道は、１９０３年９月に第１期線中の数寄屋橋～神田橋間、１０月には日比谷～半蔵門間、１１月には神田橋～両国橋間および半蔵門～新橋間を開通した(24)。そして、東京電気鉄道は、１９０４年４月に外濠線工事施行が認可され、１２月８日に土橋～お茶の水橋間、０５年４月に土橋～虎の門間およびお茶の水橋～東竹町間を開通した。３社とも、複線架空式の電気鉄道で、軌道の幅員は馬車鉄道と同じく４フィート６インチ（１３７２㎜）であった。

東京府知事の千家尊福と東京商工会議所会頭渋沢栄一の斡旋で、東京市街鉄道と東京馬車鉄道（東京電車鉄道）との合併談が日程にのぼった。東京電車鉄道と東京市街鉄道の重役は、１９０３年７月１１日に合併に関する仮契約を締結し、東京電車鉄道は同年７月２９日に臨時株主総会を開催して合併を決議した。しかし、東京市街鉄道では合併派と非合併派とが対立し、７月２８日の臨時株主総会は「満場総立ちの大波乱」となった。合併派は、７月３１日に東京電車鉄道の社長牟田口元学と東京市街鉄道の社長藤山雷太の連署をもって内務大臣に合併許可の申請をしたが、非合併派はそれを不当として東京区裁判所に仮処分の申請を提出した。

結局、内務大臣は3社の合併を却下した。

その後、1906（明治39）年6月11日、東京電気鉄道、東京市街鉄道、東京電車鉄道の3社は合併契約を締結した。合併3社の概要は表3のようで、東京市街鉄道の経営規模がほかの2社を圧倒していた。新会社の資本金は2700万円（54万株）で、9月11日現在で東京電気鉄道の株主は同社の株式12万株に対し新会社株式9万株（1株につき0・75株）、同じく東京市街鉄道の株主は30万株に対し31万2000株（1株につき1・04株）、東京電車鉄道の株主は12万株に対し13万8000株（1株につき1・15株）を割り当てられることになった[25]。

1906年7月16日、3社の代表者が合併にさいし各社の特許に属する事業上の権利義務を一切新会社に継承することを内務大臣に申請し、8月1日に許可された。また、同日、3社の代表者は合併の際には乗車賃率を4銭均一にしたいという申請をし、内務大臣の認可を得た。

1906年9月11日、3社は神田青年館で総会を開き、旧3社を解散して東京鉄道会社を設立した。資本金は2700万円から6000万円（125万株）に増資された。新株の66万株は1株9分の2の割合で1907年2月1日現在の株主に分配することにした。ただし、1株未満の端数は競争募集に付した。設立時の株主数は4089人であった。東京鉄道の社長には東京電車鉄道の牟田口元学が就任し、井上敬次郎、安藤保太郎、川田鷹が常務取締役となった。

（2）市街鉄道市有論の再燃と東京鉄道

東京鉄道成立後まもなく市街電車市有論が再び台頭し、1906（明治39）年10月25日の各区会議員の連合秋季総会では、電灯・ガスとともに電車の市有化が決議された。また、東京市会における電車市有

支出					当期利益金	利益率
動力費	保存費	電力営業費	減損補填金	計		
105,420	108,523	—	—	517,664	577,194	4.2%
632,862	520,831	—	—	2,525,980	3,349,923	9.5%
659,705	845,562	39,986	500,000	3,792,442	2,672,081	7.1%
643,019	524,229	86,922	700,000	4,050,670	2,945,445	7.2%
649,334	549,143	166,010	400,000	3,923,701	3,463,361	8.1%
457,282	396,138	144,222	226,394	3,026,049	2,329,188	5.4%

に関する調査委員は、同年11月22日に市街電車の市有化を決定して市参事会に報告をした。そして、東京市長の尾崎行雄および東京市参事会委員と東京鉄道の重役は、市街鉄道の市有化をめぐって数回の会見をもった(26)。

東京鉄道は1907(明治40)年12月15日、「会社ノ営業ヲ挙ケテ東京市ノ経営ニ移スヲ以テ市ノ公益ト認メ」、東京市参事会東京市長と仮契約書を交わし、東京市は「明治四十一年三月三十一日ヲ限リ会社カ其定款ニ従ヒ営ム所ノ営業及資産ノ全部ヲ買収スル」ことになった。買収価格は6750万円で、東京市は仮契約が有効となってから6ヵ月以内に券面金額6750万円の年利6%利付無記名市公債を発行し、その証書を東京鉄道に交付するというのである(27)。この仮契約は、1907年12月18日に東京市会および東京鉄道株主総会で可決し、1908年1月6日に内務大臣に認可を申請し、事業譲渡願書を逓信大臣に提出したが却下された。東京市参事会は、同年7月7日に市営再願の決議をして東京鉄道と交渉したが、東京鉄道の同意は得られなかった(28)。

その後、東京鉄道は、1908年12月21日、減損補填金や減価償却金を賄うためには毎年100万円の積み立てをしなければならないとして、①普通乗車賃=片道1回5銭、②軍人(将校をのぞく)・学生・労働者割引=同3銭、③乗換手数料=毎1回1銭という内容の乗車料金値上げを警視庁ならびに東京市に申請した。東京市会は12月24日に緊急市会を開い

年度	払込資本金	収入				支出	
		運輸収入	電力収入	雑収入	計	総係費	運輸費
1906	27,000,000	1,063,213	—	31,644	1,094,858	118,647	185,073
1907	35,250,000	5,455,596	—	420,307	5,875,903	541,708	830,499
1908	37,636,612	5,644,836	64,636	755,051	6,464,523	679,710	1,067,479
1909	40,801,775	5,972,839	144,242	879,035	6,996,115	785,854	1,310,646
1910	42,597,225	6,316,194	286,863	784,005	7,387,062	812,863	1,346,350
1911	42,989,962	4,644,126	249,010	462,102	5,355,237	725,993	1,076,895

表4．東京鉄道の営業成績　単位：円・％　東京鉄道株式会社『報告書』各期より

て値上案を可決したが、市民の間に反対がおこり、政府は1909年1月20日に却下した。その責任をとって東京鉄道では、社長の牟田口以下の重役が連袂辞任をし、渋沢栄一、大倉喜八郎、近藤廉平、福原有信、渡辺福三郎の5名が後任役員を選定することになった。後任役員の選定は、株主間のさまざまな利害が絡み難航をきわめたが、千家尊福が社長に選任され、その他の役員の選任は千家に一任された。その結果、1909年3月29日の臨時株主総会で取締役に根津嘉一郎、安藤保太郎、渡辺六蔵、松元剛吉、川田鷹、井上敬次郎、磯部保次、渡辺嘉一、監査役に神谷伝兵衛、小野金六、吉田幸作が選任され、井上、川田、安藤が常務取締役となった。このうち、井上、川田、安藤、小野、吉田は旧重役で、中野武営、牟田口元学の推薦によるものであった。また、渡辺嘉一は大倉喜八郎の推薦、渡辺六蔵は大株主の渡辺家の代表、松元剛吉は社長の千家自らの推薦によるものであった。井上、安藤、川田が引き続き常務取締役に就任した。千家は、「市民の利益と会社の生存に融通接近する材料研究に向て、鋭意調査を懈らざる決心を有する」と社長就任の抱負を語った(29)。

東京鉄道の営業成績をみると、**表4**のようである。1907年3月5日には電灯営業に関する供給区域拡張を出願し、同年4月5日にかつて認許を得た区域で、供給時間・料金を定め電灯営業を開業した。払込資本金額は約1.6倍に増加し、利益率は7～8％台であった。

（3）東京鉄道の市有化

逓信大臣の後藤新平は、1909（明治43）年10月16日、①市民の負担を増加したり、市民の交通の便利を減損したりしないこと、②買収および未成線建設のために起こした公債の元利支払いは、市街鉄道

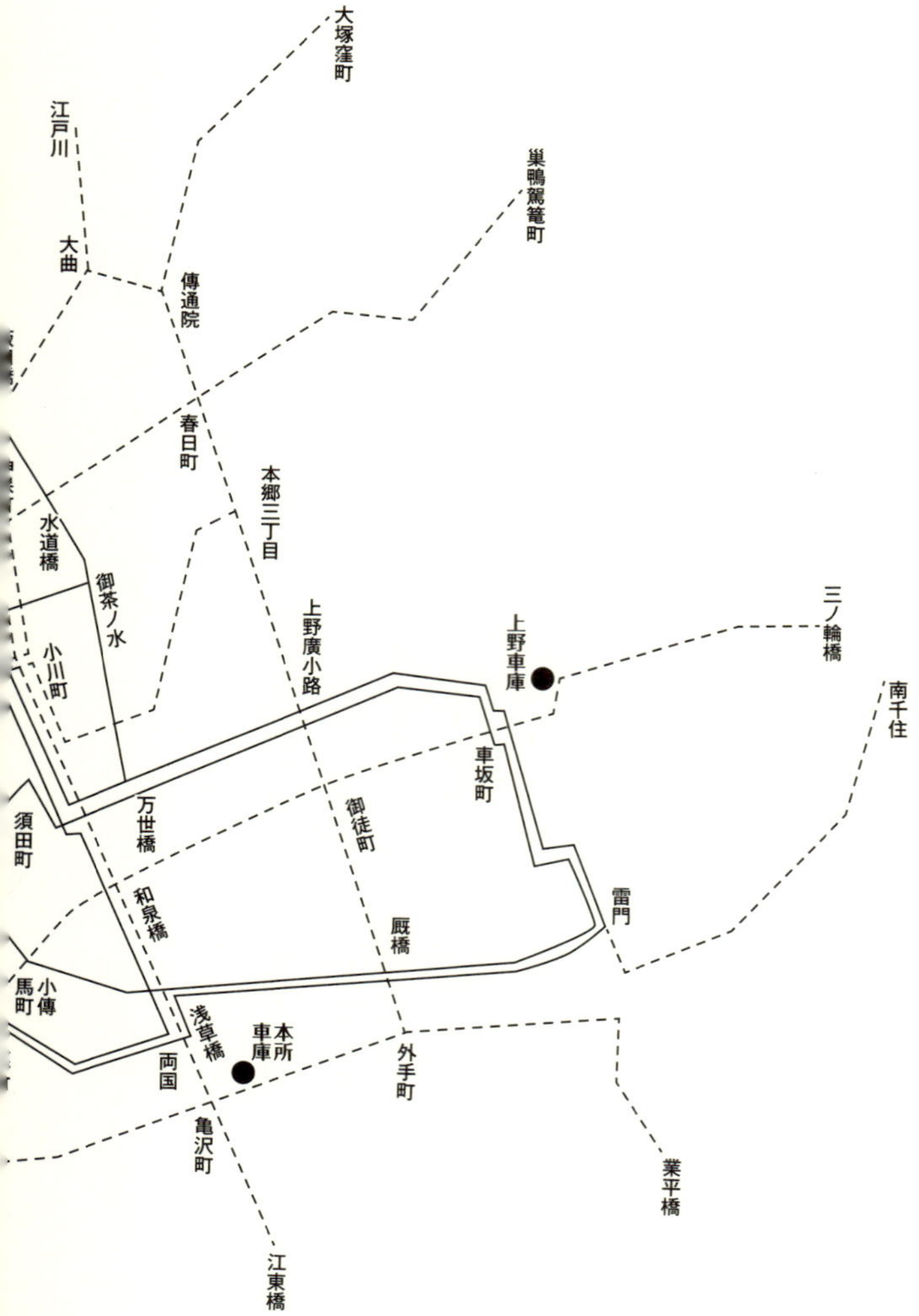

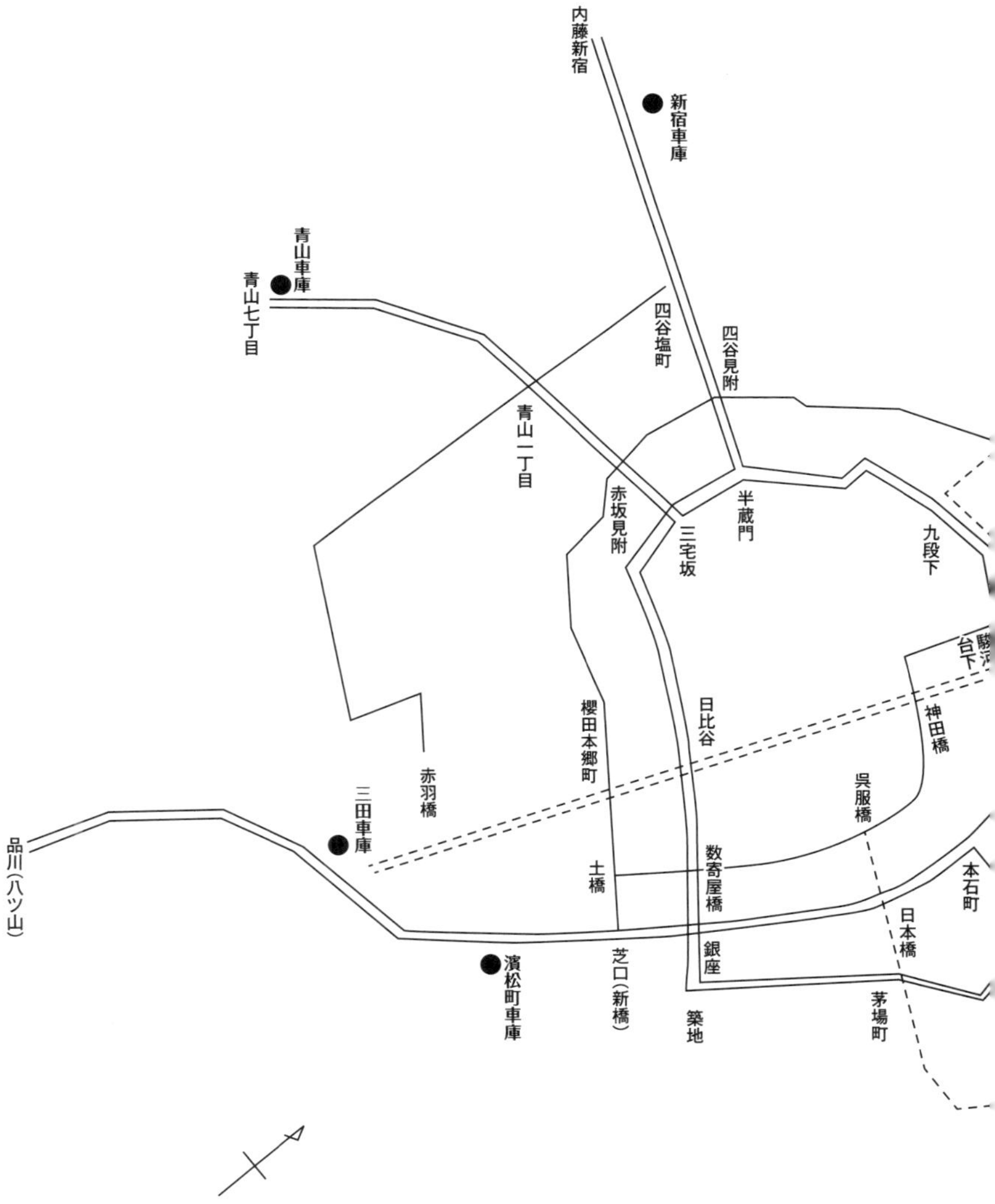

図2．市有当日の運転系統　1911（明治44）年8月1日現在　東京市電気局編『東京市電気局十年略史』1921年より

の収益をもって完了すること、③市有後の組織や経営について、綱領をもって具体的草案を定め提出すること、などを条件に東京鉄道を市有化するという覚書を東京市長の尾崎行雄と交わした。こうして、市街鉄道の市営問題は再燃することになった。

尾崎市長は、さっそく東京鉄道と交渉をしたが、東京鉄道は5800万円の買収価格では応じられないとして不調に終わった。しかし、1909年12月に東京鉄道の未成線の工事施工が遅延すると、内務、逓信両大臣は未成線の完成、車両の修理・改善は民営会社ではできないと結論し、1911年6月27日、尾崎市長を内務大臣官邸に招いて市街電気鉄道の市営を促した。そして、同年7月1日から東京市と東京鉄道は交渉に入り、7月5日に東京市参事会東京市長尾崎行雄と東京鉄道社長千家尊福との間で仮契約が締結された。それによれば、東京市は同年7月31日を限りに「会社カ其定款ニ従ヒ営ム所ノ営業（兼業ヲ包含ス）及会社ノ現ニ有スル物件並ニ営業設備ノ全部ヲ」6391万5518円で買収し、1911年8月1日から1年以内に現金が交付されることになった。(30)

東京鉄道の清算人には利光鶴松（委員長）、川田鷹、磯部保次、渡邊六藏、松元剛吉が就任し、1911年8月1日に買収契約にもとづいて事業、財産のすべての引き継ぎを完了した。買収価格は、1911年6〜7月に発生した建設費などを加えて6458万4854円となった。(31)

かくて、東京電車鉄道、東京市街鉄道、東京電気鉄道の3社併存体制は、1906年9月に東京鉄道による1社独占体制となったが、翌1907年12月には早くも東京鉄道は市有化に向けて東京市と仮契約を締結し、5年後の1911年8月1日に東京市に買収され、市街鉄道は東京市の直営事業となって東京市電気局の管轄下に入った。

東京市電気局は、総務部（庶務課、経理課）、運輸部（運輸課）、電灯部（文書課、主計課、営業課、作業課）、

工務部（建設課）の4部8課からなり、職員には局長、理事、主事、技師、事務員、技手がおかれた。開業当初には、元鉄道院理事の松木幹一郎が局長に就任し、旧東京鉄道取締役の井上敬次郎および安藤保太郎が理事となった。また、主事、技師、事務員も旧東京鉄道の職員から任命された。

◎おわりに

以上、東京馬車鉄道会社の設立から東京市営電気鉄道の成立にいたる経緯を検討してきた。東京市電は「市民の重要な交通機関」となり、「路線の拡張、車輛の改善、サービスの改善等に腐心し、所謂、乗心地の好い電車を運転すべく、絶えず細心の注意を拂ふと共に、運転系統の改正等についても、絶大な努力を盡し」たのであった(32)。

年度	乗車料収入	経営費	営業係数
1911	4,838	1,972	40.8
1913	8,583	3,704	43.2
1915	9,048	3,827	42.1
1917	12,808	4,540	35.4
1919	17,129	10,091	58.9
1921	29,787	17,850	59.9
1923	24,736	18,277	73.8
1925	30,729	22,365	72.8
1927	28,860	20,835	72.2
1929	27,202	19,831	72.9
1931	21,562	17,539	81.3
1933	18,854	14,607	77.5
1935	18,476	11,302	61.2
1937	20,037	12,902	64.4
1939	26,655	15,706	59.0

表5．東京市電気局電気軌道事業の営業係数
単位：千円・％　東京市電気局編『電気局三十年史』1940年、182～184頁より

東京市電の乗車料収入、経営費、営業係数（乗車料収入／経営費）を示すと**表5**のようである。関東大震災がおこった1923年以前には、乗車料収入が経営費を大きく上回り、営業係数も比較的良

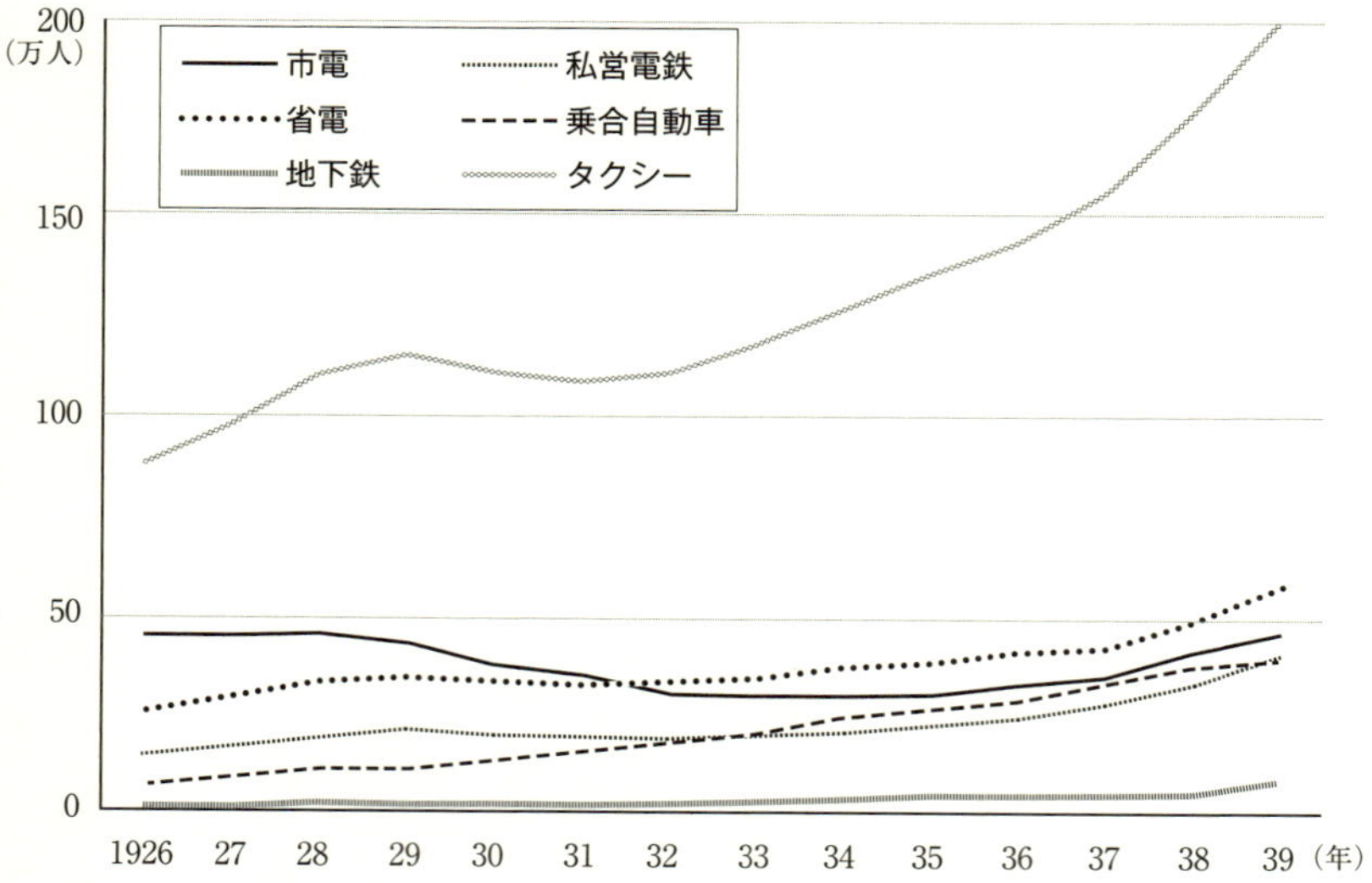

図3．輸送機関別輸送人員の推移　東京市電気局編『電気局三十年史』1940年、172～173頁より

好であった。[33]しかし、関東大震災後には営業係数が70％台となって悪化していることがわかる。東京市電の営業成績は、関東大震災後の「帝都の人口の市外へ向つての大移動と、他の交通機関の発達と侵入とによつて其の後の成績は昔日の如くならず[34]」となったのである。事実、1926年以降の東京市内の輸送機関別乗客数の推移をみると**図3**のようで、タクシーや省線電車の乗客数が市電のそれを上まわり、地下鉄も一定の乗客数を確保するようになった。[35]東京市電は、かつての東京馬車鉄道や東京鉄道のように、東京市内の独占的輸送機関たる地位を築くことはできなかったのである。こうした中で、東京市も将来における市営地下鉄の整備・拡充、市電の整理・縮小は避けられないという見通しをもつようになり、東京市内の各種交通機関の調整が重要な課題となっていくのであった。[36]

注

（1）西川武臣『横浜開港と交通の近代化』日本経済評論社、2004年、63〜66頁。
（2）宙花生「東京市の交通機関」（『新小説』1906年9月1日号）。
（3）東京馬車鉄道会社「第一回（明治十五年）半季実際考課状」（渋沢青淵記念財団竜門社編『渋沢栄一伝記資料』第9巻、渋沢栄一伝記資料刊行会、1956年、380頁）。
（4）東京市街馬車鉄道建築発起人連署「東京府下市街馬車鉄道建築願」1880年2月23日（日本経営史研究所編『五代友厚伝記資料』第3巻、1972年、427頁）。
（5）東京馬車鉄道社長谷元道之・同副社長種田誠一「（臨時総会開催につき通知）」1884年2月7日（同前、435〜436頁）。
（6）東京馬車鉄道社長谷元道之・同副社長種田誠一「馬車鉄道延線并規則六条改正増株之儀ニ付願」1887年5月30日。
（7）東京市電気局編『東京市電気局概要』1935年、29頁。
（8）元東京電気鉄道創立事務所残務取扱委員雨宮敬次郎・藤岡市助・立川勇次郎・岩田作兵衛・小野金六『東京市街鉄道企業来歴』1900年、2頁。
（9）鉄道省篇『日本鉄道史』下篇、1921年、679頁。
（10）藤岡市助および当時の電気鉄道の技術的側面については、青木栄一「解題『藤岡博士電気鉄道論集』」（野田正穂・原田勝正・青木栄一・老川慶喜編『明治期鉄道史資料』第Ⅱ期・第2集・第24巻、1988年）を参照のこと。
（11）「東京市街鉄道の出願者」（『東京経済雑誌』第999号、1899年10月7日、784頁）。
（12）前掲『東京市街鉄道企業来歴』3〜6頁。
（13）同前、7〜9頁。

(14) 同前、11~13頁。
(15) 渋沢栄一「東京市内鉄道ノ義ニ付建議」1899年7月24日(前掲『渋沢栄一伝記資料』第9巻、414頁)。
(16) 同前、15~16頁。
(17)「市街鉄道市有説の再燃」(『東京経済雑誌』第1000号、1899年10月14日、812~813頁)。
(18)「市街鉄道問題に関する市会」(『東京経済雑誌』第1001号、1899年10月21日、896~897頁)。
(19) 前掲『東京市街鉄道企業来歴』15頁。
(20) 前掲『東京市街鉄道企業来歴』13~21頁。
(21) 東京市街鉄道株式会社『東京市街鉄道株式会社創立総会決議事項』1902年4月21日。
(22) 東京馬車鉄道株式会社『電車鉄道変更ニ関スル追願書　並工費予算書、工事設計書、計画図面』1897年9月18日、1~8頁。
(23) 東京市電気局編『創業二十年史』1931年、33~34頁。
(24) 川崎電気鉄道の出願路線は、信濃町~渋谷~中目黒~川崎間の本線と池上~大森間の支線からなり、東京市内から郡部へと広がっていた。同鉄道が、東京電気鉄道と改称するまでの経緯については、鈴木勇一郎「東京市における都市交通の成立と再編成」(老川慶喜編著『両大戦間期の都市交通と運輸』日本経済評論社、2010年)を参照のこと。
(25)「合併仮契約書」1906年6月11日(東京鉄道株式会社『第一回報告書』1906年9月11日~11月30日、2~4頁)。
(26) 東京市電気局編『東京市電気局十年略史』1921年、16頁。
(27)「仮契約書」1907年12月15日(東京鉄道株式会社『第四回報告書』1907年12月1日~1908年5月31日、2~5頁)。
(28) 前掲『東京市電気局十年略史』16~17頁。

(29)「東鉄の新重役」(『東京経済雑誌』第1418号、555〜556頁)。
(30)「仮契約書」1911年7月5日(東京鉄道株式会社清算事務所『第十一回営業報告書』1911年6月〜7月)。
(31)東京鉄道株式会社清算事務所『第一回清算事務報告書』1911年8〜11月、34頁。
(32)前掲『創業二十年史』2頁。
(33)この間の東京市電の経営については、小野浩「大正期における東京市電の経営——市有化から関東大震災まで」(前掲『両大戦間期の都市交通と運輸』所収)を参照のこと。
(34)前掲『創業二十年史』2頁。
(35)この間の自動車輸送については、呂寅満「両大戦間期における自動車の普及と旅客運送業の変化」(前掲『両大戦間期の都市交通と運輸』所収)を参照のこと。
(36)野田正穂「解題:東京市電局編『東京市交通調整史』1943年」(野田正穂・老川慶喜監修『戦間期都市交通史資料集』第6巻、丸善、2003年、381〜389頁)。

補論　東京の都市交通――1911～2011年

和久田康雄

◎都市と都市圏の発達

老川慶喜氏が述べているとおり、江戸の市街地を引き継いだ東京市は、1880年代には百万都市となっていた。1920（大正9）年の第1回国勢調査では、東京府の人口は370万人、そのうち東京市は217万人を数えた。関東大震災によって市内15区は下町を中心に大きな被害を受けたが、その後は市域外への発展がめざましく、このうち周辺82町村は1932年東京市に合併されて、35区のいわゆる「大東京市」が成立した。

大戦前の1940（昭和15）年の国勢調査では、東京府の人口は735万人と20年前にくらべて倍増し、このうち東京市は678万人となっていた。1943年には都制が施行され、東京市は廃止されて、その35区はそのまま東京都の区部に移行したが、大戦後の1947年に現在の23区へと再編された。区部といっても木造建築物が大部分であった東京は、戦争末期の米軍の焼夷弾投下によって山手から下町までの広い範囲を焼失している。

その後の東京都の人口の推移を見ると、1960年には968万（区部831万）人、1980年には1162万（区部835万）人、2000（平成12）年には1206万（区部813万）人となった。人口の激増が1960年以後は区部から周辺部に移り、1980年以後は東京都全体の人口増も鈍化している。その一方で、周辺各県の人口は増加を続けた。『都市交通年報』が掲げている首都交通圏（原則として都

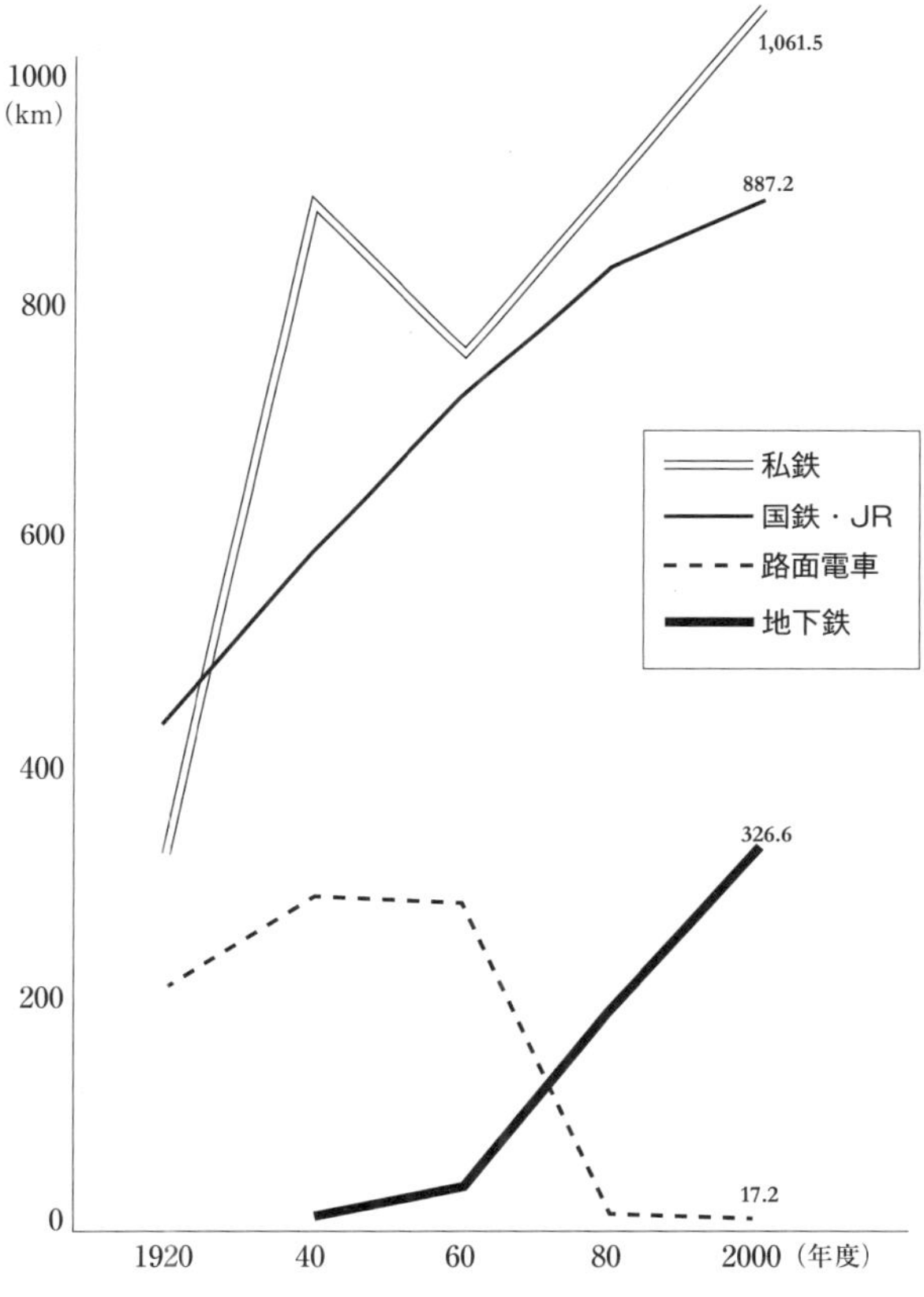

図1. 首都交通圏における企業体別営業キロの推移

1）首都交通圏および交通機関の範囲は『都市交通年報』毎年版のとおり
2）1960年度以前については、上記にならって筆者が鉄道統計から集計
3）1940～60年度の間の私鉄の減少は、大戦中の鶴見線・南武線・五日市線・青梅線・相模線の買収によるもの

心から50㎞の範囲にある行政区域で拾ったもの）の人口は、2000年には3016万人（このうち神奈川県767万人、埼玉県577万人、千葉県436万人）に達している。

こうした人口集中による弊害を防止しようと、1956年に首都圏整備法が制定され、既成市街地での工業の制限や近郊地帯にグリーンベルトの設置などが打ち出されたが、成功を得られずに政策は修正され、人口のスプロールによって通勤距離は増大している。

この首都交通圏における鉄道の営業キロの推移を見てみると、1920年度には国鉄・私鉄・路面電車合わせて約1020㎞であったものが、現在では路面電車がほとんど姿を消して地下鉄が急成長し、2000年度には計2292.5㎞に達している。このほかバスの営業キロも同じ年度に1万1853㎞を数えており、こうした公共交通機関網の存在が東京という巨大都市を成り立たせているわけである（図1）。

◎幹線鉄道の近郊輸送

東京を中心とする幹線鉄道は、新橋を起点に南へ向かう官設鉄道に続いて、1880年代には上野を起点に北へ向かう日本鉄道と新宿を起点に西へ向かう甲武鉄道、1890年代には本所を起点に東へ向かう総武鉄道が開通していた。1906（明治39）年の鉄道国有法によりこれらは国鉄に統合され、東海道線の起点は1914（大正3）年に東京へと移された。

以上の各線のうち近郊輸送にまず力点を置いたのは甲武鉄道で、市内への乗り入れを図って起点を飯田町に移し、1904年には中野までの電車運転を開始するとともに、御茶ノ水まで乗り入れた。前年から市

図2．品川駅と八つ山下　左の写真の左から3、4本目の線路が京浜東北線、右の写真は京浜電気鉄道が乗り入れる前の品川駅全景　『併合記念　大東京都市写真帖』忠誠堂、1932年より

内には路面電車が営業を開始していたとはいえ、専用の線路を運行する都市高速鉄道（ラピッド・トランジット）としてはわが国最初のものであり、自動信号機を設置して総括制御方式による連結運転を行なった。

国鉄ではこの電車運転を烏森～品川～池袋～上野間と池袋～赤羽間にも拡張し、1914年の東京駅開業に際しては品川～横浜間を複々線化して東京～横浜間でも電車運転を開始した。当初は初期故障のため数ヵ月間汽車に置き換えるという苦難を味わったものの、近郊電車専用の線路を増設するというのは、その後の国鉄ではほとんど見られないことであった（図2）。

御茶ノ水から万世橋まで延長されていた中央線は1919年には東京へ乗り入れ、上野～新宿～品川～東京～中野間にいわゆる「の字運転」が開始された。東京と上野が結ばれたのは大震災後の1925年であった。これにより山手線電車の環状運転が実現し、1932（昭和7）年に総武線の御茶ノ水～

両国間が開通したことと合わせて、東京の都心部における国鉄の路線網はほぼ完成された。同じ1932年には東北線の大宮まで電車運転が延長され、36年には常磐線も松戸まで電車化された。

これら各線は私鉄にくらべて大きな輸送力をもっていたものの、大戦後は人口の周辺部への拡散によって混雑が激化し、その緩和のため編成長のいっそうの増大や線増などが必要になった。中距離電車としては大戦前から横須賀線があったが、1950年からは東海道線に湘南電車が走り始め、東北線や高崎線、常磐線でもこうした電車運転が開始されて、そのためにも各線の線増が急がれた。1960年代には「通勤五方面作戦」の名で改良工事が進められ、総武線は地下新線で東京に乗り入れて、その後これに横須賀線も接続したため、京浜間での湘南電車との分離が実現した（これには貨物用の品鶴線も活用された）。

その後の主な新線には、東北新幹線と合わせて、1985年に開業した埼京線と1990（平成2）年に東京まで乗り入れた京葉線があり、後者は分割民営化により東京付近の国鉄線がJR東日本となってからの完成である。そのほか貨物輸送を主眼に1970年代に外周部の半環状線として開業した武蔵野線の大部分も、旅客輸送に活用されている。

しかし、こうした建設・改良はあっても、JR線の最混雑1時間における混雑は続いている。2008年度に混雑率が200％を超えていたのは京浜東北線・山手線の上野～御徒町間、総武線の錦糸町～両国間、埼京線の板橋～池袋間であった（私鉄・地下鉄に混雑率200％を超える区間はなくなっている）。

◎私鉄と地下鉄

東京の大手私鉄をその発祥によって分類すると、次のようになる。
ア――1910年代までに汽車として開業し、20年代に電化されたもの（東武、西武）
イ――1900〜10年代に開業した軌道線電車が、高速電車へと発展していったもの（京急、京成、京王）
ウ――1920〜30年代に最初から電気鉄道として開業したもの（東急、小田急）

ただしこれはごく大ざっぱな分類であり、西武新宿線（高田馬場〜東村山間）や京王井の頭線のようにウに属するものもある。アとウの各線は国鉄と同じ狭軌を採用したが、イの各線では標準軌間や東京市電と同じ1372㎜軌間が使われた。

これらの私鉄は、東の隅田川、西の国鉄山手線を越えて既成市街地への路線延長は困難だった。それでも1931（昭和6）年に東武は浅草雷門、京成は日暮里に達し、それぞれ地下鉄や国鉄と結ばれた（京成は2年後に上野公園まで延長）。一方、西側の各線は、「万里の長城」にたとえられる山手線との接続駅で、国鉄や市営の路面電車に利用者を送り込むことで使命を終えていた（図3）。

冒頭に掲げた7社というのは現在の大手各社であり、交通統制が問題とされる1930年代以前にはさらに多くの事業者が並立していた。事業者間の統合も行なわれたが、さらにこれを調整しようと陸上交通事業調整法にもとづく委員会の審議が進められた。しかし、市電・地下鉄や国鉄近郊線を含めた「大統合」は実現せず、都心部の市電・地下鉄とは切り離して、周辺部の私鉄はブロックごとに統合された。こうしていったんは京成・東武・西武・東急の4社が成立したものの、西南ブロックの東急（いわゆる大東急）は大戦後に京王・小田急・東急・京急へと4分割されている。

戦後の旅客の激増に対して、私鉄は編成長の増大など輸送力の拡大に努めたものの、乗換駅の混雑は甚だ

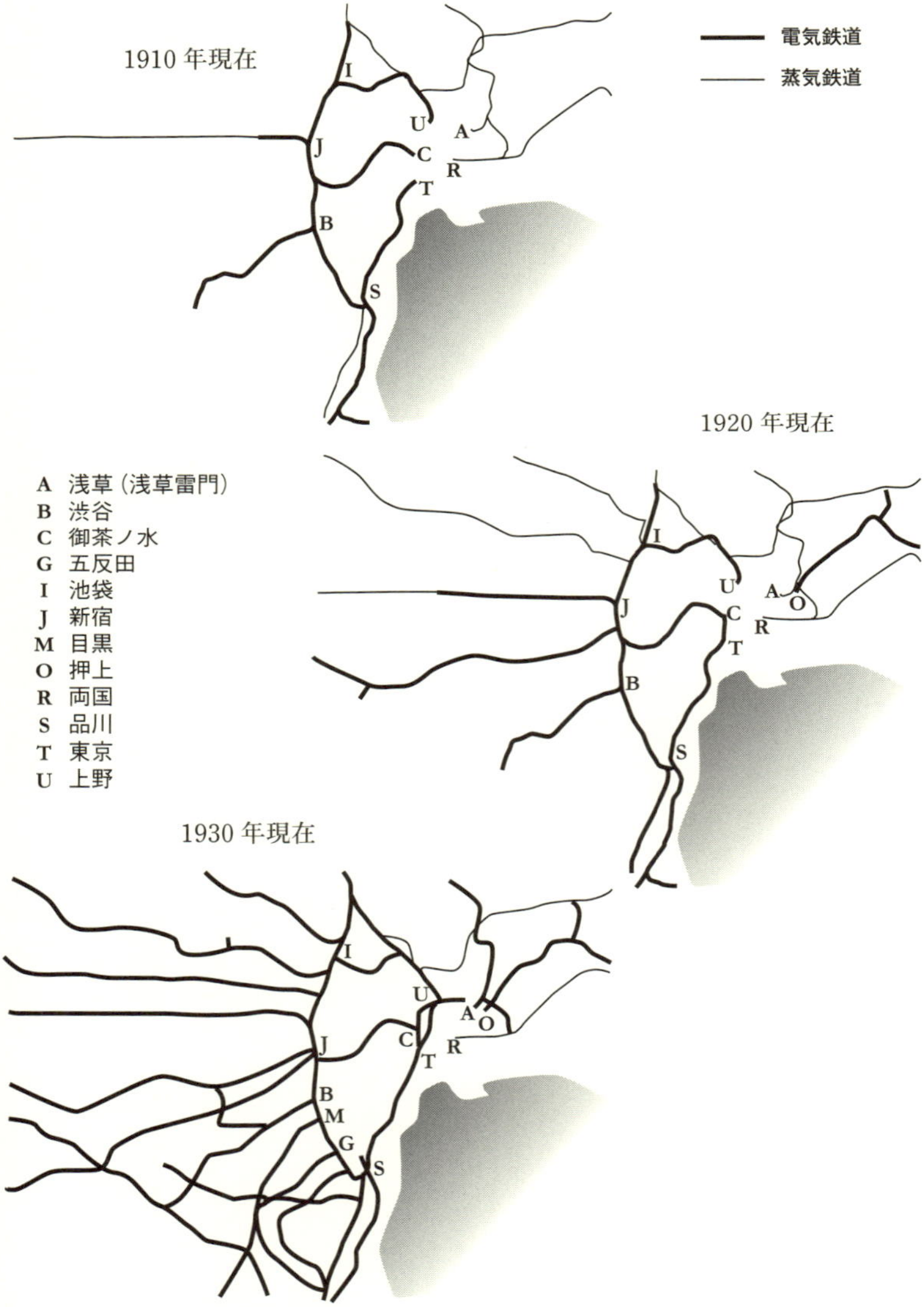

図3．東京付近の鉄道網（市内電車を除く）

野田正穂、青木栄一、原田勝正、老川慶喜（編著）『日本の鉄道　成立と展開』日本経済評論社、1986年、194頁（作図・和久田）より

しく、これに対して各社は都心部へ自社路線を延長することを希望した。運輸省では都市交通審議会を設置して検討の結果、都心部への新線は地下鉄に建設させ（営団のほか東京都にも担当させる）、これと周辺部の鉄道とを相互直通させる方策を打ち出した。こうした方式の最初として１９６０年に京成が都営地下鉄との相互直通を実現し、これ以後に開通する地下鉄各線はほとんどが同様の方式を採用した。前述のとおり私鉄の軌間には３種類あり、京成では標準軌間への改軌を行なって都営・京急への直通に備えたが、京王は１３７２㎜軌間のまま残り、これが直通する都営地下鉄には３種類の軌間が生まれている（私鉄や国鉄と直通する営団の各線には狭軌が採用された）。

日本の私鉄の特徴は公的な助成を受けず、運賃の改定も厳しく規制される中で、沿線の宅地開発など兼業部門の収益によって独立採算を維持していることである。中でも東急は田園都市という会社の傍系として誕生した歴史をもち、そうした大戦前からの沿線が開発しつくされたことから、１９６０年代に多摩田園都市の開発を手がけてそこに田園都市線を建設し、企業に新しい活力を生み出した。一方、京王と小田急の中間地帯には公的な主体によって大規模な多摩ニュータウンが建設されたが、ここから私鉄が開発利益を得ることは困難であり、これに新線を導入するための鉄道公団民鉄線方式によるニュータウン補助制度が１９７０年代に創設された。

民鉄線方式による助成は、私鉄の線増や都心直通線建設にも用いられ、中でも東武は伊勢崎線の北千住～北越谷間と東上線の和光市～志木間をこれにより複々線化して、輸送力を画期的に増強した。首都交通圏の東部では千葉ニュータウンへ向かう北総開発鉄道や、地下鉄東西線の延長となる東葉高速鉄道などが民鉄線方式で建設されたが、こうした新設企業の経営には困難が多く、さらに用地取得の遅れによる建設費の増加が大きな問題であった。

そうした中で、大都市地域における宅地開発および鉄道整備の一体的推進に関する特別措置法が１９８９年に制定され、これにもとづき沿線の４都県が出資する首都圏新都市鉄道（愛称・つくばエクスプレス）がＪＲ常磐線の西側に建設されて、２００５年に開業した。小田急などの開業した１９２０年代以後では最長の私鉄新線である。

次に地下鉄について見ていくと、アジア最初の地下鉄として標準軌間・第３軌条式の東京地下鉄道が浅草〜上野間で開業したのは１９２７年であり、この路線はその後新橋まで延長された。関東大震災後に東京市も地下鉄の免許を受けたが財政難から着手できず、その免許の一部を譲り受けた東京高速鉄道が１９３０年代に渋谷〜新橋間を開業して、やがてこの民営両社による直通運転が開始された。

交通調整にあたっては東京市が主導権を握ろうとして委員会の審議が難航した末、帝都高速度交通営団という新しい法人に民営２社の営業線や東京市などの免許線を統合することになった。こうして１９４１年に営団が設立されたが、新線の建設は困難で、東京の地下鉄は１４・３㎞だけという状態が続いた。

大戦後は公的資金を活用して新線建設を行なうため、営団への民間出資をなくして国と都だけが出資する特殊法人となり、１９５０年代から丸ノ内線など各線の建設が進められた。しかし、東京都は地下鉄の建設促進には営団のほか都も加わることが必要だとして中央政府を動かし、前述のとおり都市交通審議会からその旨の答申を得た。こうして東京の地下鉄は営団と都営に二元化し、両者の新線建設に対する公的な助成も拡充されていった。

２１世紀に入ると計画路線網が「概成」されたとして、営団は東京地下鉄（愛称・東京メトロ）という特殊会社に移行した。２０１１年現在、東京メトロは９線１９２・１㎞、都営は４線１０９・０㎞を営業しており、このうち東京メトロでは初期に建設された銀座線・丸ノ内線を除く７線、都営ではリニア方式により建設された大江戸線を除く3線が周辺の私鉄やJRと相互直通を行なって、列車は首都交通圏の全域に達している。

しかし、両地下鉄の経営成績を反映してその運賃には格差があり、乗継運賃には割引があるものの、不慣れな利用者にとってわかりにくい状態が続いている。東京メトロに対する国の出資はいずれ民間に売却されることになっているようだが、都営との関係をどうするかは今後の課題である。

運賃に関連して付け加えると、JR・私鉄・地下鉄などで省力化のため導入されたカード・システムは、21世紀に入って全社共通のICカード（JR東日本のものはSuica、私鉄系はPASMOと呼ばれる）へと進化している。このため「大統合」が実現できず多くの事業者に分かれているという首都交通圏の都市交通事情は変わらなくても、カード利用者にとっては乗り継ぎが簡単になり、事業者が違うごとに併算される運賃についても、あまり意識させられなくなっている。

◎路面交通その他

東京市が路面電車の経営を始めた1910年代には、それ以外に近代的な路面交通機関がほとんどなく、「市電」は路線網の拡張と輸送力の強化に迫られた。同じ時代に周辺部には民営の玉電、王電、城東なども建設された。

一方バスは、京王が電車の未開業区間に走らせた例はあったが、本格的な市内交通機関としては1919年（大正8年）に開業した東京市街自動車（後の東京乗合自動車）が最初であり、市電と競争する存在になっていった。関東大震災後、東京市も電車の代替としてトラックのシャシーに箱形のボディーを乗せたバスを急いで投入し、昔のトテ馬車に似ているとして「円太郎バス」と蔑称されたが、その後本格的なものへと脱皮し、東京乗合自動車の「青バス」とともに市内へ路線網を拡げた（図4）。

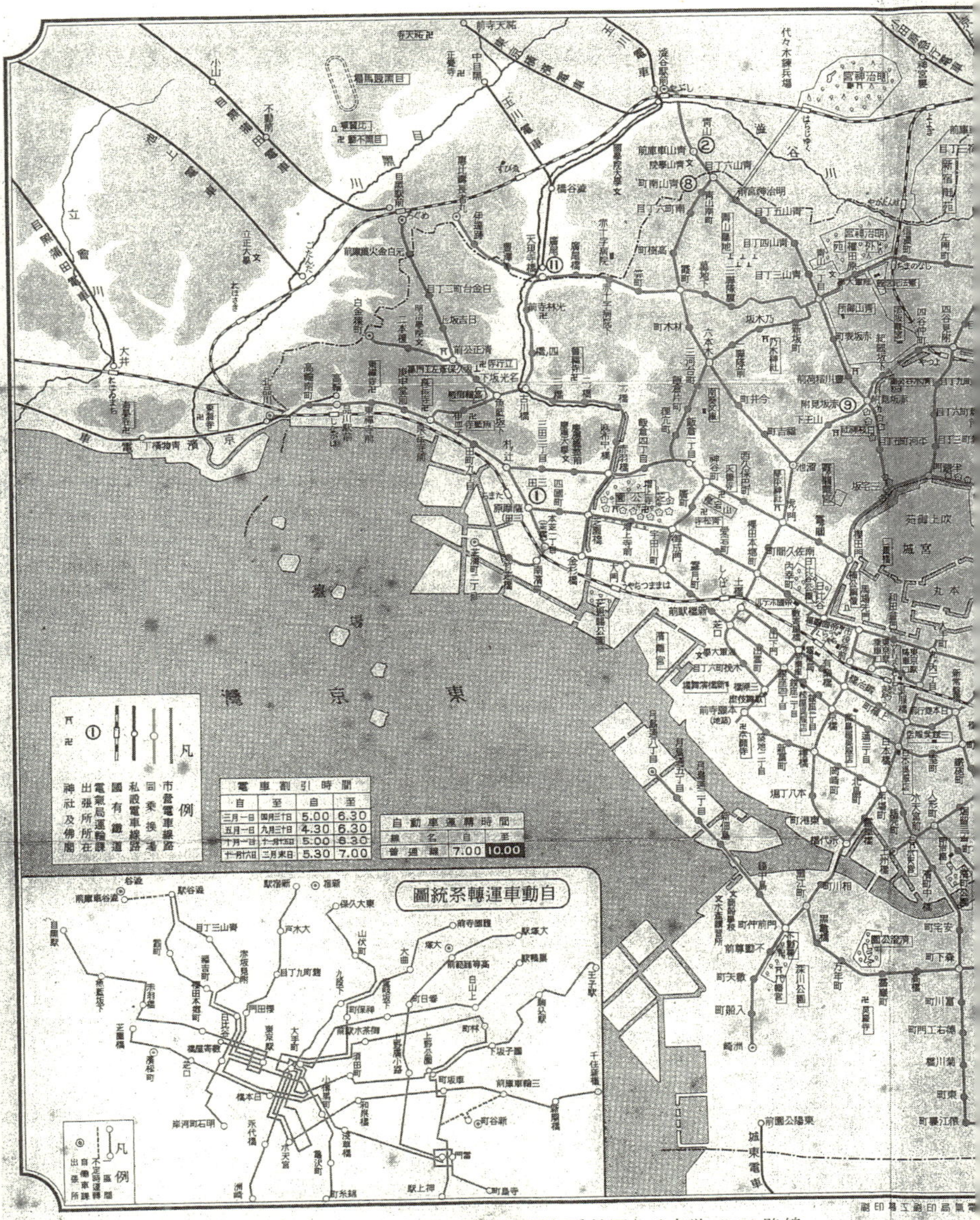

図4．電車路線及停車場一覧図　左下の「自動車運転系統図」は市営バスの路線

『電車案内』東京市電気局、1929年より

このほか1910年代にはタクシーが登場し、20年代には流し営業が行なわれるとともに、料金が市内1円という「円タク」も生まれた。こうして市電は、国鉄の市内路線網の完成や民営バス・円タクとの競争によって利用者が減少し、経営不振に陥った。この状態はガソリンが統制される1930年代後半まで続く。

交通調整に際しては、青バスなど市内中心部に路線をもつバスは市営に、周辺部のバスはブロックごとに統合され、王電・城東などの路面電車も市電に買収（当初は一部が管理委託）されることになって、1942（昭和17）年から実施された。

大戦後は鉄道の輸送力不足と乗換駅の混雑が目立ち、それを緩和するために周辺部の民営バスと都営バスとを直通させる方策が打ち出された。しかし、それぞれに路線の免許を与えるのは交通調整の変更になるとして反発が強かったため、運輸協定を結んで他社の路線に（免許はもたず）乗り入れるという相互乗入方式が1947年から実施された。最盛期には9社の民営バスが都心部へ、都営バスが9社の走る周辺部へと乗り入れていた。しかし、鉄道の輸送サービスも向上したため、その後のバスは短距離輸送を主体とするようになった。

地下鉄の建設が進み、鉄道駅からどこでも徒歩で到達できるようになった都心部を除けば、都市圏におけるバスの役割は大きく、特に周辺部では鉄道駅へのアクセスとして欠かせない存在である。このため老人割引のほか低床車の導入など、「人にやさしい」交通機関としてその活用が図られている。

路面電車は、1960年度には首都交通圏で280㎞余り（都営213・7㎞、横浜市営51・8㎞など）を数えたが、マイカーが激増し軌道敷への自動車通行が認められると、速度は低下し運行は不規則になって利用者が減少し、一方で合理化も進まなかったために赤字続きとなっていった。運輸省の都市交通審議会では、地下鉄の建設により路面電車を少しずつ置き換えていくという答申を出していたが、それよりも地方公営企業を監督する自治省の方策に沿って、路面電車の一定期間での廃止がその再建策として打ち出された。

こうして東京では1960年代末から数年間で路面電車はほとんど撤去され、専用敷を走る都営荒川線の12・2kmだけが東急世田谷線の5・0kmとともに残された。なお、トロリーバスは大戦後の一時期に東京・川崎・横浜でもアメリカの都市にならって採用されたが、路面電車と同時期に姿を消している。

路面電車に代わる中量輸送機関としてはモノレールがまず注目され、1964年に浜松町～羽田間の東京モノレールが民間資本により開通した。これはモノレールを本格的な都市交通機関として活用した世界的にも数少ない例であり、当初は中間駅を設けず空港連絡専門であったが、途中の市街地が発展してからは、その通勤客・用務客にも役立っている。羽田空港ターミナルの移転にともなって路線も延長された。

同じ中量輸送機関にはガイドウェイ（いわゆる新交通システム）もあり、モノレールとともに下部構造部分を道路側が負担する「インフラ補助」方式で建設されるようになった。東京の都心部では、東京臨海新交通（「ゆりかもめ」と改称）が1995（平成7）年に新橋を起点として走り始めた。

参考文献

野田正穂・原田勝正・青木栄一・老川慶喜編著『日本の鉄道――成立と展開』日本経済評論社、1986年（特に和久田康雄「第6章第3節　都市交通の近代化と郊外電鉄の発展」、（同）「第7章第4節　交通統制と鉄道」および今城光英「第8章第4節　都市交通機関の整備」）

運輸政策研究機構編『都市交通年報』運輸政策研究機構（毎年版）

国土交通省鉄道局監修『鉄道要覧』電気車研究会（毎年版）

メトロについての蛇足的一章
——あとがきに代えて

小池　滋

本書をここまで読んで来られた方は、いま大きな充足感とともに本を閉じようとなさっていると思う。そこへ私などがしゃしゃり出て来たので、邪魔だなと舌打ちなさった方もおられるかもしれない。こんな声が私の耳に聞えて来るような気がする——「いまさら何を言っても、それは蛇足だよ」

私自身もあえてそれは否定しない。だが私は子供の頃から、地下鉄について聞いたり読んだりすると、素朴な疑問がいくつも湧いて来て仕方なかった。自分でそれに答えを出そうと頭をしぼったが、なかなかすっきりした解答にたどり着かない。今回も地下鉄についての多くの記述に出会って、またぞろそれがぶり返したので、お恥ずかしいが私の自問自答をご披露させていただきたくなった。無視して下さっても結構だが、お付き合い下さって、私よりもよい解答を出して教えていただければ幸いだ。虫のいい話だが編者の手前勝手をお許し下さい。

第一の質問。「地下鉄というけれど、地下に線路のある鉄道は、みんな地下鉄なの？」

正解はおそらく「違う」だろう。山地のトンネルや海峡の下を通るトンネルの線路は「地下鉄」と呼ばれない。「地下鉄」とは主として都市の地下のトンネルを通る鉄道のことをいう。わざわざ「都市の地下鉄」という人はいない。それは「馬から落馬」と同じでナンセンス。

でも、東北新幹線の上野駅付近や、山陽新幹線の新神戸駅前後を「地下鉄」と呼ぶ人はいないだろう。どうして？

うーむ、それはだねえ、「地下鉄」というのは、もっぱら市街地の中、いや下を通る鉄道に限るのだ。市街地の外へ出て、時には地上を走ることがあっても、それは例外で、主な目的は市街地の中だけを移動する人を運ぶことなのだ。

地下鉄とは誕生した時から都市鉄道として考えられていた。それは本書の「ロンドン」の章を読めば納得がいくだろう。だから、首都ロンドンの（当時は）場末を走る、たった5㎞ほどの私鉄が、「メトロポリタン・レイルウェイ」つまり「首都鉄道」と名乗っても、誰も誇大広告だと文句は言わなかった。将来はこうした交通システムが首都全域に広がると、会社側は目論んでいたし、一般市民もそれを信じていたからだ。

ロンドンだけではない。ヨーロッパ、後に世界中の大都市も、地下鉄の利点を認めて、地下鉄を作ることに熱中したのだが、例えばパリなどは同じように「首都鉄道」と名乗った。とうとうメトロポリタンを縮めて「メトロ」と言うと、誰もが地下鉄のことだと理解するまでになった。キザな言い方をすると、固有名詞がいつの間にか普通名詞になってしまったのだ。

そこで次の質問。「メトロって地下鉄のことを言うのかと思っていたのだけれど、本当は間違いなんだねえ？」

いや、いまではそれで間違っていない。日本でも「メトロ」というと、地下鉄だけでなく、地下にあるもの何にでも応用できるようになっているよ。「メトロ商店街」とか「メトロナード（地下遊歩道）」なんて聞けば、誰もすぐに分かってくれる。

日本人は片仮名、外来語に弱いからね。その方がカッコよく聞えるんだね。

いや、日本だけじゃない。他の国々でも同じなのだ。なぜ「地下の」を嫌って「首都の」にすり寄ったのだろうかな。決定的な正解は私にもわからないが、私の勝手な説を言わせていただくと、「下」という表現がいやなのではないだろうか。英語でもアンダーグラウンド、つまり「下《アンダー》」がついてまわる。他の言語でも同じだ。何か軽蔑的、差別的な連想が生まれて来る。

もともと地下の空間というものは、その上にある個々の建物だけの所有物と考えられていた。地下室はその上の建物の一階としか通じてはいけない。つまり上下の、垂直な交通しかあってはいけないのだ。ある建物の地下室と隣りの建物の地下室とをつなぐ横の、水平な通路があったとしたら、それは不法なもの、犯罪としか考えられない。わかりやすい例としてコナン・ドイル作シャーロック・ホームズ物語の一つ「赤毛組合」の名をあげたいが、これ以上詳しく説明すると、まだ読んでいない人の楽しみを奪うことになるから、意地悪のようだが、これだけで終りにしよう。

それに地下室の用途といえば、個人の家なら物置、あるいは使用人の寝室、公の施設なら倉庫、教会の墓や納骨堂、牢獄など、とにかく誰もが進んで入りたがる場所ではない。誰もが出入りできる自由な公共空間にはなれない。

ところが、1863年ロンドンに誕生したメトロポリタン鉄道は、こうした長い伝統ある常識をひっくり返してしまったようだ。地下の駅から駅へ水平な地下通路ができて、誰でも金さえ払えば自由に利用でき、時間の節約といらいらの解消という点では、地上の通路よりもずっと快適な公共空間が提供されたのだ。暗さとか、閉塞感とか、（最初のうちは）煤煙とかいう不快さを帳消しにしてくれたから、市民は大歓迎、鉄道会社は笑いが止まらずどんどんネットワークを拡げた。他の都市も右へならえで、いまや都市交通の最新・最大手のヒーローとなった。

だが、名前がよくない。「地下」「アンダーグラウンド」では、暗さ、古臭さ、不法といったマイナス・イメージばかりがついて回る。そこでパイオニアの先見の明にあやかろうと、「首都の」「メトロ（ポリタンは長くて面倒だから切捨てだ）」というモダンでカッコよい名前に乗り換えたのだろう。

私の手前勝手なおしゃべりはこの辺でやめて、読者の皆さんにもっとよい解答を考えて下さいとお願いすることにしよう。本書の各章を参照なされば、きっとよい成果を生み出せると保証できる。いずれも豊かな内容と深い洞察に満ちた力作揃いである。

最後にそうした力作を寄せて下さった執筆者各位に、編者の一人として深い感謝を捧げる次第である。

〈追記〉

もっと詳しい論証をお望みの方は次をご参照下さい。

小池滋「人間精神の中の地下鉄」

『鉄道ばんざい』（青蛙房、１９９２年刊）の１７１～１９１ページ、あるいは『余はいかにして鉄道愛好者となりしか』（ウェッジ文庫、２００７年刊）の１８７～２０９ページに収録されている。

ナ行

ハ行

サ行

タ行

索 引

欧文

ア行

カ行

三木理史　みき・まさふみ　1965 年生まれ。関西大学大学院文学研究科博士課程後期課程中退。現在、奈良大学文学部准教授。専攻は交通地理学、歴史地理学。著書に『近代日本の地域交通体系』大明堂、『地域交通体系と局地鉄道』日本経済評論社、『局地鉄道』塙書房、『水の都と都市交通：大阪の 20 世紀』成山堂書店、『都市交通の成立』日本経済評論社、『世界の駅・日本の駅』（共著）悠書館、など。

老川慶喜　おいかわ・よしのぶ　1950 年生まれ。立教大学大学院経済学研究科博士課程単位取得退学。博士（経済学）。現在、立教大学経済学部教授。専攻は近代日本経済史。著書に『植民地台湾の経済と社会』（編著）、『埼玉鉄道物語』『両大戦間期の都市交通と運輸』（編著）、『近代日本の鉄道構想』いずれも日本経済評論社、『西日本鉄道百年史』（共著）西日本鉄道株式会社、『京阪百年のあゆみ』（共著）京阪電鉄株式会社、など。

山田俊明　やまだ・としあき　1950年生まれ。元都立高等学校教諭。鉄道史学会、産業考古学会会員。主な関心領域は鉄道史、交通地理、産業遺産。著書に『鉄道からみた中国』築地書館、『多摩：幻の鉄道廃線跡を行く』のんぶる舎、『多摩の鉄道百年』（共著）日本経済評論社、『ゲージの鉄道学』（共著）古今書院、『東京の鉄道遺産百四十年をあるく』（上・下巻）けやき出版、『鉄道の世界史』（共著）悠書館、など。

藤田崇義　ふじた・たかよし　1974年生まれ。立命館大学産業社会学部、同大学政策科学研究科修士課程を経て、ソウル大学環境大学院博士課程単位取得退学。韓国の国土研究院SOC研究センター、ソウル市政開発研究院交通体系改編研究支援団に在籍後、株式会社ジェイアール貨物・リサーチセンター調査部主任研究員。著書に『最新・世界の鉄道』『最新・世界の地下鉄』（共著）ぎょうせい、など。

中村実男　なかむら・みつお　1947年生まれ。早稲田大学政治経済学部卒業、同大学院政治学研究科修士課程修了。財団法人運輸調査局研究主幹、東京農業大学教授を経て、現在、明治大学商学部教授。博士（経営学）。専門は都市交通論、都市政策史。著書に『現代交通論』（共著）税務経理協会、『高齢者の住まいと交通』（共著）日本評論社、『交通と福祉』（共著）文眞堂、『現代の交通』（共編著）税務経理協会、など。

北河大次郎　きたがわ・だいじろう　1969年生まれ。東京大学土木工学科卒業。フランスのエコール・ナショナル・デ・ポンゼショッセで修士号及び博士号を取得。土木史を研究し、文化庁で近代化遺産の調査・指定を担当する。現在、ローマに所在する国際機関ICCROM（文化財保存修復研究国際センター）に勤務。著書に『近代都市パリの誕生』河出書房新社、『歴史的土木構造物の保全』（共編著）鹿島出版会、など。

青木真美　あおき・まみ　1955年生まれ。早稲田大学政治経済学部卒業。現在、同志社大学商学部教授。専門は交通論。先進諸国における都市交通・公共交通政策を中心に研究活動を行なう。著書に『交通基本法を考える』（共著）かもがわ出版、『ドイツにおける鉄道の地域化』（共著）運輸調査局、『交通と福祉：欧米諸国の経験から』（共著）文眞堂、など。

岡田　譲　おかだ・ゆずる　1972年生まれ。上智大学外国語学部ロシア語学科卒業後、商社に入社。2004～09年までモスクワ・アルマトイ駐在員事務所長。モスクワ駐在中に地域研究としてモスクワ地下鉄全駅をまわり、調査を重ねる。現在、商社勤務の傍ら青山学院大学大学院国際マネジメント研究科に在学中。著書に『モスクワ地下鉄：地下宮殿の世界』東洋書店がある。

編著者略歴

【編者】

小池　滋　こいけ・しげる　1931年生まれ。東京大学文学部卒業後、東京都立大学や東京女子大学で英語・英文学の教師を勤めた。鉄道関係の著書として『英国鉄道物語』晶文社、『「坊っちゃん」はなぜ市電の技術者になったか』新潮社、『余はいかにして鉄道愛好者となりしか』ウェッジ、『鉄道の世界史』『日本の鉄道をつくった人たち』『世界の駅・日本の駅』（編著）悠書館、など。鉄道を文化の一部としてとらえることを基本姿勢とする。

和久田康雄　わくだ・やすお　1934年生まれ。東京大学卒業後、運輸省、日本民営鉄道協会、日本鉄道建設公団などに勤務。著書に『人物と事件でつづる鉄道百年史』鉄道図書刊行会、『やさしい鉄道の法規』交通研究協会、『日本の市内電車1895～1945』成山堂書店、『私鉄史探訪60年』JTB、『路面電車：ライトレールをめざして』交通研究会、『鉄道の世界史』『日本の鉄道をつくった人たち』『世界の駅・日本の駅』（編著）悠書館、など。

【執筆者】（執筆順）

寺田一薫　てらだ・かずしげ　1957年生まれ。慶應義塾大学商学部卒業、同大学後期博士課程修了。現在、東京海洋大学海洋工学部教授。博士（商学）。著書に『バス産業の規制緩和』日本評論社、『地方分権とバス交通』（編著）勁草書房、『バス・タクシーの地域・住民ニーズ』（監修）『新バスシステム』（監修）地域科学研究会、『交通市場と社会資本の経済学』（共著）有斐閣、など。

青木　亮　あおき・まこと　1967年生まれ。慶應義塾大学大学院商学研究科後期博士課程単位修得退学。現在、東京経済大学経営学部教授。専門は交通経済学。著書に『自由化時代の交通政策』（共著）東京大学出版会、『Railway Operators in Japan』（共著）East Japan Railway Culture Foundation、ジョン・ウェストウッド『世界の鉄道の歴史図鑑』（共訳）楓風舎、など。

都市交通の世界史

出現するメトロポリスとバス・鉄道網の拡大

2012年4月10日●第1刷発行

編者○小池滋
和久田康雄
装幀○桂川潤

発行者○長岡正博
発行所○悠書館
〒113-0033●東京都文京区本郷2-35-21-302
TEL 03-3812-6504● FAX 03-3812-7504

印刷製本・株式会社シナノ印刷

ISBN978-4-903487-53-3・
定価はカバーに表示してあります

◎

世界鉄道百科図鑑

蒸気、ディーゼル、電気の機関車・列車のすべて：
1825年から現代

デイヴィッド・ロス［編著］　小池滋・和久田康雄［訳］

創成期から現代まで、世界中の蒸気・ディーゼル・電気の
機関車・列車およそ1000種を、写真・イラストとともに、
車両の詳細なデータを一冊に収録

本体価格20,000円●B5判フルカラー544ページ

◎

船の歴史文化図鑑

船と航海の世界史

ブライアン・レイヴァリ［著］　増田義郎・武井摩利［訳］

海と人との5000年にわたる壮大なドラマ——古代から現代
にいたる船舶の変遷と、冒険心あふれる航海の歴史を、
美しい図版とともに紹介。歴史的な海戦や航海の様子も再現。

本体価格16,000円●B4判フルカラー402ページ

17世紀末 ベルリンで辻駕篭が運行される

1823 ロンドンで２輪馬車のキャブが運行される

1828 パリでオムニバス社による乗合馬車が運行される

1829 ロンドンで乗合馬車が運行される

1832 ニューヨークで馬車鉄道が運行される

1914 ロリーバスが運行される

1919 東京でバスが運行される

1922 上海でバスが運行される

1924 モスクワでバスが運行される

1927 東京で地下鉄が運行される

1933 モスクワでトロリーバスが運行される

1933 大阪で地下鉄が運行される

1935 モスクワで地下鉄が運行される

1964 東京でモノレールが運行される

1974 ソウルで地下鉄が運行される

1995 上海で地下鉄が運行される

2003 磁気浮動式高速鉄道（上海リニア）が運行される

はじめに

平成の世もはや二四年。「昭和」が次第に遠くなりつつあるなか、私は過去を振り返りながら、なぜ自身を書かなければならなのだろうか。

それは紛れもなく自分捜しの最終章に入ったからである。いまこうして二三年におよぶ獄中生活を迎えて、刻々と己の死期が近づいて来ているように感じ出しているのである。この思いを別の言葉で表現するならば、夜更けのレストランで閉店時間が迫っているにもかかわらず品定めをしているような感じであり、時計の針が午前零時を回ればおしまいという思いに近い。それゆえに死にゆく前に総括という意味で書きまとめてみようと思った。

昭和の終りに収監されてから平成の現在に至るまで、私がどのような思いで過ごして来たのかを一言でいえば、為すべきことを精いっぱいやって来たという自負がある。けっして時の過ぎゆくままにのんべんだらりと過ごして来たつもりはない。だがしかし、やり残しや出来なかったこともたくさんある。確かにあるのだけれども、すべてのことを獄中で貫徹しようと思うのは土台無理な話である。そうしたときに、人間には潮時があることに気づくのだ。つまり、私もここらあたりが潮時かなと……

このような思いのなかで、最近の私は一つの方向へと過ぎ去ってゆく時間の意味を見失いつつある。いわば初めも終りもなくなりつつあるのだ。そこに在るのはただ一つ、何もしない、何もさせない、という死刑囚のめり張りのない単調なリズムが繰り返される生活しかない。これは言葉を換えると死刑囚の悲しいさがとして、明日死ぬかもしれないという重い事実があるゆえに致し方ない面がある。そうであるとするならば、桜のように儚く散るのも一手であるような気がする。要するに桜の花びらが散りゆくのを止めることができないように、私が決めた死もこれまた誰にも止めることはできないのである。こうしていま真近に迫った死と背中合わせにありながら、自分はどう決断したか、死とどう対峙しているのかということが大事なのだと思いはじめている。

一方ではこの先、死にゆくまでの間の時間をどのような行路で進んでゆくべきなのかという実に難しい課題が山積みしているのも実感している。

そこで監獄という閉鎖社会においては、個人の行動の規範がしっかり定められているために、死刑確定者もそれに従っていれば問題はない。だがこれとてなかなか難しく、大変なことなのである。なぜなら人間が人間を扱うだけに時折、看守と囚人の間で摩擦が生じてしまい確執も生まれる。それさえ辛抱すれば閉ざされたなかでも、各人が自由なことを考えられる時間をもつことができる。それはそれで大変すばらしいことだと私は思っている。

むしろ監獄での多くの苦悩を通じてこそ、自分の新しい生き方を探し出す死刑囚がいたり、自分の人生の意味について新しい発見をする死刑囚たちもいる。こうして悩みを成長のステップとする死刑確定者も実在する。これが監獄の面白いところでもある。

思えば私のような死刑囚は、社会には何一つ貢献していない非生産者である。何もせずただ遊んでいる価値のない生命なのだ。それでも時々それなりの存在価値があるような気がする。その存在価値とは何だろうと反芻してみた。それは檻の中の虎のように部屋の中を歩き回ることに相通ずる部分がある。もっとも死刑囚は獰猛な獣ではないのだけれども、檻の中で誰にも相手にされず、独り不自由に暮らすそういう姿が憐れみを感じさせるのだ。その存在が受刑者や未決拘禁者の優越性を高めているような気がするのである。

それは言うまでもなく、人間は他人の不幸を見て、自分の幸せを確認する生きものだからである。こうした考え方は、けっして悪いことではない。むしろそれが、自然が人間に与えた生命力なのだろう。そういう意味での監獄における死刑囚の存在というものは、その存在価値を確かめるために遊ばさせられているのかもしれない。だからこそ強制労働を課せられることもなく、教育的処遇も成されず、処刑される日が訪れるまでは何もさせないのだろう。

他方、そういう感覚の世界の中で自分を確認していると、私のそういうものに対する感覚が衰えたときにどうなるのだろうかと考えてしまう。つまりは、独房の隅で老醜を晒してまで生き続けたくないとなると、もはや死以外ない。こうして私のように人間五〇を過ぎてしまえば、他人や物事を見る目が自己という物差しで規定するようになってしまい、生そのものが重荷になってしまうこともある。

そしてまた、堅牢な鉄の扉が取り付けられた部屋が私の主なのだが、かくしたところで死と向き合ってみて、おそまきながら現代社会のからくりを知ることになった。それは、人間の欲望や、みにくさ、そして悲しみがぶつかり合って火花を散らす世の中に自分も存在していたということだ。そういう人間葛藤のうずのなかで、私自身も生きていたということを知ったのである。

改めて言えば、このようにして色々なことが見えはじめて、私は自分のこれまでの生き方が間違っていたことに気付いた。世の中のことや人間を知らなすぎた。だがいまは、多少なりともわかるようになっている。それだけでもここまで頑張って生き永らえてきた甲斐があるとも思いたい。

そこで読者諸氏には考えられないことかもしれないが、事件当時の私は精神面を含めてすべてが若かった。まだ子供だった。子供は相手がどんなに傷つくかも知らずに本能のまま勝手な行動をとる。若さと無知は残酷だ。当時二九歳の私にそんな弁解は通じないだろう。だが頭の働きは本当に子供だった。体だけは一人前の大人になっていたが、金ほしさだけで取り返しのつかない莫迦なことをしてしまった……。他人に対する思い遣りなど考える暇もなかった。あの当時の私は知恵遅れだった。本当の意味で人生というものを私なりに考え始めたのは監獄に入ってからだ。

そしていま、堕落した私の転身物語のなかに、人間としての精髄を探りあてようと思っている。加えてもう一度、人生とはどういうもいのなのかを徹底的に追求してみたくなったのだ。どん底状態の中にいる私だからこそ、それができるのだと思う。底の底から真の姿を表現してみたい。かくなる思いから本書を記すことにした。

虜囚の身

世の中には三種類の人間がいる。男と女と犯罪者だ。加えて犯罪者の顔には三つの表情がある。冷酷さと、悔恨の色と、それから良心の呵責。

犯罪者が平然としている時には、その顔には想像も及ばないような冷酷な表情が泛《はん》かんでいる。犯罪者が後悔している時には、その顔には落ち着きに至らんとする表情がある。

犯罪者がひたすら良心の呵責に悩んでいる時は、その目には絶望のこわばった色がある。さらにいえば、完全な円を描くような人生もあれば、予想もつかない形や理解しがたい形をした人生もある。私には後者の人生が当てはまる。

そのようななかにおける現在の私は、人生の落伍者としての終着点に差し掛かっている。そんなことも相俟って、犯罪の入口ともいえる出発点に今一度立ち戻って最後の思考をめぐらせているのである。

思えばかつて、闇が明ける日がくるのだろうかと孤独に震えた夜があった。道ならぬ反社会的行為に走ったことによって、己を破滅に導いたばかりか、仕事、お金、友人、何もかもを失った。自業自得という言葉をこれほど思い知ったことはない。そんなこともあってパニック障害に陥ってしまい、拘置所へ移監して来たころはラジオから流れてくるニュースを聴いたり、新聞に眼を通すのも怖かった。そして生きるのか、死ぬのか、

〈どうする……〉

と自問自答を繰り返す自分がいた。

まだ暫くの間は死ぬわけにはいかないのなら、そんな厄介な自分とも闘い続けるしかない。こうして絶望の中で必死に言い聞かせた日々があったことを思い出す。

思うに社会の常識とは、往々にしてどのような事件でも表面だけを見て判断を下しているような気がする。私のときもそうであったように、そこに至った複雑な人間関係からの必然性を無視してしまう傾向がある。そうすると色眼鏡で見られたり、偏った評価になってしまう。そしてそこに偏見が生じてくる。

とくに私のように「サラ金社員」「水商売」「ヤクザ」というような黒社会の巣窟街道を辿ってきた人生を見れば、一般社会からはみ出した人間に映ってしまうのだろう。そしてこの構図だけを一義的に俯瞰すれば、私が殺人者として転落したことも頷けるのかもしれない。賢者は、

「人生というのはそうなるようにあらかじめ決められている」

このようにいう。

だがよく考えてみれば、もしこのようにしてはじめから決められていた私の人生設計図であったとするならば、あまりにも莫迦げた話である。確かに私の人生には綱渡り的なところがあった。だがしかし、もしこれが私の運命だったとしても、死刑囚になるために生まれて来たのではない筈だ。死ぬまで獄につながれて絞首刑という悲劇的な最期を迎えるのが私に与えられた人生とするならば、この世に生まれて来た意味すらわからなくなってしまう。

結果的に絞首刑という暗い結末しかないのであれば、運命に逆らってでも自分の最期くらいは自身の意思で決定したい。否、自身の意思決定こそが、私の運命そのものなのかもしれない。そんなことをあれこれ考えていると、私の手に掛かって死んだ被害者が瞼に浮かんでくる。そして耐え難いほどつぶさに事件の記憶が蘇ってくるのだ……。いま述べたように、さまざまな光景が頭にちらつかない日は一日としてないのである。

ところで歴史の世界にイフは禁物だという。「もし」はあり得ない。それでも「もし」あの日に社会と個人の規範が衝突していれば、S森との間で摩擦が生じていれば私はどうなっていたのかを考えてしまう。そしてふと気がつくと、「あのとき、もし……」が頭の中で堂々めぐりしてしまうのだ。

〈サラリーマンを辞めていなかったら……〉

〈ヤクザになっていなかったら……〉

〈S森と出会わなかったら……〉
〈あのとき、もし……〉

このいくつもの「もし」が頭に浮かびあがってくる。こうして今だにさまざまな「もし」を乗り越えられないでいるのだ。

一方ではいまさら何を言っても始まらないという思いもある。それは歴史は後戻りしないということでもあり、たられればなど答えるに値しないからだ。だがバブル経済という当時（昭和六二年）のとどめがたい時世の変化にのみ込まれさえしなければ、現在のように絞首台を恐れることはなかったような気がする。すくなくとも尾羽打ち枯らした姿にはなっていなかったと思う。

いま自分の人生を振り返り、いくつもあった選択肢の中で別の方向を選んでいたらどうなっていたのだろうと考えるのだ。たとえば、前妻と結婚せず愛人と結婚していたら、商売をせずにサラリーマンを続けていたならばなどと、その時々で大きな決断の時が人生には幾度もある。こうして自分の決断によって、普段なら気にも留めない小さなことをきっかけに、やがてはとんでもない大事に至り、人生が大きく変わることだってあるわけだ。こうしたことをあれこれ考えていると、自身の莫迦さ加減に嫌気が差してくる。そして後悔の念がほぞをかむのだ。

どちらにしても悪事千里を走るが如く、私の体験からしてみても悪い行いはいつか露顕し、世間に知れわたるようになっているという事だ。さらに言えば、私のような悪逆無道な人間は、破滅の人生を歩むことになるのである。

しからばそのとき人はどのような行動をとるのだろうか。己の破滅的人生を嘆きながら、激流の海で一抹の泡となって消えゆくことを選ぶのか。それとも歴史の中に沈みゆく前に、次に来る新たな恐怖と闘いながら現実と向き合うことを選ぶのだろうか。よくよく考えてみれば、どちらを選ぶにしても大変厳しい道になる。そこで二度と社会に戻れない死刑囚としての人生ならば、前者のように一日も早く刑場の露としてこの世から消えてしまう人生を選ぶほうがらくなのかも知れない。そう決断して刑死した死刑囚を私は何人も見送ってきた。

他方、現在の私はといえば後者の道を選んでいる。なぜ吊される恐怖と闘いながらも後者を選択して生きようとするのだろうか。死刑囚として苦しい毎日を過ごすならば、ためらうことなくさっさと死ねばいいようにも思う。だが私のなかでは、処刑台へのぼることに対する抵抗感が拭いきれないでいるのだ。

そこには前者の写実的な死刑囚の姿が影響している。つまり刑場へ引っ立てられてゆくときに見せる人生最後の物悲しげな目は、その人がこれまでやってきたすべてのことを物語らせる。かてて加えてあまりにもリアルすぎる死――あの死にゆくときの目を見てしまうと、誰だって刑場への抵抗感を持つのではないだろうか。つい先刻まで同じ空気を吸いながら、一緒に生きていた人間が死へのロードを進みゆく。一生懸命生きていた一人の男の一生が、看守の手によって終るのだ。これは私にとって計り知れないほど大きな意味をもたらせるのである。

いずれにせよ刑場へ向かう死刑囚と無言のお別れをしたあと、私は居室の鏡に自分の顔を映してみる。処刑があるたびに思うことはいつも同じである。

〈惨めな顔だ――〉

私のすべてはこの惨めさなのだろう。自分でもわかっている。この惨めさが私を突き動かしているのである。とにかく惨めでも、阻喪《そそう》でも、小狡くても無気力と思われてもよい。私はもう少しだけ自身を含めて、死刑囚の本当の姿を見定めたい。こうした時間が私には必要なのだ。だから後者を選んでいる理由にもなっている。

とにもかくにも人間が死に直面したとき、この世で最後に見せる生き物本来の姿を現わすことを知った。つまりは一瞬間で目まぐるしく変化する表情がこれから無生物になることを物語るのだ。

それは死刑囚の意識界における真実。恐怖に震えながらも濁らぬ瞳で見つめる旅路の果てに残す、最後の真実なのだ。このとき私は命の尊さを再認識し、自分の悩みや悲しみ、苦しみが処刑されゆく死刑囚に比べればちっぽけに思えてくるのである。私自身がこれほどまで深く物事を考えることなど、死にゆく死刑囚の姿を見るまでなかったことである。たぶん俗世間で普通に生活していれば、いまでも他人に憐れみを感じることはなかったと思う。

だが監獄では彼ら（死刑囚）とは同じ穴のむじな――言葉を交わさなくとも仲間といってよい。その仲間が凄く悲しい目をし、これまで生きて来た証しを死刑囚獄舎に残して死んでいくのだから、その日は一日中気も晴れない。厚い雲に覆われた空が心までどんよりと沈ませてゆくあの感じだ。それゆえに死刑囚の裏側の怖さも知るのだ。

そんなこともあって、自身が死刑確定者処遇を受ける身となってからこん日までの七年半、一日たりとも気を緩めたことはない。死刑囚獄舎へ転房してからというものは、常に緊張の連続である。死と向き合う毎日、これは正直いってけっこう疲れる。そのうえ年々、精神的にもきつくなっている。

今後私がどうなるにしても、死刑に問題があるとすれば殺す方法だと思う。なにせ百年以上も同じ殺し方をしているのだから、そろそろ処刑の方法を絞首刑から注射（筋弛緩剤）などに考え直す時期に来ているように思う。注射や薬物ならばゆっくり瞼を閉じて、眠りながら心臓が止まり死んでいける。そうすれば苦痛や恐怖に歪む皺の一筋もないはずだ。美しいとまでは言わないが、何処までも安らかな眠りの中で殆ど痛みを感じないまま死んでいけると思う。

なぜこのような提言をするのかといえば、処刑当日の朝に限って気配と足音を殺し、気息すらこらえて十数名の看守たちが死刑囚の独房へ近づいてくるからだ。余人はいざ知らず、死と向き合う死刑囚はたちまち誰が処刑されるのかを悟る。これは看守が放ってくる殺気というものを私が感知するからだ。日々死と向き合っている者は、これを感じ取ることができるようになる。言うまでもなく殺気とは眼にも見えず、音もなく、匂いもない。これは人を殺しにゆくという気持を凝縮させた看守から放たれて、それが念となって飛ぶのだ。ことわっておくが、獄舎で超常現象が起きているというわけではない。そんな非科学的な話はあり得ない。ただ私がそう感じているということだけなので、くれぐれも誤解しないでほしい。何というのか気のもちかたの問題なのである。

端的に言えば、私のように死刑囚獄舎の独房でこうした状況下に置かれてしまうと、神経が鋭敏になってくるのだ。だからおのずと心が暗い方へと、どんどん傾いて行ってしまう。これはある意味で仕方のないことなのだが、処刑当日に見せつけられるあの壮絶な場面だけは辛いだけで、何度経験しても慣れるものではない。ただただ、ぶるぶると腕が震え、止めようとしてもなかなか治まらないのである。

それは言うまでもなく、処刑という非日常的な出来事に遭遇したショックと、それを行った人間（殺人看守）がこの同じ獄舎にいるという現実への不安や怯えである。

回想――遠くからかすかに響いてくる音。トンネルの中にこだまして聞こえてくるようなリズムのない単一の音。それが少しづつ少しづつ一定のリズムをともなって聞こえ出したとき、私はいつも耳をそば立たせる。

〈またか――〉

一秒、二秒と時の刻みと共にその音は高くなり、やがてそれが人の足音であることがはっきりする。それも一人ではない乱れがある。朝の点検が終り食事前の時間に通常ではない訪問者が間違いなく近づいてくる靴音だ。

〈あわてるな〉

自分に言い聞かせた私は、死刑囚監房の扉を開く金属音をとらえた。処刑される本人も死刑囚特有の敏感さで事態の深刻さを知る。

慎み深く、そして厳粛な気配があたりを漂うそんな中を、前後左右を看守で囲まれた死刑囚がまた一人刑場へ引っ立てられていく。そのとき先導する看守が西側廊下鉄扉の錠を外す音――。

そして後尾をゆく看守が扉の錠を掛けなおす音――。空気は冷え冷えとして、鈍くよそよそしい金属の音があたりにこだまする。これで一人の死刑囚は死刑囚獄舎と永遠の別れをするのである。

やがて中央廊下付近で待たされていた雑役夫が何事もなかったように朝食を配りはじめるのである。単調と静寂と重苦しい空気が食事と一緒に独房内にしみ込んでくる。こうして生き残った死刑囚の一日がまた始まるのだ。

このとき私はいつも思うことがある。人間はただ生きてゆく者と、死んでゆく者との二つの姿しかないと……。私はまだ少し生きてゆく側にあって、処刑され死にゆく死刑囚は別の世界にいると……。

つまるところは社会的な規範を考えれば、看守の人殺しは認められているけれども、それを理由に絞首刑が現代に適応しているとは思えない。こうした現実を一番近くて感じる死刑囚がどのように受け止めるかは、受け止める側の意識次第なのだろうが、私自身は処刑があるたびに心の動揺を鎮めることはできないでいる。だからこそ絞首刑というやり方を見直すべきだと思うのだ。

人生の終末を迎えるようになった私だからこそ、死刑という合法的な詭弁に脚色された殺人に思いを馳せるのである。それは何といっても私自身が死刑囚本人であり、二度と獄から生きて出られないという無視することのできない現実があるからだ。それゆえにここにいてもこれ以上の発展は望めない。そんなこともあって自身に残された時間を考えてしまい気持が落ち着かなくなってくるのである。だからこそ少しでも落ち着ける時間がほしい。ゆいいつ私が落ち着いて過ごせる時間といえば、休庁日（土・日・祝）だけである。なぜならこの日は役所全体の業務が休みのために処刑のことを考えずに済むからだ。

ただし日曜日の夜を迎えると、また憂鬱な気分になってしまう。最近の私はこうした気持の繰り返しなのである。もはや精神的限界に近づきつつあるのかもしれない。たくさんの失敗や挫折を経験してきたからこそ自分の限界もわかるのだ。もちろんこれには死刑が確定してから七年半という歳月が大きく関係していることは否めない。もし、恩赦の出願や再審請求などの手続をしていなければ、とうの昔に私は処刑されていただろう。ちなみに共犯のS森は上告が棄却されたあと、死刑を甘んじて受け入れている。

だがしかし、私が現在も再審請求をしている関係でS森死刑囚も処刑されずにいる。この点を彼がどのように考えているのか分からない。ひょっとしたら私のことをいつまでも悪あがきしていると思っているのかも知れない。一方、私が彼の心を推察すれば「ここまで頑張った。もうこのあたりでいいじゃないか」という心境になっているのだと思う。そうしたことから裁判で争うのは最高裁までと決めたのだろう。彼の行動を見ていれば、それがよくわかる。共犯の私が言うのも変だが、じつに「あっぱれ」な男だ。S森という男は性格的に、元々そうした強い部分をもち合わせていたのかもしれない。これは私にとっても新しい発見だった。

とにかく私には到底S森のような潔い生き方を真似ることはできない。どちらかといえば、潔い死に憧れを抱きつつも私はあがき苦しむタイプだ。そして死の不安と恐怖のなかで、愚痴の闇に陥る。これでは健全な精神を保てるはずがない。たぶん私は虜囚の身として、未熟なまま壊れて死んでいくのであろう。こうして私はいつも四苦八苦しているのである。

閉鎖社会と権力

ついでながら罪人が住む監獄について触れてみたい。

人がひとたび国家の強大な力によって身柄を拘束されてしまうと、並大抵の努力ではそこから抜け出すことはできない。つまりそこにはぬらっとした闇があり、不気味でまっ黒い巨大な淵がぽっかり口をあけている。くだくだしい説明は必要ないとは思うが、その先には拘置という閉鎖社会が待ち受けている。

こうして一人の人間が拘置されてしまうと、通常保障されている自由や権利をも失ってしまう。たとえば政治家であろうが、会社の社長であろうが一旦、塀の内側へ落ちてしまえばすべての人が無力者になる。これが投獄というやつである。この投獄先での絶対的支配権を握っているのは看守になる。なぜなら収容者を処遇するのが看守であるからだ。それゆえに舎房の看守たちは、収容者に対して絶大なる権限と決定権をもっている。そんなこともあって、専断的処遇が行われることも多々ある。ともすればこれは大変おそろしいことだ。この点の詳細は後ほど説明するとして、絶対権力の園である監獄という異空間をひと言で表現すれば、なんの飾りも味気もない不便で殺伐としたところといえる。

そのような空間に超人たちの住む世界がある。体格、年齢、肌の色、さまざまに異なる人が入所してくる。びくついている者、我慢強い者、優しそうな人、言いたい放題の人、思いやりのある人。地位や名誉のあった人など、いずれも行く道を間違えた人たちだ。

ときおり「強盗強姦放火殺人」とか、「児童虐待殺人」などの罪名を引っ提げて入所してくる重罪犯がいる。このような人たちは、入所後しばらくの間は概ね看守に柔順な態度を示す傾向が多い。それは重罪者の多くが事件の性質上から身内にも見放されてしまい、孤独になってしまうからだ。それゆえに自分の気持を少しでも理解してくれる看守を捜そうとする。これは寂しさから来るものなので、人間の欲求としては至極当り前のことかもしれない。だがこの当り前のことが監獄では一切通じないのだ。まれに人間味のある看守もいるが、ほとんどの場合が聞く耳をもたない。それだけでなく、重罪者を頭ごなしに抑えつけてしまう。

つまり秩序と管理が必要以上に幅をきかせているために、弾圧と恐怖政治で服従させようとするのである。そうすると重罪者は柔順だった態度を硬化させてしまう。そしてそこに反撥が生まれる。

かくして収容者が反撥をすればするほど看守は生きた言葉で、丸太棒のようになぐりつけてくる。その上、要注意収容者とか処遇困難者のレッテルを貼りつける。そうしたとき私は全身を耳にして、閉鎖社会のどん底に生きる人たちの叫び声を聞くようにしている。裏街道を生き、人間のエゴイズムを見てきた私だからこそ、権力者が牛耳るこの社会では何を言っても勝目のないことを彼らの切実な叫び声から学ぶのである。

早い話、ゴングが鳴る前から勝負がついているのである。負けを覚悟で官とやり合っても後味の悪さしか残らない。だから言いたいことがあっても私は我慢している。何を言っても無駄だと諦めている。そうすれば期待も失望もしないで済むからだ。否、自分が何もできないのなら黙っているしかない。何もできないものが権力に楯突くのは間違っている。何もできないくせに無理してやろうとするのは、身のほど知らずというものだ。

だが以前、既成の体制を少しでもくつがえそうと一人で闘っていた中元勝義という伝説の死刑囚が大阪拘置所にいた。彼は官に柔順な態度を示さないために徹底的に干された。そうすると彼は、告訴や情願を繰り返す。さすれば官はその報復措置として、中元死刑囚をあちらこちらの獄舎へ転房させながら、精神面に揺さぶりをかけてくる。こうして彼のように権力に歯向えば当然そうなってしまう。そんなことから反抗的で協調性に欠けるとして処遇困難者のレッテルを貼られてしまい彼自身が苦労していたのを知っている。それでも反骨精神を失うこともなく、処刑されるまで闘い続けることを生甲斐にしていた。さらに言えば、官と真っ向から対立することが彼の生きる源であり、その姿こそが彼そのものであった。

つづめていえば、月に吠える狼にも似た姿は闘志そのものだ。たったひとり赤裸の身を冷酷無慈悲な相手に晒し続けるのだから相当の心根の持ち主であった。

だがしかし、そんな彼も官と対立するのをやめた途端、坂道を転がるごとく生きる意欲を失っていった。最後は少々自棄《やけ》気味になっていた。とにかく彼は理不尽なことに対しては徹底的に反抗するという面をもっていたのだが、悲しいかなそれもいつかはしぼんでしまう。

そうしたなかでも私が彼に感心したことが一つある。それは若い看守（夜勤者）と対立しなかったことである。彼が徹底抗戦を挑む相手は舎房担当以上の袖に銀線や、金線のモールが入った役付きの職員で、彼らをつかまえて噛みつくことだった。階級のない平看守には何も言わないという信念が彼にあったのかどうかまでは私にはわからない。だがこの点だけは一本筋のとおった男だった。当時の二区長も、

「すごいやつだ」

と言って認めていた。

そんな「すごいやつ」でも刑事訴訟法第四七五条にもとづく死刑執行命令書には勝てず、二〇〇八年四月一〇日あの世へ旅立った。

つまるところ罪人は己の罪をあがなう罰ゆえに、こうしたところで自由を拘束され、ときには処刑されてしまうことがあるのも当然のことなれど、「官」の奴隷にはあらずということだ。精神の最低限の領域までも理不尽に侵されては死刑囚は人でなくなってしまう。

されど相手は生殺与奪をほしいままにする国家権力、こちらは徒手空拳。そんな勝ち目なき戦いになぜ多くの死刑囚たちは挑むのだろうか――それはひとえに己の人間としての誇りを賭けた、いわば「存在証明」、生きる証しのようなものだと思う。要するに勝てなくても最後まで負

けなければいいということなのかも知れない。逆に言えば、負けると思っていたら最初からことを起こしてはいけないということである。つまらないことで官に逆ったり、「売り言葉に買い言葉」というようなレベルの争いだったら対立する意味はない。この程度のことなら、百害あって一利なしである。だがまれに「ああだこうだ」と官に逆って、それで得をした囚人もいる。そうしたときは、

〈なんや、言うたもん勝ちかい――〉

と思うようなこともある。

このように個別の状況が連動して作用するために、空気を読んで動かねばならない。それでないとマイナスになる。とくに死刑囚の場合はあとがないために、

〈よっしゃ、こないなったらもうやらなしゃあない〉

と己の決断に納得できるかどうか、その覚悟があるか否かが一番大事なところだと思う。参考までに言い添えると、「監獄法」から「刑事収容施設及び被収容者等の処遇に関する法律」に改正されたのだけれども、囚人の置かれている環境は、前よりずっと悪くなった。私物をたくさん所持できるとか、世間に見えるところは良くなったが、肝心の人権の部分は明らかに後退している。ちなみに、

・刑事施設の長に対する苦情の申出
・監査官に対する苦情の申出

・法務大臣に対する苦情の申出
・審査の申請及び再審査の申出
・事実の申告

このような申出は形式上できるようになってはいるものの、この制度を私は一度も使ったことがない。なぜかといえば、他の収容者が先の相手方に苦情を申出ているのを見ていると、ことごとく却下されているからだ。収容者の言い分はほとんど認められることはない。それゆえに無駄な時間と能力を使うだけならば、最初から何もしない方がましだという考えがある。時間の浪費はしたくない……。それに合わせて、五〇を過ぎたいま、それだけのことをやる気力が私に失せてしまったこともある。かてて加えて入獄後の私は、おおよそ激情とは無縁の人間になっている。環境に順応し、与えられた立場をまっとうする。それが私の流儀でもある。

深慮無想を己に課す必要が生じた時は、ひとり静かに瞑想の時を過ごすようにしている。さすれば衝動的にことを起こすこともなく我慢できる。早い話、監獄では泣き言は一切通用しないということだ。一にも二にもガマン、収容生活とは我慢という戦場なのである。

ところで拘置所の長は定期的に、全死刑囚の近況を法務省の刑事局へ報告しているという風評がある。言うまでもないが報告する相手は局の検事にである。当然のごとく先にのべた中元死刑囚の動静や行状等も検事に伝わっていたはずなので、彼の当局に対する過激な行いが若干死を早めた可能性も否めない。もちろん中元死刑囚の第二次再審請求が棄却されたことも処刑理由の一つになっているようにも思う。実際彼の再審請求が棄却されるのを待っていたかのようなタイミングで処刑されているので、多少は影響しているのではないだろうか……

話を続けると、居場所のなかった彼に心の通じる相手が一人でもいたとするならば、もう少し違った形で生き永らえていたと思う。生活態度ももう少し良かったのではないだろうか。要するに、中元死刑囚と本気で向き合ってくれる看守が誰もいなかったことが私には残念でならない。確かに彼にも反省するべき点も多かった。つまりは、看守の揚げ足を取ったり、自身の主義主張が多すぎたのだ。これではどんな世界でもやっていけないし嫌われる。

とくに監獄という閉鎖社会では、看守に一旦きらわれてしまうと、それが次々と引継がれて行く。だがしかし中元死刑囚の場合は、我が道をゆく、我関せずだった。誰に嫌われようとも最後の最期まで権利を主張し続けたのもこれまた彼らしい部分でもあった。

いずれにしろ人間の人間たるゆえんは、理屈の中にだけあるのではなく、理屈では割り切れない部分にこそあるのではないだろうか。私にはそんな気がしてならない。

つまり人間を理論では割り切れない不思議な生きものとして捉えればよいのだ。すると多少なりとも笑って流せる部分も出てくる。とりわけ私は元来オプチミズム的なものが備っていたことから、これまでのところはなんとか無事に事故なくやってこれた。それに加えて私の場合は、ずいぶん大勢の看守にも助けられたことで事故を起こさずに済んでいたと言ってもよい。だからこそいまの私があるといっても過言ではない。こうして過ぎし日を振り返っていると、未決収容者時代がとても懐かしく思い出される。そのことを綴ってみたい。

人格者

現在大阪拘置所は、二〇一一年度から向こう一〇年の歳月を費やして、敷地面積六万九〇〇〇平方メートルという広大な地所に、六階から一一階建ての高層収容棟七棟と管理棟を建築し、同地所内には一五階建て官舎など総工費五〇〇億円をかけて建替え工事が進んでいる。

そのうちに三舎（建替えのため現在は使用されていない）が、私にとっては忘れられない獄舎となって脳裏に深く記憶されている。三舎三階、この獄屋で私は一二年間生活してきた。ついでに言えば、二三年間の獄中生活のうち一番最初に配所されたのは六舎五階という獄屋で、ここで四年間お世話になった。この六舎も思い出深い。私が入獄したころ（昭和六三年一二月）の六舎五階は、一房から二〇房までが一般独房となっており、二一房から四〇房までは懲罰房として使われていた。当時はいまほど収容者を取調べ（現在は調査という）にあげる職員はいなかった。いわゆる多くの職員が人情味あふれる処遇をしていたということの表れだったように思う。確かに収容人数も一四〇〇名ほどと少なかったこともあると思うのだが、それでも懲罰になっていたのは常時二、三名程度だった。へたすると〝懲罰者ゼロ〟という日もあった。

早い話、現場を預かる職員たちは、よほどの違反行為でない限りは取調べにはせず、その場で収容者を叱り、「もうするな」と戒告で済ませていた。だが近ごろの担当は、我が子同然ともいえる収容者を厳しく叱りつけたうえで、いとも簡単に取調べにあげてしまい懲罰者の烙印を押してしまう。それゆえに以前に比べて懲罰者の数もぐんと増えるようになった。現在では各獄舎の舎房ごとで懲罰を執行するようになっている。だからある意味で現懲罰者は「さらし者」にされている。

なぜなら、おおぜいの収容者が懲罰者の独房前を通るからだ。鉄扉には赤字で書かれた「懲罰中」という至極目立つマグネットが貼り付けられているので懲罰者であることがすぐにわかる。そのうえ懲罰者は廊下、視察孔の方を向いて朝食後から、午後五時三〇分まで座らされる。こうして一日座っていても座布団の使用も認められず、年末年始でも懲罰を執行されるようになった。以前ならば正月休み期間中の懲罰は一時中断され、休み明けから再開されていたのである。だが現在は、三六五日懲罰が執行されるのだ。いずれにしろ昔は受罰者に対しての人権的配慮がなされていたため、懲罰中の姿を一般収容者の目には絶対触れさせることはなかった。六舎五階などの場合は、二一房から先は職員しか通らなかった。ただし収容人数の増加とともに、建替え工事で独房の数が不足している関係から、六舎五階の獄屋はすべて一般独房として使われるようになった。

話が脇道に逸れたが、この六舎五階の担当だったI崎という看守部長はとても懐の深い器の大きな人だった。合わせて柔道の有段者だったことから、体の方も大きかった。そんなI崎部長から私は苗字ではなく名前の「けいぞう」で呼ばれるほど大変よく可愛がってもらった。このI崎部長とは馬が合ったというのも変な表現だが、ある意味で監視する側とされる側の垣根を越えて、一人の人間として私を扱ってくれていた。昔の職員はこうした人が多かった。

また入獄当時の私は三〇歳。私より三つ上のI崎部長とは比較的共通する話題も多く、いつも親身になって話を聞いてくれた。私が裁判所から落ち込んで帰って来たりすると、

「どうした元気出せ。嫁さん子供のためにもしっかり頑張れ。まだ一審の途中や、どないなるかわからん。最後まで絶対に諦めるな」

I崎部長のこの言葉に何度励まされたことかわからない。私はI崎部長と出会えたおかげで、当時の夜勤者にもよく面倒見てもらうことができた。たぶん気にかけてやってくれと陰で言ってくれていたのだと思う。その証しとして、私が何も申出ていないにもかかわらず、

「I崎の正担から聞いた」

といって係長も面接をしてくれたこともある。

もちろんこのI崎部長は腕っ節がつよいので怒ると怖いが、至極謙虚で好感のもてる人物だった。言うまでもないが、私はI崎部長から一度も怒られたことがない。かくして私のなかでは思い出に残る舎房担当の一人として脳裏に刻み込まれている。

ちなみにこの六舎五階は一時的とはいえ、B型肝炎とC型肝炎患者が集められることになった。

そんなこともあって私と、当時イトマン事件で収監されていたI藤氏の二人だけ六舎五階に残され、私たちと懲罰者以外の収容者一七名は転房して行った。先に断わっておくが、私もI藤氏も肝炎患者ではない。二人とも健康そのものだ。

だから肝炎患者でもない私とI藤氏は六舎五階へ残されることになって不思議な気持になった。そのことは横におくとしても、私には気になる点が一つあった。それは食事のときだ。毎回食事が終るたびに肝炎患者の食器類だけを別の大型バケツに入れて消毒に回すことに大きな不信感を抱いた。なぜなら私の目に入らないところで、〝注意〟とマジック書きされた黄色い大型バケツに食器を放り込んでいくならまだしも、目の前でそれをやられてしまうと好い気はしない。配慮に欠けているとしかいえない。

舎房担当は、「衛生上の問題」という。ただし空気感染や経口感染するものではないのでまったく心配はないといい、B肝、C肝のあとで入浴したところで感染することもない。このようなことをいうのだが、それなら何故この患者を六舎五階に集める必要があるのかという疑問に苦しんだ。つまり何の問題もなければ病舎でもないところへわざわざ集める必要性はないと考えた私は、食事は摂るが入浴は拒否すると申出た。そして実際入らなかった。

あの当時をふり返ると、大人げなかったと思い反省しているところである。いまならたとえエイズに感染する可能性があるとしても平気だが、三四歳当時の私は思慮分別がなく、官に迷惑を掛けたと思っている。結局、私の言うこともわかると官が認めてくれたことから、私とI藤氏も転房させてもらえることになった。それで私は三舎三階へ移ることになったのである。

このようにして三舎へ転房できたことは、私にとっては結果的に良かったのだが、もしI崎部長が四月の配置替えで警備隊へ移っていなかったとすれば、私は何も言わずに六舎五階へ残っていたと思う。そうすると三舎で人格者と呼ばれている職員と出会うこともなく、私の監獄人生はもっと違ったものになっていたかもしれない。そんなことを考えていると、人の運とはちょっとしたことで大きく変わることを痛感した。つまり言って良い流れになる場合もあれば、逆に言ったがために悪い方向に行くこともあるということだ。今回のケースでは私が官に物申したことが幸いした。

さて三舎三階だが、ここでの生活においては語り尽くせないほど沢山の思い出がある。とくに三舎三階という獄舎は大阪拘置所の中でも特殊な監房が多かった。四〇監房あるうちの約半数の独房に光センサーが取付けられていた。そんなことから奥トイレ側の窓際に立つと、ウルトラマンよろしく廊下の赤色灯がチカチカ点滅する仕組みになっていた。これは首吊り自殺予防として設置されたのだが、あまりの感度のよさに点滅を止めてもまたすぐにチカチカと点滅するのだ。これが二〇監房あるので、舎房担当は「ほかの仕事が進まない」と言ってうんざりしていた。一方、夜になれば、うす暗い廊下の壁に光が当って反射する。イルミネーションさながらのようで、これはこれでけっこう綺麗だった。

そして残りの半数は監視カメラ付きの二種独房になっている。それゆえに三舎三階へ配所されて来るのは神経をやられた収容者が多くいた。たとえば真夏なのに寒いと言って毛布を頭から被る収容者がいると思えば、これとは真逆に冬であるにもかかわらず、一糸まとわぬ素っ裸になる人。一日中房内をうろつき廻る人。はたまた畳の上に平気で糞尿を垂れ流す人。ポットで窓ガラスを叩き割る人。担当が視察孔越しに一声かけると、まるで恐ろしい怪物にでも追いつめられたかの如く泣きわめく人。職員や収容者が廊下を通っていてもおかまいなしでオナニーをしている人。奇声を発して舎房と保護房を行ったり来たりする人。

このようにバリエーションに富んだ獄舎だった。こんな獄舎に配置される職員は大変だと思う。だがしかし、愚痴一つこぼさず淡々と職務をこなす大変りっぱな刑務官がいた。のちに詳しく説明するが、誰からも尊敬される本当によくできた職員がいたのである。この人がいたからかも知れないが、私が見ていて感じたことは、三舎の現場は一区長をトップとして至極チームワークが取れていたことだ。とにかく一区長と係長と係部長の呼吸はぴったり合っていた。ゆえに少しでも収容者の処遇を良くしてやろうという現場の声は、一区長を通じて保安本部へしっかり届けられていた。

いまは上に物申す職員は皆無と言ってもよいだろう。イエスマンが多くて、自己保身者も増えたように思う。つまりは上が、「こうやりなさい」と一を求めた時に、下は一ではなく二も三もやるようになった。忠犬よろしく目立とうと思って競い合っているようにも見えてくる。とかくこうした施設は階級社会なので致し方ない面もあるとは思うのだが、それがあまりにもあからさまに囚人の目に映るようになっている。以前の現場はこれとは真逆だった。私が知っている職員は、収容者のために一生懸命汗を流していた。

思うにこの世には人の定めた身分や階級とは関係なく、人のために自分自身を動かすよう生まれついた人間がいる。このような人間こそが黄金律（とは、なにごとも人にせられんと思うことは人にもそのことをせよ、をさす）が定めた真の刑務官なのだ。

だからこそこうした職員は収容者からも人格者と呼ばれており、一目置かれている。このような職員は、俗にいう叩き上げと呼ばれているだけに仕事の苦労もよく知っている。それゆえに人の痛みもよくわかっている。私はこの人格者と呼ばれていたO谷係部長（のちに副看守長）にずいぶん助けられた。先のI崎部長ではないが、やはりどこかでお互いの波長があっていたのだと思う。ことわっておくが私は職員に対しておべっかを使うわけでもないし、取り立てて優秀な収容者でもない。ごく普通の可もなく不可もない収容者だ。ただし、この人と認めた職員に対してはとことん従う性格である。ゆえにそうした職員と向き合うときの私は、徹底的に礼節を守る。こうしたことがある意味通じていたのかも知れない。

それに加えて手前味噌になるようだが、三舎三階というところは非常に騒がしい獄舎であるにもかかわらず、心を鎮めて一日たりとも欠かすことなく朝夕読経に励み、写経をしていたことを評価してくれていたらしい。だから当時は売店で売られていなかった〝筆ペン〟や〝半紙〟〝写経用紙〟など、必要なものに関してはすべて外の業者から特別購入させてくれていた。

とにかく焦らずにコツコツやっている姿を係部長をはじめとして、係長、区長は至極評価してくれていたことをかなりあとで知ることになった。この裏話を聞いたときはとても嬉しかった。O谷係部長はけっして私をおだてたりはしないが、腹の中ではしっかり評価してくれていて、むしろ陰で誉めてくれていたことに頭が下がった。心憎いばかりの管理術だ。いずれにしても礼儀正しく地道にやっていれば必ず相手に伝わることがわかった。

かくしたことがあったから言うのではないが、私は三舎三階という獄舎が好きだった。とりわけ三舎での出来事の中で面白いエピソードを一つ紹介したい。すでにのべたように三舎三階に収監されている人たちの多くが個性的なうえユニークである。とくにそのうちの一人で足の悪いFさんは、面会への行き帰りはもちろんのこと、すぐ近くの浴場へ行くのにも松葉杖を使って牛歩のごとく歩く姿は痛々しいほどだった。それゆえにFさんの場合は、特別にエレベーターの使用許可も出ていたほどである。とにかくいつも痛い痛いと居室内で嘆きながら右足をさすっていたので、周りの収容者からも同情されていた。こうして足が悪いFさんは、正座ができないために朝と夕刻の点呼の際には安座が認められるなど、いろいろな配慮がなされていた（現在は朝夕の点呼時に正座をしなくてもよくなっている）。

とにもかくにもFさんが居室から出る際にはひっくり返ったりして事故が起きないようにと、舎房担当は必ず手を差しのべてやるなどの気配りをしてやっていたほどである。そんなFさんにある日保釈が認められた。何度も保釈を却下されていたFさんはよほど嬉しかったのか、居室から出て釈放準備室へ向かうときに、廊下窓べに立て掛けていた松葉杖の使用を忘れてしまい、スタコラサッサと普通に歩いて帰ろうとした。それを見た舎房担当は笑いながら、

「おいFよ、これ忘れてるでマツバヅエ」

Fさんはものすごくばつの悪そうな顔をしてながら急にびっこを引きはじめた。だがもう遅い

……。

その様子を一部始終見ていた私はたまらず声をあげて笑ってしまった。久しぶりに腹の底から笑った。へたな喜劇を見ているよりも面白い。担当からは笑い過ぎやと注意されるほどだったが、その担当自身も腹をかかえて笑っていた。早い話、Fさんの仮病に医務も処遇部門もみな騙されていたのだ。私もFさんが新入で来たときからずっと片足のぐあいが悪いのだと思い込んでいた。このようにして、すべての人間を欺きとおしたFさんには、あっぱれというしかない。日本アカデミー賞の最優秀主演男優賞ものだ。大変見事な演技だった。このようにして三舎三階にはFさんのようなユニークな男が収監されていたのである。それはそれとしても、このとき舎房担当や係部長に、

「Fにだまされて腹が立たんですか」

と聞いたことがある。すると、

「わしら職員は収容者にだまされるのも仕事のうちに入ってる。そんなのいちいち気にしてたら体がもたんわ。どれだけだまされてもお前たちを信用してやらんとな」

なんと度量の大きな人なんだろうという思いで、私はいっぺんにO谷係部長のとりこになってしまった。話をつづけると、このO谷係部長は汚い仕事を部下にはさせない人でもあった。居室で糞尿まみれになって悪臭を放つ収容者がいたりすれば、すぐに浴場へ連れて行き、O谷係部長自らカッターシャツ一枚の姿になって、頭から体の隅々まで洗ってやるような刑務官の鑑のような人だった。もちろん舎房担当は、上司のO谷係部長に対してそんなことをさせてはいけないと

いう気持から、

「自分がやります」

とはいうものの、

「かまへん、すぐに終る」

このように言って人の嫌がることをO谷係部長は絶対にさせなかった。こういう人柄だからこそ、部下や同僚それに収容者からも好かれるのである。

監獄というところは上意下達の世界だが、O谷係部長は偉ぶるところもなく、常に冷静沈着で謙虚な人だった。ともかく自分というものをしっかりともち、仕事に揺ぎのない自信をもっておられたうえ、刑務官という官職に誇りも持っておられた。それが上司・同僚・部下の信頼と尊敬をかちとることにもつながっていたのだと思う。ノン・キャリアだが非凡なリーダーだ。柔道も五段という猛者で、大阪拘置所柔道部の監督も長く引き受けておられた。身の丈は一八〇以上あり、笑うと白い歯が目立つ渡瀬恒彦に似たダンディーな刑務官である。

天は時に、人に二物も三物も与えたりするものである。O谷係部長もその例に洩れない。仕事ができて、男前で、武道にも長けた人物だった。かくして非の打ち所がないすばらしい刑務官もいるのだ。こうした人物だからこそ、広い心で収容者に接してくれるのかも知れない。普通ここまで書くと、ちょっとぐらいは偉ぶったところもあるだろうと疑いたくもなるだろうが、それがまったくないのだ。ほんとうに飾り気のない人情味溢れる人柄だった。

いずれにせよ刑務所や拘置所に入ってくる荒くれどもを従わせるには並大抵の刺激ではだめ

だ。言を俟たないが、看守と収容者の間では誰が見ても力の差は明らかである。権力を楯にして相手を屈服させるのは誰にでもできる。しかしそれは一時的なものにしかすぎない。長くそれを持続させるには圧倒的な力とは別に、O谷係部長のようなカリスマ性が不可欠なのである。

世の中とはよくできたもので、O谷係部長の回りには一目置かれるような職員が集まってくる。H矢仕係部長もその一人だ。このH矢仕係部長もO谷係部長に負けず劣らずの度量の大きな刑務官だった。収容者のためになることなら、

「わしが上から怒られとこ……」

このようなことが言える気骨のある職員なのである。自己保身の気持など一切持ち合わせていない好人物だった。このH矢仕係部長は、収容者を家族同然という目で見守っておられた。確かに朝から晩まで顔を合わせているのだから、看守と収容者の関係はある意味で家族と同じようなものであろう。だからこそ性格もわかるようになり、腹の奥もわかってくる。

そして付き合いが長ければ長いほど収容者のほうも看守に心を開いてくる。そこには契約書などない。あるのは信頼関係だ。だから収容者は職員を「おやじ」とか「おやっさん」と呼ぶ。こうして信頼関係が築かれなければ、囚人に対する教育など成り立たない。愛情があってこそ囚人は看守に心から従うのだ。こうして信頼関係ができていれば、おやじに迷惑をかけてはいけないという心が働き、職員を裏切るような行為は絶対にすることはない。

かくして私に人の道を教えてくれたり、私の心に情熱の種を蒔いてくれたのは、O谷氏とH矢仕氏の二人の刑務官だった。とくにO谷係部長は、私の母親が亡くなったという知らせが入った

ときなど、私が本当の意味で孤独になったことを哀れみ、面接室で私と一緒になって涙を流してくれた。私はそのことを忘れることができない。いわんや、あの日のO谷係部長の涙に私はどれほど救われたことかわからない。いったいどれほどの職員が収容者のために涙を流せる人がいるだろうか。それを考えると、心の底から有難い気持でいっぱいになった。そして、O谷係部長の手が私の肩にそっとおかれたとき、私の震えは不思議と止まったものである。

こんなこともあった。控訴審の最中、公判前になると一〇日間、午後一一時までの延灯を上に具申して下さり私に勉強させてくれた。そのO谷氏の気持に応えるために私は一生懸命頑張った。もがき苦しみながらも必死に頑張った。それでも結果は控訴棄却で、二度目の死刑を宣告された。判決公判へ向う直前には出廷準備室で「祈ってるから……」と言ってくれたO谷係部長に申し訳なくて、獄舎に戻ってからは毎夜眠れない日が続いた。

私は自身のことを脳天気な人間だと思っていたので、連日眠れない自分に驚いたほどである。そんなこともあって目のまわりに隈が出来てしまった。こんなボロ雑巾のようになった私を心配したO谷係部長は、夜勤者にも注意して見ているように指示を出してくれていた。

一方では、一区長を介して保安本部に掛け合い、三人いる弁護人の一人岸上英二弁護士に連絡を入れて、私の状態を説明し至急接見に来てくれるよう異例の措置を取ってくれた。そのことは私にはまったく知らされておらず、弁護人が接見に来てはじめて大阪拘置所から弁護士事務所へ連絡が入っていた事実を教えられた。

これらすべてのことはO谷係部長の尽力があってのことだが、O谷氏の人格を上司が認めているからこそ上も動いてくれたのだと思う。こうしてO谷氏は、何度も何度も私の不安をかき消してくれたのである。

とにかく獄中で暮らす孤独者は弱い。弱いから人にすがるんだと思う。私はそのことに気付いた。孤独で苦しいときは誰かそばにいてほしいということを……。このすがることを忘れてしまっていた私のような人間に、何をしてやれるのかを考えてくれる職員がO谷氏やH矢仕氏であった。時が過ぎ、時代が変わってしまったいま、彼らのような真の刑務官はもう二度と現われないだろう。O谷氏とH矢仕氏はずいぶん前に転勤してしまったが、こうした人達に出会えて面倒見てもらえた私は幸せ者だった。心からありがとうございましたといいたい。そのことを付言しておく。

ついでながら、ここに紹介するのは平成二三（二〇一一）年一〇月八日付大阪読売新聞朝刊の社会面で報道されたものである。

先に私が人格者と称したO谷氏に「瑞宝単光章」という叙勲が国から授与された。この叙勲は、O谷氏が官職を定年退官したのちに授けられたようだが、やはり誰もが認める人格者であったことが証明される形となった。それが私にはとても嬉しかった。私は自分のことのように喜んだ。

権力者

ところでこうした刑事施設は外の人から見れば「一枚岩」に思われがちである。所長も部長も課長も現場もみな同じ考えに見えるかもしれないけれども、実は上と下ではまったく別なのである。そのことで現場の職員が一番苦労している。上の方は一年、二年で交代していくために、自分が勤務している間は何ごともないことを願う。それが上の一番の望みなのである。つまりは上の転勤族は、転勤するごとに位が上がっていくために、大過なく過ごすことが転勤族の一番の目的になっている。そんなこともあって下の方で処遇改善だと熱心に上申しても、上の者は「前例がない」とか、「よその施設とのバランスが取れない」と理由にもならない理由をつけて、ほとんど下の者の上申を通さない。多くの刑務官は上司のそうした事なかれ主義と、収容者たちの苦しみとのあいだで板挟みになっている。現場の刑務官は収容者の痛みを理解し、システムや規則の改善に真剣に悩んでいる人もいる。職員も人間なので「何とかしてやりたい」と思っていても、何もできないでいる。

要するに非人間的な制度の締め付けのなかで、「情」というものを現わしたくとも現わせない職場環境に今は追いやられている。新法以降は、まるで雑巾を絞るように締め付けがどんどん厳しくなっている。その意味では現場の職員も可哀相といえば可哀想である。

なぜそうなるのかと言えば、すべてが所長の好みの問題になってくるからだ。つまり所長が変われば、現場の行動の流れも変わらざるを得ない。端的に言ってしまえば、一年に一度所長が代わるたびに規則も変わる。ただし、「ここまでは弛めていい」とか「ここはこのように添わなければいけない」などといった明確な基準や法律があるわけではない。だから先に述べたように、すべてが所長の好みになってくるのである。

ここでは好みの問題は横におくとしても、確かに組織を維持するためには、厳しいことを言う嫌われ者がいないと組織は維持できない面はあると思う。ヤクザでも企業でも組織というのはみなそうしたものだろう。それでないと組織は弱体化する。ただし、厳しい指導をするには哲学が必要である。哲学のないものは、単なる権力者の弱い者イジメになってしまう。

一ついい例がある。

二〇〇六年に新法が施行されて以降、大阪拘置所に収監されている受刑者には毎日戸外運動が行われることになった。受刑者以外の収容者と死刑確定者には、月一回戸外運動が増やされた。つまり週三回(夏期は二回)、月平均八回から一二回に一回プラスされることになったのである。

そのプラス一回の増運動は入浴日の午前九時ころ(一般は八時四五分ころ)から行われることに

決まった。ちなみに大阪拘置所の死刑確定者の入浴は、午前八時三〇分から一人約二〇分間の入浴が認められている。死刑囚以外の収容者は、死刑囚全員の入浴が終ってからということになる。

そこで二〇〇六年の新法以降、二〇一一年の四月までの五年間、死刑確定者は午前九時から約三〇分、戸外で運動したあと、その後に入浴させてもらっていたのである。早い話、運動終了後に入浴という順序だったのだ。それがだ、二〇一一年四月に転勤して来た所長は、何の問題もなく行われていたこれまでの慣習をひっくり返した。つまり、順序を入れ替えて入浴後に戸外運動に出るようにと五月から決めたのである。こんなくだらないみみっちいことを誰が決めたかというと、拘置所長なのである。

こうして所長が代われば、こんな非常識なことがまかりとおるのである。常識的に考えれば、せっかく風呂に入って体を綺麗にして下着も替えているのに、そのあとで運動場に出て汗を流す莫迦がいるだろうか。ふつうそんな奴はいないだろう。こんなことを決めた所長は、風呂から出たあとジョギングするような人なのだろうか、聞いてみたいものである。運動に関することではもう一つ付け加えたいことがある。

これまで平日の室内（ラジオ）体操は、午前九時四五分から一〇時までの一回。午後二時四五分から三時までの一回。午前と午後に分けて一五分ずつ室内体操が実施されていた。

だがこれを昼食後すぐあとの午後零時三〇分から一時までの一回（三〇分）と、二〇一一年一二月五日に規則を変えた。大阪市北区若松町にあった旧大阪拘置所から、同市都島区友渕町に移転してから四〇年以上経つが、この間ずっと午前と午後に分けて室内体操が行われていた。それをこのK部という所長は、自分の権限で簡単に変えてしまうのだから驚いてしまった。収容者のことなど何も考えていない証拠である。

現に舎房で勤務する担当などは、収容者をおもんばかって、

「めし喰ってすぐあとの体操はきついわなあ、わしでもいやや……せめて食後三〇分はほしいなあ」

と、このように同情するほど常識に欠けた処遇を行っているのである。それに加えて、もしこの時間以外に体操をしていれば、「取調べ」の対象とする旨の威し文句とも取れる館内放送を流すしまつである。この所長はどこまで締付けを強化すれば気が済むのだろうか……

いずれにしても、なぜそうするのかの理由説明も一切なく、ただ一方的に流す告知放送に対して、死刑囚獄舎はブーイングの嵐となった。それは、惻隠の情も持ち合わせていない冷酷な所長に対する表れでもあった。

とにもかくにもこんな処遇は、圧倒的な不合理と不正義、権力者の横暴としかいえない。現場の職員もおかしな処遇とわかっていても上に意見を言えば飛ばされることもありうるために、それを恐れて何も言えなくなっている。昔に比べると看守の質が小つぶになってしまったものである。いずれにせよこんな莫迦げた処遇に頭に来た私は、この日以降から戸外運動に出るのをやめた。外に出なくなってから一年以上になる。これは私の小さな抵抗である。

こうしたことを含めておかしな処遇を外部の支援に手紙で知らせようと思ったのだが、当局から圧力をかけられる心配もあったので思いとどまった。現に一度、強権的圧力をかけられたこと

がある。そのことをかいつまんで述べてみたい。

これは二〇〇八年七月の出来事である。同じ階で生活するM本死刑囚のことで、彼と共通する支援者の一人、東京在住の島谷直子氏へ手紙を出したのだ。M本死刑囚は下の階で自殺未遂を起こしたことによって、五階の二種独房へ転房してきた。そして二四時間カメラによる監視が続けられることになった。それは当然のことだとしても、その罰としてDVDやテレビを何年も観せてもらえず、ひたすら独房で座り続けている姿が私には痛ましく思えた。何年も何年もひたすら座り続けたがために、彼は腰を悪くしてしまい、ついには起き上がることもできなくなってしまった。当然医務の方からは横臥許可が出され、しばらくは車イスを使う生活になった。

このM本死刑囚には軽度の知的障害があるために、官に対してうまく自己表現や主張ができない。そんな彼を私はいつも気の毒に思って見ていた。なぜなら私の目には彼が充分反省しているようにも映っていたし、その禊も十分終っているとも感じていた。それというのも同じように自殺未遂を起こした北川晋死刑囚などの場合と比較してみても明らかに差異があったからだ。北川死刑囚は、ひと月半ほどで二種独房（カメラの監視）から解放されて一般独房へ移っている。と同時に請願作業やビデオ鑑賞も許可された。

もっとも北川死刑囚の場合は、死刑囚獄舎（五舎）で自殺未遂を起こしたのち、当時の一区長が三舎三階で面倒を見ると二区長にわたりをつけて北川死刑囚の身柄を引き受けている。すでに述べたとおり、この三舎には人情家のH矢仕係部長がO谷係部長のあとを引継いでおられる。そんなことから天涯孤独な北川死刑囚を親身になって庇護していた。こうしてH矢仕係部長や係長ならびに区長のおかげで、彼は懲罰を執行されることもなく、ひと月半ほどで普通の生活に戻っている。ちなみに二〇〇四年一〇月二九日、彼は私と一緒に五舎五階へ転房している。死刑囚獄舎へ舞い戻った翌年（二〇〇五年九月一六日）、北川死刑囚は処刑された。

片やM本死刑囚といえば、何年も二種独房から解放されず、DVDやテレビすら観せてもらえない。それは五舎の職員に人情味がないからなのか、それともM本死刑囚には知的障害があると見下しているゆえに、ほったらかしにされているのだろうか。死を直前にしている同じ死刑囚でありながら、これほど目に見える差別的処遇はないであろう。義憤にかられた私は、ありのままのことを便箋一二枚にしたためて島谷氏へ出した。つまり人権侵害のおそれがあるので、救済を考えてやればどうだろうかとお願いしたのである。

言うまでもないが所内の規則で便箋は七枚までしか使用できない。そのために〝願箋〟という願い出用紙に増枚理由を記して、二〇〇八年七月二二日に首席矯正処遇官（旧保安課長）宛へ提出し許可を得て手紙は発信された。そこに至るまでには、私が提出した願箋に舎房担当から順に、係部長、係長、区長、および幹部職員というように何人もの決済印が押されている。ここまでなら私が何も言うことはない。だがここからがいけない。

手紙が発信された二日後（七月二四日）、五舎を受け持つN田主任とU原係部長から理由も告げられずに面接室へ連れて行かれた。相手はすでに喧嘩腰である。その席で、

「そこへ座れ」

高圧的な態度でスチール製の机の足にワイヤロープで結ばれたイスを指差した。

面接室の中では私の前後を挟み込むようにしてN田主任とU原係部長が立つ。廊下ではY田舎房担当が私らの会話に聞き耳を立てている。そこで私は官からこんな扱いを受けるいわれがないのでその説明を求めた。すると島谷直子氏に出したM本死刑囚に関する手紙の内容のことだった。N田主任はこういう。

「島谷さんとかいう人へ出した手紙は、二日前に発信されている。せやけどな、なんであんな内容の手紙を書いたのか聞きたいのや。自分が書いた手紙は上の決裁をもらう前に書信係から連絡があったので先に読んで内容は知っとるが、何が気に入らんのや言うてみいや」

こう来たのだ。私は何を言うとるねんという思いで、

「課長宛に増枚願箋を提出して、正規の手続を踏んで筋を通していますよ。ましてや発信済みの手紙にクレームをつけてくるのはおかしいのと違いますか」

と反論した。私はかなり不愉快な気分になった。つまりなぜ発信されたあとの手紙の内容を、それも二日も経ってから蒸し返されなければいけないのか。その意味がわからず理解に苦しんだ。もし外部に出されて都合の悪い内容ならば、手紙を提出したその日のうちに書き直しを求めて来るか、もしくは手紙の内容に問題があるので発信できないと言ってくるのが通常のケースである。自身も死刑確定後に何度かそういう指導を受けたこともある。それにも増して、増枚を許可した願箋には、私を面接室へ呼び出したU原係部長やN田主任の印鑑も押してあり、上司の決裁も済んでいる。彼らの話にはまったく筋が通っておらず、指導という名のもとでの圧力でしかない。ただし今回のケースは指導ではなく、職員が私に喧嘩を売ってるのである。とにかく大阪拘置

所の書信係は幹部が決裁した私の手紙を表門横の郵便ポストへ投函済みなのである。それを今さらグチャグチャ言ってもはじまらないと思うのだが、主任たちは腹の虫が収まらなかったのだろう。

これはあくまでも仮定の話になってしまうが、私の手紙を検閲し決裁した幹部職員からN田主任は何か言われたのではないだろうか。たとえば、M本死刑囚にはどのくらいの期間DVDやテレビを観せていないのかとか、テレビを観せたりするとM本死刑囚に何か差し障りがあるのかなどのことを問われたのかもしれない。こうしたことを上司から問われたために苛々がおさまらず、二日経っても気が晴れない主任は私に何か言わずにおれなくなって、いちゃもんを付けに来たのだろう。それなら辻褄が合う。なぜなら私の手紙が契機となって、M本死刑囚はDVDとテレビを観られるようになったからである。

それはともかくとしても、私自身は何も悪いことをしている覚えもなかったことから、

「こんないんねんをつけられる覚えはない」

と突っ撥ねた。私のこの言葉に主任は切れた

「なにが人権救済や、お前は何様のつもりやねん。いうてみい」

この日は私も負けてなかった。

「ほんだら言わせてもらう。自殺を企てるということは、生きる気力を失ってる人間なんや。そんな人間を何年もカメラ付きの部屋に閉じ込めたうえ、気分転換になるDVDやテレビを観せてやらないのが五舎の処遇ですか。そんなのはおかしいと思う。あんたらは死と向き合っている

死刑囚をどうしてやればいいのかまで考えてますか」

「お前に言われんでもこっちは考えとる。お前がM本死刑囚のことを考えることないやろ。自分のことだけ考えとったらええんじゃ、余計なことを書いて支援者に出したりするな」

N田主任は目を三角にして怒り心頭で話がかどばってきた。

確かにN田主任の言うとおり他人のことはほっといて、自分の心配をしておけばいいのかもしれない。だが自身が死刑囚となり、この死刑囚獄舎で何人もの仲間とお別れしてきたことによって心を揺さぶられ、困っていたり苦しんでいたりする人を見ていると、助けたい、他人とつながりたいという思いが私を動かしたのである。こうした気持は死と直面していない彼らにはわからないのだろう。現にN田主任には理解してもらえなかった。それはそれで私にとっては悲しいものであった。とにかく主任に対して、

「冷静に話をしよう。主任もそのイスに座ったらどないですか」

私はこのように言った。すると、

「冷静になんかなれるかい。お前は自分が賢いと思っとるのか。ええどないや、お前がわしに喧嘩売ってくるならいつでもこうたるぞ。受けて立ってやるやないか」

このような啖呵を切ってきた。こんな酷いことを言えるのは、特権意識に根ざした身勝手な自己主張に過ぎない。公務員とは正反対の対極に位置するご用暴力団といえよう。主任の口から吐き出されたあの言葉は、ヤクザの喧嘩と同じではないだろうか。権力を楯にして弱い立場の者に向って暴言を吐くことが許されるのだろか。主任の言葉には弱者に対する思いやりのカケラもな

かった。いつもそうだが、何かあると職員は囚人を言葉で追いつめることしか考えていない。言葉は刃物、使い方を誤るとたちの悪い凶器に変化する。だからこそ相手の心を察して慎重に使わねばならない。たとえそれがどんな相手であろうと……。そう思った私は、

「その言葉は俺に対して言い過ぎと違いますか」

「言い過ぎもヘチマもあるかい。お前がいまのまま行くなら上は締め付けてくるぞ。支援者との交流も打ち切られるぞ。そのことをよお覚えとけ」

おどしとも取れることを言っても来た。そして続けて、

「いままで許可していた廊下に出している書類は本日をもって不許可とする。ただちに房内へ持って入れ。それから食事は廊下側を向かって摂るな」

急にこうした圧力を掛けてきたのだ。私は思わず、

〈おおそうきたか〉

と、にがにがしい思いになった。それはともかくとしても、ここで腹を立てたら私の負けになってしまう。そう思った私はこの憤りを必死にこらえた。ここで私が相手の誘いに乗って、

「なんでやねん」

とでも言おうものなら官の思う壺になってしまう。一三年事故なくやって来たことがすべて水の泡になる。それを考えると耐えるしかないと思った。争うのはまだ早いとも思った。だが私が耐えたところで、一旦こうしたことで目を付けられてしまうと、厭がらせをされることが監獄内でもある。案の定、支援者の島谷直子氏から届いた手紙が差止めにされたのだ。このときもN田

主任が私の居室に来て、

「島谷さんから手紙が届いているが、今回は差止めにする。手許には入らないことを告知しておく」

このように言ってきた。私は、

「手紙の差止めには文句を言わないが、恩赦出願書が手紙と一緒に同封されているはずなのでそれはどうなりますか。俺にとってはすごく大事なものなんやけど……」

と尋ねた。すると、

「そうした物が同封されていたかどうかは守秘義務があるので一切いえない」

なんともびっくりするような答えが返ってきた。なにも他人のことを尋ねてるのではなく、私自身に届いた物を問い合わせているのだから、この返答には二の句が継げなかった。それは横におくとしても、主任の度量が小さいというのか、死刑囚の命に関係してくる書類でも言えないのだろうか。不親切きわまりないというのか、いつまでも根にもっているこのN田主任にあきれてしまった。O谷氏やH矢仕氏は絶対にこんな対応をしない人たちだった。

いずれにしてもこのようにして、ありとあらゆる法律を駆使して揺さぶりを掛けてくる。私は開いた口が塞がらず、すぐに島谷氏に手紙が差止めにされたことを報告し、恩赦出願書を再度送ってくれるように頼んだ。当然のごとく島谷氏も頭に来たらしく、大阪拘置所へ抗議の電話を掛けてくれた。

「本人に手渡されない手紙なら、発信者のわたしに返却してほしい」

このように頼んだそうだが、拘置所の回答は、
「島谷さんには返却しない。返す義務もない」
こう言って島谷氏の話を取り合わなかったそうである。こうしたことに島谷氏はヒートアップしてしまい訴訟も辞さない構えを見せた。しかし私は賛同しなかった。

結局、恩赦出願書はその後どうなったのかといえば、当局から一週間後に私の居室へ届けられた。通常この手のもの（恩赦出願書や再審請求書）が送られてきたら、即日交付されるのが監獄の習わしである。そんなこともあって、今回のように一週間もほったらかしにされるというような酷い嫌がらせに私はまいってしまった。そうしたとき、島谷氏が再度送付してくれた恩赦出願書が手紙と一緒に今度は私に即日交付された。だから当局から恩赦出願書が同時に二通私の居室へ届けられたことになる。

いずれにしろ官に歯向うような行動をすれば、理屈をつけてこうした厭がらせをいくらでもしてくるのである。島谷氏はこの件に関して、「審査の申請」をしてみればどうかと私にアドバイスしてくれた。だが私は何もしなかった。恥ずかしながら私は官に屈伏したのである。官に抵抗する気力をなくしたというよりも、残り少なくなった人生をこれ以上自分がしんどい目をするのが嫌だったからである。自分が嫌な思いをするなら、他人のことで余計なことを二度とするまいと決めたのだ。もう何も思うまいと心に決めた。どのようにもがいてみても、大きな瓶《かめ》に放り込まれた小蛙は、ただいたずらに疲れるだけだと観念するよりほかにない。もともと私は官とのやり取りで反撥するタイプでもないし、揉め事を起こす人間でもなかった。そんなこともあって、

これまで死刑確定者は全員が運命共同体と思っていた考えを改め、自分以外の死刑囚のことは無関心になろうと心に決めたのである。

いずれにせよ現場職員の気に障ることや態度、もしくは感情を表わしてしまうと、囚人の尊厳と人格を徹底的に破壊してくるのが監獄の特徴といえる。こうした惨憺たる光景を何度も目にしてきたし、自身でも体験することになった。そのたびに不愉快にはなるが、完全に閉ざされた社会であるがゆえに、職員の非常識なふるまいが常識に取って代わるのも監獄の監獄たるゆえんなのである。

簡単に言えば制服を着た途端、人格が変わってしまう人たちがいるということだ。つまり体制側にいる職員は偉い人間で、獄につながれている囚人は低い人間とみてしまうのだろう。全員とまでは言わないが、多くの看守がこうした勘違いをしているように思う。そんなこともあって普通の感覚が普通ではなくなってしまうのである。これを「獄丁麻痺《ごくていまひ》」という。

とにもかくにもM本死刑囚の件で私は職員から締め上げられて苦しんだが、彼の方はすでに述べたように二種独房から今だに解放されていないものの、DVDやテレビ放送が私たちと同じ回数観られるようになった。そんなこともあって情報がライブで入ってくるために、M本死刑囚の表情も以前より明るくなった。それだけでもM本死刑囚に関する手紙を島谷氏へ送ったことは無駄ではなかったと思っている。

こうした一連の出来事は、読経誨の際に包み隠さず寺林住職にもお話してある。寺林住職は私に暴言を吐いたN田主任のことについて、

「そんな職員がいるのは問題だし、あなたへ送られてきた手紙が交付されないことを知った送付人が、その自分の手紙を返してほしいと言っているのなら、拘置所まで取りにきてもらうか着払いでもいいから送り返すことに何の問題があるのかまったく理解できない」

と言ってくれた。そして、

「東京で『全篤連』という集まり、勉強会があるので、今回あなたから聞いたはなしを話せる機会があれば言っておく」

このように言って下さったので救われた気持になった。ちなみにこの「全篤連」(全国篤志面接員連合会)とは、全国八管区の篤志面接員の会長が東京に集まって、各刑事施設の実態などについて話し合う会らしい。寺林住職は大阪管区の会長をされており、「全篤連」の副会長をされている。

話がずいぶん逸れてしまったが、こうした嫌な思いを経験していることから、入浴後に戸外運動を実施すると舎房担当から言われても、

「わかりました」

と答えた。確かに口では「わかりました」と答えたものの、納得しているわけではない。私はいまでも何故これまでどおり、戸外運動終了後に入浴させてくれないのかという思いでいる。月一回の増運動(三〇分程度)のことなので職員の手などなんとでもなるはずだ。

現に、この所長は舎房の面接室で行われている月二回の読経誨の際に、これまで立会していた

教育課の職員とは別にもう一名、計二名に立会職員を増やしている。こうした職員は私の読経誨が終るまで廊下で一時間立ちん坊をしているのだ。これは私だけでなく、ほかの死刑囚の教誨も同じである。もし職員の手が本当に足らないのならこんなことはしないだろう。それに職員を二名もつけるなら、以前のように仏間を使わせてくれてもいいように思うのだが、そうした改善を講じてくれることもない。厳しく締めつけることしか考えていない。

要するにトップの腹一つでなんとでも出来るのだ。つまり原則はあっても絶対はない。必ず例外がなければならないのに……とかく幹部になる人は現場のことをあまり知らずに勉強で偉くなっていく人が多い。そのためにこうした非常識なことをしても何も感じないのかも知れないし、囚人をクズのように思っているのかも知れない。

とにかくO谷氏やH矢仕氏のように、上に物申すような信念をもち、おのれのスタイルを最後までブレずに貫き通した刑務官がいなくなってしまったことが残念でならない。今はロボットばかりだ。おおざっぱな言い方をすれば、高校や大学を卒業してこのような施設に拝命されると、官であるがために収容者を自由に出来る立場を得ることになる。少数の人を除いてたいていの看守が何がしの劣等感を抱えている。その劣等感の固まりを抱えたままの彼らは、人を自在に操れるポジションを手に入れたことで不満足な人生を味わされている境遇の「復讐」に向うのだ。つまりは、わずかな権限で人に威張り散らすことを楽しむ気持、自惚れの強い横柄さ——どす黒い嗜虐の快楽のために、収容者を蹂躙する。おおむねこうした構図である。長年にわたって観察してきた結果、彼らの単純なれども陰湿なゆがみが見えてきた気がする。

また規則がきつくなったり、緩くなったりというのも分かりやすい話だ。教育主義と厳罰主義という二つの大きな流れが法務省にはあって、教育主義の人間が施設のトップに立てば当該施設の規則は緩くなり、厳罰主義者がトップになれば、収容者をうんとイジメて懲り懲りさせるというように、真逆に運営されていく。

教育主義に厳罰主義という話に一つ付け加えると、そのどちらの方法論にも色濃く寄り添っているのが幹部の椅子に座る転勤族たちを突き動かす行動原理としての拝金主義的な出世欲と、事なかれ主義的な保守指向。これらが払拭されない限り、日本の刑事施設は魑魅魍魎《ちみもうりょう》の跋扈《ばっこ》する伏《ふく》魔殿《までん》のままではないだろうか。

それはともかく、官のトップが代われば、その意向どおりに収容者を扱わねばならない。それは当然のことだと思うのだが、現場が「人間不在」になるのもむべなるかなと思えてしまい、同情を禁じ得なくなる。とにかく、人間的な感情を持つことを許されなくなった現場ではますます心根がゆがんで行くように思う。いずれにしても社会の常識は監獄の非常識——かようなところを改革するには、まずは所長を民間から登用するしかない。思うにトップの人事交流は広く行われなければダメだ。学校の校長を民間から招いたりしているように、所長も社会常識を有した人材に任せたらいいと私などは思う。それだけでも随分と伏魔殿の構造は風通しがよくなるはずである。

結局どんな職業でもそうであるように、仕事のできる良い看守もいれば、そうでない看守もいる。若くて生きのいい看守に、老練な看守、性格のいい看守に悪い看守、愉快な看守に、不愉快な看守。なかにはすでに述べているとおり暴言を吐き暴力的な看守もいる。O谷氏やH矢仕氏のような人間味あふれる刑務官はとうの昔に他の刑事施設へ転勤してしまったが、二人の名前は今なお私の脳裏に楽しい思い出の万華鏡を呼び起こしている。

とにかくここ最近は保身の術に長ける看守が多くなったが、それでも私が三舎から死刑囚獄舎（五舎五階）へ転房してきたころは、まだまだ気骨のある刑務官がいた。死刑囚獄舎を受け持っていたI係部長などは、朝の点検が終ったあと必ず三階から順に四階、五階と巡回してくるのだがそのとき、

「どや、どないや。なんもないか。何かあったらいえよ」

と一人一人の死刑囚に声を掛けて気遣ってくれていた。このI係部長も転勤してしまったが、こういう人情家が獄舎に一人でもいると案外事故は起きないものである。それは職員と死刑囚の間で心のつながりができるからだ。裏返せば、人情家がいなくなった死刑囚獄舎では事故が起こりうるということである。その詳述は別の稿に回すとしても、とにかくI係部長から掛けられるほんのひと言に、死刑囚はずいぶん助けられたものである。つまり、

「きょうも一日がんばってみよう」

という気持にさせられるのだ。

死刑囚獄舎を受けもつ職員は、ある意味で死と向き合っている人間の生命を扱う仕事でもある。だからそうした死刑囚が命を賭けた行動に出ないように、ある程度の信頼関係も必要になってくる。これなくして本当の管理はできないと思う。

とりわけ収容生活が長くなればなるほど、必然的に天涯孤独の死刑囚が多くなるわけだから、係部長のひと言が「天の声」にも聞こえてくるようになる。また独房で悶々とした日々を過ごしている死刑囚ほど、職員から声を掛けてもらえることを待っている。つまり人間が人間たる証しは何にあるのかといえば言葉だ。もし何日も何年も日にひと言か、ふた言しか話さないとしたら、その人は社会の中で生活しているといえるのだろうか……。監獄内においても同じだ。娑婆の人が誰一人として面会に来ることもなく、ましてや看守からも相手にされない。そんな寂しい生活をしている死刑囚も現実にいるのだ。言葉もなく一日中カベとにらめっこしていると、人間はおかしくなってしまう。仏教にはこんな標語がある。

言葉が必要なのが娑婆
言葉が不要なのが浄土
言葉が通じないのが地獄

娑婆にいたころの私は、人間というものはそもそもが孤独であり、頼れるのは自分だけだと思っていた。だが今は違う。言葉を掛けてくれたり、力になってくれる人がいてこそ生きてゆけるのだ。ゆえに生きている限り言葉は絶対に必要だと思う。死を意識するようになってからの私はそう感じるようになっている。一人では到底生きていけないということだ。だが残念なことに、獄につながれれば頼れるのは自分だけ。とくに死刑囚獄舎というところは、自己の力をすべて左右する世界ゆえに完全な孤独になるのもこれまた真実である。

そこで時を遡ること二〇有余年。六舎五階で生活していたころに、警察官からの転職組の一人だったS田という夜勤看守が私にこう言ったのを思い出す。

「看守の『看』は、看護婦の『看』とおなじや。わしらはお前さんたちを精いっぱい面倒みる。できることはさせてもらう」

このS田看守の言葉は二〇年過ぎたいまも私の耳に強く残っており、今後も忘れることはないだろう。要するに、看護婦（師）や看守の「看」という字は、「手」と「目」が合体した字なので、手で触れて情を通わせ目で癒すという意味があるらしい。なるほどという思いで感心したものである。

確かにこういう心根のある看守から優しい言葉の一つでも掛けてもらえば嫌な気はしない。逆に嬉しいものだ。看守のほうも収容者の気持がわかってこそ、その道のスペシャリストと呼ばれるのではないだろうか。そうしたスペシャリストの視線は言葉がなくとも「ぬくもり」を感じるものである。

だがしかし、新法が施行されて以降は、収容者を保護するようなスペシャリストと呼ばれる看守がいなくなった。今では管理体制の強化ばかり、この二つの重い石を背にして死刑囚は生きなければならなくなったのである。ここに監獄の人間疎外の一つの典型が集約されているといえよう。そんなこともあって死刑囚獄舎の空気が一変してしまい、非常に冷たく感じるようになった。言葉のない無言地獄になってしまったのである。

そうした無言地獄のなか、あぐらをかいた膝の先をふと見ると、黒い小さな動くものを見付けた。なんだろうという思いで目をこらした。それは一匹のアリだった。アリは早い動作で右に走ったり左に走ったりする。そして私の足の親指の先に鼻をつけてみてはまた引き返し、すぐ傍に置いてあるパンの袋の下にかくれた。

アリがどうして私の独房へ侵入して来たのか。考えられることは、炊場が食事を運ぶときの台車もしくは、副食の入れ物籠にでもくっついて来たとしか考えられない。それでないと五階まであがってこれないからだ。

〈気まぐれのアリもいたものだ。よりによって死刑囚の所へまぎれ込むなんて……〉

私はこの小さな侵入者に興味が湧いた。それとなくアリの姿を気にかけながら、観察を続けた。だがほんの少し目を離したすきにアリは消えた。そっとパンの袋を上げてみたがアリの姿は見えない。私が座る左手は便所、反対側は壁にくっつけた布団に毛布が四つにたたんで重ねてある。その上に下着類を置いている。食べ物の方は、協会売店で買った菓子パンと牛乳に、食べかけのあられが袋の中に入っている。独房はタタミ二畳の広さである。何をするにしても手をのばせばすぐに用が足りる。

私は用心深くそれらを動かしてアリをさがした。だがどこにもいない。ふと外廊側の窓を見ると、その横を駆け上がっているのをみつけた。

〈いたいた〉

何かほっとすると同時にその動きを目で追った。床から高さ五〇センチほどのところにある窓枠付近をアリは右に左に這いながら登ってゆく。人間の場合だとこれを「垂直登攀《とうはん》」というのだろうが、アリは平気である。

〈そこから先は外だぞ……〉

アリが窓から外へ出てゆくのではないかとはらはらしながら見ていたが、方向を変えて降りて来た。

〈今度はどこに行くつもりだろう〉

アリは壁に移って横に這い、そしてタタミの上で一瞬とまったあと、あられの袋の中へ入って行った。

〈そうか、何か食べ物を探しているのだ〉

においを嗅ぎつけて出てくるかも知れないと思った私は、インスタントコーヒーに使うグラニュー糖の袋をすす速く破って、数つぶタタミの上に置いてみた。

〈ほらご馳走だぞ。大喜びしてくれ……〉

だがアリは一向に出てこない。しびれを切らせた私はあられの袋を動かしてみた。

〈いた――〉

壁と袋とタタミが接している隅にひそんでいる。

私は親指と人さし指でアリをそっと掴んだ。その体は意外にも固い感じである。そのままそっとグラニュー糖のそばに下ろしてやった。アリはグラニュー糖のにおいをちょっと嗅いだが興味を示さず、すぐに走り出した。

〈逃げられては困る……〉

私はもうアリの動向に一生懸命であった。逃げ走り廻ろうとするアリをそっと抑え、指の間にはさんで持ちあげた。そして目の近くに持って来てまざまざと観察した。アリは黒い頭の先に蜘蛛の糸のような触角をぴくぴく動かし、小さい手足をばたつかせている。頭と胴とのつながり目は針のように小さい。

〈神経や血管といったものが通っているのだろうか……〉

アリが社会集団をつくる昆虫であることぐらいは知っている。いまこのアリが何という種類で、アリ社会の中ではどのような役割を持っているのかなどは分かりはしない。

ただ私の手の中にいる米粒ほどのアリ、こんな微小な昆虫が地球上の生物として、人間と同じように生の営みをしているということに、私は始めて知ったかのようなある感動を覚えた。

そしていま私が指先にほんの少しの力を加えたらアリの体は押しつぶされて死ぬだろう。あらがう力もなく、逃れるすべもなくアリは私の指の間にはさまれている。

〈俺もアリと同じなんだ。お前と同じなんだ――〉

私はこのアリをどうしようかと考えた。このまま放してしまえば、やんちゃ坊主のようにあちこち歩き廻って扉の外に出てしまうかも知れない。あるいは知らないうちに私の体におしつぶされてしまうかも知れない。あれこれ思案のすえ、アリをこのまま見放してしまうことに、小さな抵抗を感じた私は友だちになってもらうことにした。そう思いついた私は、空ゼリー容器の中へ友だちをす速く入れた。こうすればもう逃げられないだろう。

〈どうだまいったか。これはお前の独房だ――〉

私はいたずらっぽい気持になった。

ゼリー容器の中へ入れられた私の友だちは面喰って困っているのか、それとも平気でいるのだろうか……とにかく友だちに食事を与えてやろうと思い、グラニュー糖を水で溶かして容器の中へ数滴おとしてやった。

私はコーヒーを飲みながら考えた。こうして人間がコップ一杯のコーヒーを飲む時間もアリとすればそれは長い時間かも知れない。犬にとっての一年は、人間の六倍、六年ぐらいになるという。生物それぞれが持っている生の時間は異なっていて、アリのように小さいものはそれに比例して、その生涯の時間もまた短いものであるに違いない。人間だって宇宙から見れば、ほんの一瞬の時間を生きているにすぎない微小な生き物なんだ。

私はコーヒーを飲み終ると立ちあがって、友だちを閉じ込めてある容器を見下ろした。それは丁度、ほかの惑星から見た地球のように小さく見えた。友だちは必死に生きている。私と同じ厳しい命を必死に生きているのだ……。

この日から私と友だちの奇妙な生活がはじまった。寝る時など、かまってやれないときは容器の中に監禁しておいて、昼間、折を見つけては自由に走り廻らせた。

〈運動の時間だ〉

友だちはひとときも一か所にじっとしていない。食べ物の陰や布団の下などをたえまなく走り廻り、まるで私と鬼ごっこをしているようであった。ときには暴走して鉄格子の外に出ようとしたり、天井まで這いあがろうとする。そういうときは掌を広げて通せんぼをして規制してやる。

私はこのやんちゃ坊主をいつの間にか「くろべい」と呼ぶようになっていた。自由奔放な「くろべい」を追って立ったり座ったり、時にはにやっと笑ったり、小声で「くろべい」に話しかけたりしている私を見た看守は怪訝な顔をして視察孔から覗き込んだ。頭がおかしくなったとでも思っているのかも知れない。

このような日が幾日か続いたとき、私の心の中に微妙な変化が起こった。それは近隣の収容者がたて続けに保釈されていったことにある。

〈くろべいも自由な身にしてやろう〉

そう思った私は、「くろべい」を扉のところで解放してやった。しばらく扉のところでうろうろしていたが、いつの間にかいなくなった。私はまた一人になった……。また無言地獄のはじまりだと思うと、「くろべい」を自由にしたことが少し悔まれた……。

小さな一匹のアリを見ていて思ったことがある。それは私の居場所はもっと違ったところにあったのかも知れないと――莫迦で依怙地で気づかなかったけれど、事件前の私にも小さな幸せがあった。どうして終ったり、なくしたりしてからいつもそうだったんだと気が付くんだろう。本当に私は莫迦だ。後悔なんかするぐらいなら、最初からこんな所に来るのではない。ここはそんなに甘いところではない。

どうしてあの路地裏から金持ちを見上げるだけで満足できなかったのだろうか……。どうして欲しいものを手に入れるために自分から無謀な道へと進んだのだろうか……。ここがどんな所から知っていてやって来たんだ。そう知っていて……私はここがどんなところか知っていて……今さらそれを言ってもどうなるものではないが、考えてしまう。

そしていま私は思う。監獄でただ生かされるためだけに飯を食べ、檻に入れられている生活は、動物園の猿とたいして変わらない。檻の中ではみんな大きな流れに身を任せているだけだ。運命というやつに……そしていつしかみんな消えて行く。命を使いはたして自分が何者なのかさえ知ることもなく……。私は知りたい。この世において自分はなんなのか、何者なのかを知らないと済まされないような気がする。運命が人智を超越し、人をもてあそぶ理《ことわり》なら、人が魔をもって運命に対峙するのが因果なのかも知れない。思えばいろんなことがあった。私の立場上のん気なことを言ってられないが、今年でこの世の見収めになるかもしれない……もうすべてがずいぶん遠くなってしまったような気がするのである。

称呼番号

人生の終りに心に押し寄せる空虚感、孤独感。心の痛みを癒してくれるのは誰なのか。常識人には知られることのない異空間の中に、社会的活動を停止させた者のみが知る表現しがたい死の沈黙が支配する牢獄がある。比喩的な意味ではなく、文字どおりの死の沈黙なのだ。その沈黙の先には、もはや誰も生きている者などいないとばかりに空間のみが存在するのである。ほんの少し前までならその空間から伝わってくる波動に「生きていた」という命が息づいていた。その証しに鉄扉横にぽつんと取残された死刑囚の番号札が下がっている。

しかしその番号札もいつの間にか取外されてしまい、処刑された死刑囚の称呼番号もすぐに忘れ去られてしまう。そして主のいなくなった独房は、しばらくの間「空房」にされる。次にこの独房へ入ってくる収容者は、刑場の露として消えていった死刑囚の部屋だったことなど知ることもない。かくして浮世を生きる新参者も喜怒哀楽の下に、別の貌を隠しながら牢獄で生きていくのである。

このようにして独房は次から次へと使い回されていくのであるが、なぜか刑死した死刑囚独房にはピンと張りつめた空気が暫くの間ただようのである。そこには「生者と死者」の二つのシルエットが重なるからだ。それゆえに最期の一息まで頑張りとおした死刑囚の無念の涙を思うと、いたたまれない気持になる。それは何の前触れもなく、ある朝とつぜん絞首刑という形でこの世から完全に抹殺されてしまうからである。憂いを帯び、無念や怒りの表情を浮かべても、もはや手遅れなのである。

さらにいえば、相手が国家という強敵であるがゆえに誰一人として歯向う者はいない。否、歯向うことなど許されないと言ったほうが正しい。そうしたことも相俟って、これまで処刑を拒否して暴れた死刑囚を一度たりとも見たことがない。私が見送った死刑囚はみな潔い態度だった。

それにしても死刑囚の最後の砦でもある五舎から刑場のある八舎まで、どのような思いで歩みを進めながら死にゆくのであろうか。たぶん、「遅かれ早かれ一度は死ぬ」という諦観のような気がする。いや諦観でもないのかも知れない。なぜなら多くの死刑確定者が処刑場のある獄舎を知らないからだ。そのために処刑される朝、どこに連れて行かれるのかという不安に襲われているることから、あれこれ考えている暇もないまま未知の世界へ踏み出しているような気がする。こうしたことに思いを巡らせていると、堪らない心境になってくる。

参考までに添えておくと、死刑囚獄舎（五舎）から八舎の処刑場までどのくらいの距離があるのかをだいたいではあるが計ってみたことがある。歩数にして約二七〇歩。三分弱の距離である。

これは中央廊下を隔てて左右の違いはあるものの、八舎は旧運動場とほぼ同程度の位置関係にあることから概算ではあるが計測することができた。

もっとも死刑囚が処刑される朝はほとんどと言ってよいほど西側廊下を使用するために、歩数的には若干短くなるかもしれないが、そうたいして変わらないと思う。どうなるにせよ「屠所《としょ》の羊の歩み」のごとく、重い足取りで刻々と迫り寄る死を感じながら刑場へ向うのである。もはや来た道を振り返る者など誰一人としていない。まっすぐ前を見据えてただ歩く。そして時空を超越した中へ融けこみ、万斛《ばんこく》の涙を飲みながら永遠の眠りにつくのである。

死の直前、死刑囚の双眸が見据えるのはどんな未来なのか……。そしていま将に建て替え工事が進む新庁舎にも新たな処刑場が造られようとしている。その新処刑場でまた数多の死刑囚がこの世に別れを告げて死んでゆくことになる。

ところで私は旧庁舎の処刑場で死ぬのだろうか、それとも新庁舎の処刑場なのか。はたまたまったく別の死に方を選ぶのであろうか。思うにどうせ死ぬのなら自分なりの死を選びたい。刑場に引っ立てられる恐ろしさよりも、自分の選択による死の方に救いがあるような気がするのだ。私の心の中に幾度となく芽ばえては消えゆく自裁への誘惑……

〈俺は疲れている〉

そう思い惑う自分がいとおしくなる。

私の心の葛藤はまだ他にもあった。それは子供の存在だ。子供のことを思うとなかなか死ぬことができない。かくして生を厭い死に惹かれる自身を思うと目頭が熱くなってしまう。

いわんや定められた運命というものがこの世に存在するとすれば、それは動的な時間の否定につながるのではないだろうか。つまり無限の可能性を秘め、未来に向って進む時間——時間は静かな平面、いや直線にすぎない。生も死もすべてはそこに予め配列され、出番を待っているに過ぎないのだ。なんていうのか私は自分の未来に興味がなくなってしまったのである。ふつう誰もがみな自分の未来に最大の関心があるはずだ。それは未来に向って生きている証しだからでもある。裏返せば、私のように未来に興味をもてない人間は、すなわち動のうごきをやめてしまうことにもつながるのである。とくに建て替え工事が進む高層ビル建設の新庁舎に多くの収容者が興味を示すが、私にはまったくといっていいほど興味もなく、そこに入りたいとも思わない。

ところで死の支配者ということについて限定すれば、当然のごとく死刑を執行するのは国家の絶対的権利といえよう。だがしかし、これは義務ではない。なぜなら人間は国家のためではなく、国家が人間のためにあるからだ。だからこそ国家権力には権利はあるが、義務はないのである。そこで死刑囚とその生命の問題になると、この生命は無条件に法務大臣の支配下におかれることになる。美しくいえば、法務大臣の自由裁量ということだ。そんなこともあって死刑確定後間なしに執行されるケースがあったり、数年経ってからというケースもある。はたまた平沢貞通死刑囚のように、最後まで処刑されずに老衰死というケースもある。この場合だと終身刑に処されたのと同じである。そうすると死刑は刑罰の一種類であるのだから、執行しないという種類があってもおかしくないような気もする。

してみると裁判官の言い渡した死刑判決は確かに一種類の刑罰ではあるが、行政の段階では三種類にすることができる。この意味においても日本の制度では、人間の生命について最終的な決定権をもっているのは、裁判官と法律ではなく、やはり法務大臣なのだからオールマイティーの国家として、権利の行使だけが正義ではないような気がする。原則論ばかりを固持するのはいささか古いように思うのだ。それは世の中には例外もたくさんあるからだ。されぱと言って生殺与奪の権利を握っているのはやはり支配者側にほかならない。

あけすけに言えば権力とは、生と死の支配者であるということだ。それゆえに「権力と死――」。昔から権力を持つ者ともたない者。支配する者とされる者との関係における絶対権力には、その特徴とその条件として、先にも述べた生殺与奪の権が含まれる。したがって国家的殺人が、札幌・仙台・東京・名古屋・大阪・広島・福岡の七拘置施設で認められている。これは「なんじ殺すなかれ」というタブー、人間共生の根本的なおきての意識的な破壊であろう。

つづめていえば殺人の自由、場合によっては行為というような単なる作業というべき殺人を行う自由――このタブーをいったん破ってしまえば、もはやとどまるところはない。こうなると、誰が処刑の犠牲者に選ばれるかはどうでもよい問題となる。それは精神障害者だったとしても、何ら気にすることなく平気の平左で処刑してしまうからである。これが絶対権力なのである。どのみち処刑する相手は人間ではなく、番号をふられた単なる集合体なんだと支配者側はつねづね自分自身に言い聞かせている筈である。でなければ生身の人間を吊すことなどできないと思う。そうでないと、どうしてあそこまで非人間的になれるのだろうか。看守はふだんサディストの衝動的犯罪者というわけではないのだから説明がつかないであろう。そういう意味においても私の氏名（河村啓三）は事実上消えており、獄屋内では「二〇七一番」という称呼番号を名乗らなければならない。

平たい言葉で説明すると、刑務所や拘置所は娑婆で規則を守れなかった者が入ってくるところだ。それゆえに規則を守れない奴は官から人間として扱われない。囚人などただの番号だと考えているふしがある。

ここで少し隔離の問題に触れてみたい。端的に言って隔離こそが絶対権力なのである。要するにこうして一人の人間が隔離された場合、往々にして残虐冷酷なふるまいをしてみたいという誘惑にかられる看守が必ず一人や二人はいる。だがしかし古典的な表現になるが、「絶対的権力は絶対的に腐敗する」である。ゆえに何かの偶然で看守の暴力や不正が露見し、マスコミに取り上げられて世間の注目をあびることも出てくる。すると施設の長は通り一遍な説明を繰り返して事態の収拾を計ろうとする。だが直接関係している者以外には施設内で何が起きているのか誰にもわからない。こうして監獄は市民社会のなかで、さながら不気味な「ブラックホール」となる。

加えて近代市民社会なら自明のことだが、公共性とプライバシーとの間には必ず緊張関係が働いている。そこで公共性というのは、法やモラルによって行動がコントロールされるということであって、それはまた権力を握った者たちにも、いやまさにそういう者たちにこそ向けられるべきである。次にプライバシーとは個性を守ることだ。そのなかでこそ収容者は無遠慮な視線や不愉快な監視からのがれることができる。

だがしかし現実は違う――

つい先頃（二〇一一年五月）の話だが、浴場から出た私は舎房廊下で体を拭いていた。そこへ巡回のため施設の長が西側廊下から獄屋へ入ってきた。入浴係として任務についている職員二名は、当然のごとく所長の前へ一歩進み出てひじを張り、帽子のふちに指さきをあてて軍隊式の挙手の礼（敬礼）をしたあと、

「入浴勤務、異常ありません」

と報告する。

こうした光景は日常的によく目にする姿である。だがここからがいただけない。K部という所長は廊下で体を拭いている私を一瞥するや、三白眼を光らせた。何か汚いものでも見るようにしかめっつらで睨んできたのだ。入浴後さっぱりした気分だったのが、いっぺんに不愉快な気持に変わってしまった。なぜなら施設の長からしかめっつらされる謂が私にはないからだ。

入浴係の職員もそれを感じとったのか、

「所長は眉間にしわを寄せて君の顔を見てたけど、まあ気にするな」

と言って苦笑いした。

いやしくも大阪拘置所のトップたる者が、死刑囚に向けて人間蔑視ともとられるような所作はしてはいけないのではないだろうか。何の関係もない所長から睨みつけられた死刑囚が、どんな気持になるのかまったくわかっていない。少しでもわかっていたら、いやらしい目で私を睨んだりはしないと思う。所長は自分がどんな顔をしているのかを、一度鏡にでも映してゆっくり見て

みるべきだ。

いずれにせよ拘置所で二三年間生活してきたが、こんなトップと出会ったのは初めてである。ふつうはみな知らんぷりして通り過ぎてゆくものだ。だから私は、

〈このチビクソ野郎、張り倒してやろうか〉

と心の中で叫んだほどである。

秩序と畏怖を奮う側に紛れ身を隠している所長は、目の前に部下の入浴係が二名もいるから偉ぶっているのかもしれないが、それは逆だと思う。上になればなるほど謙虚になるのが大物の証しではないだろうか。小物ゆえに真っ裸の私に向けて三白眼を光らせるのかもしれない。

そこで考え過ぎと言われるのかもしれないが、所長が私に眼をつけて来たことに対して思い当たるふしが一つだけある。それは、房内の隅に訴訟書類を積み上げていたことが伏線になっているような気がするのだ。言うまでもなく私には二人の共犯がいる。そんなこともあって三人分の調書が房内にある。つまり一審・控訴審・上告審に加えて、再審請求書面や恩赦出願書、ほかにもいろいろな資料や書籍類などが膨大にある。長く裁判を闘っていれば、これはある意味仕方のないことなのである。私だって増やしたくて増やしているのではない。不必要な物は一切置いていない。

だがこの所長には、房内に積み上げている書類の山が気に入らないのである。先に断わっておくが、これまでこの書類の件で一度もクレームを付けられたことはない。逆に「大変やな」と同情されるほどで、寛大な処遇をしてくれていた。けれども二〇一一年度に来た所長は大きく違っ

た。

——四月に転勤してきて間もないころ、所長は巡回の途中私の房の前で立ち止まった。このとき私は本を読んでいたのだが、左手に人が立ち止まる気配を感じたために、視察孔の方を見た。するとそこには背広を着た小太りの男が難しい顔をして積み上げてある調書類を見ていた。私が顔を視察孔の方へ向けたものだから、一瞬この小太りな男と目が合った。相手は目を逸らす様子を見せないので、私が目を逸らせた。なぜなら所内を背広姿で巡回するのは所長ぐらいしかいないからだ。だから一応相手に敬意を払う意味も込めて私の方から目を逸らした。そして本を読むふりをしながら、横目で所長の様子を窺い、一・二・三・四と秒数をかぞえはじめた。するとなんと六五秒も視察孔から覗き込んでいたのだ。あまりにも見ているのが長いので、

〈いつまで覗いとるねん……〉

という思いでムッと来た。

それから一週間後、再び私の房の前で立ち止まり、また無遠慮な視線を投げつけてきた。

〈この所長はなんちゅう人や。ほんまに気分の悪い奴やなあ……〉

こういう思いになりながら、やはり覗いている時間をかぞえてみた。二度目は五一秒だった。

この二度とも副担のM尾氏が交代勤務で五階にいたことから私は苦情をいった。

「副担おぼえてるやろ、一週間前もそやったけど、いくら所長でも二度もあれだけ長いこと覗かれたら気分わるいで。ちょっとおかしいのと違いますか。俺にもプライバシーがある。一度ならまだしも二度も……。こんなことは初めてや、幹部さんなんかはみなすっと通り過ぎはるやな

いですか」

「うんそう思う。俺からも所長には裁判資料やとは言うといたのやけど、気になって仕方ないのと違うか。いま区の方で、箱か何かを考えてるみたいやで」

「副担は所長と普通に喋れますのん?」

「俺らには笑顔で普通に喋ってくれるで」

それを聞いて余計ムッときてしまった。

翌日の読経誨の際にも寺林住職に同じことを聞いてみた。

「四月に転勤してきはったときに一度挨拶したよ」

「どうでした」

「挨拶程度しか話してないので、人となりまでは詳しく分からんけども普通の人やった。なんか九州から来たとか言うてはったな」

「刑務所ですか」

「たぶん……そうやと思う」

副担と寺林先生の話を聞いていると、どうやら鬼でもなく普通の人のようだ。だとすれば、所長は相手を見て態度を使いわけていることになる。それはしかるべきことなので文句はない。

だがしかし敢えて言うとするならば、私は官に対して、ひいては所長に対して何一つ害をもたらせているわけではない。だからこそ入浴後に素っ裸で立っている私を睨みつけたりするのではなく、廊下を普通に通り過ぎてほしかった。もしくは頭からシカトしてほしかった。それが残念でならない。またいくら権力があるとはいえ、囚人が生活する房の前で立ち止まって、居室内をジロジロ見てほしくなかった。いずれにしろ官は立場が強いゆえに、囚人を傷つけていることに気付くべきである。裏返せば、囚人は立場が弱いゆえに、官を憎んでしまうのである。

結局、監獄というところはすべてにおいてトップの気が済むようにしないと事が収まらない。それは世の常であることぐらい私にも理解できる。だがこちらが官の立場を分かったところで、官は死刑囚の心情を理解しようとはしない。だからこうした問題が生じるのである。それはともかくとしても、こうしたことがあってから訴訟資料を入れるプラスチック製の大箱を貸与されることになった。(二〇一一年六月二一日)

ところがどうだ、箱に入れたところ逆に場所を取るだけになってしまった。一畳しかない部屋が余計狭くなってしまった。翌日居室内の様子を見に来た舎房担当も、

「高さはましになったけど、以前よりも前に出すぎやな。狭くなったなあ……」

と言う。

まったくもって官は何を考えているのか分からない。もはや文句を言うのも莫迦莫迦しくて、

〈もうどうでもええ――〉

と少々投げ遣り気味になっている。

とにかく権威を笠に着て威張る人たちを見ていると虫酸が走ってくる。こうした態度は塀の中では通じても実社会では絶対に通じないだろう。換言すれば、彼ら職員は長年たくさんの収容者

を見すぎていることから、囚人に対する感覚が麻痺しているのだと思う。だから収容者を普通の目で見られないのだろう。

いずれにせよ私は何もできない自分が情けなくて仕方ない。こんな無力な自分自身がたまらなくなる。それでも一切のことを耐えるしかないのである。心を鎮めて耐えるしか……

しこうして収容者のプライバシーと人格を破壊することで人間は形のない集合体となり、獄中においては個々の名前は番号に置きかえられる。この置きかえがどのような現実かと市民社会の基準からいえば、とうてい知ることのできない恐怖に満ちた秘密の閉鎖社会の中で、何が起きているのか分からないまま時が過ぎているということである。

そのいい例が監獄の伝統として続けられている軍隊行進だ。これは折りに触れて取り上げられることの一つでもあるが、作業場へ向うときなどは歩調をそろえて細い通路の上を行進させられる。点呼場所に集合するさいにも正しい姿勢と位置を保つのに軍隊流の規律が要求されるのである。これはまさしく戦時中の軍国主義思想が、いまだに残っている証しでもある。こうして看守は囚人に向って、

「脇見をするな。真っ直ぐ前を向いて歩け。他の収容者に目や手で合図をするな。スリッパを引きずるな」

このように傲慢無礼に言い放つ。ときには平気で「バカ、アホ」呼ばわりもする。囚人を糞味噌にけなす看守だっているのだ。こうして囚人たちは物言わぬ砂の大衆となる。囚人は黙々とア

りのように行進するのである。

私はこうした看守の傲慢な態度を見ていてイタズラ心が芽生えた。そこでこの高慢ちきな看守の能力を試してやろうと思い、戸外運動の出入房の際に口からでまかせの称呼番号を言ったことがある。

私を連れ出しに来た運動係はマニュアルどおり、

「称呼番号」

という。私は頭に思い浮かんだ適当な四桁の数字を並べて、

「○×○×番」

こう答えた。すると、

「ハイ、オッケー」

なんと信じられない返答が返ってきた。こうあっさり出房させてくれると、逆に私の方がとまどったほどである。なぜなら「もう一度称呼番号を言ってくれるかな――」と言われることを心のどこかで少し期待していたからである。それゆえに一瞬目が点になった。こうなってくると還房の際にもやらなくてはいけなくなってくる。それで入房時にも運動係から称呼番号と聞かれたので、

「×○×○番」

と出鱈目を言ってみた。それでも運動係は、

「よっしゃ」

といって頷ずく。私は驚きを隠せなかった。若者言葉を使うならば、

「マジかよ――」

こうなる類の話である。

このようなことがあっても、囚人は自分の思っていることを自由に発言できない。たとえば私が運動係に向って、

「おれがちゃんと称呼番号を唱えているかどうか、そこのふだを見てきちんと確認せえや……」

などとは口が裂けても言えるはずがない。もしそれをすれば、職員に反抗したとみなされるからだ。こうした事実を読者諸氏は信じられない話だと思うだろうが、こんな杜撰な仕事をしているのが実態なのである。

要するに看守たちは収容者に称呼番号を言わせはするものの、鉄扉横に取付けられている番号ふだと照らし合わせて本人に間違いないかまでは確認しない。このようなことは何も運動係だけの話ではない。

傍観者として注意深く見ていると、収容者に投薬する場合や、差入品の告知および交付、面会等の出入房時などの際にもほとんど番号ふだを見てまで確認していないことの方が多い。

はっきり言ってしまえば番号を言わせる行為、これらはすべてお役所の形式主義というやつである。だから一応は教科書どおりに称呼番号を言わせてはみるものの、毎回毎回番号ふだと照らし合わせて確認はしないということだ。早い話、囚人は看守に絶対服従なために、「番号――」と言われれば出鱈目を言うはずがないと思っているふしがある。

いずれにせよ仮に、私が隣人の称呼番号なり自身の番号に近いものを答えていれば出入房はできると思う。名前の代わりに付けられている称呼番号とはこの程度のものでしかないのである。あけすけに言えば、体制側に立つ看守たちが称呼番号などあまり重要視していないことを認めているようなものである。それなのに右を見ても称呼番号、左を見ても称呼番号と莫迦の一つ覚えのようにいう。ゆえに収容者は一日に何回も称呼番号を念仏のように唱えることになる。私の隣人などの場合は、差入れや面会および来所尋問等で監房の出入りが激しいために、多いときには一日十数回廊下に立って称呼番号を唱えている。だから私は自然と隣人の称呼番号を覚えてしまったほどだ。

それはさておくとしても、彼らの職業は制服を着ると人間が変貌するところが大きな特徴といえる。要するに看守というのは集団で行動するために、その集団の中に入ってしまうと変に威張るようになってしまう人が多い。言葉を変えると、一人では何もできないが集団になると途端に人間が変わるということだ。とくに相手が弱いと判断すればより一層嵩《かさ》にかかってくる。たぶん彼らは自分の仕事を聖職だと思い、自分の行動は正しいと信じ込んでいるのだろう。いずれにしても未決拘禁者や受刑者であれば、こうした権力至上主義の看守がいたとしても刑期が分かっているので我慢もできよう。

つまり一週間後に、一箇月後に、一年後に、一〇年後には必ず釈放されて自由の身になれる日が訪れる。だが死刑確定者にはそれがない。死刑囚が監獄で生き続けるためには、自分の積み重ねて来た歴史を捨て、何よりも未来を断念し、現在《いま》に気持を集中させることを学ばねばならない。

そして一番肝心なことは目立たないで、次の瞬間何があってもその日を耐え抜くことなのだ。なぜならそうすること以外に選択肢がないからである。

長年にわたって観察してきたことだが、死刑囚の多くは看守の指示に対して反撥する気配すらみせない。常に沈黙のなかにじっと身をひそませ続けている。それは死刑囚の習性化した諦めからくるものなのかもしれない。言葉を換えると、どこかで己の死を意識しているからではないだろうか。だから沈黙の底から動こうとしない。ある意味これは賢い生き方ともいえるのではないだろうか。なぜなら強大な力に抵抗しようとしても、死刑囚一人のちっぽけな力では勝てないからだ。だったら無力の沈黙をつづけるしかない。心のなかで権力に負けたくないと思っていても、相手が強すぎるために闘うなんて気持が起こらないのである。たとえば気に食わない舎房担当がいたとしても、彼らは一、二年で持ち場が変わる。そのため死刑囚はそれまでの間、我慢するのである。

一方、十人十色とはよく言ったもので、我慢をつづける死刑囚もいれば、舎房担当と何か事を起こしたくてうずうずしている死刑囚もいる。後者の場合は人権論を声高に叫ぶ狡猾を披瀝する傾向が強い。しかし裏を返せば前者も後者も権力者に支配される側に立っていることには変わりない。だから支配者側との間で、好むと好まざるとにかかわらず、どこかで人間同士の関係がある。まことに厭な図式ではあるが、私はこのように思うのである。

しかるに人は生き抜くために何か自己意識を形成しなくてはならない。それは人間の人間たるゆえんに属するものだからだ。つまりは他の人間を愛したり、信頼したり、頼りにされたり、注目されたり、認められたりすることによって、自己意識形成は成功し、自己意識は肯定的な形で形成される。もしこれらが形成されなければ、すべてが否定的なものに転化してしまう。平たく言えば他人を妬み嫉み、人を妨害するような不気味な力となる。そしてあげくのはてには「敵がいる」という妄想にまで駆り立てられる。これは一種の拘禁反応ともいえよう。なかにはこのような反応を示す死刑囚もいる。

こうして精神に異常を来してしまうと、その死刑囚は目に見えない敵と戦い続けることになり、本来の自分を取り戻すこともなく、ますます混迷してゆくことになる。その結果、見えない敵を相手にしながら、個人的な自我や、そのアイデンティティの輪郭さえも獲得することはない。いずれ精神安定剤なるもので薬づけにされてしまい、独房の中で一日中ぐったりした状態になってしまう。そして最後には刑死の運命をたどることになるのである。哀れという以外の何ものでもない。

思うにこうした精神に異常を来たした死刑囚を抹殺してどれほどの意味があるのだろうか。薬からまだ完全には醒めきっていない人を処刑することに、私は釈然としない。一言でいえば人格が壊れてしまった死刑囚は、自と他の区別すらつかないのである。要するに本人は自分が処刑される意識すらない。具体的にのべると、「自分が死ぬ——」ということすらわかっていない。それでも正義のためだとはいえ処刑することが果たして正しいと言えるのだろうか。ある職員は私に向って、

「言葉は悪いが、N村死刑囚はかなりおかしかったので、彼のためにも処刑された方がよかった」

こうのたもうた。N村死刑囚は職員の間ですら生きることを否定されていたのである。これほどショッキングな言葉を職員から聞いたこともなかった私は、舌に絡みつく味とよく似た不快な苦みが心の中にもじわじわと重く滲み広がったことを忘れられない。

話は雑談めくが、頭がおかしくなった死刑囚といえども正義のためなら殺す——という論理が成立するならば、殺すことの本質というものをどのように考えたらよいのだろうか。いうまでもなく殺人はれっきとした犯罪である。これに異論を唱える者などあるはずがない。人並みに社会化された人間ならば、それは常識だと考える。けれども人を殺すという行為そのものが犯罪性なる属性を持っているわけではない。といったら首を捻る者は多いはずだ。一世紀も前にフランスのエミール・デュルケームという社会学者がこのように言っている。

「ある行為はそれが犯罪であるから非難されるのではない。我々がそれを非難するから犯罪になるのだ」

実に的を射た指摘だ。

つまり殺人という行為にしてみても、それ自体は「人を殺す」という単なる行為でしかないということだ。善いことでも悪いことでもない。価値として全くニュートラルなものである。当該社会の成員の意識の総体——デュルケームは集合意識という名称で括っているが、これがその行為に対して「犯罪性」というネガティブな価値を認め、それに応じた反応を示すことによって、そこで初めて人殺しは犯罪となる。突き詰めていえば、「犯罪性」というものは実体としては存在しないということだ。あくまでもそれは社会——集合意識の枠組みであり、反応の仕方に過ぎない。

だからこれはいってみれば、犯罪は社会によって作られるものだという極端な議論にもつながっていく。ところでこの世の中から犯罪というものを完全になくすためにはどうすればいいのか——それは極論すれば法律をなくすことである。一方、悪が存在することによって、何十万もの人間が職を得ている。警察官、検事、弁護士、裁判官、刑務所看守、警備員、盗難警報器製造業者……。悪徳行為に感謝すべきだ。このようなことを述べると呆気に取られてしまい、当惑するだろう。まあこれは私の戯言だが……

それはそうとして、同じ殺人でも死刑という公的に認知された制度や、戦争という特殊な状況下で行われるそれは犯罪とはされない。そういった単純な事例を思い浮かべれば、いかに法律に矛盾があるのかを理解すれば良いのである。

そこでこの社会の正義というこれもまた社会的に作られた価値が拠り所として存在するわけで、更にその背後には民主的多数という言葉で飾られた無粋な権力構造が控えていることになる。ある種の警察なんていうのは、その図式を端的に表わした存在だろう。

あの学園紛争の時の光景を思い浮かべてほしい。

——ゲバ棒と警棒

——火炎瓶と催涙弾

両者の暴力の間に一体どれだけの違いがあるのだろうか。ジュラルミンの楯を境にして、腐った権力で支えられた「正義」と、それにとって都合の悪い「悪」との振り分けがあるだけだ。

そこで思うのだ。人間にとって正義が一つならばなぜ戦うのだろうか。つまりより多くの犠牲を生まないための小さな犠牲という理屈は本当に正しいのであろうか。歴史を見れば必ずしも正義だけが生き残っているわけではない。それは絶対的な善人が存在しないように、絶対的な悪人も存在しないからである。それなのに権力は自分勝手な都合だけで人を殺し、勝手な正義で戦争をも引き起こす。これこそ犯罪と呼ぶべきものではないだろうか。

いずれにしろ昨今のご時勢では、「悪いやつならば死刑にしても構わない」とか「処刑するべきだ」などというような世の中の風潮にある。こうして現代社会が徹底的に功利的な時代になっているとすれば「殺してはならない」という命題はもはや〝ナンセンス〟と言わざるを得ないのだろう。そうなってくると国家や政府の名のもとに個人の尊厳など簡単に踏みにじられてしまう。とりわけ死刑囚がいくら抵抗したところで所詮は「蟷螂《とうろう》の斧《おの》」なのである。それはそうとして私は以前、看守から死刑囚としての人間らしさを求められたことがある。これは一体どういうことなのであろうか……

思うに個々の価値観によって違うのだろうが、瞬間瞬間がつながった鎖から純然たる現在《いま》この時間の流れに逆うことなく、人間道を貫くことのように思えてきたのだ。それは武士道に相通じる独特の行動意識に似ている。だが監獄でこうした人間道や武士道を貫くことは並大抵のことではない。なぜならそれは相当強い精神力が必要になってくるからだ。しかしながら、こうした精神力をとことん破壊してくるのも、これまた権力を持つ人たちなのだ。前作(『生きる　大阪拘置所・死刑囚房から』)のなかでも少し触れているが、肛門へガラス棒を差し込まれる検査などは、まさしく個人の尊厳をズタズタにしてくれる行為である。このような屈辱は精神力だけでは乗り越えられない。もはやホールドアップするしかない。

要するに官から「お前たちは誰であろうと、監獄内では無力なんだよ――」と言われているようなものであり、こうした行為が無力感と屈辱がカオスとなって収容者に襲いかかってくるのである。そしてその後を支配するのは不確実性である。死刑囚にとっての不確実性というのは、次の瞬間予想しなかったことが起きうるということに結びつく。つづめて言えば、一面の暗黒。狂気の豪雨、死の嵐、すべては因果律のインナーワールド。時間も生命も奪われるということなのである。そのことを知っているのは死刑囚だけだ。

ありていに言えば、それは眠りだ。音もなく、時さえもなく、昏々と続く深い眠り、夢幻だけが徘徊する終りのない眠り。過去も未来も現在もすべてをその中に包み込んだ決して何者にも乱されることのない眠りである。刑場で死んで行ったたくさんの死刑囚、彼らはどんな眠りの国に入ったのだろうか。限りなく静かに逃れ得ぬ筈の時の呪縛からも解放されているのだろうか……彼らが叫び続けてきた悲痛な声が吹き抜ける風に乗って悲鳴に変わるとき、私は耳を塞ぐのである。

こうしたことに思いを馳せていると、なぜか生きていることに余り興味が持てなくなるのである。生よりもむしろ死という概念の方に魅力を感じてしまう。ありていに言えば、数年のうちに命を落とす運命にあるような気がするのだ。だからこそもうずっと前から自分の未来を諦めていた。よく言われていることだが、人間は生まれた瞬間から滅びに向っていることには違いない。それはこの世界全体についてもまったく同様だ。この国も、社会も人類全体も、さらにはこの地球という星や宇宙全体すらも例外は一つもない。それゆえに厭世観も強くなっている。

人には「有愛《うあい》・非有愛」がある。有愛とは「死にたくない」という欲。非有愛は「生きていたくない」という欲。いずれも自我への執着心だが人間というものは、この二項のいずれかに傾く。だから後者の欲が強くなれば自殺に走ってしまうこともある。私の知友にも非有愛に傾いて自殺した人がいた。その知友のことはいまだに「問い」として脳裏をかすめるのだが、自殺という死に方については非難していない。人間は遅かれ早かれ一度は死なねばならないからだ。

ただ私が思うのには苦しまずに、時を見透かして過去を覗くかのようにして眠りのなかで逝きたい。私はそれを常々考えている。夢の途中で夢を見ながら逝きたい。この死は最後に見る夢の終りだ。それがたとえ絶望の夢でもよい。夢に支えられ、夢に苦しみ、夢に生かされ、夢に殺される。そして夢に見捨てられたあとでも、その思いは死の間際までくすぶり続けるのだと思う。それが私の望むところなのだ。

ところで時を遡ること四年前（二〇〇八年九月二〇日）死刑囚獄舎で私の隣房の押谷和夫被告（享年四九歳）が首吊自殺を完璧にやり遂げた。私のようにこのようなところで二三年も暮らしていると、数年に一度はこうした事故に出くわす。そこで自殺者が出たときなどにいつも思うことなのだが、大阪拘置所がマスコミに向けて発表したことと、私自身がこの耳目で知った事実とではかなり食い違いがあるということだ。だから事実に反する内容が発表されると憤りを感じてしまう。

話を続けると死因は首を吊ったことによる頸部圧迫の窒息死――この場合、頸動脈か咽喉かで異なるらしい。前者なら苦痛を感じないまま数秒でブラックアウト。いわゆる柔道の技の一つにある襟を取って絞め落とされた状態に陥るという。後者であれば苦痛を味わう窒息死になる。

こうして自殺者が発見されると非常ベルが鳴らされる。そうするとすぐに数十人の職員が廊下を走って獄屋に駆け付けてくる。そして監房の本錠を持つ看守が扉を開けると同時に数名が雪崩込むようにして自殺者の独房へ入っていく。中に入った看守部長は大きな声で、

「おい、はさみを取ってこい」

と部下に指示する。その様子を見ていた二、三人の看守は外廊へ回り、首吊りに使用しているランニングシャツとタオルを窓の外側からなんとかしようと試みる。だが嵌め殺しのあみ戸がじゃましてなんともならない。

この間、ほたえているような大きな音と、その震動が薄い壁を伝わって私の独房まで響いてくる。そのうち、

「イチニイサン、イチニイサン」

と心肺蘇生をしている看守の声が聞こえてくるようになる。おおよそ五分間ほど心臓マッサー

ジをしていたが突然、

「あかん……」

こうした声とともに、

「ストレッチャーはまだか。もうええわ、このまま布団の上に乗せてはこぼ。おい、そこに敷布団を広げろ」

そう言ったかと思うと、

「しっかりもてよ、落とすな、急げ……」

こうして四人の看守が敷布団の四隅を持つと廊下を走って行った。このとき運ばれていく押谷氏の顔を私は見た。すると酸欠のためにくちびるが青黒くなっていた。これではおそらく助からないと思った。そうこうしていると救急車のサイレンの音が獄舎内に聞こえてきた……

そこでだ、所内で首吊り自殺しようとする人がいれば、その命を必死になって助けようとする看守がいる。その一方で同じ看守の手によって刑場で吊される人間もいる。この二律背反する問題に私はいつも頭を悩ませる。正直いってこの点が私にはよく分からない。否、たぶん理屈では分かっているのだと思う。だが生理的にこの問題を私の心が受け付けないのである。監獄という閉鎖社会の中での矛盾と不条理と、その冷酷さというものも知っているからだ。それはとても憤ろしいものだ。

しかしその憤ろしさも時間がたってみれば、平坦な追想の道草のようになってしまって、いまはただ生きている者と死んでいった者との立場の違いだけが現実の中にあるのだ。これはもう致し方のないことだ。考えてみると、人間はその死の瞬間になってはじめて人間は死ぬ運命にあったことを思うのだろう。その理由として、人間はその生涯で死を忘れている時間の方がはるかに多いからである。

いずれにしろ、なぜ自らの命を絶たねばならなかったのかは、もとよりそれは本人にしかわからない。ただし死に対する美学は私にも少しはわかる気がする。それは私がヤクザもんであったからだ。要するに、おのが「死ぬ」という信念を貫いた最後のケジメの付け方とでも言えばよいのかもしれない。堅気の人なら自責の念と悔いから自身の責任を取りたいということになるのだろう。そうしたことから押谷氏の場合は未遂に終らせず、完璧に死に切ったという見事な最後を示してくれた。

そこで監獄での自死を私は「自決」と言っている。なぜなら不自由な生活の中で自らの命を絶つのだから、何らかの強い抗弁があるに違いないからだ。それに対する自らに課す最後のケジメとして死ぬのだからやはり自決であろう。とにかく誰であれ少しでも知った人に死なれるのはやっぱり悲しいことだ。特にまだまだ自分の未来が続くと信じていた人が突然死んでしまうのはやるせない。

いわんや私のようなアウトローを自己認識している人間が自決したところで、誰一人として悲しむものはいないだろう。いやむしろ私のような男のために悲しんでほしくない。私は人間として恥ずべき行為をし、美意識の欠けらすらなかったために堅気に迷惑をかけてしまったからだ。そんな奴のために悲しむ必要はないと思う。人殺しという恥知らずなのだから徹底的に蔑まれるべきだと思っている。

ただ世間からけなされ、罵られても任侠道の精神だけは捨て切れずに持ちつづけている。ヤクザ組織から破門され、大阪府警本部捜査四課へ「山口組宅見組脱退届」も提出しているが、男を捨てたわけではない。いまもなお任侠《おとこぎ》の精神が私の支柱となっている。他者からすれば、いまだに任侠を信奉している私が滑稽に見えるだろう。だが嘘ではなく私は脆くて弱い人間——だからこそこうした精神が必要なのである。

こうしてみると私にとっての任侠道とは、自分自身を肯定するために欠かせない免罪符であり、置かれた立場を百八十度逆転する魔法のツールということである。アウトローの私は、自己肯定のために、贖罪のために任侠道を捨てきれないと結論づけても、あながち的はずれではないような気がする。なにしろ私はいい加減で根っからの不良なのだから、あの精神がないとどこかへ流されてしまう。流されてしまうと悔い反省する心までも放棄してしまいそうな気がするのだ。

とにもかくにも自死という自縛行為は、世に対する希望を絶ち時流に超然としているからこそ出来るのであろう。死ねば善い人も悪い人も、紳士淑女もみな善悪すべてをひっくるめた仏《ほとけ》として完成するのであろう。

縋る者、躓く者

他方、自死などに無縁で生き延びることしか考えない囚人もいる。つまり無実を訴える死刑囚がそれだ。ゆえに死刑執行が頻繁に行われるとこうした死刑囚は焦りはじめる。そうするとこのような死刑囚はどのような行動に出るのだろうか。この稿では私と仲が良かったN山死刑囚のとある衝撃的行動をウォッチングしてみたい。

言うまでもなく世間と同じように監獄にも大型連休は訪れる。年末年始の正月休みを除けば、五月のゴールデンウィークと九月のシルバーウィークがそれに当る。こうした大型連休の間は、殺伐としていた獄屋内の空気も和み、あまたの収容者は温和になる。その大きな理由は二つある。

一つ目にあげられるのは、日頃食べさせてもらえないような特食が官から配給されることにある。例をあげると、「わらびもち」であったり、「ところてん」であったり、「大福餅」「おはぎ」「ドーナツ」「シュークリーム」などの甘味類である。

つまり多くの収容者が所持金をもち合わせていないために、ほやき（とは菓子類のことをいう）などの間食を自弁購入できない。ほとんどの収容者は官給の「物相飯《もっそうめし》」で耐えている。そんなこともあって祝日に配られる特食を大勢の人が楽しみにしている。世間の人には笑われるかもしれないが、いい年をした大人が牢屋の中で童心に戻り、眼を輝かせるのだ。人がおいしいものを食べている時の顔はステキである。その顔には邪気がなく、目がキラキラしている。

早い話、長期在監者ほど食べ物についてのタンタロス症候群に罹っているので、食には貪欲である。長年の収容生活でかくいう私も、

〈こんなはずではなかったのに……〉

と思うほど食に飢え、貪欲になってきている。ごくまれにだが、「誰それのが多いだの少ないだの」といった争い事が起きることもある。考えてみれば大人げない話のようだが、こうしたことは人間の欲求が満たされていないために起こることなので、同じ目線に立つ私などはわかるような気がする。その一方で本気で喧嘩し合う囚人を見ていると、喰い物の恨みは恐ろしいとも思ってしまう。

二つ目は、休庁中に行われる入浴である。なんと言っても入浴は身心をリラックスさせる効果がある。大型連休中にこの二点が重なると、多くの収容者は穏やかな気持になる。常日頃、愚にもつかないことをぐだぐだ言うような囚人でさえ、静かに過ごしているのがこうした連休の日である。加えて休庁中は、午前一〇時からFM放送が流されるため、悪さをするような囚人も音楽に合わせて鼻歌を唄ったりしている。だから休庁日のこの和やかな空気が私はこの上なく好きな

のである。もちろん私にとっては処刑の心配をせずに済むことも大きい。だがしかし、莫逆の友が大型連休中にどえらいことをしでかした。

二〇〇九年九月二一日（敬老の日）、午前八時三〇分――

この日は大阪拘置所全収容者の総入浴日に当てられた。死刑囚獄舎（五階）では、N山死刑囚と私が一番風呂の日になっていた。ちなみに独居拘禁者が生活する獄舎には、小さな浴場「A」、浴場「B」の二つが備付けられている。

私は視察孔に目を向けてN山死刑囚が私の居室前を通り過ぎるのをまった。日頃の彼ならば私の方に向き直って、にっこり微笑んでくれる。だがこの日は違った。鋭い眼差しで真っ直ぐ前を見据えて浴場まで歩いて行った。そのただならぬ雰囲気に私は不吉なものを感じとった。それにも増して、サマーセーターを着てジーパンを穿き、くつ下までも履いていた彼の姿に違和感を覚えたのである。なぜなら収容者は通常、自分の部屋で衣服を脱ぎ捨て、パンツ一枚の姿で浴場に向うからだ。もちろんN山死刑囚もこれまではずっとパンツ一枚の姿だった……。

それがこの日はきちんと衣服を身に付けていたのだから、どこかおかしい。一見すると、面会にでも行くのかと錯覚するほどきちんとした服装だった。どこから見てもこれから風呂に入ろうとする姿ではなかった。かてて加えて、いつもの彼は着替えの下着を右手に持っているはずなのにそれもない。彼の左手には洗面器しか持たれていなかった。何か不自然で、どこか無理があると思いながら彼の後ろ姿を追った。

刹那——

彼は洗面器の中に隠し持っていた凶器を右手にもつと、浴場「A」の前でいきなりK木舎房担当に襲いかかった。予期せぬ出来事に入浴係も一瞬たじろぎ、棒を呑んだように立ちすくんだ。私は目の前で起きた事件に、

〈こんなことが実際に起こるのか……〉

という思いで、私も棒立ちで絶句状態になった。悪い夢を見ているような感じでもあった。そして次に私の頭に浮かんだ言葉は、

〈N山、なんでこんなアホなことをするねん……〉

このフレーズが頭の中で何度も繰り返された。

とにもかくにも看守に暴力を振えば、これまで彼が真面目に積み重ねて来たものが水の泡になってしまう。すべてが終ってしまうのだ。さらに言えば死刑囚が命を賭けて、一か八かの勝負に出たとしても結局は徒労に終ってしまう。そのくらいのことは彼にもわかっていたはずだが……ましてや彼自身の処刑を早めることにもなりかねない。それを覚悟のうえで決行したのだとしても浅はか過ぎる。私から言わせれば莫迦げている。何をそんなに焦っていたのだろうか、いまとなっては聞くすべもない……

思えば彼とは性格的に馬が合ったというのか、五舎五階で偶然一緒になって、共に生活するようになってから急速に親しくなった。一目会ったときから肝胆相照《かんたんあいて》らす仲となったのだ。もちろん彼には一生懸命さが見て取れたので、私はN山死刑囚の生き方を認めていた。それゆえに彼の

行動が残念でならなかった。

ところで私が五舎へ転房して来たころの彼は無期懲役での仮出獄を取り消されており、余罪受刑者として大阪拘置所死刑囚獄舎に収監されていた。つまり彼は一時的にしろ娑婆の人だったのだ。そこに言葉を付け加えると、刑務所での彼は模範囚であったことが窺い知れる。要するに受刑生活の行状がよくなければ無期懲役囚の者は仮釈放の対象にならないからだ。だからよほど真面目に務めていたのだと思う。刑務所は拘置所と違い厳しいところだ。

そんな厳しい受刑生活を耐え抜いてきた男がなにゆえにこんなことをしたのかと考えさせられた。確かに私が知る限りの彼は、「自分は無実なのに死刑にされた――」と声高に冤罪を訴えていた。それが裁判でも認められず、事務的態度の看守に対して彼が腹にいちもつあったことは想像に難くない。担当はN山死刑囚に冷たかった。

職員の非情、冷酷、傲慢、横暴、非道、この手の熟語をいくら挙げてもきりがない。簡単に言ってしまえば、死刑確定者の身に落ちてしまえば、弁護士以外からは誰にも相手にされず、もはや死を待つことしかない。なかには外部支援者や親族がいる場合もあるが、こうした恵まれた死刑囚は数少ない。多くの死刑囚が支援もなく、差入れもなく、お金もなくて孤立している。

しこうして羽を奪われた鳥はどうなるかわかるだろうか。少しずつ少しずつ堕ちていくしかない。N山死刑囚は羽を奪われた鳥になったのである。そんな彼は現実逃避をしてみたくなったのだろう。そういう私だって現実逃避したいこともある。だが私には家族や支援者、弁護人がいる。そのために今のところは、そうした気持を思いとどまらせている。いずれにしろ死刑確定者は、あの世とこの世の狭間で複雑に生きている。すなわち死を見霽《みはる》かして生きているということだ。そうした諦めと苛立ちがないまぜになっているのが、未決囚や既決囚との大きな違いである。

そこで話が少し先へさき走るようだが、彼が看守にはたらいた暴行は、死（処刑）の恐怖からのがれるために逃走を企てたような気がする。そのように解釈してみると、N山死刑囚の服装と休庁日に決行したという点がある意味符合する。まず服装だ。看守を痛めつけることだけが目的なら、彼が日頃着ているトレーニングウェアのほうが遥かに動きやすいと思う。それなのに担当とやり合うためだけで、サマーセーターにジーパンを穿き、おまけにくつ下まで履いていた。わざわざ動きにくい服装をする必要はないだろう。

次に彼が休庁日の入浴日を選んだことだ。これは平日よりも休庁中は出勤してくる職員の数が遥かに少ないことにある。それに合わせて入浴日だと独房の中から出られるという利点を生かせる。これが平日ならば看守がたくさん出動しているために、そう簡単には行かない。それゆえに逃げたい一心で、大型連休中に一か八かの勝負に出たのだろう……。これはあくまでも私の推測にすぎない。そのことを先に書き加えておく。

今後N山死刑囚がどうなるにしても、凶器を準備して、それを持って舎房担当者および入浴係二名の職員を倒そうとした事実は消えることがない。とにかく彼一人で三名の看守を倒すのだから一撃必殺を狙うしか方法はなく、倒した看守からす速く廊下の鍵を奪い取って獄舎から逃走するしかない。

ただし仮にもそれが成功し、運よく塀の外へ逃がれたとしても、その後の方が大変だろう。逃走資金もなければ、外での援助者もいない。そのうえたちまち警察の大捜査網が敷かれる。所詮は無益な悪あがき、逃げおおせるものではない。推理小説のようには行くはずがないのだ。

もし私がN山死刑囚から脱獄の相談を受けたとするならば、「莫迦なことを考えるのはやめておけ――」とはっきり言ってやる。脱獄を誘われても断わる。なぜならこんな勝算のない賭けに出るほど今の私は莫迦ではないからだ。ましてやこれ以上、週刊誌ダネになるのはごめんだ。とにもかくにも入所以来、脱獄なんて考えたこともないし、私にはできない。監獄から逃げたりすることを考えるならば、獄内で自決したほうがましである。

だが、N山死刑囚の場合は無罪を主張していた関係から、やり場のない自分の思いが自爆行動に結びついたのかもしれない。逆に言えば、そこまでしても監獄から外に出て、自分が無実であることを自身の力で明らかにしたいということだったのかもしれない。それを思うと、ひょっとしたら彼は冤罪死刑囚なのかも知れないと私は考えてしまう……。

つまり彼も私のように、本当に殺人事件を起こして死刑を宣告されたのならば諦めもつくだろう。素直に神や仏にすがって死ぬことを考えるはずだ。だがしかし、今回の彼の行動を見ていると彼は事件とは無関係のように思えて来たのだ。事件に無関係で処刑されては諦めがつかない。とうてい自分自身を納得させることなど出来ないだろう。もしも私が無実の罪で死刑になるのなら、やはりN山死刑囚のように一か八か監獄から脱走することを企てたかも知れない。いずれにしろ彼が娑婆で起こしたとされる事件の真相は、いまのところ闇の中といったところだろうか……。繰り返しになるが、事件の関与を否定し続けているN山死刑囚は、冤罪の可能性もあるということだ。あの看守に対する暴力事件以来、私はそう思いはじめている。

それでも凶器を作って看守を倒そうとするのは卑怯だ。そのやり口の卑劣さに勃然と怒りがこみあげた。もし彼が真の男であったとするならば、凶器など作らずに正々堂々とやり合ってほしかった。あけすけにいえば、看守が何人いようとも素手で殴り合ってほしかった。それが男だと思う。そしたら私は彼を応援していただろう。そういう意味での彼が看守に向けて放った最初の一発のパンチは私の心に火を点けた。めらめらと燃えあがらせた。体の奥深くにしまい込んでいた血気はまだ死んではいなかった。

だが彼が右手にもつ凶器を見た途端、

〈俺が認めていたのはこんな卑怯な男だったのか……〉

という思いで興ざめしてしまった。唾棄するべき男にみえた。それでも私は彼を責めるつもりなどない。ああしたおとなしい者ほど胸の内へたまりにたまったものが弾け出すときは、おもいきったことをしてのける。たぶん耐え切れなくなったのだろう。不安、恐怖、怒りがN山死刑囚の中でいろいろな感情で堰を切って吹き出してしまったのだろう。

いずれにしても、これまで共に涙することのできた仲間の暴走が残念でならない。つくづく時間的、空間的変化のない殺風景な独房で長期間とじこめられていると、ろくなことを考えないというのが彼の自縄自縛行為で改めて思い知らされた。とにかくN山死刑囚ほどの男が、せいてはことを仕損じるという言葉を知らなかったはずがない。それは「木によりて魚《うお》を求む」くらいの確率だったからである。

そもそも死刑囚というのは、有って無いに等しい存在であり、尚且つ世間からも断絶されて何十年も孤独でいるものが多く、そのために狂気に走ってしまうのも無理からぬことである。むしろ普通の神経を持ち続ける方が難しい。だから死刑囚は多少なりともおかしくなっていると表現しても差し支えはないだろう。現に私だってまともではない。どこかピントがズレている。

なぜそうなってしまうのかと言えば、一般社会で普通に暮らす人びとの日常における生活は、何気ない行動にも人生の意味がふくまれている。だけれども、死刑確定者には非日常しかおとずれない。極論すれば死刑囚獄舎は、猜疑心が渦巻く地獄の一丁目一番地だからである。

——N死刑囚に対する思いのなかで、少々言葉がすぎた感もあるので紙面を割いてお詫びしておく。脱獄を企てた可能性があるというのは、あくまでも私の推測であることを繰り返しここでのべておきたい。彼の暴力事件当時の状況から私が勝手に判断しているだけであることも付け加えておく。

さて常識では思いつかないような凶器を考え出したN山死刑囚の心にはゴッドとデイモンの両者が入り込んでいたのであろう。いわんや普通の収容生活を過ごしている私には、凶器を作るという発想すら思い浮かばない。たとえ思いついたとしても、あまりにも非現実的すぎるうえ、凶器をこしらえる物品が手許には一切ない。逆に言えば、凶器を作れるような物品が居室内にないのが普通なのである。

ではなぜN山死刑囚に凶器を作ることができたのだろうか。それは彼が長年にわたって請願作業（新法により「自己契約作業」に名称が変更された）をしていたことにある。すでに述べたとおり、無期懲役での仮出獄を取消された彼は、死刑確定者になるまでの間、余罪受刑者の身として収監されていた。その関係から拘置所へ入獄すると同時に当局より労働を強制されている。そのために房内作業をしていた。

ただし、二〇〇六年六月に最高裁判所から上告を棄却されたことにより、彼の死刑が確定した。であるから刑法の規定で、死刑と懲役が確定した場合は、懲役刑は執行されないことになってい る。それゆえにN山死刑囚は強制労働から解放されることになった。だが彼自身の希望により請願作業を継続していた。なぜ作業を続けていたのだろうか——その理由は至極簡単。生活費を捻出するためだ。彼のように長期房内作業をしていると、見習い工とは違い賃金も割高になるために辞めてしまうのはもったいない。だがしかし彼のようにいくら熟練工といえども、月に一万円にも満たない金額である。それでもそのお金で日曜品（タオルや石けん、筆記類）や、多少のほやきなども購入できる。ゆえに惨めな思いをせずに済む。こうしたことから作業を続けていたのだと思う。

そこでだ。N山死刑囚が考えて作り出したという凶器というのが、房内作業で使用していた小さな（小石程度の）磁石である。その磁石を何百個も靴下のつま先へ詰め込み、真ん中あたりで一度結ぶ。そして靴下の端を右手でもつと、それにはずみをつけて風車のように振り回すのだ。

すると、ヒュウヒュウと空気を切る音がおこる。それを振り回しながら看守の後頭部を狙い打ち、脳震蕩を起こさせるというなんとも古典的な手法をN死刑囚は考え出した。

私から言わせれば、コミック誌の読み過ぎではないのかと思うほど、幼稚きわまりない発想である。あんなもので看守を倒せると彼が本気で思っていたとするならば、やはり狂っていたとしか思えない。たとえ相手の後頭部や顔面にヒットしたとしても痛がる程度のもので、彼が期待するほどの大きなダメージをあたえることはない。看守の方もあんなちゃちな物を見ても怖がらないだろう。現にすぐ靴下の端を掴まれて取りあげられている。凶器を取りあげられたN山死刑囚は、少林寺拳法の構えを取りながらキックやパンチをおり交ぜながら暴れた。もはや彼には正常な機能が働いておらず、精神異常を起こしたとしか思えなかった。ひと言でいえばクレージーだ。彼がやけくそになればなるほど、逆に看守は冷静になってゆく。この時点で、

——勝負あった——

かくして、くんずほぐれつを繰り返すも、時間は彼に容赦しなかった。すぐに非常ベルが鳴らされ、応援の看守が三〇数名駆け込んできた。まさしく一巻の終りである。彼はす巻きにされて西側廊下から保護房へ連れて行かれた……。

N山死刑囚が連れ去られたあと、死刑囚獄舎に静寂が戻ったのだが、なかなか「撤収」の声が掛からない。そのために応援で駆け付けて来た残りの看守たちは、てんでんばらばらな行動を取る。直明けの非番夜勤者などは誰も入っていない浴場を覗いては獄屋内をうろうろする。言うまでもなくこの間は入浴が中断されている。こうして職員の指示がないまま私は廊下でしばらくの

あいだ立たされた。私の足許付近にはN山死刑囚のつっかけと、洗面器が廊下に散らばっている。それにもかかわらず看守たちは誰一人としてそれを片付けようともしない。見かねた私はそれらの物を廊下の端へそっと押しやった。

いずれにせよこんな事故を起こせば、最低でも二、三日は保護房で反省させられる。そしてその後に懲罰が執行されることもある。その結果、彼が一〇年近く住み慣れた五舎五階を離れることになり、二度と五階へ戻されることはなかった。おそらく彼は三階の薄暗いカメラ付きの二種独房で、二四時間用便から睡眠まで一挙手一投足を監視されているのだろう。

さらに私物制限もつけられていると思うので、居室内には何も入れてもらえないはずである。また当分の間は、ＤＶＤでの映画鑑賞やワンセグ放送の視聴も中止されていると思う。自業自得とはいえ、彼にはもはや日の昇ることはない。

私が彼に対して一番気の毒に思うのは、N山死刑囚が生き甲斐にしていた房内作業が、あの事件で今後二度と許可されないことである。へたすれば罰としてこれまでの作業報奨金の没収なんてこともあり得る。いまやN山死刑囚は要注意人物者のレッテルを貼られてしまっている。だからもう一度、一から真面目にやり直すしか方法はないと思う。だが一からやり直すには、死刑囚という立場上、あまりにも時間がなさすぎる。なぜかと言えば信用を取り戻すよりも、処刑台へのぼる方が早いような気がするからだ。

いずれにしても一旦失った信用は、そう簡単には取り戻せない。今後彼にとっては戦場よりも、もっと苦渋にみちた死闘が続くことだろう。それは本人もわかっていると思う。

ふり返ればN山死刑囚とは五年以上、苦楽を共にしてきた。顔が会えば互いに頷き合い、それで充分心が通じ合った。ゆえに彼には親近感を覚えていた。死刑囚獄舎で三六五日、同じ時刻に起き、同じものを食べ、同じ空気を吸いながら、そのときどきで起きるさまざまな情景を、同じ目線で捉えてきた。それだけに残念でならない。いまもなお私は大きな悲しみに包まれている。いまじらい私は毎日の食事が砂を噛んでいるような思いで生活している。そして己の無力さに気付くのである。同じ立場の人間が苦しみ悩んでいるというのに、何の言葉もかけてやれない。いま私が彼のためにしてやれることと言えば、なぜこのような事故が発生したのかを冷静に考えてやることだと思う。一つだけ確かなことは、N山死刑囚一人だけが悪いわけではないということだ。

そこで考察してみたい。彼が房内作業を続けていたことは、すでに述べたとおりである。ここで問題にしなければならないのは、官の「安全管理」である。つまり製造作業品や道具類を囚人が隠匿しないように毎次検査する義務が職員側にあったはずだ。そのために朝夕の二度、舎房担当と運動係の二人で製造作業品の出入れに立会っていたはずである。だが個数の計算や、道具類がきちんと返却されているかなどの検査もせず、おざなりなことをしていたことが事故を誘発させている。つまり製造作業品の数をチェックしていれば防げた事故であることは言うまでもない。それゆえに職員は、職務怠慢のそしりは免れないと思う。おそらく毎回チェックしていれば、N山死刑囚も製造作業品を隠匿できなかったと思う。そういう意味からしても、彼は管理運営上の手落ちによる犠牲者だといいたい。

ところがどうだ、大阪拘置所は自分たちの管理ミスを棚上げにしてしまい、死刑確定者全員の締め付けにかかった。いわゆる連帯責任というやつだ。当局は死刑囚を害悪以外のなにものでもないと思っているのであろう。その証しとしてN山事件以降、死刑確定者のみだけに週一回の捜検が実施されるようになった。他の独房拘禁者には、月一回程度である。独房で生活している囚人に与えられている環境や条件はみな同じなのに、死刑囚のみ週一回部屋の検査を受ける。この差はいったい何なのだろう……。看守たちは平等に扱っているといはいうものの、私の目には明らかに違うように映る。ちなみに雑居房にはほとんど捜検に入らない。過去の例からしても悪さをするのは雑居の方が圧倒的に多いのだが……。

とにかく捜検時には小学生よろしく、週一回廊下に出されて、窓の外を向いて立たされる。大のおとなが廊下で立たされるので、じつに笑えない話である。少しでもふり向いてどんな居室検査をしているのかと様子を見ようものなら、

「おいこら窓の外を見とれ――」

と捜検係に怒られる。

近隣で生活する独房拘禁者は私の部屋が捜検されるたびに、

〈なんで死刑囚の部屋ばかり検査されるのやろう……〉

とでもいいたげな顔をして視察孔から私を哀れ見る。

ついでながら私は捜検係から二度厭がらせを受けている。

二〇〇九年一〇月一日木曜日午後四時――

配食準備の放送が流れたあと雑役夫が各舎房へ夕食を配りはじめた。そのとき二名の捜検係が

私の独房を訪れた。

「いまから捜検をするので部屋から出てくれ」

このようにのたまう。さすがの私もこのときばかりはカッとした。なぜなら夕食の時間に捜検などされたことがないからだ。非常識も甚しい。そう思った私は、

「こんな厭がらせはやめてくれ。もう少し早い時間に来てくれてもええのと違うか」

すると捜検係は、

「わすれてたのや、辛抱してくれ」

私は自分の耳を疑った。

〈いま確かに「わすれてたのや……」と言ったよな。それなら今日は木曜日、あしたの金曜日でもできるやないか〉

よしこの点を突いてやろうと思った私は、

「あしたでもできるんとちゃうの。もう四時回ってるねんで」

「いや、あしたはわしらの都合が悪いのや」

「あんたらには良識がないのか。逆の立場やったらどんな気がするねん」

捜検係はものぐさそうな声で、

「めしはあとでゆっくり喰ってくれたらええがな。舎房担当にも言うとくさかにはよ出て来てくれ。上の指示やから仕方ないんや」

何か言えば上からの指示という常套句を使う。私にはそれが陳腐に聞こえて仕方ない。だが相

手は私の思いなど忖度しない。一旦動き出すと絶対に引かない。絶対権力とはそういうものだ。それゆえにこれ以上ごねると損をするのは私なので、しぶしぶ独房から出た。このやり取りを廊下で聞いていた舎房担当は、片目をつむって私に近寄り、

「よお辛抱してくれた」

と小声で言って立ち去った。私は怒りではなく、

〈なんてかわいそうな職場で働いているのだろう。この人たちは……〉

と哀れになった。上からの指示とはいえ、捜検を翌日に回すことも許されないとは、なんとセコイ組織なんだろうと思った。だがこれが権力というものであり、監獄では権力を楯にすればどんな理不尽な要求でも通るということだ。そういう思いで生活してきたので何をされてもさほど腹は立たないが、この日ばかりは、

「夕食は喰わん。いらん——」

と拒否した。これが私にできるほんの小さな抵抗だった。

二度目の厭がらせは、同年一一月一一日水曜日のことである。

昼——私の独房へ八名の警備隊員がきたので一瞬間、

〈すわ、今から俺の処刑……これは一大事〉

このような思いが頭の中を駆け巡った。なぜなら死刑囚が処刑されるときは、こうした状況のなかで刑場へ引っ立てられるのを私は何度も目にしてきたからである。それゆえに私の頭の中に

はいろんな思いが浮かんできた。

〈S森は午前中に処刑されたんやろか……〉

凍てついた恐怖感で私の体が動かなくなってしまった。それは警備隊副看守長が視察孔から無言で私の独房を覗いていたからである。かてて加えて通常八名で捜検に来ることなどあり得ない。だからどう考えても、

〈おれは今から吊されて死ぬ――〉

こう思うのが普通ではないだろうか。それほど死刑確定者と処刑は切り放すことができない密接不可分の関係にある。とにかく私は自身の血圧が急上昇したのがわかったほどだ。官からこんなことをされると、死刑囚の精神衛生が非常に悪くなる。

彼ら職員には死刑囚がどういう神経で日々暮らしているのかわかっていない。死刑囚の神経が鋭敏になっていることなど考えていないのだろう。少しでも考えていたとするならば、八名で来るような無粋なことはしないと思う。

要するにこの日は雨天で戸外運動が中止になった関係から、運動係が捜検に来たらしい。要は暇だったといったら語弊があるかもしれないが、そうした理由から八名で来たようだ。それならば五舎五階には私以外の死刑確定者も生活しているので、八名を手分けして別の死刑囚監房を捜検すればいいだろう――と思ったほどだったが、そんな不用意な言葉を口にするほど私は莫迦ではなかった。

結局、二畳の独房へ五人も六人も入ると却って身動きできないことから、二名が捜検し、廊下

では私の左右を挟むような形で二名ずつ計四人が立ち、真うしろに二名が立った。違反行為もしていない私に対してこのようなことをするのはやりすぎではないかと思った。職権濫用ではないかとも思った。長年拘置所で生活しているが、こんな厭がらせを受けたのは初めてだ。なぜ私だけがこんなことをされなければならないのか。いくら職員に強大な強制力があるとしても、度を超えているとしか思えない。だが閉鎖社会はこれがまかり通るところなので、じつに恐ろしい。

もしもこうしたときに、私が反応して看守にいちゃもんをつければ、彼らの思う壺にはまってしまう。あけすけに言えば、「職員に対する抗弁」という口実を与えてしまう。そのときお決まりのコースとして、「取調べ」や「懲罰」という伝家の宝刀を持ち出してくる。看守にはこうした権力の切り札がある。国家権力とは巨大なマンモスと同じなのである。

いずれにしても私は悲しかった。何が悲しいかといえば、職員のこうした理不尽な振舞いはもちろんのこと、私自身が本気で喧嘩できない悲しさにあった。どんなことがあっても、どんなことをされても、処刑されるその日が来るまでは我慢をし、耐え続けなければならないと自分に言い聞かせている。それは投獄されるような原因を作ったのは自分自身にあるからだ。それが死刑囚の宿命なのかもしれない。だがこうして自分の気持を殺してまで生き続けるのは辛い。こんな辛い生活を続けるのならば「死んだほうがまし」と思ってしまうこともある。それでも生きようとするのは、娘にまだ伝えたいことが残っているからである。

とにかく監獄社会でうまくやって行くためには、何をされても相手の立場を認めることしかない。そしてアイデンティティを見失わないことに合わせて、孤独に耐え忍ぶことしかないだろう。雨風をしのげる場所と、三度の食事が担保されてるだけでも有難いと思えば、多少のことなら我慢できる。私は自分が苦しくなったときは、なるべくこのようなことを思い浮かべるようにしている。

ついでながら筆者は思う。

そもそも死刑確定者の拘禁とは、受刑者の拘禁とは基本的にその性質や目的が異る。つまりは死刑確定者には社会復帰の望みはなく、いずれ生命を絶たれることを甘受しなければならないという地位にあるということだ。もっとも死刑確定者といえども、死刑が執行されるまでの間は憲法の規定する基本的人権の保障を享受し得る地位にあり、これに対する制約の拘禁の目的および性格にもとづく必要かつ合理的なものにとどめるべきことはいうまでもない。とりわけその心情の安定という面においては、死刑確定者が生命を絶たれることは確実であるにもかかわらず、その時期が明らかでないまま拘禁を甘受せざるを得ないという精神的に極めて過酷な状況下にあることを官は留意する必要があると思う。加えて特別な配慮も必要であるともいえる。なぜなら、死刑確定者の精神状態を個別的に把握していないために、N山死刑囚のような事故が起きるのである。これは管理運営上の大きな欠点と私はいいたい。要するに生命刑であるという特殊性によって死刑囚は精神的にも極めて不安定な状態に陥っている。だからこそ処遇にあたっては心情の安定について、格段の配慮を行う必要性があると思うのだが、残念ながら現在の大阪拘置所にはそうした配慮が一切なされていない。少なくとも私が死刑囚獄舎へ転房してきたころは、それなりの配慮があったのだから、職員の意識しだいでできるはずだ。しかしいまは温もり一つ感じない。それだからN山死刑囚のように絶望感にさいなまされている人間は自暴自棄となり、極度の精神不安状態に陥ってしまったり、自己の生命や身体を賭けての逃亡行為（と私は勝手に推測している）や、重大な規律違反に出てしまう。

前述のとおり生命を賭けた行為の場合、死を覚悟しているのだから、他に怖いものは何もないという心境のもとでの行動になる。そうすると、N山死刑囚の心情を安定させる要素は何もなかったのかということになる。私が思うところ、いくつかあった。——だが現在の処遇は、死刑囚の申し出を看守たちはことごとく受付けなくなった。そうしたことも彼の自爆行為の要因の一つでもあるような気がする。そのことを列挙してみたい。

この話はN山死刑囚が暴力事件を起こすひと月半ほど前の出来事である。

夏——それは灼熱の太陽の恵みを浴び、生の躍動感に溢れる季節である。そうしたなか大阪拘置所の獄屋には冷房設備などあるはずもなく、真夏ともなればさながらの灼熱地獄に苦しめられる。とくに私が生活している五階は日中屋上で焼けついた余熱が、時間の経過とともにおりてくるのでたまらない。そんなこともあって、高齢の死刑確定者などの場合はぐったりしている人も多く、ときには熱中症で医務のお世話になり点滴治療を受けることもある。故萬谷死刑囚もその一人だった。彼は独房の中で嘔吐して倒れているのを雑役夫が発見した。萬谷死刑囚はすぐに医務室へ運び込まれ、秋風が吹くころまで病舎で過ごすことになった。とくに外廊側にルーバーで目隠しされてからの室内は蒸し風呂状態になっている。ちなみに大阪は日本三大祭の一つでもある「天神祭」のころ（七月二四日、二五日）が一番あついと言われているのだが、実際には高校野球がはじまっている八月の方が暑い。

　私自身も八月の三五度、三六度という連日の猛暑に加えて、熱帯夜にも毎年うんざりさせられている。とにかく身体じゅうの血管が沸騰してしまい、頭がおかしくなるのではないかと思うほどだ。そんな真夏の一番あついさ中、大阪拘置所は近隣住民との交流を名目に、たくさんの一般人を所内に招き入れて「お祭騒ぎ」をはじめたのである。

　二〇〇九年八月八日土曜日――

　いうまでもなくこの日は役所の休庁日である。すでに触れたとおり、多くの収容者は休庁中のんびり過ごしている。業務が休みの館内は人の動きもなく、静寂な空気が漂っている。その空気が一変した。

　昼食も食べ終らぬ午後零時ころ、突如としてはじまった鉦や太鼓の音が死刑囚獄舎に響きわたってきたのである。天神祭も終ったあとなのに監獄でいったい何がはじまったのかわからなかった。ほんの三週間ほど前ならば、大阪拘置所前を流れる大川で、天神祭の「船渡御《ふなとぎょ》」が行われていた関係から、

「チキチンチキチン、チキチンチキチン」

　というリズミカルなお囃子が風に乗って聞こえて来たのでそれもわかる。だがすでに祭は終っている。ましてやお囃子の音は獄外から聞こえてくるものではなく、死刑囚獄舎横の事務棟付近から大きな音が響いてくるのだ。すぐ手の届きそうなところから鳴り物の音が響いてくるので、

かなりうるさい。これだけではない。敷地内で十数台の露店を開き、「やきそば」や「たこ焼き」などのソースが焦げたいい匂いが獄屋内に流れ込んでくる。

なおかつ職員たちが調子づいてくると、スピーカーの音量を上げて、クイズやゲームを催す声に合わせて、チビッ子の喚声まで響いてくるしまつだ。夏の夜は遅くまで明るいためにこの催しが午後七時までつづいた。

看守たちは日頃、私たち収容者に向って、

「大きな声を出すな。大きな音をたてるな。周りに迷惑をかける行為は絶対にするな。静かに座っていろ」

こういう指導をしている。それが彼らの都合で簡単に曲げられてしまう。いずれにしろ、このようなお祭り騒ぎは身寄りもない孤独な死刑囚にとっては大変迷惑なことであり、娑婆を思い出させることになる。それは前述のとおり、いずれ生命を断たれることを甘受しなければならない地位にある死刑囚に向って、これみよがしに娑婆の空気を獄舎に流し込むことがどれほどマイナスになるかまで官は考えていない。死刑囚の心情を乱していることなどわかっていない。

よって当然のごとく死刑囚のみならず、未決収容者からも苦情の声が当直の看守に殺到した。私の二監房隣のN山死刑囚は何度も報知機（職員に用があるとき鉄扉に付いてるバネ式のプレート板のこと）を出して、

「あの鳴り物の音だけでもなんとかしてくれないか。うるさくて本も読めない。いらいらして仕方ない……」

と日頃はあまり苦情をいわない彼が腹に据えかねて夜勤看守に言うと、

「たしかにうるさいと思う。それは認める。せやけど上も参加しとるので、おれみたいな夜勤者が『やめてくれ』と言うてもどないもならんのや。わるいけどもうちょっとだけ辛抱してくれんか。もうじき終ると思うさかいにたのむわ……」

夜勤看守はこのように言って、N山死刑囚の苦情を取りあげなかった。結局催しは午後七時ちょうどに小学唱歌「蛍の光」が流されて終った。

もちろんこの間には私も同様の苦情を申し出ているが、それが夜勤部長にまで伝わったのか否か、はたまた苦情そのものが夜勤看守に揉み消されたのかまでは、私には知る術もなかった。いずれにしても逃げ場のない摂氏三六・二度の独房で、嗅ぎたくもない焦げたソースの匂いや、聞きたくもないお囃子の音を正午から七時間も続けられたのだから、常人でもたまったものではないだろう。

こうした大阪拘置所の非常識きわまりない行いに対して収容者はその怒りをぶつけるところがない。激しい怒りを内に秘めておくしかないのだ。それがガス抜きもされずに爆発するとN山死刑囚のようになる。繰り返すが鉦や太鼓の音、子供たちの声を長時間聞かされていると娑婆が恋しくなっても不思議ではない。俗世間に出てみたいという強い気持に駆られてしまい、それを抑えることが出来ない心理状態になることまで幹部職員と呼ばれる人たちはまったくわかっていない。こうした派手な催しを許可した所長の神経も疑いたくなる。よく階級があるほどモウロクしてくると言うが、その理由がよくわかった。それは部下が上司を介添えするからだ。それはともかくとしても死刑囚獄舎の間近で、ああした娑婆の匂いや音を流されると、何のために外部交通を制限しているのかわからなくなってくる。死刑囚の外部交通を制限しているのは心情安定のためというのは、絵に描いた餅なのか……

話を続けると露店の屋台や放送機器、電気、水道、火気類はすべて所内のものを使用している。はっきり言って国民の税金を刑務官が職務以外でムダ使いしてるのだ。なぜなら催しに参加している職員は全員、制服を着用しておらずジャージーなどの私服姿だったからである。つまり公務外ということだ。加えて屋台で売られていた食べ物は無料ではなく、原価とはいえ住民からお金を取っていたという。その売り上げはどうしたかまでは聞けなかったが、ある夜勤者などは休みなのに無理矢理手伝わされたという。もちろん休庁日なので手当てなど付くはずもなく、上司から手伝えと言われたから仕方ないと愚痴をこぼす。私などは夜勤者の言うことがよくわかる。誰だって職務以外のそれも休庁日に積極的に塀の中にいたいとは思わないだろう。職員も休みの日は官舎でのんびりしたいと思う。とくに若い看守などは休日を利用して遊びにも行きたいと思う。

そこで私には一つだけ気になることがあった。それは食中毒だ。もし所内の屋台で買ったものを食べた住民が食あたりでも起こしたらどうするつもりだったのか。夏場のことなので食中毒でも発生すれば、マスコミの餌食になるのは火を見るより明らかである。そのことを夜勤者に聞いてみた。すると、

「そんなん上が責任とるのやろ。そのために上がおると思ってる。おれらは上の言うとおりにしてるだけやからな……」

とこう言う。確かに上意下達の世界ゆえ、夜勤者のいうとおりだと思う。

だがしかし百歩譲って近隣住民との交流が必要だとしても、時期と死刑確定者の気持を考えてほしかった。なぜなら大阪拘置所がこの催しを開催する一一日前（二〇〇九年七月二八日）、所内で山地悠紀夫死刑囚（享年二五歳）と、前上博死刑囚（享年四〇歳）の二人が刑場で吊されている。このように死刑執行がおこなわれて間もないころにもかかわらず、所内で鉦や太鼓を打ち鳴してどんちゃん騒ぎするのは思慮ある行動とは思えない。配慮に欠けてるとしかいえない。

言うまでもなく私たち五舎で生活する死刑囚は、一一日前に殺された仲間の死をまだ引き摺っているのだ。だが職員たちは処刑があったことなどすっかり忘れている。住民もそうだ——。うがった見かたをすれば、刑場の露と消えた山地死刑囚と前上死刑囚を職員たちは住民と一緒に騒いで祝福しているようにも捉えてしまう。とりわけ山地死刑囚は刑場へ連行されていく直前に舎房廊下で、

「生きていても何もいいことはなかった……」

こんな言葉を残して刑場へ向っている。この言葉が私の胸に重くのしかかった。否、私だけではなく、多くの死刑確定者が最後に吐露したあの山地死刑囚の言葉に考えさせられたはずである。いずれにしても死刑囚が処刑されてから、さほど日も経っていないときに所内で莫迦騒ぎするのは常識的に考えてもおかしいのではないだろうか。実社会でも人が亡くなれば、四十九日が過ぎるまで静かに暮らして喪に服するのが普通である。つまりは日本人のならわしとして、ある期

間はさまざまな交流や交際を避けるのが文化として根付いている。

要するに四十九日は「中陰《ちゅういん》」ともいって、この期間の死者は、この世と来世の中間をさまよっているると仏教では言われている。まさしく刑場で死んだ山地死刑囚と前上死刑囚は所内でさまよっていたのだ。ましてや火葬された遺骨は引き取り手もないまま骨つぼに入れられ、誰もいない仏間にぽつんと置かれた状態で、職員からも弔われることなく灯明もあげてもらえない。なんと寂しいことだろう……。

その亡き死刑囚の骨つぼが置かれた仏間のすぐ近くで、お祭り騒ぎが行われたのだ。この上なく不謹慎である。私は大阪拘置所職員の神経を疑った。あまりにも無神経すぎるとも思った。すこぶる腹も立った。とにかく獄舎全体の空気を読めないというのか、的確な判断のできない人たちが組織を運営していることを如実に物語っている。これが小役人の姿だとしたらあまりにも情けない。

とにもかくにも、死刑確定者が二名処刑された余韻が覚めやらぬなか、こうした催しが開かれたことは事実として残っている。ちなみにこの当時、大阪拘置所死刑囚獄舎には男性死刑囚一五名、女性死刑囚二名が生活していた。（二〇一二年現在男性死刑囚一七名、女性死刑囚一名が生活している）

さぞかし私以外の死刑確定者たちも当局が行ったお祭り騒ぎには驚かされたことだろう。少なくとも私やN山死刑囚は心情不安定になっていた。私たちが現場の職員に向って、「注意がたりない、けしからん――」と言ったところで、こうした叫びは幹部職員には届かない。このように明日への希望を持たない死刑囚の心情を職員はどう考えているのだろうか。明日の雲行きに運命をまかす死刑囚の心中をどう思っているのだろうか。一度尋ねてみたい。死刑確定者は板子一枚下が地獄であることをもう少し考えてほしいものだが、これは叶わぬ願いであることもわかっている。だから無駄なことは言わないで、考えないようにするしかないのだ……。

ここで一つ断っておきたいのだが、所内に一般人を招き入れてイベントを開催するのが悪いと言ってるのではない。やり方と時期を間違えてはいけないと言ってるのである。処刑後すぐはやはり問題があるので、日にちを変更するとか、鉦や太鼓の鳴り物を使わない工夫ができたはずである。そうした配慮があれば誰も苦情は言わないと思う。確かに鳴り物は天神祭の囃子方に来所をお願いしているのだが、そんなのはいくらでも断われたはずである。どうしても住民とお祭り騒ぎがしたければ、拘置所前の川沿いに公園があるのだから、大阪市の許可をもらってそこでやればいいのだ。なぜ知恵を働かせないのだろうか。私の主張は間違っているのだろうか……。

だがしかし私の本音をいえば、山地死刑囚、前上死刑囚を弔う意味からしても中止にしてほしかった。とくに日本人は西洋人と違い、生体、死体、死者の三分法で考える。つまり人が命の灯を無くし、死体となったあと、今度は死者として改めて生まれるという考えだ。だからこそ死者を弔うことが大事なのだ。私は教誨師の寺林住職から弔うことの大切さを教えられている。

寺林住職は大阪拘置所の教誨師になられて三十有余年、毎年春と秋のお彼岸になれば、大阪府豊中市にある服部霊園（大阪拘置所の共同墓地）に赴いて、刑死者、自裁者、病死者等の引き取り手のない遺骨が納められている墓所で死者を弔われておられる。生者が死者を弔うとはそれほど大切なことなのである。そうしたことをないがしろにしている職員に憤りの念を禁じえない。

いわんや所内のイベントに参加していた職員たちも人間である限り、自分の近しい人の死に遭うとき、なんともいえぬ人生の空しさ寂しさにおそわれるはずである。死は人生の理想も目標も、あくせくしていることのすべてを夢のごとく消し去ってしまう。よく看守たちは処刑が行われるたびに、死を考えないようにしているというが、彼らの顔をのぞかせる死の不安と恐れはごまかし切れない。なぜなら死はさまざまな形で私たちの日常生活の足もとを脅かし続けているからだ。よって死を背負っている点においては死刑囚も看守も平等である。

ならば死を縁として死者に手を合わすことを知らないはずがない。だからこそ死刑執行があって間もないときに、亡き死刑囚を忘却の彼方に押しやって騒いでほしくなかったのだ。我々残された死刑囚は処刑がある度に、死とは何か、自分とはなにか、時の理《ことわり》を超えて生き永らえることがいかに罪深きことかに目を向けて、心静かに考えるのである。もちろんN山死刑囚も同じ気持だったからこそ、苦情を申し立てたのだと思う。そうした苦情が多く出たからなのかどうか理由はわからないが、翌年度からはイベントは開催されていない。

さらに話を続けると、N山死刑囚は看守との間でこんな小さないざこざも起こしている。彼はふだんから礼儀正しく、どんな職員に対しても挨拶するような男だった。それゆえにいつもどおり入浴係に向って、

「おはよう」

と挨拶した。すると、

「職員におはようなんか言うな」

日頃入浴係としてつくことのないS夜勤部長がN山死刑囚を突き返した。このやり取りをすぐそばで見聞きしていた私は、

〈権力を笠に着てなんてことを言うのや〉

と思った。N山死刑囚は職員に気を遣って「おはよう」と言ってるのだから、S夜勤部長も「おはよう」と言葉を返してやれば済む話である。多くの職員はこの程度の言葉をN山死刑囚に返している。S夜勤部長は度量が小さいと言うのか、聞いている私の方がしらけた気分になった。それはそれとしても、礼儀正しく挨拶をしてこのように突き返されたN山死刑囚は、気持がおさまらなかったのかめずらしく食い下がった。

「なんで先生に（彼はどの看守に対しても先生と呼んでいた）『おはよう』というのがダメなのか、その理由を説明してほしい」

このように言うと、

「ええからだまってはよ風呂に入れ」

S夜勤部長は、これ以上ひと言も物をいわせないぞ、とばかりに高飛車な態度に出てきた。この様子を逐一見ていた私は、つまらない結果になりはしないかとひやひやしながら、

〈もうそれ以上のことは言うな、そのあたりでやめておけ〉

と独り言をいった。なぜなら囚人が看守に向って言い過ぎてしまうと、それがいずれブーメランのように己に戻ってくるからである。たかが挨拶程度のことで看守と論争し、揉めてみたところで囚人に損はあっても得はない。無粋な奴には何を言っても無駄なのだ。いずれにしろ憤懣やるかたない表情を浮かべながらもN山死刑囚は耐えていた。私は彼の視線をそらさず

〈それでええのや……〉

という思いで黙って頷き返した。

たぶんこうしたことも一つの誘い水となって、N山死刑囚の暴力事件につながったのではないかと私は思っている。

入浴に関することではこうしたこともあった。

E東死刑囚（七〇歳）は、ひじょうに温厚な好々爺である。そんなおとなしい爺やが、入浴時に浴場前で吠えた。はじめて見せるE東死刑囚の怒りの表情に、

〈あのE東がまさか……〉

という思いで私は驚いた。

ことの成行きはこうだ。E東死刑囚は浴場へ身体を洗うためのナイロンタオルと、綿タオルを持って入ろうとした。すると入浴係は、

「おいE東、綿タオルは持って入るな。身体を洗うナイロンタオルだけ持って入ってくれ」

この言葉にぶち切れたのかE東死刑囚は、

「なんでですか。頭を拭いたり身体を拭くのに綿タオルがいりますやん。ほかの担当さんはなんも言わんで」

と反論した。看守たちは囚人に反論されるとむきになるところがあり入浴係はこう言った。

「ほかの担当のことは知らんがな。身体を拭くなら廊下に出てから拭けばええんや。その綿タオルは脱衣籠の中に置いとけ、わかったか」

我慢していたE東死刑囚は爆発した。

「うるさあーい……」

絶対に反撃してこないはずのサンドバックを殴っていたつもりの入浴係は引っ込みがつかなくなったらしく、老人相手に猛然とかみつきはじめる。

「なにおこの野郎、職員の指示に従わんのなら風呂へ入らんでもええんやぞ。わしが廊下で拭けいうとんねんからいうとおりにしたらええんじゃ」

「いま真冬やのに廊下で身体を拭いたら寒いやないか。逆やったらあんたも寒いやろ」

「わしはさむない」

「あんた人の血がかよってないんか」

「ごちゃごちゃぬかさんと綿タオルは廊下に出しとけ」

このように、ああいえばこういうなど看守たちは理屈では絶対に負けようとしない。E東死刑囚は荒々しい息づかいでなおも噛み続けたが、最終的には囚人が引き下がるしかない。言葉は悪いが牢番の言うことを「はいわかりました」と答えて聞いておくしかないのだ。ここではそれしか方法がない。

ちなみに私自身にもこんな出来事があった。私の場合は食事を配る雑役夫に対してだ。私は朝の配食を受け取る際に「おはよう」といい、一日の終りの夕食後、食器回収時には「おやすみ」と言葉をかけるのが長年の慣例となっていた。当然のごとく雑役夫も、

「おはようございます」

「おやすみなさい」

と返してくる。

この程度のことならば立会している舎房担当も黙認してくれていた。だがK木という舎房担当に変わったとたん、

「極刑囚から挨拶されても無視してたらええ」

このようなことをY雑役夫に言ったそうである。私はこの話をY雑役夫から聞いたときに、

〈担当はなんで俺に直接いうてくれんのかな〉

こういう思いになった。なぜなら雑役夫に挨拶してるのは私だからである。ある日を境として突然無視される私は気分が悪いし、何があったのかなどと邪気が回る。だからこそ戒めるのならば、

「雑役に挨拶せんでくれ」

と担当が私にいうのが話の筋のような気がする。そうした話は一切なく、虫も殺さぬ顔をして

担当は私に接していた。だが裏へ回れば「無視してたらええ」と言ってるのだから恐ろしくなった。と同時にこのK木という担当に不信感をもった。

一方、雑役夫は私を気の毒に思ったのだろう。廊下をはき掃除しながら担当の目を盗んだ隙をみて、事の顚末を聞かせてくれた。このY雑役夫は二年前に無事仮出獄したので、こうして記すことが出来るのだが、

「おはよう」

「おやすみ」

この程度の言葉を発することも許されないのだろうか。言うまでもないが、必要以上の会話をしているわけではない。私が間違っているのかも知れないが、挨拶程度のことなら許容範囲を超えているとは思えない。それはここが刑務所ではなく、拘置所死刑囚獄舎だからである。だがこんな論理は官には通じない。

しこうして大阪拘置所の死刑確定者は、挨拶一つ許されない人間になってしまったのである。思うに人間というのは、基本的に言葉との出会いから始まっているのではないだろうか。だからこそ自分のなかでモヤモヤしていたことが言い当てられたり、自分の抱えていた問題を明らかにしてくれる言葉に出会ったときには、それまで見えなかった視界がパッと開けたりするのだ。それだから言葉は人間の闇を照らし出す灯火になるのである。気持のよい挨拶が、その日を明るく過ごさせてくれるのだ。日頃ことばのない死刑囚の心こ、まんの一瞬光が差し込むのだ。官はそれすら奪い取ってしまう。私は甚だ疑問に思えてくる。

極端なことをいえば、死刑囚は毎日無言を通して、処刑される日が訪れるまでは黙って息だけ吸っていればよいとでも言ってるようなものである。これでは人間としての尊厳をあまりにも踏みにじっているようにも思うのだが……このように幅のない「無言の行」的処遇が続くのならば、死んだほうがましと思う死刑囚が出てきても不思議ではない。むしろそうした方向へ仕向けているのは、支配者側に立つ職員と言っても過言ではない。

しかるところ職員が職務以外のことで、収容者に話しかける私語はべつものみたいだ。職員も我々同様、人間である限り収容者と「合う合わない」、「好き厭い」の個人的感情をもち合わせている。したがって舎房担当は自分になびいてくる収容者を可愛がる。それは当然だろう。よほど気の合う者に対しては、鉄扉を開け半身を監房へ入れて話し込む場合もある。もちろん上司が巡回してくれば、あわてて扉を閉めるのだが、こうした半身を監房内に入れる行為は内規でも固く禁じられているはずである。それは癒着にもつながるからだ。されども私などは担当の裁量としてやっている行為に大きな問題が生じていなければ、それほどめくじらを立てるほどでもないと思う。いくら上司が禁じたところで、やる者はやるからだ。絶対がないのが世の常なのである。ただし、えてしてこうした内規をきちんと守っていない看守に限って、収容者に口うるさく言う。自分の行動を棚に上げて収容者をとことん締めてくるのである。

要するに拘わる対象の問題ではなく、拘わる主体が問題なのである。簡単にいえば、担当がどの位置に立つかの問題なのだ。何をするのかは、どこに立つかによって決まってくる。それだから人間心に立った行動でなければ何をしてもエゴの毒がまざった行為、「虚偽」でしかない。それは横に置くとしても、舎房担当は一日中忙しいわけではない。暇で時間を持て余すことも多い。そんなときは気の合う収容者をつかまえて駄弁りたくなるのもわかる気がする。

だが収容者に向って「しゃべるな――」と言うのであれば、担当も暇だからといって収容者に話し掛けてはいけないと思う。仮にこうした場面に遭遇したとしても、いまの私にはそれを指摘する勇気がない。私は臆病者になってしまった。正直いって担当と正面からぶつかるのが怖いのだ。もはや私の体内からは人と争うパワーが消え失せてしまったのである。裏返せばパワーの源は若さにある。当然個人差はあると思うのだが、五三歳の私は若くない。すでに身心ともに萎えている。そんな男が無理して若者相手にやり合う必要性はないだろう。

とにかく私の歳で若い担当と喧嘩するのは愚の骨頂――担当に花を持たせることですべては丸く収まるのだ。こうして私のような莫迦な男でも、莫迦なりにいろいろ考えているのである。最後ぐらいは誰とも争うことなく、心静かに人生を卒業したいと思っている。いずれにしても怒りを封印し、もう何も言うまいと堅く心に誓った。

このように己の感情を押え込んで我慢を続けていると弊害も出てきた。それはストレスだ。これまで私にはストレスなるものは無縁の代物だと思っていた。だが違っていた。現在の私には精神的不具合が生じはじめている。その一つにあげられるのがアレルギー反応だ。人によって軽重の差があるのかもしれないが、このような反応が出だしてくると「うつ」の傾向が強くなってくる。たぶん不安や葛藤の中で自律神経がやられ出しているのだと思う。

いうまでもないが人間は、自分を取り巻く外部環境と、肉体的な内部環境との調和によって、安定した活動ができるようになっている。このどちらかの環境の安定が破壊されてしまうと、精神的あるいは肉体的な異常を引き起こす。まさに私はそこに陥っている。これまで述べてきたように監獄内のいざこざ、精神面での緊張、イライラ、悩み、興奮など生活における人間関係が原因で、円形脱毛症やアレルギー性鼻炎、眼瞼痙攣が私に襲いかかっている。ある日、夜勤看守から私の襟足付近が円形脱毛症になっていることを教えてもらった。私自身は脳天気な人間と思っていたので非常に驚いた。とにかく現在は自身の心身コントロールをどうすればいいのかわからないでいる。いま一番恐れているのは、このストレスが慢性的になることである。いまのところそれを塞き止めているのが娘の存在だと思う。次の稿ではそのことをしるしたい。

再会と迷走

人にはつながる絆と断ち切れない思いがある。

いきものの息吹が絶えたようにも思えるくらい、しんとした死刑囚獄舎は澱みを帯びた空気につつまれていた。そうしたなかで暮らす私の心は鉛を呑み込んだように重たい。その理由は自分でもよくわかっている。獄中生活のなかで、時に感動を共有し深く共感することのできた刎頸の友が刑場の露として消えたからである。投獄されて以来はじめて体験する身近にいた友に対する突然の処刑は、私にとってはあまりにも衝撃的すぎる出来事だった。どんな形であるにせよ死は誰にも平等に訪れるものだと強がってみたところで、目の前で看守に引っ立てられてゆく死刑囚の哀れな姿を眼の当りにしてしまうと、獄舎に残された者たちにとっては心に大きな傷が残ってしまう。

「もう駄目だ、こんな人生とても生きていけない」

このように落ち込んだ気持になってしまう。そして恐怖に襲われるのだ。そんなこともあって、自身の死がいつどのような形で訪れるのだろうかと悶々たる日々を過ごしていたところに、一通の手紙が重苦しい空気を一変させたのである。この手紙は私の死刑が確定してから二年の歳月が流れたときだった。二度と会えることもないと思っていた我が子からの思いもよらない便りが届いたのである。

戸外運動から監房へ戻った私は、いつものように身体を拭き終え、着替えをすませて一息ついたところだった。

「ちょっとええか。話があるのでいっしょに面接室まできてくれるか」

死刑囚獄舎を受けもつ主任が視察孔から覗き込んで温顔にいう。

〈はて、なんのはなしやろ……〉

ふだんと違う主任の態度に不可解なものを感じながらも面接室へと歩みを進めていった。言うまでもないが、こうした場合はあまり良い話ではないことのほうが多い。そんなこともあって「くも膜下出血」で倒れたうえ、統合失調症で長期入院生活を余儀なくされていた姉が死んだのではないだろうか——という暗い思いが私の脳裏をよぎった。

それは一番頼りにしていた父を心労で失い、母をも失って気がついてみたら、身内と呼べるのは病弱の姉一人しか残っていなかったからである。そんなことから「姉の死」以外には何も思い浮かばなかった。したがって、ずいぶん前から姉の命が終る日もそう遠くないと感じていたことから、主任の話はこれしかないと決め込んだ。そしてすぐにその覚悟をした。もしも姉が黄泉の国へ旅立ったのならば、私には思い残すことは何もない。早く姉のあとを追ってこの世から消え去ろうと、面接室へ入るまでのごくわずかの間に自身の考えをまとめていた。それぐらい私自身が冷静だったということである。だがしかし、冷静だったのはここまでだった。

主任のあとに続いて面接室に入ると、

「これ読んでみい。娘さんからや」

しずかな口調で語りながら二通の手紙を私の前に差し出した。てっきり好ましくない話だと思っていた私は、予想外の展開になったことで思考が急停止してしまった。それほど驚愕したということである。この場面をひと言で表現するならば、一瞬目の前に霞《かすみ》がおりたような感じになり、主任の顔がかすんで見えなくなったのである。それほど突然の話だったために、私の頭の中が混乱してしまったのである。

それはさておくとしても、娘の手紙をスチール製の机の上に置かれた私は急に落ち着かなくなった。それはまったく予期していない話だったからである。それでも高ぶる気持をなんとか鎮めて、

「むすめからですか……」

と呟くように聞き返した。すると、

「一通目の手紙はどういう関係の人から届いたのかわからんかったので、あんたには告知はできんかったけども、二通目の手紙の書き出しが『おとうさん』になっていたので、子供さんから届いた手紙とわかったんや。一応、過去を遡って調べてみると、確かに『アヤさん』という娘さ

んがいてることが判明した。この手紙は娘さんからのものなので交付はするし、刑が確定していても実子なので面会や信書のやりとりは許可されるけどないする……」

このように主任から言われた私は悩みとまどった。正確にいえば悩みではなかった。脳天から逆さまに落とされたような大きな衝撃を受けたのである。そんなこともあって、

「そうですか、それなら娘に会いたいのですぐに親族の申請をします――」

かくのごとく即答のできる類の話ではなかった。だから答に窮した。それゆえに返答は宿題にさせてもらった。その大きな理由として面会室で二通の手紙に目を通して思ったのが、私の一時的な感情で娘に会うことが本当に正しいことなのかどうかまでは判断できなかったからである。むしろもっとじっくり考えるべきだと思った。だから少し考える時間がほしかった。なんと言ってもこちらは世間から疎んじられている死刑囚なのである。そうしたことまで娘が知っているのかどうかは、受け取った二通の手紙からは読み取ることができなかった。またどの面さげて我が子に会えばよいのかも考えてしまい、自身が恥ずかしくもあった。

それにもう一つ付け加えれば、手紙の字づらを追っていて気になることがあった。それは「近々結婚する」という文字が手紙のなかに記されていたことである。つまりこれから嫁いで幸せになろうとする娘のもとへ、死刑囚の父親が返事を出してもよいものか、その事の良し悪しをすぐには決めることができなかった。早い話、娘の先には花婿の存在があるからだ。花婿にすれば娘と婚約はしたものの、その義父となる人物が犯罪者で、それも死刑囚という立場なら愛も冷めてしまうかもしれない。破局になることだってあり得る。婚約したのでしょうがないから籍を入れる

という話なら夫婦関係は成り立たないであろう。

　また当然のごとく娘は花婿には内緒で私に手紙を出しているはずである。それゆえに花婿は私のことをしらない。これから新しい人生を踏み出そうとしている二人の前に死刑囚の私が娘の父親として名乗り出ることなど許されるものではない。どう考えてもおかしい。結婚式をあげる直前に私の存在が明らかになれば良縁が壊れることもあり得る。そうしたことをあれこれ考えていると、もう一度よく考える必要がある。自身の置かれている立場をもっとわきまえるべきではないだろうかと、胃が痛くなるほど考え悩んだのである。

　一方、手紙を読んでいると狭い面会室の中をヨチヨチ歩いていた娘の二歳当時の姿が走馬灯のように蘇ってくる。その幼子が一七歳の乙女になって手紙をよこしてきたことに感動してしまい、私は瞼を熱くせずにはおれなかった。なんと言っても我が子の手紙を手にしたとき、ひさしぶりに人の温りに触れた思いになった。それだからこそ瞼の熱は容易に冷めない。これを感動という形容詞で表現するならば、私が今日までの人生で味わったことのない生まれて初めての感動であった。それゆえに嗚咽を漏らし、目頭を押えた。そしてこのときに流した涙ほど熱く感じたものはない。言われるまでもなく涙は熱いものに決まっている。だがそれをどれだけの人が熱いと感じながら涙を流しているのだろうか。私は意識の流れの中でしっかりそれを感じ取っていた。と同時に私が流す涙は、我が子に対する感謝の表現でもあった。

　かくして面会室の中は、緊張感と清新な空気がただよった。このような空気がさめやらぬなか、主任はおもむろに、

「この二通の手紙はこの場でわたしておくから、またあとでゆっくり読んでくれたらええわ。とにかく親族申告表の追記願いを出すならいつでも受け付けるよって出すなら出しときや」

「ありがとうございました。ゆっくり考えて舎房担当に返事します」

こうして二〇〇六年一〇月一七日は生涯忘れることのできない新たな一ページを私の胸に刻み込んだのである。時代が移り変わり、私たち一人一人の生活スタイルが変化しようとも、親子の絆には何一つ変化するものはないと強く感じた出来事でもあった。


独房に戻った私は主任から受け取った娘の手紙を小机のうえに置いたまま、しばらくの間ぼんやりしていた。思考がうまくまとまらないのだ。このように善きにつけ悪しきにつけ受けた衝撃が大きければ大きいほど、意識が一点に集中しないことを気付かせられる羽目になった。

言うなれば両親亡きあとの私は長い間、心の奥深いところに暗闇を持って生きてきた。もっとわかりやすく表現すれば、深い海を想像してほしい。深海には太陽の光も届かず、光の世界があることもわからない。その深く暗い海に光が差すことは難しい。私はそういう心の状態だったのである。

つまり心の奥底に暗闇を持っているということは、裏返せば心に光が差してほしいということである。そういう意味からすれば、娘の手紙によって私の内側にようやく光が差したはずなのに、心のどこかで拒絶反応を起こしているのだ。これはじつに不思議な感覚としかいいようがない。確かに今日まで生きてきたからこそ、娘にふたたび出会えることになったのだが、収監されて以降の私はこのような形での再会は望んでいなかった。

逃走していたときの私は、娘が無事にこの世に生まれてくれることを願い、その我が子の元気な姿を一目見られればそれで充分だと考えていたのだ。その思いは一五年前に達成されていたはずである。それゆえに物心がつくまでには死んでおきたいという思いをもっていた。それは子供が世の中の裏表を分かり始めて、父親が死刑囚であるとことを知られるのが怖かったからでもある。そんなこともあって私が確定する前に死んでいれば、子供には何も知られずに済むと思っていた。仮に死刑が確定したとしても、前妻が喋らない限り調べる術を知らないだろうと考えていた。

しかしながら娘の口からインターネットで調べることができたと聞かされたときの私は、己の知識のなさに恥ずかしくなった。そのことは後に詳述するとしても、人には嬉しいことや悲しいことがあるけれどもその時その時の心理状態はなかなか一定しないものである。とかく喜怒哀楽が大きいほど心が右に左にと大きく揺れ動いてしまう。それでも気を取り直して、もう一度娘の手紙を読み返してみた。だがしかし目が文字を追うだけで、私の脳はなに一つとして内容を受けつけない。まったくおかしい。まるで目下「立入禁止」の立てふだでも立てたような状態になっている。仕方なく少しの間、娘の手紙を脇へ押しやることにした。

考えてみれば私がこの世に生まれてきて五〇有余年、善き人、悪しき人と出会い、善きこと悪しきことに遭遇し、いま自分は存在している。悪しき人、悪しきことも、今となっては自分を支えてきてくれた大切な方々や事象にさえ思え不思議である。親子においても子は親に生かされ、親を生かしている。親は子に生かされ、子を生かしている。共に大事に生かし合って生きなければならないという当り前のことがあるのだが、それでも右往左往するのが私らしい。

叙述がちりぢりになるが、子供が「おとうさん」と呼んでくれることによって、こんな私でも父親であることが成り立つ。いわんや娘の手紙で私は父親であることを再認識させられたのである。このことを長い間わすれていたような気がする。

〈そうやおれは父親なんや……〉

心の中で叫んだ私は娘に返事を書く決心をした。

ところがどうだ、娘の現住所が前妻の実家近く（大阪府下）だったことから少し不思議な気がした。なぜなら私と離婚した前妻は再婚をしたあと大阪を離れて、兵庫県下に居を構えていたからである。そのことは一審を担当していた弁護士から聞かされていた。つまり、前妻は私の裁判で情状証人として出席する予定で弁護人と連絡を取り合っていたのだが途中から連絡が取れなくなった。そのために弁護人が戸籍謄本を取り寄せてみると、再婚していることがわかった。弁護人は私を気遣って、連れ合いが子供を連れて再婚をして大阪を離れて兵庫県にいること以外には詳しい話を何もしてくれなかった。私も聞かなかった。だから娘の苗字も住所も知らなかった。

それは横におくとしても、弁護人面会室では努めて平静を装っていた私だが、内心はむしゃくしゃしてしようがなかった。なぜなら約束が違うという思いと、ていよく裏切られたという思いからだった。死刑か無期かを必死に闘っていたのを前妻もよく知っていたのでつらかった。この喪失感はまるで自分の体の一部が消えてなくなったような感じだった。要するに離婚用紙に判を押したあとも、私との約束を守ってくれる、力になってくれる、助けてくれると思い込んでいたのである。なんと私はおめでたいアホな男なんだろう……。

弁護人との接見が終り独房へ戻った私は、腹立たしさで水道水を酒だと思って汁わんで何杯も呷った。私はもともと醒め切った性格なので、およそ酒によって苦悩をまぎらわしたり、酔いを求めて痛飲するといった型の人間ではない。しかしそれが長所のかたわらに短所が隠れるもので、自分では冷静この上ないと自負していたのに、なんのことはない一時の感情によって水を吐くほど飲んだのである。食べた物までぜんぶ吐いてしまった。こんな軽率振りを発揮する私は凡俗となんら変わるところがないと恥じながら己を責めた。

かくしたことがあったからこそ、前妻への思いは綺麗に断ち切ることができた。はっきり言って前妻が他人に見えた。夫婦なんて離婚したらその瞬間にまったく他人になる。もともと他人同士だから……。思うに夫婦の絆はじつに弱いものでくっついている。非常に脆い関係だ。だが親と子は籍が変わっても血がつながっているので永久に親子だ。とにかく子を慈しむのは親としての当然のことだろう。それゆえに我が子のことは一日たりとも忘れたことがない。娘の二歳当時の写真はずっと部屋の中に飾っていた。のちにボロボロになった数枚の写真を面会室で娘に見せてやると、

「わたしの写真をずっと持っていてくれたん」

と嬉しそうな顔をしていた。

いずれにしろ手紙の返事を娘に出した。すると今度は子供からの返事が待ち遠しくなるものである。こうして父子の交流の第一歩が始まったのである。

娘との再会を果たしてから長い年月が過ぎたが、最初のころに受け取った手紙をいま読み返してみても胸に熱いものが込みあげてくる。改めて言うまでもないが、娘の手紙には狡智のようなものはまったくなかった。ただ純粋な気持で彼女なりの思いを精いっぱい書いてくれたものだった。そのまじりけのない娘の思いを考えると申し訳なさと、ありがたさとで今なお涙腺がゆるんでしまう。

一度は世捨て人になる覚悟を固めた私だったが、娘との再会によってもう一度この現実と対峙せねばならなくなった。これは考えようによってはじつに大変なことである。なぜなら失われた空白の一五年間とともに、我が子と自身の歴史の確認作業でもあるからだ。読者諸氏には出来すぎたドラマのように思えるかも知れないが、事実は小説よりも奇なりと言うように、あり得ないような出来事が実際に起きるときもある。とにかくこの事実には一切の枝葉をつけ加えていないことを断っておきたい。

いうならく私もそうだが、ときどき喉のかわきを癒すように、誰しもが物語を味わいたくなることがあるのではないだろうか。そんなときは二時間で決着がつくテレビのサスペンスドラマにさえ見入ったりすることもあるだろう。出来の良し悪しはあっても、そこには決着があり、それに伴う解答が用意されている。だが私と娘の関係には決着もなく解答すらない。要するに今後二人の間で物語が、どのように展開していくのかまったく予想もつかず、親子関係がうまく続いてゆくとは限らないのである。

ひいて言えばフィクションではない物語とは、不可視な現実をパズル化してみせるようなものだろう。であるからこそ父子で傷つくときは大きく傷つき、立ち直れないことさえ出てくる。事実そうした場面に出くわし、私は頭を抱え込んでしまったこともある。そのことについてはおいおい述べるとしても、その前に娘の出自について触れ、彼女が置かれている立場を説明しなければならない。これなくしては娘の悲劇も特異な体質も理解しがたいと思うからである。

ここで時計の針を一九八八年（昭和六三年）九月まで戻したい。

この当時、殺人事件を犯しその死体を一時的にしろ、貸倉庫に隠していたことが露見したことによって逃走することになった。このとき連れ合いのお腹のなかで、小さな命が育ちつつあった。そんなことともつゆ知らず、私は自身が逮捕されないことだけを考えながら自裁する場所を探し求めて、さ迷い歩いていたのである。なぜなら共犯との申し合わせのなかで、事件が発覚すればその時点でみずからの命を絶つという決め事があったからだ。その約束があったからこそ、私は福井県の「東尋坊」を自らの死に場所として決めていた。実際、下見をかねて連れ合いと共犯のS森を伴って「東尋坊」まで赴いている。

このとき逃走に疲れた私の心は折れかけていた。否、すでに折れていたのだ。逃走に疲れて重くよどんだ体に、混沌とする意識のなかで、もはやここまでという思いになっていた。だからこそ自分の体をなげうって、終止符を打とうと決めたのである。もし捕まれば尋問を受けて、他に二人の共犯者がいたことをいずれ白状させられるだろう。そんなことになったら自分の身はおろか、すべてが破滅だ。それだけは絶対に避けたかった。ゆえに死ぬことなど怖くはなかった。ただ家族や友人に会えなくなると思うと寂しい気持になった。

そうした思いのなかにいるときに、連れ合いが身籠っているのを知ったのである。妊娠を打ち明けられた私は深刻な事態になったことに頭を抱えてしまった。これが私に与えられた試練ならば、あまりにも酷すぎると思った。なぜかと言えば、私が生きる道を選んだとしても、公然とは社会に出て活動のできない日陰者であるからだ。そんな男が我が子の前には出られようはずがない。

言葉を換えると、人を殺めたときから私の人生は音をたてて崩壊していたことになる。早い話、野心に代償はつきものだ。ましてや「殺し」の代償ともなれば高くついて当然だ。大きすぎる野心の代償は破滅しか残されていない。こうした思いは少なからず事件直後から持っていた。だから金は手にしたものの、その後の人生は何一つとして楽しくはなかった。逆に苦しかった。つねに何かに脅えていた。そんなこともあって漠然とではあるが、そう遠くない日にS森もしくはS平のどちらかから事件が発覚するのではないだろうかという不安をずっと抱えていた。万が一発覚したそのときは、絶対に死なねばならぬと――

であるからこそ連れ合いが妊娠しないようにと極力注意をしてたのである。それはやはり一線を越えてしまったことに加えて、心のどこかで自責の念にかられていたからである。それだからこそ私のケジメのつけかたは、死ぬことしかないと考えていた。当然私は事件の責任を取って、自らの命を絶つのだから不憫な子供はこの世には残せないという思いが強くあった。だが世の中とは思いどおりにならないものだ。連れ合いが妊娠したのである。私は迷うことなく中絶を考え、

「おろしてくれ――」

といった。しかし連れ合いは、

「お腹の子は絶対におろさない」

こう言って私の言葉を受け付けなかった。はじめてと思えるほど頑な態度で拒否してきた。この言葉と態度に私は言いようのない挫折感を味わった。それにしても中絶という残酷なことを平気な顔をして私はよく言えたものだ。私の心には魔物が住んでいたのかも知れない。否、きっと悪魔そのものだったのだろう。たぶんひどい顔をしていたと思う……。

それはさておくとしても、殺人事件を起こしていなければ、私の中絶という申し出が非常識だと非難されても仕方ないと思う。それぐらいのことはわかっている。だがしかし、言葉を飾らずタブー視することを避けずに述べてみると、私は紛れもない殺人犯なのである。ましてや逃走中の身、そうしたときに手放しで赤ちゃんを生んで育ててくれなど、そんな無責任なことは言えなかった。言葉を選ばず率直にいえば、

「おろしてくれ――」

こういう言葉になってしまう。

ただし連れ合いは、私のことを殺人犯と思っていない。株券詐欺で全国指名手配になっていたS森の関係で一緒に逃げていると思っていたはずである。その連れ合いの思いを、そのままにし

ていた私は卑怯だと思う。エゴイズムがむき出しになっていると言われても否定はできない。そんなエゴイズムな男の申し出だからこそ、連れ合いは私の言うことを素直に聞き入れると思ったのだ。

他方いくら夫婦であろうとも、個人のアイデンティティというのは、自分が自分に語って聞かせるストーリーなのだから、たとえ一人になったとしても子供を生んで育てるという筋書きを当時の連れ合いが考えていたとしても何ら不思議ではない。そうであるとするならば、本当の意味で女性の精神的強さを感じる。そして男には持ち合わせない母親になろうとする本能的性質（母性愛）が見えるような気がする。とにかく、

「お腹の赤ちゃんを守らないといけない」

こうした女性だけにしかわからない本能を刺激したのだと思う。それにも増して、初めて身籠った喜びの方が勝っていたのかもしれない。だからこそ何がなんでも生むことを決意し、「おろす」という選択肢など連れ合いにはなかったのだと思う。この女性の気持は男にはなかなかわからない。わかろうとするならば、男性も妊娠してみるしかないだろう……。

とにかく私には時間がなかった。過去を振り返ったり、懐かしんだりしている暇はない。一刻も早く死なねばならないと思いながら、そのタイミングを計っていたのである。そんなときに連れ合いの胎内で新しい命が宿ったことを聞かされても、先のことなど考えられる精神的な余裕が私にはほとんどなかった。論をまたないが、逃走中の私は何をどうしていいのかわからなくなっ

ていたのだ。精神的にグチャグチャで頭のなかがこんがらがって、どこに向って走ったらいいのかさえよくわからない日々がつづいていた。

　そうしたことも手伝って、ずるずると日ばかりが過ぎていたのである。もう考えることすら面倒臭かった。こうした精神状態だったときに甘言に釣られた私は、自決用の青酸カリを大阪梅田のスカイラウンジへ受け取りに行った先で、府警本部捜査四課のマル暴刑事に逮捕されたのである。これは同じ組のY木という相談役に嵌められたのだが、こんな見え透いたワナも見抜けないほど私の精神は疲弊しきっていたのである。いずれにしろ「東尋坊」の絶壁から身投げするのを躊躇し、死の手段を青酸カリへと切り換えたばかりに今もこうして生き恥をさらすことになっている。もし「東尋坊」で死んでいれば今の私はない。

　それを思うと皮肉ではあるが、死にそこなった私からつながった「いのち」に出会えることになった不思議さに感慨深いものがある。よく人は縁によってこの世に生を享け、その生涯が開かれるという。まさしく私の娘もこの世に縁をいただいて、かけがえのない命をさずかったことになる。そうすると私の両親から私へ、そして私から娘へと脈々とつながる「いのち」に対して、敬愛の気持さえ湧いてくる。それは裏返すと、一歩間違っていれば娘はこの世には存在せず水子になっていたことを意味する。もし娘が水子になっていれば、賽の河原で「父恋し、母恋し」と泣いていたと思う。それを考えると恐ろしくなる。いまの私は逃走当時と違い、娘がこの世に生まれてこれて本当によかったと心から思っている。それなのに「おろしてくれ」などと言ったことについては深く反省している。もう少し言葉を選び、連れ合いに事情をきちんと説明するべきだったかもしれない。

そこで一つの仮説を立てるのだが、もしも私が事件の詳細を説明したうえで中絶を強く迫っていたとするならば、連れ合いは子供を堕ろしていたかもしれない。いやたぶん堕ろしていただろう。そうすると我が子の現在の姿はない。そのことについては後日、娘からもらった手紙のなかで、

「生んでくれてありがとう」

と書いてきたことがある。それは私の著書を娘が読んだときに、「おろせ」という記述があるからだ。たぶんその場面を娘は複雑な思いで読んだことと思う。このときばかりは返事にこまった。それは何を書いても、何を言っても弁解になるからだ。私はまぎれもなく一度は本気で「おろしてくれ」と言ったのだから娘に申し訳ないと頭を下げるしかない。じじつ私は面会室で娘に詫びた。すると、

「お父さんが頭を下げて謝らなくてもいいんよ。わたしは気にしてないから」

父親を泣かせるような台詞を一七歳の小娘が吐くのだ。もし私が逆の立場に立たされていたとするならば、こんな気の利いた言葉は出てこないと思う。

いずれにしろ私の娘は自分がこの世に存在していることを誰かに肯定されたいのである。その肯定感というものを常に求めて、それを与えてくれる存在を請い願っている。それを親が与えてやれるといいのだが、私の娘のように小さな愛さえ与えてもらえない場合がある。娘は一七年の間、すがりつく相手もなく悲しみを背負いながら生きてきた。要するに娘は愛を求めていたのだが、愛というものは非常に怖いものだと感じることもあるという。言葉を加えると、母親の胎内

から出る恐怖と似た生きることに対する恐怖を娘はもっている。それはのちほど説明したい。

ところでこれはいままで私の胸の内に秘めていたことだが、もはや隠すべき問題もなくなったのでカミングアウトすることにした。そこで言葉を飾らずに述べると、連れ合いと協議離婚する直前、彼女は面会室で私に向ってつぶやくようにこういった。

「子供を生まなかったらよかった」

まさかこんな言葉が出てくるとは夢にも思わなかった。娘は一歳になっているというのに……。私が逃走中のあのとき生まないと決断するのか、それとも生むと決めて心の準備をするのか。連れ合いが導き出した答えは後者の思いであったはずだ。それゆえに私は大きなショックを受けてしまい絶句した。と同時に心の中では、

〈いまごろ何を言うのや――〉

という思いで張り倒してやりたい気持にもなった。外でどんな事情があろうとも、身柄を拘束されている私に向って話すべき内容ではない。こんな情けない話を聞かされた私が悲しむとは思わないのだろうか。あまりにも思慮分別がない連れ合いに呆れ果てた。

確かに二九歳といえば女盛りなので、新しい人生のパートナーができたとしても不思議ではない。むしろそれが自然の成りゆきというものだろう。私は「彼氏を作るな」などのことは言うつもりはない。こんな野暮を言う女々しい男でもない。

だがしかし恋人ができたことによって、自分の腹を痛めてまで生んだ子供の存在が邪魔だから

といって「生まなかったらよかった」はないだろう。仮に心の中で思っていても、それは絶対に口にしてはいけない。だから連れ合いの言葉は許せなかった。せっかくこの世に喜ばれて生まれてきた娘が可哀想すぎる……。

とにもかくにもこうしたケースはよくあることなのかも知れないが、連れ合いは子供を自分の親元に置いて男のもとへ走った。最終的には娘を引き取ってくれたのだが、こうしたことがあったからこそ私の裁判にも情状証人として出られなくなったのだろう。

私のことは自身が蒔いた種なので致し方ないとしても、娘への愛情が途中で様変わりしたことには、怒らずにはいられなかった。娘はたぶん溺愛されることなく育てられたのだと思う。そんなこともあって、あの子は人に対して動物的な嗅覚を持っている。つまり自分を軽蔑したり、嫌っている人間をすぐに嗅ぎ分けることができるのだ。そして感受性は人一倍強く鋭い直感をもっている。これらはすべて小さなころに養われたのだと思う。そんな気がしてならない。

いずれにしても逃走中からずっと死ぬことを考えながら今日まで生きてきた。娘の顔をひと目みたいという思いが死を躊躇させたこともあるが、自身のなかで抱えている死という大きな問題は、いまだに棚上げしたままである。ゆえにこの問題は何一つ解決していない。

話は脇道に逸れたが、一九八九年（平成元年）五月二二日に我が子が生まれた。三四六〇グラムという少し大きな赤ちゃんが私の第一子として誕生したのだ。このとき私は自分の犯した罪も忘れてしまい、五体満足な赤ちゃんが生まれたことを心より喜んだ。それはやはり私も子を持つ親として、人を殺めたその報いがこれから生まれ出てくる赤ん坊に影響するのを恐れていたからである。それまでの私は漠然とだが、赤ん坊は健常者として普通に生まれてくるものだと考えていた。だが殺人者の身となってからは、この浅はかな考えが恥ずかしくもあった。障害をもって生まれてくることだってあるのだ。そのときは両親の力を借りることも考えていたので、元気な赤ちゃんと聞いたときは、本当に嬉しかった。このとき思ったことがある。めぐり合う奇跡の中で、一瞬でもかまわないから獄外へ出てみたいと思ったのである。それは歴史に後戻りが許されるならば、もう一度やり直したいと——。事実、娑婆での私は別の道を辿る機会がなかったわけではない。それを思うと返すがえすも残念である。もし違った道を進んでいれば、娘の悲劇はなかったといえよう。だが歴史の悪戯があったからこそ、人の世の不条理のなかで私の娘が誕生したのも事実である。

とにかく運命に罪はない。娘の運命を変えるのは、彼女自身がどれだけ多くの善い人と巡り会えるかだと思う。そのことを私の口から直接伝えられることができただけでも、この再会には大きな意味があったように思う。こうして考えていると、親子で今まさに運命の岐路に立っているような気がする。

話を続けると娘が生まれた翌々日、ポラロイドカメラで撮った写真が速達便で送られてきた。誰もが言うように生まれたては、しわくちゃの猿のような赤ん坊だった。だが私の目にはそれがいとおしい存在に映った。まだ目も見えず耳も聴こえていない状態のなかで、おかあさんのおっぱいを必死に探している子供の写真を見ていると、涙が溢れ出してきた。娘は生きることに精いっぱいなのである。ちっちゃな命で一生懸命生きようとしている。その娘の姿が私には輝いているように見えたのである。こうしてはぐくまれてゆく命を見ていると心が温かくなってくる。そして子供のことを考えていると、不思議に優しくなれた。子供が生まれて親になったということは、こうしていろいろなことを私に考えさせてくれた。

とにもかくにも無事に「いのち」を授かった喜びが私の心を満たした。もしこの世に生命が誕生する瞬間に立ち会うことができたならば、もっと感動したことであろう。それは生命の神秘とともに、喜びや希望を夫婦で感じ取ることができたと思うからである。

さて娘と対面したのは、生まれてから一〇日目だった。あまりにも早く拘置所へ連れて来たので、そっちの方が私には心配だった。でも本心を言えば嬉しかった。面会室の向こう側で連れ合いの腕のなかで、すやすや眠る我が子を見ていると「いのち」のすばらしさを改めて感じた瞬間だった。連れ合いはしきりに娘を起こそうと頬っぺたを人差し指でつつく。するとなんと目をあけた。その瞬間を私はのがしてなるものかと、

「はじめましてお父さんやで。これからもよろしくな……」

と初対面の娘に仁義を切った。このとき立会した職員はニコニコ笑っていた。娘はまたすぐ眠りについた。

言をまたないが縁をいただいてこの世に生まれ出てくるということは、ある意味で奇跡的ともいえる。日常こうしたことは考えることもない私だが、娘の誕生によって改めてそのことに気付

かされた。だからこそ奇跡的に与えられた一つしかない命を娘も大切にしてほしいと思った。

裏返せば生命を奪われてもよい人など一人もいないということである。人命を奪う権利をもつ人など世の中にはいないはずである。それは一人一人の生命はみな尊いからだ。その尊さをどんなことがあっても侵してはならないということを娘の誕生で学んだ。かてて加えて、人を愛するとはどういうことかをも知った。そして「いのち」とは温もりなのだという思いが胸に込みあげてきたのである。あけすけに言えば生きてゆくことと、死にゆくことはどちらもぬくもりという不思議の中にあるということだ。それはこの世に誕生したときの「いのち」のぬくもりが一つ。もう一つは死にゆくときに、徐々にその体から人のぬくもりが消えてゆくときである。この二つの異なるぬくもりが「いのち」の不思議さなのではないだろうか。ただ単に日常の生命活動をしていることだけが「いのち」の中身ではないような気がする。こうした「いのち」の存在の不思議は生まれて間もない我が子と出会って教えられた。

そこで私は人間として生まれ、そして娘を授かった。地球の歴史がはじまって以来の私であり娘である。地球に生命が誕生してから四〇億年が経つといわれる。その地球上には、五千万種くらいの生命がいるらしい。そのなかで私と娘が出会ったのだからやはり奇跡といえる。

この地球上に何十億人いようとも、私と娘はそれぞれの一人であって、誰に代わってもらうことも、人生をやり直すこともできない。そうしたとき自分が人間に生まれたということと、あるいは自分がそれぞれの私に生まれたということをもう一度見詰め直させてくれたのが何度も言うようだが娘の誕生であった。こうして子供をもつということは、私にとってそれまでの考え方を変えるうえですごく大きな出来事となった。

かくして子供をもって思ったことがある。それは私が生まれたときも両親は心から喜んでくれたことである。今の私のように……。だが日に日に気難しくなって行った私は親の話も聞かなくなり、自由が欲しいと言って家を出て行ってしまった。親の心配を見むきもせずに悪の道へと進み荒んだ生活をしていたのだ。たぶん親は陰で涙を流していたと思う。こうした親の気持は、自分が子を持ってみてはじめてわかることなのかも知れない。そういう意味からしても、

「親にならせてくれてありがとう」

と我が子に言いたいし、感謝もしている。勝手なことを言うようだが、子を持って私自身がようやく大人になれたような気がする。筆者はいま「子を持って」とかなり偉そうなことを記したが、子は授かったものの実際のところは自身の手で子供を育てたことがない。それは私が収監されたのちに娘が生まれたいるからだ。そのために親として我が子を一度も抱いてやったことがない。

ただし連れ合いが娘を毎日見せに来てくれていた関係で、二歳までのごく短い付合いだったが、その間に成長していく姿はよく覚えている。連れ合いが娘に向って、

「お父さんは?」

というと、私の顔を見てにっこり笑いながら小さな指で私を差す。ときどき間違えて、職員を指差すと声をあげて、「エへへ」と笑う。親バカだと言われても仕方ないが、我が子のそのしぐさがどこの子よりも可愛らしく見えた。こうして二年というひじょうに短い期間ではあったが、私たちは親子としてつながっていた。だがそれ以降は、先に述べたような連れ合いの事情から疎

遠状態になってしまった。
したがって私たち父子には一五年という長い空白の時間がある。空白の部分は私にとってのミステリアスな部分だ。そういう意味でも娘への関心は尽きない。参考までに言い添えると、娘と最後に会ったのは一九九一年六月二九日である。その日から数えてじつに、五六〇五日ぶりの再会となった。だがそれも一年半ほどでまた私の許から離れて行った。この点については別に詳述するとしても、親子関係の難しさを痛感させられたのも事実として残っている。

閑談——いよいよ一五年ぶりの対面になるのだが、面会室に入って来た我が子を見てびっくりしてしまった。最近の子供は成熟が早いというのはよく耳にはしていたのだが、ご多分に漏れず私の娘もそうだった。とても一七歳の少女には見えず、もうりっぱな大人の女性になっていた。たぶん化粧をしていたせいもあると思うのだが、それを差し引いても私の娘は同世代の子よりも成長が早いような気がする。もし親子の名乗りがなければ、道ですれ違ってもまったくわからないだろう。いずれにしてもこうして娘と再会できたのは、神仏が私に与えてくれた人生最後のギフトなのかもしれない。それならばこの一瞬を大切にせねばならないと思った。

二〇〇六年一一月二日木曜日午前一〇時三〇分——
面会室に入る前から私の気持がすでに上ずっているのを感じていた。そして、会ったときのやり取りを想像し、顔を崩すのだった。その気持の底のあたりには、気をゆるめればすぐに外にはじけて出そうな喜びが隠れているようでもある。私は表情の強張りを隠しながら1号面会室へ入った。

「こんにちは、あやかい……」

娘はまばたきもせず、じっと私の顔を見詰めながら小さく頷き、

「はじめまして、娘のあやです」

といいながら固まってしまった。それというのも私の横には制服を着た強面の面会係が立っており、その立会職員から、

「うしろの扉の鍵を掛けてください。そして番号札を見せてくれますか」

面会室に入った途端、職員から話し掛けられるとは思っていなかった娘は緊張の極みに達しており、

「ばんごうふだ、ばんごうふだ……」

とうわごとを発しながらショルダーバックの中を捜しはじめた。だがじきに笑みを浮かべながら上着のポケットから番号札を取り出して職員に示した。そして私の方に向き直り、ペロッと舌を出して満面の笑みを浮かべた。娘の笑顔が緊張気味だった私の気持を弛緩させた。

いずれにせよ血のつながりとはすごいものである。もののみごとに波長が合った。父子の和音が重なったときは、一五年という時間の空白など一気に氷解してしまった。つまり「血は水より濃し」というように、血は水のようには蒸発しない。ゆえにどんなに時間が経っていても、親子の間には断ち切れないものがあるのを感じた。ただし私たちは普通の親子とは違い、二人で一緒に過ごせる時間は少ない。だからこそ私にできる限りのことを娘にしてやりたいという何か焦

りの気持も出てきた。それは娘より長く生きて来たものとしては、残された時間の中でいろいろなことを教えてやりたいというのか、娘が前進するための力になりたいという親心からくるものだった。これほど誰かのために人の背中を押してやりたいと思ったことは一度もなかった。視点を変えれば、娘の出現によって自身に残された時間を改めて実感したことにもなる。かくして残された時間を深く心に感じるようになると、自身の感性がより鋭敏になり、日常がより一層大切に思えてくるようになった。たとえば今まで春になると、

〈桜の花が咲き出したなあ〉

と思っていたことが、

〈桜の花ってこんなに綺麗なんや、美しいなあ〉

と美しいものを見たときに、美しいと思う心がより深くなってくる。

また悲しい映画を見たときなど、悲しいと思う気持がもっと深くなる。これまで聴いていた音楽でもこの旋律がすごいなあと全身で受けとめるような感覚になるのである。こうして私に残された時間を考えさせてくれたのは、やはり娘の存在が大きく影響している。

なにはともあれ人間社会で自分につながる絆というものが何もなければ、頑張ろうという気持は湧いてこない。だが誰かがいれば少しでも長く一緒につながっていたいと思うものである。それは家族でなくても知人でもいいと思うのだ。それが人と人をつなぎ合わせながら生きる力となっているように私は思うのである。誰もが人生を歩んで行くなかで、数え切れないほどの出会いを体験し、そこから何かを学び得ているはずである。私の人生を振り返ってみてもそう感じて

ならない。とくに私の場合は偶然ではなく、必然としか思えない出会いが多くあったような気がする。だからこそなおさらそう思うのだ。今後私がどうなるにしても、たくさんの出会いとそのつながりのなかで、私はそれなりに成長してきたのだと思う。そして人生終章のこの時期に娘と出会うことができたのは、諦めずに頑張ってきたからだと思っている。

このように大切な出会いを挙げればきりがないのだが、私の身の回りに起きるすべてのことが自身の運命そのものなのである。たとえば何気ない会話で発した言葉や、ちょっとした出来事が自分の進路や考え方を大きく変化させるきっかけになったりもするからだ。こうして考えてみると、出会いとは本当に不思議なものである。またこのような過程のなかで、親子関係の大切さや難しさに気付くことになる。さらに言えば結婚して子供をもうけ、家族のことを知り、自分をも知ることになるのだ。そしてようやく自己の内面を開発し、深めていけるようになる。だからこそ子供の存在はある意味で大きな力になる。つまりは、親は子供のために頑張れるのだと思う。それにもう一つ加えると、子供が目の前で笑顔を見せてくれるだけでも親にとっては励みになる。これが親子というものではないだろうか。こうしてつながるところに親子の道があるような気がする。

ところで私の娘は一五年ぶりに会った日に言ってくれた。この私を恨まぬと……、恨んでいたら会いにこないと……、逆に本当のお父さんがいてくれたことが嬉しいと……。私はもう思い残すことは何もなくなった。

その一方で矛盾するようだが、「死ぬのが怖い」こんな思いになったのも初めてだった。それは娘の話を聞いていて、子供を失いたくない――この子と別れたくない――この気持が死を怖いと思わせるのだった。

こうして初老のあるがままの姿をさらけ出し、なおかつ強がることもなく、「死が怖い」と素直に言える自分がいまここにいる。これまでの私だったら「死なんて怖くない」と虚勢を張っていたかも知れない。だがいまはそんな姿はない。こんな人間らしい思いを取り戻せたのは娘のおかげだ。人間に戻れたのだと思う。このようにして人間の心でエンディングロードを迎えられることができるのは、私にとってはよかったのかも知れない。それゆえに残された時間内でもっともっと娘から話を聞きたくなった。もちろん聞きたくない話もあるのだが、それも含めていろいろなことを話してくれた。

そこで娘の話によれば、一〇歳のころに一緒に生活している父親が継父であることに薄々気付いていたという。こうした子供の勘には鋭いものがある。ただしそのことを実母に確かめるのは怖くてできなかったと、当時のことを振り返って話してくれた。否、本当のお父さんのことを聞いたらいけないのだと……一〇歳の子供では無理からぬことだと思う。ところがひょんなことから鏡台の引き出しのなかに隠されていた自分の「母子手帳」を見てしまったという。そのとき本当の父親は別にいて、苗字が「河村」であることを知ったという。そのころからどこにいるともわからない〝瞼の父〟を探し求める日々が娘のなかではじまった。本当の父親に会うことを人生の目標にしてしまったようだ。それから七年、念願かなって実父の居所を娘は突きとめた。それ

は婚姻手続のために戸籍謄本を取寄せたことによって、実父の存在がはっきり見えたという。そんなことも相俟って母親に、

「ほんとうの父親はどこにいるのか教えてほしい」

こう問い質したそうである。もはや一〇歳の子供ではない。自分の思いは恐れず実母に主張できる年齢になっていた。それゆえに母親はごまかすこともできず、返事に窮したという。なぜなら娘の父親は、強盗殺人という大罪を起こした死刑確定者であるからだ。だから返答に窮するのも至極当然の話だと思う。

なかんずく外見は成熟しているようにみえても、中身はまだ一七歳の小娘である。心の方は一人前に成長していない。だからこそ実母は一七歳の若さでは、この現実に耐えるのは困難と判断したのだろう。それはあまりにも刺激が強すぎる話だからである。それゆえに娘に答えるのを躊躇したのだと思う。

〈たしかにむべなるかな〉

もしも私が逆の立場にたたされたとするならば、娘に真実をのべることができたかどうかわからない。

だけれども変に隠されたり内緒にされたりすると、却って知りたくなるのが子供の心理というものである。こうした娘の気持もよくわかる。

そこで娘は母親にしつこく食い下がったという。こうして父親に会いたい一心で粘り続けた結果、根負けした母親は実父が大阪拘置所に収監されていると話したそうである。だが、

『大阪拘置所』、はてな?」

と疑問符がついたという。

なぜなら娘が持ち合わせているイメージには、「警察の留置場」と「刑務所の監獄」、この二項しかなかったからである。であるから「大阪拘置所」と聞かされたときには、どのような違いがあるのか理解できずに自身のなかでクエスチョンマークが付いたという。それでもこの「大阪拘置所」というところが、好まざる場所であることだけは十分理解できたらしくふたたび、

「なにをして入っているのか。大阪拘置所はどこなのか」

と質問したらしい。

だがしかし、大阪拘置所の住所は答えるものの、なにをして入っているのかまでは最後まで口を堅く閉ざしたままだったという。だけれども平成生まれの娘には、文明の利器が物申す時代になっていた。

言うまでもないが、テレビが産声をあげて五八年。その歴史はけっして長くはないが、常に時代を映す鏡であったことは確かだ。それは社会学的な意味合いのみで言っているわけではない。とりわけ、技術面を見ると、カラー化に衛星放送の実現。それに地上デジタル放送への移行やら、携帯電話でも見られるワンセグの導入やらと、短期間に長足の進歩を遂げ、パソコンを含めて他分野のテクノロジーの歩みと比べてみても、進化の速さは時代の最先端——まさに現在、おとなから子供に至るまで普通に使われているパソコンなどもこの時代を映す鏡そのものである。

いかんせん私は「パソコン」と称する近代兵器を一度も使ったことがない。それゆえに娘の話

を聞いていると、つくづく自分がひと昔もふた昔も前に存在した時代遅れの人間になってしまったことを痛感する。こんなところに長くいればいるほど、どんどん時代遅れの人間として取り残されていく。そして昭和という時代が遠くなってしまったことを実感するとともに、うら寂しいものを感じた。

つづけると私が大阪拘置所へ入獄した当時（昭和六三年一二月）、現在使われているような非常にコンパクトなコンピュータは一般家庭にまではまだ普及されていなかった。何しろ今から約四半世紀前のコンピュータといえば、大学の研究室や会社のオフィスに置かれていた配線をいっぱい張りめぐらせていた小型テレビのようなものだった。一九八〇年代の後半といえば、ようやくワードプロセッサー（ワープロ）がオフィス・オートメーション（ＯＡ）の主役となりつつある時代だった。

そんなこともあって日進月歩とでもいうのか、パーソナルコンピュータ（パソコン）という機器を使えば、誰でもどこにいても個人のことが調べられる時代になっていることに空恐しいものを感じたりもする。このところは、パソコンだけでなく各種携帯端末から iPad まで出て、電子技術の進歩は目ざましい。

いずれにしても、こうしたパソコンという利器を使って実父の名前を検索してみると、『こんな僕でも生きてていいの』という本が上梓されているのを知ったという。そこで早速その本を買い求めて読んだらしい。だが本を読み進めていくにしたがって、予期せぬ父の実像に触れた娘はとまどいを感じ、大きな衝撃を受けたという。とくに死体を遺棄して逃走する後半部分は、ハラハラドキドキしたらしい。ようやく父親の居場所がわかり、いざ会いに行こうと思ったそのときに、とんでもない事実と向き合うことになったのだから相当胸を痛め悩んだことであろう……。

思えば私にも娘と同じ一七歳という年代があった。その頃を思い出してみると、高校へ通いながらアルバイトに明け暮れた生活をしており、親のことなどあまり考えたこともなかった。自身の野望ばかりを考えていたように思う。そうしたことからすれば、私の娘は随分しっかりした一七歳に思えてくる。だからこそ事実は事実として受け止め、娘として実父になにができるのかを知りたくてインターネットで事件のことを調べたという。

こうして実父が死刑確定者であることが分かったうえで、大阪拘置所に収監されている私のもとへ「逢いたい」という手紙を送ってくれた。ただし、実父に直接会って話をするまでは死刑囚であることを信じたくなかったという。だからこそ一日も早く会いたかったらしい。こうして考えてみると、パソコンはもちろんのこと、一冊の本が離ればなれになっていた父子を再び結び付ける大きなきっかけを作ってくれたことになる。

こうして本を読んである程度の知識を持ったうえで会いに来てくれたことは、私にとってもよかったと思っている。後日談で娘が言うのには、本の中に書かれてある実父のイメージと、実際に会ったときの印象があまりにも違いすぎたので少し戸惑いがあったという。つまり娘の目にはどこにでもいるようなごく普通の父親に映ったらしく、継父よりもずっと優しそうな人だったので安心したらしい。だからこそ目の前に座る実父が本当にあんな大それた事件を起こしたのか信じられず、事件そのものが何かの間違いではないのか、父親が誰かを庇って嘘をついているのではないかと思ったらしい。そんなこともあって、目の前にいる父親と本の内容が一致せず、そのギャップを埋めるのに相当苦労したと語っている。こうしたことからインターネットで調べた死刑廃止運動をしている「かたつむりの会」を知り、一度だけだが参加したことがあるという。その動機は父親が死刑確定囚だということを理解するためには、今後どうすればよいのかを娘なりに考える必要があったらしい。

この話を聞いたときは私の方が驚いたぐらいだ。若い娘がよく一人で参加したものである。彼女のなかではそれほど父親の死刑と、現実の死刑囚像が乖離していたのだと思う。つづめて言えば死刑の意味は理解できても、その内実だけはうっちゃれると思ったと娘はいう。だがしかし、防弾アクリルガラスが嵌められた拘置所の面会室で会うたびに、父親が置かれている厳しい現状に頭を抱えながらも、この事実を受け入れざるを得なくなったと苦しい胸のうちを吐露している。そこには頻繁に下される死刑判決ならびに前自民党政権時代の法相で繰り返されてきた死刑執行という耐え難い現実を直視せざるを得なくなったことが一つあげられる。そんなこともあって、面会室では極力「死刑」という言葉を使うのをお互いに避けていた。二人で会うときは努めて明るい話題を心掛けていた。けれども、大阪拘置所で死刑執行があったその日の新聞を手にとって一度だけ娘は私に向ってこういった。

「こういう形でのかたき討ちはよくないと思う。こんなのわたしはいや……。一番いいかたき討ちは、お父さんのような人たちに自分のやったことを後悔させることやと思うんよ。違うのお父さん……。お父さんはずっと反省してきたのやろ。いま後悔しているんやろ……わたしはお父さんには死んでほしくない。私は寂しい。帰ってきてほしい……」

こういって娘は涙を流した。

新聞には遺族のコメントとして、「ようやく処刑されたのでよかった。この日のくるのを待っていた」という内容が掲載されていた。度重なる執行に合わせて、被害者遺族のコメントを読んだ娘はいたたまれなくなったのだと思う。私自身は返す言葉もなく、娘の涙で胸が詰まってしまった。とにかく娘のあの言葉は骨身に応えた。ひと言でいえば、えらく参った。

いずれにしろあのような言葉が娘の口から出てくるとは思いもよらず私は戸惑いながらも、あの感性はどこから出てくるのか知りたくなった。ろくに学校へも行っていない一七歳の子供が、どうして大人顔負けの言葉を言えるのだろうかと、ただただ驚くばかりであった。


よく子供は親を選べないという。誰しもが生まれた時から自らを選ぶことのできない境遇に投げ出され、苦の現実に遭い、そして死んでゆく。その中で私は娘に何を願い、娘は何を願われて生きてゆくのだろうか。言うまでもないが平成という時代を娘が選んで生まれてきたわけではない。日本という国を選んで生まれてきたわけでもない。だがしかし、私と娘にとっての血のつながりだけは、切ることのできない宿命なのである。

人間失格のできそこないの私のような者でも、娘にとってはこの世でたった一人の父親なのである。確かにこんな親をもてば誰だって不幸にきまっている。だがこの宿命を受け入れた娘は現在必死に生きている。あまつさえ娘はこれまでの人生の中で、私以外に父と呼んだ人間がいる。

それは前妻が二度再婚したからである。一度目の場合は少し変だとは感じつつも、実父と思って一〇歳まで一緒に生活していたという。しかし二度目の場合は、父としては認めるわけにはいかなかったという。そんなこともあって、父とは呼ばず名前で呼び捨てにしている。ここで娘は小さな抵抗をしている。それは実母が二度目に再婚した相手方の苗字を名乗ることを娘が拒否したのだ。娘は娘なりに何か思うところがあったのだろう。だからこそ娘は母親が一度目に再婚した相手の姓をいまも名乗り続けている。

こうして多感な時期に継父とはいえ、育ての親が代わって行ったことについては運命にもてあそばれていると感じていたという。もちろん父親が代わるたびに引っ越しをしているので、友だちも出来なかったらしい。そんなこともあって家に閉じ籠もることも多く、おじいちゃん子だったという。ゆえに娘にとっての逃避先は、祖父の自宅しかなかったのかもしれない。その娘が唯一たよりにしていた祖父が亡くなったときには、とても悲しくて寂しかったと述懐している。つまりは自分の居場所がなくなったと……

娘は、

「わたしは小さいころから、おじいちゃん、おばあちゃんの話を聞くのが大好きな子供だった」

と言う。否、話を聞く以前にお年寄りのそばにいたがる子どもだったのだ。それは本能的にお年寄りは、自分を守ってくれるという安心感があったのだと思う。裏返せば、実母と継父に対して安心感をもてなかったということでもある。そんなこともあって朝早く、お年寄りたちが近所のゴミ拾いをするのに参加しては、終ったあとお茶を飲みながらお年寄りの話を聞いていたという。だからなのかも知れないが、自分で直接学習しなくても、年寄りから得た雑学的知識は豊富にもっていた。いわゆる耳学問というやつである。そうした影響もあると思うのだ、私がびっくりするようなことを言うこともある。

いずれにしろ二人の継父との出会いが娘の人生を大きく変えてしまった。それは親に甘えたい盛りのときに、それが許されなかったからである。その親に甘えることができなかったもどかしさが、祖父に依存していたのだと思う。じっさい祖父は孫を不憫に思ったのか溺愛してくれていたそうだ。

しかし祖父という後ろ楯を失った時は、自分の気持をコントロールできなくなってしまい、家出を繰り返したという。その大きな原因は継父を好きになれなかったことにあるらしい。だから自分の方から家を出ていく決心をしたというのである。

もう一つは実母に対する娘の暗黙の反撥があったのだと思う。それというのも実母は我が子と向き合おうともせず、再婚相手ばかりと向き合っていたことにあった。娘が、

「あのね、おかあさん……」

と実母に呼びかけても邪険な態度であしらわれてしまうと、子どもはそれ以上何も言えなくなる。娘はずいぶん薄情な親だと思ったことだろう。

そんなこともあって娘が少しでも反抗的な態度を取れば、いちいち難癖をつけては首を絞めたり暴力を振るわれたという。このことを指して娘は、

「虐待を受けていた」

と厳しい顔つきで私にいう。そして続けてこういった。

「いま同じことをされたらやり返してやる」

彼女にとっては親から受けた暴力は一生忘れることのできない心的外傷となって残っている。このようなことがトラウマとなって娘は実母、継父を名前で呼び捨てにする。そして私に送ってくる手紙には「あの人」と実母のことを他人のように書いてくる。家族で外食するときに継父は娘に向って、

「あんたもついてくるのか」

と言ったそうだ。じつに酷い話である。娘は種違いの妹と差別されていることにも頭に来ているという。こうしていろいろなことが重なり合って、面白くない家にはいたくないと思うのは当然のことかもしれない。

それにしても、小学生の子供が身の回りの物を手提げバッグに詰め込んで、ひっそり家を出てゆく姿を想像すると胸が痛んで涙が出てくる。毎日の生活のなかで、ご飯を食べ、学校へ行き、親が笑顔で迎えてくれる、そんな普通の生活を送ることが娘にはできなかった。

とにかく先にも述べたが、小学生といえばまだまだ親に甘えたい盛りである。それさえ許されなかった娘の心境はいかんともしがたい。とかく我が娘のように甘えたい者の心は傷つきやすく、満たされない甘えは裏返しになって、「うらみ」や「すね」や「ひねくれ」などの攻撃的な気持に変わる。そういう気持が非行の原動力になりやすいのである。理屈はそうなのだが実際はどうなのか。あにはからんや私の娘も不登校を繰り返し、まともに中学校へも行かなかったという。

あげくのはてに暴走族（娘は走り屋という）の仲間に入り荒れた生活をしていた。

このようにして娘が不良になったということは、もはや彼女自身が親をはじめとして、世の中全体を受け入れられなくなってしまったということである。端的にいえば、娘の内部で親に甘えられない不満の感情が爆発してしまい、それまで辛抱していたものが音をたてて崩れたのである。そんなことから実母や継父や教師や世の中の秩序や価値観に反撥して、家出を繰り返し非行をおこなう。これは心のなかに渦巻いている反抗の気持にちがいないのだが、逆にそういう心情的な結びつきが親にも教師にもまったくなかったということである。娘はつぶやいた。

「気がつけばいつも独りぼっちで寂しかった。親も学校の先生もわたしのことを認めてくれなかった」。

そして自分と種違いの妹が生まれても、まったく可愛く思えず、むしろ大嫌いだったとも言っている。それほど娘は心の底から愛情に飢えていたのである。

言うまでもなく甘えとは「受動的な愛情欲求」のことであり、わかりやすくいうと、母親にやさしく愛してもらうことを求める幼い子どものような気持のことである。だけれども実母は再婚を繰り返すたびに愛する相手が自分ではなく、継父に向けられていたという。次は自分の番だと思っていると、妹ができたので母親の愛情はそっちへ向いてしまい、結局ずっと我慢するしかなかったとも言っている。このような複雑な家庭環境のなか居場所がない。自分が大切にされてないと感じるからこそ一気に非行の道に入ってゆくのである。こうして娘は自分が傷つくことに怯え、心を閉ざしてしまった。心にバリアを張ったのである。

余談だが、日本人は子どもはもちろんのこと、おとなでもよく甘える。子が親に甘えるだけでなく、なれ親しんだ恋人や夫婦もお互いに子どもにかえったようにべたべたと甘え合うことが珍しくない。関係が遠くなるにつれて甘えも薄くなるが、薄くなりながらもそれは人間関係の全体を油膜のように覆って潤滑油の役割を果たしている。

われわれ日本人は、「甘えさせていただきます」といって膝をくずし、「お言葉に甘えて」といってはの人の世話になる。いわば甘えられることが親密な人間関係へのパスポートであり、甘えられないのは遠慮に隔てられたよそよそしい関係でしかないのである。

だから「甘え」という語は日本語のなかではとくに否定的な意味を帯びずに当り前のように多く用いられるのだが、欧米語にはそれに相当する語はない。同じ人間だからもちろん欧米人に甘えがないわけではないのだが、個人の自立が重んじられる欧米社会ではそういう気持は大切にされないし、意識させるときには「心のコントロールを失っている」というように否定的に受け取られてしまう。

要するに日本人の心は甘えられることで安らぎ、満ち足りるものであり、私の娘のように甘えたくても甘えられない気持は神経症や非行の原因になることが少なくない。甘えはやさしく愛されたいという受け身の欲求だから、それが満たされるかどうかは相手しだいである。そして小さな子どもでもない限りそれは満たしてもらえないことが多いから、ついつい非行に走ってしまうのだ。

こうした娘の話を聞いていて感じたことは、反抗の下には甘えたくても甘えられずにひねくれてしまった気持がひそんでいることを教えられた。表面的に激しく反抗していればいるほど、その下には甘えたい気持が凝縮されてたまっていたのだ。そう考えれば突っ張って生きている不良少女が恋に落ちて、いともかんたんに結婚してしまう理由がわかるようになってきた。

次のようなエピソードも話してくれた。不良をしていた中学生時代に喫煙はもちろんのこと、男友だちと一緒に酒を飲んでいたとき急性アルコール中毒で倒れてしまい、病院へ担ぎ込まれたこともあると……。娘は自分が病院に担ぎ込まれれば親は心配してくれることを期待したみたいだ。

これらのことはすべてが、愛情に飢えたさびしさの裏返しなのである。だから娘のように自分のことを好きだといってくれる男性に出会うと、堰が切れたように、甘えたい、愛されたい、気に入られたい、認めてもらいたいと願わずにはいられないのだ。それゆえに世間をよく知らないまま、一六歳の少女が運命を感じたといい、その男性に一生ついていきたいと思った気持もわからないではない。

娘の結婚相手のことはのちほど触れるとしても、こうした実母や継父、彼氏のことなどについては、ふつうあまり語りたがらないものだ。だが娘は家出したことや家庭不和、不良で不登校だったことなど包み隠さず語ってくれた。そして私に向けて、

「わたしは居場所を見付けた」

という。それはどこかと聞いてみると、なんと父親に会いにくる大阪拘置所だという。私は娘

の言葉が嬉しかった反面、この子はずいぶん寂しい思いをしてきたのだなと哀れんだ。

かくして娘の内部でいろいろなことが複雑に絡み合ったことから人一倍お金に対する執着心が強くなっている。それは子供心ながら頼れるのは自分しかない。信用できる人は誰もいない。誰一人として信用できないという思いから、娘が愛する対象が金銭ずくになっている。そこには小さいながらも一人で生きてゆかねばならないという気持からくるものだったのだろう。

それを裏付ける話がある。娘と同年代の子供の多くは高等学校へ進学している。しかしながら娘は中学校を卒業すると、大阪梅田の歓楽街でキャバクラ嬢になってお金を稼いでいる。娘はこういう。

「ほんとうは、コンビニとかガソリンスタンドで仕事をしてみたかった。でも中卒ではどこも相手にされず雇ってくれなかった」

うつむきながら真情を吐露し、つづけて
「見た目が派手だとか、不良っぽいとかでわたしの外見ばかりで判断されるのが嫌だった」

とも述べている。結局、自分は不良仲間と一緒に水商売以外のところでは雇ってもらえないと思ったという。だから年齢を偽ってキャバクラ嬢になるしかお金儲けの方法はなかったというのだが本心では、

「あんな仕事は好きではなかった」

このように言う。

話は脱線するが、振り返ってみれば私自身も高校生のころからタバコを吸い、そして飲酒するような不良少年だった。けっして誉められた子供ではなかった。こうして素行の悪い私は家にも帰らず、大阪梅田の曽根崎新地で深夜までアルバイトをしていた。その後はナイトクラブのボーイとして働くなどして、転落の人生を歩んでいる。もっとも私の場合は学費を稼ぐための手段ではあったのだが……。こうしてみていると、むしろ蛙の子は蛙と言ったほうがいいような気がする。私が娘に偉そうなことを言えた立場ではない。

されぱと言って、男の非行と女の非行では意味合いが違ってくる。いずれにしても娘は問題を起こしてよく少年院送りにならなかったものである。この点を聞いてみると、転落しそうになったものの、その一歩手前で娘を押しとどめたのは六歳年上の彼氏の存在があったからだという。この彼というのは、走り屋（改造車でドリフトなどをするらしい）で、娘が中学生のころに知り合ったという。最初のころはこの彼をあまり好きではなかったと回顧する。だがそれ以上に寂しくて、自分の貞操を守れなかったというのだ。結果的に娘はこの彼氏の子を孕むことになった。だが残念なことに娘は一六歳で流産を経験している。理由はどうあれ流産をさせたという責任を感じた彼氏は、娘に結婚を申し込んだという。そして安い金額ながらも仲間を集めて教会で挙式も行っている。この話を娘から聞いた私は、近ごろの若者にはめずらしく折り目、筋目のある骨ある人物に思えた。

こうして綴ってみると、娘は転落寸前でいかにも良い人に巡り会えたように聞こえるかもしれない。たぶんはじめのころは良い彼だったのだろう……。私は娘が選んだ人生の伴侶を悪い奴だとは思っていない。しかしながら、幸福の女神というのはガラスのようにもろいものだった……。すなわち娘にとって結婚は存外の幸せであり、小さな絶頂でもあったのだが、そのぶん奈落の底へ突き落されるのも早かった。恐れずに言えば幸せだった生活にひびが入るのではなく、木っ端微塵に砕けてしまったのである。

言葉を飾らずにのべると、娘の亭主になった男は酒乱だったのである。日ごろ飲まないと優しいのだが、一旦アルコールが入ると豹変するらしい。それも尋常でないほどに……。こうなると娘の手に負えなくなるという。要するに家の中の物を壊したり、壁を蹴破ぶるそうだ。それでも収まらないときは、娘を殴り飛ばすという。亭主の仕事といえば鳶職に就いているだけあって腕力は半端でない。ゆえに逆うこともできず、酔い潰れて寝込むまで娘は逃げ回るそうだ。

このような暴力が繰り返されても、幸せになりたい一心と、実母と継父に対する意地から娘は堪えにたえたという。もちろんその間には二度と酒は飲まないという約束を亭主にさせているし、酔いから醒めたときは家の中の悲惨な状態や娘の腫れあがった顔を見て、土下座して詫びるそうだ。そうしたときは、ついつい情にほだされてしまい、

「あんたもうしなや――」

といって許してしまうという。

だけれども仕事が仕事ゆえ、職場の人たちと外で飲んでは酔っぱらって帰ってくるという。そして家で暴れる……。それに加えてキャバクラ嬢と浮気をしてる気配も見てとれるようになったという。

こうして度重なる酒乱に合わせて浮気が加わってくれば、おのずと結果は見えてくる。幸せになることを願って結婚したはずだったのに、たった一年たらずでの離婚となった。亭主との離婚を決めるまでには相当悩んだと娘はいう。やんぬるかなという思いで、一時は引きこもりにもなったという。現に娘がこういう状況に陥っているときは、私のところへもしばらくのあいだ顔を見せにこなかった。それまででも何度か娘が苦しんでいるときは、

〈なにかあったな……〉

と娘の顔を見ればすぐにわかった。だがしかし、離婚を決めて私に会いに来たときは、いつもと違い面会室へ入ってくるなり、「わあ……」と泣き出した。抑えていたものがこらえられなくなったのだろう。私は、

〈きたきた〉

という思いで頷き返し、

「もう自分で決めたのなら、別れて新しい道を進んだほうがええと思う。後悔はしていないのやな」

娘の気持を確かめてみると、

「後悔はしてないけど、私が家を出ることになるのでどこに住もうかと悩んでいる」

こう物憂げに言うと黙り込んでしまった……。

とにもかくにもたった一八年の人生で、家族崩壊、流産、結婚、離婚という道を歩んできた娘は、やはり不幸な星の下に生まれて来たのかも知れない。だれしも幸運の星ばかりを背負って生

まれているわけではない。人はそれぞれに種類や程度の差こそあれ、他人には言えないものがある。たとえば、もう少し頭がよかったらと思ったり、あと五センチ背が高かったらと願ってみたり、せめて十人並みの器量だったらと思いながらも、それをどうにもできないのが人間である。

そういうさまざまなことをマイナスの方向でしか吐き出せない人間もいれば、逆に与えられたハンディキャップを自らのバネとして生きる道を切りひらいて行く人間もいる。私の娘はどうやら前者の方のようだ。そうは言うものの娘も生きている限りは、どんな形にしろ節目をつけることなしには前へは進めない。

かくして悩み苦しみ傷付いて、おとなの階段を一歩一歩昇ってゆくものだと私などは思っている。ただどうなるにしても、我が子が下を向いてる姿を見るのは親としてつらいものがある。やはり子供の笑顔を見ていたい。それがどの親も持ち合わせている感情ではないだろうか。だから私は娘によく言うのだ。

「笑顔を絶やすな――」

と、しかし娘はこう反論する。

「そんな無理を言わんといて、わたしはブスッとしてるほうが多いねん」

なんと可愛げのないことを言うのだろうか。だが私も負けていない。

「あのな笑えないときは、人指し指と中ゆびでVサインを作り、それを口びるの両はしにかけて左右に広げるんや。そしたら笑ってるように見えるやろ。ほらいまやってみい……」

こういってやると面会室の向こう側で、本当にやって見せながら笑った。私はいつも娘に話すのである。悲しいときは笑えと、笑顔を忘れるなと、すると必ず福が飛び込んでくると……。不幸に打ちひしがれているときにこんな慰めの言葉は何の役にも立たないのかもしれないが、それでも何かを言わずにおれないのが親なのである。

一方、離婚したことについては後悔してないものの、早く結婚しすぎたことについては後悔しているようだった。もし結婚していなかったら、ネールアートの勉強をしてその仕事をしてみたかったという。それを聞いた私は、

「まだ若いねんからなんでもやってみたらええがな」

こう言ってやった。だが本人は夢を語るだけで、本当のところは自分自身が何をしてよいのかわからずに悩んでいた。何をしてよいのかわからないという気持は私にも理解できる。なぜなら私もそうであったように、十代でしっかりした将来の展望やビジョンを持っている子供は少ないからだ。とくに私の子は、自分の置かれている特殊な境遇を自分なりに整理して敏感に生きて来たので、実母や継父に自分のやりたいことも話せず、また聞いてもらえなかったのだろう。だから自身の中で夢を語り、妄想ばかりしていたのだと思う。

ついでながら娘は「中卒」ということで学歴に対するコンプレックスをもっていた。そんなことも相俟って、学歴に対するコンプレックスが娘を金銭へと向わせている。つまり学がないのでお金で勝負しようということなのだろう。だから私は言ってやった。

「学力は必要だが学歴にこだわる必要はない。学校へ行かなくても勉強できることはたくさんある。むしろ学歴よりも学力が大切。正しい知識を付けることは、自分を知ることにもつながる。」

このように説明してやると、すると少し納得したような仕種を見せた。だが私の本音は少し違う。本心を言えば現代社会はある程度の学歴がないと希望する会社には雇ってもらえない。だから学歴はあるに越したことはない。せめて高校ぐらいは出ておく必要があると思うのだ。早い話、雇う側の立場になれば、中卒より高卒。高卒よりも大卒を社員に採用したいと思うのが人情だ。だがこうしたことを娘に言えるはずがなかった。

他方、学歴が高い人でも莫迦な人はいっぱいいる。つまり学問に精をだし、博学多識になったところで、人間観察や判断力がなかったら駄目だということだ。頭のいい人と賢い人は似て非なるものである。ゆえに私の娘には学歴がなくとも賢い人になってほしいと願うのである。

そこで娘の一七歳という年齢から考えて、全日制高校は少し厳しいので夜間高校へ行くことを勧めてみた。すると少し反応を示した。なぜ高校へ行くことを勧めたのかというと、女子大生にほのかな憧れを持っていたからである。街中で見かける女子大生の姿が娘にはかっこよく見えるのだろう。しかしながら、

「女子大には行ってみたいけど、高校へはあまり行きたいとは思わない」

このように困ったことをいう。そこで私は、

「大検に合格してその資格を取れば、高校を卒業していなくても女子大の試験は受けられるで」

と教えてやった。すると、

「え、ほんま。ほんとにそんな資格を取れる制度があるの……」

娘は驚きながらも俄然やる気になった。

だけれども簡単に合格できるほど大学入学資格検定(二〇〇五年から高卒認定試験と名称が変わった)は易しくない。当然高等学校の教科内容についての学力試験を受けるのだから予備校などへ通うなどして勉強しないと無理であることを話してやった。するといっぺんに熱が冷めたようである。端的に言えば中学へもろくすっぽ行ってないのだから、基礎学力のないことを本人が一番よくわかっているのである。要するに、いろいろと妄想はするものの、それに向って努力することができないのである。それは横に置くとしても、娘はよくよく勉強嫌いなようだ。こうした点は親に似なくてもよいと思うのだが、えてして似てしまうものである。

似ているといえば、すでに述べたようにお金に対する執着心が強いこともあげられる。もっとも現代社会そのものが、お金が象徴のようになっているので、執着心があったとしても一概に悪いとは言えない。致し方ない面もあるような気がする。たとえば古代などの場合は、力が象徴であった。それがいまの時代はお金に取って代わっただけである。

ただしお金でしくじった私は、そのお金の恐ろしさを誰よりもよく知っている。青春期に自分の人生を歩きはじめたとき、貧しいより豊かな方がいい、お金は絶対だと勘違いしていた。これが私の物差しだったのだ。だから行き着くところまで行ってしまった。自分の命を捨ててでも思いを通そうとしたのである。それゆえに娘には私と同じ轍を踏ませるわけにはいかなかった。したがってこのお金の点だけは何がなんでも娘に厳しく教え込みたかった。はっきり言ってお金が絡んでくると、親子の間でも嘘が出てくる。あげくのはては、辻褄を合わせようとして勝手な話を作りあげてしまうことも多い。こうしたことは万民に共通して言えることだ。だからこそ恐ろしい。

そこで思うに、本来あるべきお金の姿というのは物を買う道具のはずであるのだが、しかしこれが凶器となり人を狂気にもする。ときどき記事となって新聞に載ることもあるが、お金のためだけで人を殺してしまうこともある。じつに莫迦げた話のようだが、一旦この金の力に魅了されてしまうと、なかなかその呪縛から解き放されない。それほど人を精神的、心理的に縛り自由をきかなくさせるのがお金である。そういう私自身がお金に狂い人を殺した張本人なのである。この恐ろしさはどこから沸き起こってくるのかを娘に伝えたかった。

それゆえに親の立場になると、肯定的なことよりもついつい否定的なことに意識を向けてしまう。最近では親に反撥しながらも親の財産だけはアテにするというのが今の若者に共通する性格であるようだ。これが俗にいう新人類というやつらしい。ご多分に漏れず私の娘も新人類だ。だからこそ余計に我が子の行く末を案じてしまう。

確かに私の娘は自分の思っていることを話してくれることもある反面、我ままなところや怒りっぽいところもある。そしてお金に関していえば、すぐにわかるような嘘もつく。このようなときは誰かが言わなければ、私のように道を誤ってしまう。私の二の舞だけは絶対に踏ませるわけにはいかない。だから娘がいいかげんなことを言い、嘘をついたときは本気で叱った。叱るのは辛いにきまっている。だがそのほうが娘のためになる。それは言葉を換えれば、もっと娘と本気で向き合いたいからである。しかしながら親の思いと、子供の気持は相反しており、自分に非のある娘は手紙もよこさなくなり会いにもこなくなった。ここでそのことについて少し触れておきたい。

私と娘の再会後しばらくして、弁護団や支援者、養母に会っておきたいと言い出した。そんなこともあって弁護団会議が開かれるときに合わせて、関係者全員が弁護士事務所に集まることになった。そのときに手ぶらで行かせるのも芸がないと思い、心尽しの贈物を持たせることにしたのだ。

要するに一般社会の常識を一八歳になった娘に教えてやろうと思い、私がお世話になっている人たちに感謝のしるしとして、進物用の霰を人数分買って持って行くことを勧めた。このときは素直に私の言うことにしたがった。だがしかし「お中元」のときは違った。私には、

「阪急百貨店から弁護士さんや支援者、養母さんへ全員に送っといた――」

このように言った。だから私は娘の言葉を信用していた。

だがしかし、結局は弁護人にも支援者にも養母にも送っていなかったのだ。もちろん金銭的負担を娘にはさせてはいけないと思い、必要なお金は娘に預けてある。それなのになぜ送らなかったのかと理解に苦しんだ。もし送っていなければ、送っていないと言えば済む話なのである。ただこれだけのことならば看過できる話なのだが、ほかにもいろいろなことがあったために厳しく叱ったのである。

いずれにしても何が正しくて何が間違っているのか、それがわからないのだと思う。つまり娘の周囲には手本となる人がいないのである。そんなこともあって、事の善し悪しを判断する材料がないために簡単に嘘をついてしまう。とにかく娘の価値観と一般的な価値観が大きく齟齬して

いる。つまり金銭に最大の価値を置いている娘は、その即物的な人生観のせいで人間を甘くみている感がある。それが私は怖いのである。なぜならこういうタイプの人間は執着心を失うことなどないからだ。大抵の場合は金銭に執着したまま一生を終えている。

だが事故や病気に遭ったり、恋愛をしたりして、いろいろな出来事を体験して、人生は金銭だけではないと考えなおすのである。一方、最初から金銭に余り執着しない人もいるだろう。学問に重きをおく人、宗教心のある人などいろいろだ。そこで私は自問自答する。

〈世の中は金なのか……〉

確かに金は有るにこしたことはない。少し語弊があるかもしれないが、人間はみな金のために働いている。夢を叶えるためには、やはり金は必要なんだが、執着する必要がないことだけは娘に教えてやりたいし、わかってほしい点である。

娘はいま、いい人悪い人、世渡り上手な人、口べたな人、ずるい人、正直な人、そうした人たちのなかで揉まれながら社会勉強していると思う。こうして人と触れ合うことで、楽しさや喜びばかりではなく、ときには人に騙されたり傷ついたりして一人前になってゆくのだ。ただ私が心配するのは現実逃避ができなくなっている現在の娘の姿である。依然として面会にはこないものの、久方ぶりに電報と手紙が届いたと思えばその内容は、すべてにおいて精いっぱいで変なことに巻き込まれたりして、いっそ死んでしまいたい――と。人生に不安を感じ何度も自殺を考えたらしい。結局逃げ帰る家もなく、お店の寮に住んでいるとか……。二一歳で死ぬことを考えながら「助けてほしい」と私に電報を打ってきた。私は死ぬことはない、嫌なことから逃げろと返事をしたのだが……月並みな言い方をすれば、死に方はいくらでもあるものの、生き方は探さないといけない。死ぬよりも生きることの方が大変なのである。そのことは私が一番よく知っているだけに、どうしてやればいいのかと頭を抱え込んでしまった。

こういうときは父親として大変もどかしい気持になるが、いまは娘からの返事を待つしかない。そう自分に言い聞かせている。待つのは一番つらいことだが、いかんせんここではそれしか方法がない。とにかく私も若い時がそうであったように、人生というものは不安や不満、失敗がつきものだ。それでもそれを自分のやり方で乗り越えてゆくしかない。人生など思い通りにはいかないものだ。そのことを娘が理解してくれたらいいのだが……。直接私の話を聞きに来てくれたらいいのだが、このようにして家族の足音が聞こえないというのは寂しいものである。

いずれにせよ、子供が離れていくのは寂しいことだ。だがよく考えてみると、それが親の宿命であり、私の親もそうして育ててくれた。なんの見返りも求めずに、ただ慈しんで育てて社会に送り出してくれた。子供が自立したあとで喪失感に陥る私が愚かなのである。

ところで親子関係とは一体どのようなものを指すのだろうか。一般的に私も含めてそう思うのだが、親というものは子供の幸せを願って頑張らせる。子供たちは親の気持に応えて頑張ろうとする。そのようなかで、いい結果を出すように頑張っている親子が我々にとってよい親子関係だと思い込んできたような気がする。つまり親の勝手で頑張ることを子どもに押しつけていることになっているのだろう。だから子どもは不安を覚えて都合のよい嘘をつく。

そこで私論を一つのべてみたい。必ずしも嘘がよいとは言わないが、嘘をつくのも少し見方を変えれば知恵がついた証拠である。誰しも（私もそうであったように）ある程度の嘘をついて大きくなってゆくのではないだろうか。しかしおとなは勝手なもので、自分たちも遠いむかし嘘をついたことがあるはずなのに、そのことは完全に忘れてしまい子供を叱ることしか考えない。いまの私がそうだ。こうしたことに目を向けてみると、小さな嘘などたいしたことではないように思えてきた。

いぜん「家庭のない家族の時代」という本のなかで、劇場家族という家族のあり方が紹介されていた。かいつまんでいえば、家族がみんないい子、いい親、いい祖父母を演じるという内容だ。人生を演じるとは、全員が主役であり脇役なのだ。こうして賢く生きてゆくのも一つの方法なのかも知れない。だが私などが思うには、親子はぶつかり合って共に成長していくのが本当の姿であるような気がするのだ。子が親におとなしく叱られてくれる思春期なんてあり得ないと思うからである。つづめて言えば、子供というのは親が思っているよりも敏感で、傷つきやすい反面、親が思っている以上に強くてたくましい生き物でもあるからだ。

それはともかくとしても、この世に生かしてもらっている社会に感謝しながら、健康でちゃんとしたおとなに成長して、やりたいことを見つけて巣立ってくれればと思う。己の道を探してほしい。あまつさえ私と娘は実の親子とはいえ、生きて来た背景が大きく異なるのだから当然、娘には娘の考えがある。だから子供の領域を侵さないように気をつけねばならないと考えている。私と娘は近くて遠い親子なのである。

こうして娘と互いに年を重ねながら、父子としてまた新たな関係を築いていければと考えているのだが、再審請求の即時抗告が棄却されたいま、私にそれだけの時間が残されているのか不安である。たぶんあまり時間はないと思う。

そこで月並みな表現になってしまうが、私が死んだときに、「不自由な生活のなかで精いっぱい生き切った——」ということを少しでも娘がわかってくれたらいいと思う。その時彼女のなかで何かが変わり、また一つおとなの階段をのぼっていることだろう。

いずれにしても娘と過ごした日々は短かかったけれど、私の五三年の歩みの中で最も安らぎに満ちたひとときだった。短い間だったが娘は人生の支えになっていた。いとしき娘よ、ありがとう。

娘は私に帰って来てほしいと言った。だが誰が考えてもわかるように、二度と戻れぬ旅の途中にいる。ここは古きもののたゆたう時の狭間、私は少々永らえすぎた。こんなところにいつまでも身を寄せるべきではない。寝てもさめてもそのことばかりを考え、夢とうつつがわからなくなってきた。そろそろ別れの時が来たのかも知れない。親の責任は果たしていないが、最後にひと言だけ残したい。娘よ、ありがとう。そしてさよなら……

最後の時間

るる書き記してきたが、こうして二三年間にもおよぶ拘置所生活を簡単に振り返ってみると、最初の一〇年間は裁判に必死だった。あのころは自分が助かることだけを一心に考えながら、無我夢中で突っ走っていたように思う。そんなことで、あっという間に三〇代が過ぎてしまった。

その後の一〇年は、自分自身と向き合うことに右往左往しながらも、おのれがいかに無力で弱い人間であるかを思い知らされた四〇代になった。

そしていま、本当の意味でおのれと向き合えるようになれた。飾らず、気取らず、ありのままの私の姿がここにある。周りにいる若い人たちから「おとっつあん」と呼ばれる歳を迎えるようになって、ようやく本当の自分を取り戻せたような気がする。ここまで来るのに二三年かかった。いまは欲も得もない。ほんの数年前までならば、何とか格好良くみせようとして少々突っ張っていたところもあったのだが、今は余計なものが剥ぎ取られた感じである。よくぞここまで変わったものだと自分でも感心する。五三年の人生を刻みながら、少しは何かを学んだのであろう。

拘置生活二三年——思えば人が変わるには充分な年月だったようにも感じる。こうして自分が変わったと感じる分、ふとした拍子に子供のころに戻りたいと思わせるときがある。それは人からおとっつあんと呼ばれる歳になったいま、容姿もどんどん変わって行く自分に、小さい頃へのノスタルジーを感じてしまうからである。かくして過ぎし日々に思いを寄せていると、薄暗い独房の窓ガラスに映るおのが姿を見たときに、老いゆく悲しみと苦しみが心の中で錯綜するのである。

こうして逃れられない苦しい立場であることを自分のなかで受けとめることができたとき、人は変わってゆくのではないだろうか。否、窮地に立つからこそ、おのを変えようと努力するのかもしれない。とにかくいまあるこのぶざまな姿が河村啓三そのものなのである。

だがこういう心境になるまでには、人には言えぬ大きな悩みを抱え、感情に走ってしまうこともあった。だからいつも我慢との闘いだった。そんなこともあって、この二三年の間で私に一番足りなかった精神力と忍耐力だけは鍛えられた。

とくに死刑確定者という立場になってからは、今を悔いなく生きることだけを考えながら、どんなに厭なことがあっても辛抱強く耐え抜いてきた。早い話、耐えるしか策がないのだ。なぜなら確定後は外部交通をかなり厳しく制限されているのだから、未決囚のときのようには行かない。つまり、友人に連絡を取って愚痴を聞いてもらったり、面会で胸のうちを吐露することができないからだ。だったらどんなことにも耐えて耐えて耐え抜いて、監獄での残りの人生を充実あるものにするしかないのである。そこで私の好きな言葉に、

「一日一生」

こういうのがある。これは朝目が覚めると、「今日が与えられた」というように、まさしく今日という日を大切にしたい。を充実せしめたいという思いが詰まっている。一日を一生のごとく全力で過ごすということである。それほど私の日常は、己の死について考えさせられる毎日なのである。かくして自分の死を特別な感情で眺めることはこれまでなかった。だが死刑確定者となって以降の私は、絞首刑というじつに厳しい死と向き合わざる得なくなった。それは当然のことだとしても、あす生きているのかどうかさえわからない状況にありながらも、夜寝る前になると歯を磨き、石鹸で顔を綺麗に洗う。もうすぐ死ぬ人間が毎日毎日そう綺麗にすることもないだろうと思いながら、鏡に映る自分の顔を見て独り言をいう。

〈おまえ、なんて情けない顔をしてるねん〉

私は一人笑ってしまう。また、「今日死ぬのか、それとも明日死ぬのか」と毎夜心配してみたところで、いつの間にか睡魔に負けて眠ってしまう。

こうして己の生死にかかわる問題でもあるにもかかわらず、眠れる自分が嘆かわしいというのか、人間とはこうもずぶといものかと悲しくなってくる。ゆえに私はこんな自分が大嫌いなのだ。もともと私は自身があまり好きではなかった。いわんや自分を愛せないから他人をも粗末に扱い、簡単に人の命を奪えたのかもしれない。否、たぶんそうだと思う。つづめて言えば自分自身を愛していない人間は、他人を愛することなどできないのだと思う。つまりは自身を憎んでいる人間は他人をも嫌う。まずは自己を肯定し、自己を認めてやり、自己を励まし喜ばせることが必要に思えてきた。この思いは正鵠を射てるような気がする。

今となっては何を言ってももっともっと自分自身を愛すべきだった。大切にするべきだった……。なぜこんなにいやらしい人間になってしまったのかは自分でもよくわかっている。それは金とヤクザという虎の威を借りて、自分の身近にいる者たちを屈伏させてきたからである。それに合わせて私は自分が人と違うことを知っていた。私と出会った人間は決して私を無視できない。必ず好意か敵意のまなざしを向けてくる。好意は信頼や友情に——。敵意は畏怖あるいは恐怖に育てる術を私は知っている。そうやって人の心を私はこの手に握ってきた。もちろん私と気の合わないものは私から離れて近づかないために問題になることもなかった。

そんなこともあって仲の良い者同士や、自分より下の者が回りに集まっていた。ゆえに私に忠告する者など誰一人としていなかったことが最大の不幸であった。ヤクザになってからはそれが顕著になっていた。これが転落の道をたどるはじまりだったような気がする。とにかくいい服を着て、ブランド品を身につけ外車に乗り、新築マンションに住み、ラウンジを経営することがヤクザとしてのステータスだった。思うにこのような物質的なことばかりではなく、もう少し上品で文化的な喜びを見付ければよかったと思う。いい本を読んで喜びを感じたり、いい映画を見て感動したりする。そしていい人に出会っていい話を聞く。私にはこうしたことが大きく欠けていた。

考えてみれば娑婆で生活していた三〇年間というものは、ほんとうの意味で一人になったことなど一度もなかった。いつも回りに誰かいた。言い替えればかたわらに誰かいないと、どうにも不安で落ち着かなかった。だから二四時間誰かをそばに置いていた。あの当時の感覚をいま思い出している。

とくに二三歳のころからサラ金会社へ勤めてからは、何をしていても満足できず心が満たされたことはない。いつも何かにせきたてられていたような感じだった。そんなこともあって若い頃の私は、夢や野心に身を焦がしていた。早く夢や野心を現実のものにしようと焦っていたのだ。分さえわきまえていれば今回のような過ちはなかったのだが……いやまたそれが若さそのものだったのだ。若さゆえに怖いもの知らずだった。いずれにしてもこうしてつまらぬことで、この身を滅ぼすはめになろうとは考えもしなかった。本当に莫迦だった。実社会から全面撤収し、毎日が日曜日になって二三年が経ち、こうして夢も野心もすべて地に堕ちたいま、もう二度と立ちあがることも、飛び立つことのできないことに、これで終わったと絶望感にさいなまれている。と同時に、先の見えない私の人生など終ったも同然と言ったほうがよいのかもしれない。だから来年、再来年のことなど考えるのをやめて、きょう一日できることを精いっぱい尽くそうと思っている。

そしてあの日を私は思い出す。警察に逮捕されて初めて敗北とはどういうものかを知った日のことを……。マル暴刑事に打ちのめされて跪く莫迦な男――そんな自分を認めたくなかったために、なかなか書けなかった。なぜならこの世に生まれてから、それまでの自分が、今までの思い出すべてが嘘になってしまいそうで……。いずれにせよこれまでの私は、自分の生き方に偽りがないというのが私の誇りだった。それが嘘だったのだ。

とにかく人を殺したりして親を泣かせる私はいったいどういう家庭に育ったのだろう。社会環境なのか、家庭環境なのか、あるいはロンブローゾ（イタリアの精神医学者）のいうように「素質」の問題なのだろうか。

かくしてまどろむ意識の中、私は子供のころの自分を思い出す。遠い日、あの路地裏の石畳から始まった終わらない遊び、無心に走っていると気づかずに心のなかで何かがこぼれゆくあの感覚――あれはいったい何だったのだろうか。私は常に何かに怯えていたような気がする。危うい自分が不安だった。それはたぶん五歳のときに体験した大好きだった叔父さんが刺殺されたことも関係しているような気がする。そうあの日の夜、私たち家族四人が自宅で寛いでいたところへ、近所に住む叔父の連れ合いが、泣きながら倒れ込むようにして入ってきた。

「にいさん、トシ坊が刺された……」

このショッキングな光景を私は、はっきり覚えている。父は取るものも取り敢えず、ゲタの音を響かせて路地を駆けていった。私と姉は父のあとを追いかけようとしたのだが、

「いったらアカン。まっとき……」

母は子供の行く手を阻むと、その場にしゃがみ込んでしまった。その夜、父は帰ってこなかった――。叔父は心臓をひと突きされて即死したらしい。結局、私が叔父と最後に会ったのは火葬場だった。はじめて入る火葬場が子供の私にはしごく怖いと思った。叔父とお別れするときの恐怖感――死が怖いと思ったのかどうかまでは五歳の子供なので定かではない。ただ叔父が焼かれていくのは怖いと思った。それは父に手を引かれて焼き場裏手にある小さな覗き窓から中を見

せてもらったとき、「ゴオー」という音とともに燃えさかる炎が目に飛び込んできたからである。そこには不思議な火柱が立ち、照らし出された無数の影がゆらめいていた。「ゴオー、ゴオー」とまるで何かの祭りのように……ただただ恐ろしかった。

そんなこともあってか私は子供のころ、暗闇が怖いといってよく泣きべそをかいていた。だから夜、布団に入ってもなかなか寝付かれず、母親を困らせたものである。私は夜に隠された闇の秘密という世界を、火葬場で知ったような気がする。薄皮を一枚はがすと、そこには恐怖がうねっているのだと。だからいまだにあの「ゴオー、ゴオー」という音を思い出すと恐ろしさに堪え切れなくなり、獄房の窓をすべて開ける。

闇、一筋の光もない真の闇。あの子供のころからこの闇に身を浸してもうどれだけの時が過ぎたのだろうか。一瞬のような気もするし、長い夢を見ているような気もする。ただ夢とひと口に言っても、その内容は「夢想」から「悪夢」まで様々だ。小さい頃は自らの手で世間がアッと驚くようなビッグなことをやり遂げることを夢みていた。だがしかし、あの事件で生まれてはじめて大きな蹉跌を味わった私が見るのは、不吉な夢ばかりである。

そうしたなかでいまの私は、すべての感覚が麻痺し何も感じられない。私の体はまるで中空を漂っているようだ。私は正気を保っているのだろうか。とうの昔に狂ってしまったのか。何もかもが虚ろな中、ただ一つ鮮明なものがある。それは事件当夜の人殺し、まるで闇夜の雷のようにあの場面だけは鮮烈に私の中に浮かびあがる。そして繰り返し繰り返し、津波のように押し寄せる無数の感情――憎悪、空しさ、悔しさ、悲しみ、飢餓感、巨大な渦の中に消えては去来するさまざまな感懐。それらが消え入りそうになる私の意識を黒い無数の棘《とげ》がくさびとなってつなぎとめる。このように私をこの闇の中に閉じ込める原因となったあやつ（S森）が、今となっては唯一私の生命をつなぐ糧となっている。

なぜならばあやつは誰も頼らない監獄での一匹狼——。再審請求も恩赦出願もせず、死と隣り合わせていても、一切動じることなく常に己をよくわきまえている。考えてみれば彼のような生き方こそが監獄では一番強いのかもしれない。つまりは私を憎み、恨み続けながら、いつも一人で誰にも心を開かないあやつ。どちらかというと看守にとっての彼は扱いづらい人間だ。そういう人間が監獄では強いのである。裏返せば退屈し、毎日を無目的に生きている者や、己を知らない者には監獄は堪えられない場所となる。かてて加えて、それは精神的に弱い人間ということにもなり、独房に長期間閉じ込められていると、いずれ発狂するか自殺してしまうことにつながるのである。

かくして私とS森死刑囚が今後どうなるにしても、ただ一つだけはっきりしていることは、私たちの事件は類が友を呼んだ典型といってもよい。まさしく同質のタイプ——。見栄っぱりで、強欲で、狡猾で、いつもハングリーで抜け目なく生きようとすることや、自己中心主義的な理論の持ち主であることなど共通点がいくつもある。早い話、相性が合わなければヒットは生まれないように、私とあやつは野球のピッチャーとキャッチャーの関係に似ていた。

さらに言えば陳腐な表現だが、二人とも本当の愛を知らなかったということにもつながる。そして勇気とはどういうものなのかも知らなかった。互いにできぬことを「やれる」と言い、己の言葉を裏切らぬために絶望的な行動を起こしてしまう。「やれぬことはやれぬ」と宣言することが勇気ある決断なのだが、見栄を張る人間にはそんなことを言えるはずもなかった。

とくに私の場合はヤクザ稼業を張っている以上、堅気に背中を見せたらお仕舞だし、安目を売るわけにはいかなかった。私のようにヤクザになる奴は虚栄心が強く、自分を実際以上に偉くみせようとする。格好をつけるのだ。まったくもって愚昧というしかない。今に至っては頓服的良薬があるはずもなく、将来展望もないのだから漸進的な方法を以ってやるしかない。

ところで人の人生を変えるのは出会いとはよく言ったものである。S森との出会いもそうだが、もしも私がヤクザになっていなければあやつは私を利用しようとはしなかっただろう。つまりは私はヤクザに身を置いたことをきっかけに、自身の運気というものが悪い方向へ激しく捻転して行くことになったのである。早い話、これがケチのつき始めとなって、二度と脱出できない奈落の底へおちていった。

それはそうとしても、私のようにヤクザになるような人間は根本的に弱い。弱い自覚が集団化を促進させ暴力の衝動を生むのである。実を言えば弱い人間が集まるから逆に強いのだ。そのぶんだけヤクザ社会の嫉妬はひどい。だれもが足を引っ張ってやろうと手ぐすね引いている。そのなかでも兄弟分ほど危なっかしいものはない。血縁関係もなく、生まれも育ちも違う人間が心情で結ばれ、兄弟の契りを交わし、「死ぬときは一緒だ」と固い絆を作りあげる。しかし実際はどうかといえば、単なる友達以上の関係もない。

今回の事件の共犯者の一人でもある私の兄弟分は、現在無期懲役で徳島刑務所に服役中だが、私たちは友達関係以下だった。呉越同舟だからこそ共犯関係になれたといっても過言ではない。それを裏付ける話として、殺人事件がめくれたときは一緒に死ぬ約束を交わしたはずなのに、兄弟分が一番先に逃げた。そして一番最初に逮捕されて、本件をすべてゲロしてくれたのも兄弟分だった。仲間を庇うどころか、我が身かわいさから警察に共犯を売ることしか考えない。しょせんヤクザとはこの程度のものだ。

その点まだ堅気のS森の方が逃走中に死ぬポーズを見せてくれていたし、逮捕されてからもしばらくの間は、否認と黙秘を続けながら本件をなかなか白状しなかった。こうしたことからもわかるように、ヤクザの方が精神面ではかなり弱いことがわかる。とくに私の兄弟分には意地もメンツもなかったので、彼には大きく失望した。

ヤクザとは任侠映画で見るようにカッコのいいものと思っていたが、実際なってみると幻想は破れるばかりだった。思い描いていたヤクザとはまったく違うのだ。なかでもヤクザになればもっと好き勝手ができると思っていた。しかし自分の意志がまったく通らないことに大きく戸惑った。それは二四時間ポケットベル（当時はいまのように携帯電話がない時代）に縛られ、夜中でもおかまいなしに組事務所へ呼び出されることや、週一回の泊まり当番――。そのうえ毎月上納金を納めなければいけない。それに定例会だの、本部総会だので体を取られてしまい、自由な時間があまりない。ヤクザとはこれほど自由がないのかと痛感したほどだ。

だが一旦こうしてドロップアウトしてしまえば、もう元に戻ることができないなら、仕方なくヤクザを続けるしかなかった。映画などの影響でなんとなく男になりたいといった憧れもあるとはいえ、それを頭から信ずるのは幼すぎた。とにかく私は組織へ入っても不安や迷いを払拭できず、

〈まだいまならやり直せる〉

と思っていたところにS森から現金強取の甘い誘惑の話が舞い込んできた。それも五億、一〇億の話だ。この誘いを受けたときは奇妙きてれつだった感覚を覚えている。そして大いなる意志の導き、あるいは歯車とでもいうのだろうか、S森の話のすべてが崩壊への兆しだったのである。

この当時の私はまがりなりにもスナック経営という正業をもっており、裏では呑み行為や野球賭博というような堅気とヤクザの境界線をうろうろしていたのである。そんなこともあってヤクザを辞めて一からやり直すには、S森から持ち込まれた一攫千金の話は願ったりかなったりだった。

言うまでもないが明確な意志や理由をもってヤクザになる者は極めて稀だ。ヤクザになる人間の大半は享楽主義者だ。遊びながらいい車に乗り、いい女を連れて、いい物を喰うためにヤクザになる者が多い。一方、私の兄弟分のように、ただ飯を喰うために――。あるいは私のように成りゆきから、ある人は流されてなど、ヤクザとしての生き方を選ぶ。もちろん自身の器量で運に左右される部分も大きいし、胸に抱いた代紋で大きく境遇も変わる。

また現在でも一定の金を稼いでしまえば、さらりとヤクザを引退してしまう人間も多い。それはヤクザを単なる金儲けの仕事と考えているからである。私自身も山口組本家の人間になりたい

という信念もなく、ヤクザで金を稼いだらす速く足を洗い、若者相手の居酒屋でも開こうと思っていた。だが結果的に転落の一途をたどってしまい、行くところまで行ってしまった……。

いま自身の考え方のどこに間違いがあったのかはよくわかっている。珍しい物や美しいものを手に入れて自己満足を味わいたい気持や、好奇心を満たされたい気持、幻想をかきたてられ夢を描きたい気持など、非現実的な欲求の満足を求める要素が私にあったからだ。

要するにいいかっこをして、いいクルマに乗って、いい女を連れて歩く――こうした見栄を張るのではなく、見栄を切ることだった。私は突っ張りどころを間違えたのだ。そして思う。ヤクザは利口な者はできない、莫迦でもできない、中途半端じゃ尚更できないということが身に沁みてわかった。ここまでくるのに時間はかかったけれど、今はあっという間だったような気もする。マラソンと同じで走っている時はすごく長く感じ、自分がいまどの辺りを走っているのかすらわからない。ゴールが見えないとなおさら長く感じる。だけれどもゴール地点が見えてくると、なんだか寂しいような気もしてくるし、もう少し走り続けたいとさえ思えてくる。でもそろそろ終りにしようとも思うのだ。

とかく人の世には辛く冷たい冬がある。しかし来たるべき春を思えばこそ、その厳しさに耐えられるものである。だが永遠に春の訪れぬことを知りながら生き抜く苦しさ辛さはいかばかりか……。ある人は耐えてこそ大義王道があるという。はたして現在の締め付け厳しい監獄で大義王道が通じるのかどうかは甚だ疑問だ。もう何も彼もが変わってしまった。もはや私は時代にそぐわない人間になってしまっている。端的にいって全てについていけないのだ。

そして最近よく思うことに、こんなところで生き永らえて何になるのだと――。実社会ならいざ知らず、不自由極まりない監獄で何が目的で長生きするのかと自問する。老醜をさらしながら看守に嫌われ邪険な扱いをされても生き抜くことが本当に善しとされるのかを自身に問えば、私の答えは「ノー」である。

たとえば花は命が短いから美しいという美学がある。他方、造花には永遠に枯れないからこそ美しいという美学もある。華やかに咲いてパッと散る潔さを善しとするか、どんなに醜くなっても散らないことを善しとするのかは生き方の違いなんだろうが、私なら前者を選びたい。ただし、実社会で生活していたら後者を選ぶと思う。ここでの私はパッと散る不良的生き方の方が性に合っているような気がしてならない。

一方、現代社会では何のために生きているのかさえもわからず、ただ惰性で生きている人も多いはずだ。こうした人は生きていても楽しくないと思う。ときどき何も考えてない人が、

「生きていれば、きっといいこともある」

こんな気休めをいう。私は好い加減なことを言うなといいたい。なぜならもし何も善いことがなければどうしてくれるのだといいたくなるからだ。そして私が一番腹立たしく思うのは、

「あんたより辛い人はたくさんいる」

この言葉だ。私以上に厳しい境遇の人が言うのならまだしも、死に直面したこともない人から居丈高に言われたりすると向かっ腹が立つ。なぜかと言えば、目と鼻の先には首吊り場があり、

いつ何時そこからお呼びがかかるかわからない。そんなところで日々死と向き合いながら闇に脅え、その辛さに耐えきれずに自決した人間もいるからだ。だから軽薄なことを軽々しく言うなといいたい。多少なりとも私と縁のあった人が春の訪れを待って、

「桜の花を見ながら逝きます」

こうしたメモを残して自らの命を絶った。このとき思った。本当の意味で人の辛さや苦しみをわからない人間が、居丈高にあのような無粋な言葉を吐くのだということが……。デリカシーがないから言えるのかも知れない。

ところで自殺は心理学上、危機に対する失敗反応だといわれるそうだ。環境が急変し、個人の欲求と環境が衝突し、欲求不満となる状況を緊張と呼ぶらしいが、人生行路はこの緊張克服の歴史だ。多くの正常な人間は新しい環境への適応方法を探しだし、同化する知的行動をとるが、適応しそこねた人は歪曲行動に走る。これが自己破壊という自死に向わせるのである。私はこの自死という重い命題について寺林住職と読経誨の際に話し合ったことがある。いうまでもなく、キリスト教や仏教は自殺を認めていない。

だがしかし寺林住職がおっしゃるのには、必ずしも自殺するのがいけないというわけではない――このように言われる。二五〇〇年前、釈迦は時と場合に応じて自殺を容認されておりその内容がお経の中にも残されていると教えてくれた。この文献のコピー（玉城康四郎著『生命とは』一六五頁）を寺林住職から差入れて戴いて何度も読んだ。そこには確かに釈迦は自殺を否定されていない。目から鱗が落ちたというのか、釈迦は自殺するほどまで苦悩している者と同じ目線に

立ち、その者の苦しみを理解されようとしている。

それは人それぞれに姿が違うように、悩みや苦しみの大きさが異なるからである。だから、「あんたより辛い人はたくさんいる」などのことは口が裂けても言ってはいけない。つまり、その人の痛みや辛さ苦しさなどは、その人だけのものなのだから、他者と比較するようなことではないからだ。誤解しないでほしいのは、私は自殺を奨励しているのではない。ただどうしても自らで死を選ばなければならないときは、腹を括ることもやむ無しと思えるようになったということだ。これは宗教をどれだけ勉強したかではなく、仏道をどれだけ成就させたかで見えてくるものである。あとは心静かにペンを置き、そっと人生のページを閉じるだけである。

あとがき

海の幸に恵まれた自然の中に突如として凶暴な牙をむき出した東日本大震災。その先には数えきれないほどの死があった……。

これまで私が考えていた日常の死とは、病院の中での死であったり、家族に看とられての死であり、思いもかけぬ死でさえ、あるいは誰もが経験するかもしれないというのが、私の中での死であった。たまさか私は処刑台に立つ身となってしまったが、これとて私自身のなかでは一つの死という捉え方でしかない。

だがしかし、震災被害者やその遺族が向き合っている死は、瓦礫の中の死、原発避難区域の海《かい》浜《ひん》に投棄されたまま横たわる死、海底深く見失われた死、美しい風景に囲まれた故里《ふるさと》と里人の生活を根こそぎ奪いさった生々しい死の現実に私は言葉を失い絶句した。あまりにも多くのことを永久に変えてしまった。

そしていま、自分の人生に起こりうる一つひとつが、人間の都合を抜きにして思わぬ出来事に出くわすことの恐ろしさを東日本大震災で考えさせられたのである。そこで、死刑と震災という困難な課題に直面するなか、「生」と「死」に思いを馳せながら本書を締めくくりたい。

ところであの日、福島原発で何が起こったのか。今でも事故の実態、その詳細はわかっていない。事故を起こした東京電力も責任のがれに終始し、関係者に対する誠実な謝罪も償いもない。これからの日本はいったいどうなるのだろうか。人びとはどう生きることになるのだろうか。

そこで、本質的責任とは何かを考えてみたい。端的に言ってしまえば、責任なんてどうしたって取れるものではないということだ。そこには責任が取れるという大きな錯覚があるだけである。裁判所も法律も、この錯覚を前提としてもっていることから、損害賠償金を支払えば責任が完結するかのようにみてしまう。

そのことを死刑という問題に置き換えてみると、多くの人が人の命を奪った奴をこの世から排除してしまえば責任を取ったとみなしてしまう傾向にある。早い話、これで決着が付いたと考える。人が人を判断するときは、理屈よりも感情になってしまう。確かに悪い奴が一人いなくなると、そのぶん平和になるのかも知れない。しかしそれだけのことで、何の解決にもなっていない。本当の解決方法は、イヤな奴がいなくなるよりも、イヤな奴がずっとイイ奴になってくれる方が世の中も変わるのではないだろうか。私などはそう思う。別の言葉に言い替えると、もっと深いところで人間が見えなかったら、いのちそのものをどこかで切り捨てているようなそんな感じがするのだ。まさに福島第一原子力発電所の事故と同じで、償いきれないという深い感覚のところに、人間が抱える罪の問題の本質があるように思うのである。

換言すれば、事件を起こして逮捕されるまでの私もそうであったように、日々伝えられる犯罪報道を目にする我々は、罪を犯した人に対して、自分とは違う人間のようにとらえてしまいがちである。ましてや殺人を犯した人は残虐な人間であると決めつけてしまい、悪人と思い込んでしまう。自分や家族が被害に遭うかもしれないと思うことがあっても、加害者になるとは思っていないからである。自分たちは絶対に犯罪者にはならない、犯罪にも縁がないとも思っている。罪を犯した人を自分たちとは違う人間と見放しているのである。

だがしかし、実際私が人を殺す身にまで落ちたときに気づいたことがある。それは状況と成り行きしだいで人間は何をするかわからない非常に危うい存在であるということを思い知ったのである。要するに、いつこの身に何が起こるか分からないということだ。なぜなら人生とは他動的だからである。自分があって周りがあるのではなく、周りがあって自分がある。それゆえに何をしでかすか分からない。そうしたことも考えておくべきではないだろうか。

翻って、私が大阪拘置所死刑囚獄舎で出会った多くの死刑確定者には、報道にあるような極端に残忍な犯罪者の姿は見受けられない。死刑囚もみな普通の人なのである。実社会で生活している人たちと何ら変わらない人が多いということである。こうして普通人であるようなことを書くと、

「もっと悪い奴であってほしかった」

このように思う人たちも出てくるかもしれないが、私の知る限りの死刑囚は普通の人なのである。鬼でも怪物でもない。

言葉を選ばずに言えば、国民が想像の中で死刑囚を立ち直りのきかない恐ろしい奴と凶悪視し、必要以上に巨人に仕立てあげているだけなのである。実際は、思っているような恐ろしい人物は

誰一人もいない。すべてはマスコミによって誇張されたものである。すなわちメディアが煽れば、国民はそれを契機に乗ってしまう。つまりはイメージが一人歩きしているのである。

視点を変えて一例をあげると、たとえばゴキブリが部屋の中を走っていたり、クモが天井から糸を伝って降りて来たとしよう。そのとき大抵の人が悲鳴をあげたり怖がったりすると思う。またドブネズミが出現すれば、汚いと言って逃げ回る。だが奴らは人間に危害を加えるわけでもない。人間の方が一方的に忌み嫌っているだけなのである。ときどき獄屋内を走る小さなドブネズミを見掛けることもあるのだが、よく見ると赤い目をしていて愛くるしい顔をしている。そんなことも知らずに人間は、あの手の生き物を嫌い、ときには叩き殺すこともあるだろう。一寸の虫にも五分の魂があることを感じずに殺してしまう。

死刑囚にもおなじことがいえる。ただただ死を待つだけの死刑囚かも知れないが、そんななかにも愛くるしい顔をした気のいい奴だっている。そのことを一番よく知っているのは、処刑設備のあるところで勤務する刑務官——いわば死刑囚たちの後見人といえる人たちに聞けば分かると思う。彼らは、「死刑囚も普通の人」と言うはずである。

ここで少し私見を述べさせてもらうと、看守が個別の死刑囚について語るのではないのだから、その程度のことを外に向って発言したとしても守秘義務違反にならないと思うのだ。こうした看守の生の声を少しでもメディアが取りあげてくれると、世論の考えも変わるような気がする。かてて加えて、死刑が秘密裡に行われる密行主義をやめて、公開処刑にしたら世論の考え方がもっと変わると思うのだが……。

一方、現在の日本は国民の七割から八割近くが死刑を支持しているそうである。しかしそれは、先にも述べたようにマスコミによる凶悪なイメージが国民に植えつけられたものを引きずっているからである。原発事故しかり、同じことがいえる。

いま世間では原発に「賛成なのか」「反対なのか」と、はっきり二分する流れのなかで、「脱原発」が主になっている。なぜならマスコミがこぞって「原子力は危ない――」と流すからである。すると人は知らず知らずのうちに自ら考えることをやめてしまい、その意見に乗ってしまう。つまり、人は悪いものが吹き出た瞬間に、うっ積のはけ口を身近な敵にぶつけてしまう傾向にある。そこで今回の原発事故のような問題が起こると、みんなで原発に反対しようという流れになってしまう。原発に反対することは、ある意味間違っていない。ただそういう流れの中では違った意見は言えなくなってしまう。これは現在の社会情勢のなかで、死刑に反対と言えなくなってる部分とどこか似ているところがある。

こういう考え方というのは西洋的で、どっちかは「善」で、もう一方は「悪」になる。二項対立の合理主義の考え方である。二項対立は突き詰めていくと、相手をやっつけなければいけない。要するに、あるテーマについて自分の正しさを訴えると、それが実質的には相手をやっつけることと同じになる。

なぜそうなるのか――それはどこかで正解があると思っているからなのである。現代の教育は、正解があるという教育。それを物心ついた時から教え込まれる。そして正解をたくさん知っている人が偉い人だということになっている。

つまり人間は正解という名の「善」に迷う。我々はその愚かさを覆い隠し、全部ふたを閉めて考えることを止めてしまっている。そうさせているものは何かということを、もう一度見つめることしかない。親鸞聖人は何が善か悪かわからないと教えてくださっている。そうやって分けることができないと——。

稿を戻すと、だからこそ看守の生の声も聞いてほしいのだ。現に、死刑確定者の改悛の情が著しいのを見たある看守は、「処刑しなくてもよいのではないのか」と、殺してしまうことに疑問を抱く。私はそうした声を何度か耳にしたことがある。

とにかく、死刑を実地に執行する立場の人間は死刑支持者ではない。死刑囚と身近に接する看守たちだ。看守のなかには、死刑反対者もいる。そんな看守に人殺しの手伝いをさせるのだからこれほど罪作りなことはない。

ただ私が悲しく思うのは、人間はどんな出来事にも次第に慣れてしまうことにある。そのことに私はある種の恐ろしさを感じるのである。つまりは度重なる死刑判決の報道に触れているうちに、感性が麻痺してしまう。そうやってあたりまえのこととして死刑が定着していくように、大臣はせっせと死刑を執行していくことになる。振り返れば、三年四ヶ月処刑がなく、死刑廃止国の仲間入りするところ、一九九三年三月二六日後藤田法相のもと死刑執行が再開された。あの当時は、背筋に悪寒が這い上がってくるのを感じたものであるが、いまはそうした人も少なくなったような気がする。裏返して言えば、いま私が思っている以上に死刑廃止熱というのが世間から遠ざかっているような気がするのである。端的に言って世間が死刑判決や死刑執行そのものに慣れてしまったことから、よほどのことがない限り驚かない。その中で何ができるのかと言ったら、これまでどおり地道に死刑廃止を叫んでいくしかないだろう。

ところで、多くの日本人は、死刑制度は自分たちには関係ないと思っているふしがある。だが、そうではないと思う。処刑される側に立って現実を見てほしいのである。死にゆく死刑囚は、数名の看守から目隠しされたうえ、さるぐつわをかまされ、うしろ手錠を掛けられて足首もくくられる。そして奈落の底に突き落とされる。これがどんなに怖いことかわかるはずである。つまりは処刑される側にならなければ本当の姿は見えてこないということである。戦争でもそうだ。人に銃を向けたり、自分の息子が殺されたり、そういうことが目の前で起こっているのが戦争だ。決して攻撃する側だけでなく、される側に立って見るべきものでもある。

なかんずく、遺族が厳罰を求めるのは当然だとしても、裁判員制度などで集中審理された被告人が短期間で死刑が確定すると、自殺願望者で自死できない人が、死刑によってすぐ処刑されてしまうことになる。それは逆効果のように私などは思うのである。なぜなら、真から反省する心も芽生えることもなく、一回死んで終りだったら、それこそ遺族は納得できないのではないだろうか。それならば、死刑が確定したあとでも殺さないで、死の恐怖を与え続けるという方法もあるはずである。

批判を恐れずに言えば、死者は生者に仇を討ってくれと頼んだのだろうか。残された者の私怨で戦うのは正しい答えとは思えない。なぜなら、悲しみと恨みの連鎖しか残らないからだ。言葉を飾らず言うと、遺族は犯人（死刑囚）を苦しませたいわけである。苦痛も味わせず一回死んで終りでは、やるせないのではないだろうか。私が処刑されて死んだからといって、遺族の心が軽くなるとは思えない。つまりは死刑囚に恐怖を……死ぬと分かったときの被害者が感じた恐怖を死刑囚にも味わせてやりたいと思っているように感じるのである。心の底から怯えてくれることを願っているはずである。そうであるとするならば、死刑という名のもとで一瞬であの世に逝かれては遺族は満足できないように思うのだ。もちろんそうした死刑囚は遺族に詫びることもできず、反省する機会をも失ったまま死んでゆく。

話を続けると、死刑という刑罰がその宣告を受けた人間にとって、どんな苛酷な刑であるかは、死という結果ではなく、刑の執行の瞬間に至るまでにあると私は思っている。そういう意識の中で私は日々過ごしている。その時間が長ければ長いほど死刑囚は苦しむことになる。それなくして犯した罪過の償いはできないであろう。

さらに言えば、死刑確定者にとっての人生が、これから先に開かれることもない。私の場合を考えてみると、再審請求や恩赦出願をしていることによって執行停止状態の恩恵にあずかっているが、これとていつ何時解除されてもおかしくない。思えば私が大阪拘置所へ押送されてから所内で一九名の死刑囚が処刑台に立ち、そして死んでいった（全体総数九二名の死刑囚が刑場の露として消えた）。このように処刑を続けたからといって、世の中が良くなったとも思えない。逆に殺伐さが増したように思うのだ。いずれにせよ、死刑囚を処刑したとしても、十分な制裁ではないような気がするのだ。なぜなら繰り返しになるが、死ぬのは一回だけだからである。すでに述べたとおり、イヤな奴がいなくなるよりも、イイ奴に変えてゆくことが大事だと思う。裏返して言えば、死刑囚となった人間の罪は、どんなに罰しても罰しきれないように思うからである。

とにもかくにも、死刑確定直後の死刑囚に人間としての論理的な欠如が甚だしくとも、長期間収容されることによって論理的思考ができるようになってくる者が多い。そうした死刑囚を私は何人も見てきた。このような死刑囚には慈悲を与えてほしいと切に願う。慈悲とは自分が相手に与えるものではなく、相手が必要としているものを与えるものなのだから、死刑囚が平身低頭し、心の底から「どうかいのちを助けてください」と命ごいすれば、少しは聞く耳を持ってもいいように思うのだ。その一つとして恩赦制度があるのだが、この制度はまったくといってよいほど機能していない現実がある。三七年間に渡って死刑囚に対する恩赦の門は閉されたままだ。今後も死刑制度を維持し続けるのならば、死刑囚に対する恩赦の論議がもっと活発になってもいいと思うのだ。だがしかし、残念ながらそうはなっていない。

いま死刑制度に賛成する人たちは、司法上決まった事柄は実際に行うべしという。それは私も正論だと思う。けれども、それならば、この国は死刑囚にも恩赦が個別に適用されるようになっているのだから、長い年月をかけて改悛し、真っ当な人間に生まれ変わった人間にも少しは目を向けて、この恩赦制度の問題も国民が考えてみるべき時期にきているようにも思うのである。とりもなおさず死刑囚がどのような変化を遂げたのかは、処刑施設のある看守に聞いてもらうしかない。これなくして「死刑の執行をしないのはおかしい――」と一方的に非難するだけでは片手落ちのような気がする。総論賛成・各論反対では正しくないと思うのである。

人間はいつどんな罪を犯すかも知れない存在であるということだけは読者諸氏も忘れないでほしい。いつ他人を殺すことになっても不思議ではないということである。つまりは、殺さざるをえない立場に追いつめられたとき、人間は最後に守るべき一線を越えてしまうこともあるということだ。もっと正確に言えば、すでに我々人間は多くの生き物を殺して生きている存在なのだ。そのことを忘れていないだろうか……。これまで人間は、どれだけの生き物を食べてきたのか。何の気持もなく打ち殺し、喰ってきたのだ。たとえば、魚を獲っても商品としか思っていない。売る方も買う方も——。しかし、我々のしていることは、いのちを横取りして売りさばいている盗賊だ。スーパーなどは盗品のさばき場と同じである。人間は行為に対する反省はあるけれども、本当は生きていること自体、存在していることそのものが深い罪である。そのことを本質的に忘れているような気がする。これこそが人間の罪だ。平たく言えば、人間の根源には罪があるということだ。

話を福島第一原子力発電所事故に戻すと、被曝をしたのは人間だけではない。海に生きるいのちも、山に生きるいのちもみな汚染されてしまった。彼らは補償金を受け取らないし、受け取れない。そういう物言わぬいのちに対して人間はどう償うのだろうか……。えらそうなことを言っても、しょせん人間には責任なんて取れないのだ。責任を取ったように感じるのはすべてが錯覚である。

いま私たちは、自らの身体の内にもっている価値観や世界観に革命を起こさないといけない。

それは視点を変えれば死刑囚の罪をどう考えるかということにも似ているし、大きな社会事件や戦争――それらは個人責任だけでは収まり切れない「すまなさ」というもののところに関係してくるのだと思うのである。

要するに他者の罪をもどこかで共に背負いたいというのか、それは「その人とは違って、私はそんなことを絶対しないんだ」という立場には立てないということに結びつく。裏返せば、「もしかしたら、あの人の人生が私かもしれない」ということだってあり得るからだ。むしろそう考えた方が何かが開けていくような気がする。

他方、近代文明を他人事のような言葉であれこれ批評するのは難しいことではないが、よくよく考えてみれば近代文明というのは己れ自身なのである。自分を省みれば少なくとも近代科学によってもたらされた恩恵を認めざるを得ない。そういう己れについて自白するところから始めるしかない。

そうした観点からも、私の知る大阪拘置所死刑囚獄舎で生活する死刑囚たちは、理不尽な処遇を強いられていても自己を見詰め直して静かな生活を過ごしている。そして、それぞれがいまここに生きて死んでゆくのである。それは、まぬがれることのできない罪を犯したという厳然たる事実が重くのしかかっているからである。

そのとき、人が生きるそこには何があるのか。「人生とは何か」とか、「なぜ生きるのか」という問いに対して、「こうだ」と一点の曇りもなく言い切れる人はいない。だがしかし、死刑確定者に人生の本当の問題は何かを問うたとき、

「やっぱり生きてちゃいけない――」

と自己の重ねてきた罪を考え答えるのである。

換言すれば、長い短いは別としても、結局人生というのは川のようなもの。流れの一滴ずつには人の日々の思いや、事件の数々が隠されている。その流れのなかで旅をしているのかもしれない。

何かの力によってこの世界にこういう人間として送り込まれてきた。そして死へ向って一日ずつ接近してゆく旅をしながら、あの世へ還っていく。そんな旅路感覚で考える私は、毎日を充実せしめたものにしたいと思うのである。そしていま私がここにいる不思議さに思いをはせている。


むすびに、執筆を始めてから一三年の歳月が過ぎた。この間、迷惑をかけたこと数知れず、人を傷つけたことも数知れない。それでも何かを描こうとする。何かを言おうとしてきた。そして書いていて、初めて書ける台詞があったことに気付いた。たった一言の台詞が含むものを過不足なく伝えるのには、それだけの時間の積み重ねが必要だったみたいだ。自分が見たものをどう感じ、どう表現して伝えていくか。それを学ぶことで心が豊かにもなった。薄っぺらなセンテンスしか発することが出来なかった私だが、三作も書かせていただけたことには心から感謝している。とりわけ夢中になって書いていると、なぜか心が落ち着いた。そして解放感も味わえた。

いずれにしても、本を書いたことは自分を見詰め直すためでもあり、いいきっかけとなった。書くことによって自分がわかってくるし、自分のしたこともわかってくる。自分のダメさかげんも徹底的に自覚することができた。夢や希望にあふれた人生や、積み重ねた努力もほんの一瞬で台無しにしてしまうこともよくわかった。　いずれ私はこの世から去ってゆくが、死ぬことはこの世から消えてなくなることではない。私が生きていたという事実を証明するものなのである。死は人間の一生のしめくくりであり、その生涯を完成させるもの。だから消滅ではなく、完成なのである。ただ死ぬことで一つ不幸といえるのは、その人の知識や技術がすべて灰になってしまうことだ……

しかるに現在の私は、すべてがもうけだるいという気持である。今は一日も早く死がおとずれることのほうが、この苦しい緊張の連続から逃れられるただ一つの道のような感じさえする。もう生きることも信仰について悩むことも物憂い。そしていま、自分がこの闇の囲いのなかで、死を前にして胸しめつけられるような感情を味わっているとき、死刑囚獄舎で別の人間が笑い、そして呑気な声を出すことがたまらなく滑稽に見えてくる。これが人間の世界なのである。こうして地獄の入口に立ってみて、それまで天国にいたのだと実感している。

河村啓三（かわむらけいぞう）
1958年9月　3日　大阪に生れる
1988年1月29日　コスモリサーチ事件を起こす
1998年3月23日　大阪地裁で死刑判決
1999年3月　5日　大阪高裁で控訴棄却、死刑判決
2004年9月13日　最高裁で上告棄却、死刑確定。大阪拘置所在監
2005年10月8日　手記「こんな僕でも生きてていいの」が死刑廃止のための大道寺幸子基金の第1回表現展優秀賞受賞
2007年10月13日　手記「生きる」が大道寺幸子基金の第3回表現展奨励賞受賞
2011年10月8日　手記「落伍者」が大道寺幸子基金の第7回表現展優秀賞受賞。本書はこの作品を推敲したものである

◆著書
『こんな僕でも生きてていいの』インパクト出版会、2006年
『生きる　大阪拘置所・死刑囚房から』同、2008年

落伍者

2012年6月25日　第1刷発行

著　者　河　村　啓　三
発行人　深　田　　　卓
装幀者　宗　利　淳　一
発　行　インパクト出版会
〒113-0033　東京都文京区本郷2-5-11　服部ビル2F
Tel 03-3818-7576　Fax 03-3818-8676
E-mail：impact@jca.apc.org
http:www.jca.apc.org/˜impact/
郵便振替　00110-9-83148

シナノパブリッシングプレス